财政部规划教材
全国财政职业教育教学指导委员会推荐教材
全国高等院校财经类教材

金融计量分析
——基于 Stata 的金融实证研究

许鸿文　张超林　主编

中国财经出版传媒集团
经济科学出版社
Economic Science Press

图书在版编目（CIP）数据

金融计量分析：基于 Stata 的金融实证研究／许鸿文，张超林主编 . -- 北京：经济科学出版社，2022.8
财政部规划教材　全国财政职业教育教学指导委员会推荐教材　全国高等院校财经类教材
ISBN 978 - 7 - 5218 - 3936 - 4

Ⅰ.①金…　Ⅱ.①许…②张…　Ⅲ.①金融 - 量化分析 - 高等学校 - 教材　Ⅳ.①F830.49

中国版本图书馆 CIP 数据核字（2022）第 153086 号

责任编辑：白留杰　杨晓莹
责任校对：隗立娜
责任印制：张佳裕

金融计量分析
——基于 Stata 的金融实证研究
许鸿文　张超林　主编
经济科学出版社出版、发行　新华书店经销
社址：北京市海淀区阜成路甲 28 号　邮编：100142
教材分社电话：010 - 88191309　发行部电话：010 - 88191522
网址：www. esp. com. cn
电子邮箱：bailiujie518@126. com
天猫网店：经济科学出版社旗舰店
网址：http：//jjkxcbs. tmall. com
北京密兴印刷有限公司印装
787 × 1092　16 开　16. 75 印张　390000 字
2022 年 9 月第 1 版　2022 年 9 月第 1 次印刷
ISBN 978 - 7 - 5218 - 3936 - 4　定价：58. 00 元
（图书出现印装问题，本社负责调换。电话：010 - 88191510）
（版权所有　侵权必究　打击盗版　举报热线：010 - 88191661
QQ：2242791300　营销中心电话：010 - 88191537
电子邮箱：dbts@esp. com. cn）

前言

由于任教"金融计量"课程，在教学过程中发现国内现有的教材偏向于金融计量理论的介绍，对金融计量的实操介绍得较少，尤其是缺乏使用 Stata 软件对金融计量进行实操的教材。Stata 软件是三大计量软件之一，在金融实证研究领域应用非常流行，包括资产定价、公司金融、宏观金融在内的各个领域都广泛使用 Stata 软件。因此，我们在教学过程中便萌生了编写金融计量教材的想法。目标是编写一本理论和实操相结合、并侧重于实际应用研究的本科生教材。于是参考国内外教材，并结合教学经验，我们编写了这本教材。

本教材的特色主要包括以下三点：（1）难度适中，适用于本科生入门阶段学习。本教材介绍了金融时间序列和公司金融最基本和最常用的计量模型。通过学习该教材，学生能够掌握金融计量的基本理论。（2）软件实操和理论学习相辅相成。本教材详细介绍了 Stata 软件的基本操作、统计及计量方法的实现命令。通过学习该教材，学生能够有效地掌握 Stata 软件在金融计量中的应用。（3）介绍了金融计量理论在实际研究中的应用。本教材结合金融学文献，阐述了金融计量理论的应用，有助于学生开展研究性工作和学习写作毕业论文。

本教材共九章，以金融计量方法在金融研究中的应用为主要研究视角，具体内容可分为三部分。第一部分是金融计量分析的基础知识介绍，包括金融计量分析概念、数理统计与概率知识回顾、Stata 软件操作简介、经典线性回归模型及其应用，对应于第一章和第二章；第二部分为金融时间序列分析方法和模型，包括一元时间序列分析、VAR 模型及 GARCH 模型等，对应于第三章、第四章和第五章；第三部分为公司金融研究方法及应用，主要包括线性概率模型、面板数据模型及因果推断方法中的工具变量法和双重差分法等，对应于第六至九章。

本教材在编写过程中参考了国内外很多同行的研究成果，在此谨向这些前辈和同行表示感谢。教材第一章、第二章、第三章、第八章、第九章内容由张超林编写；第四至七章由许鸿文编写。湖南工商大学财政金融学院的硕士研究生方依红、罗颖妮、于芳波、杨麒颖、陈盈等同学参与了教材的资料整理和案例搜集。此外，感谢湖南省智慧金融人才创新创业教育中心、湖南省普通高等学校教学改革研究项目"金融科技背景下地方财经院校金融专业大数据应用能力培养模式研究"（HNJG-2021-0754）和湖南工商大学校级教学改革研究项目"金融科技背景下《金融时间序列分析》课程建设的研究与实践"对本教材的支持。

本教材配套的教学课件、相关数据和 Stata 程序，如有需要，可向本书编写者索取，具体邮箱为：zhangchaolin@ hutb. edu. cn。由于编写者水平有限，书中难免有疏漏之处，敬请读者朋友给予批评指正，以便我们不断修改和完善。

许鸿文　张超林
2022 年 7 月 15 日于长沙

目录

第一章

金融计量分析导论

第一节　金融计量分析的基本概念

随着近年来金融学科的快速发展，金融计量模型的发展与应用得到了极大的推动，学习并掌握金融计量学变得日益重要。由于金融计量学是基于计量经济学的基本理论和方法发展而来的，因此本节首先从介绍计量经济学入手，再引入金融计量学的定义，进而介绍金融计量分析中经常涉及的基本概念、金融计量建模步骤、金融数据特点和来源等。

一、什么是计量经济学

"计量经济学"一词，由挪威经济学家弗里希（R. Frisch）于 1926 年提出。随后，1930 年国际计量经济学学会成立，1933 年《计量经济学》杂志创办。自 1969 年设立以来，诺贝尔经济学奖多次颁发给计量经济学家以及应用计量经济学进行实证研究的经济学家们。例如，2021 年诺贝尔经济学奖就颁发给了从事因果推断实证研究的 3 位学者卡德（David Card）、安格里斯特（Joshua D. Angrist）和因本斯（Guido W. Imbens）。

计量经济学是将经济理论实用化和数量化的实证经济学，即以一定的经济理论和统计资料为基础，运用数学、统计学方法等，以建立经济计量模型为主要手段，定量分析研究具有随机性特征的经济变量之间关系的一门经济学学科。计量经济学的产生，使得经济学对于经济现象从定性研究扩展到定量分析的新阶段。

计量经济学的主要内容包括理论和应用两个部分：（1）理论计量经济学主要研究如何运用和发展数理统计的方法，使之成为经济关系测定的有效方法；（2）应用计量经济学是在一定的经济理论的指导下，以反映事实的统计数据为依据，用经济计量方法研究经济理论的实用化或对经济规律进行实证检验。

计量经济学的主要用途有两个方面：（1）理论检验。这是计量经济学最主要且最可靠的应用，也是计量经济学本身的主要内容；（2）预测应用。预测是计量经济学的重要任务，其可靠性或有效性应是我们特别关注的。

二、金融计量学的含义以及建模步骤

（一）金融计量学的含义

金融计量分析是指运用统计学、计量经济学理论和方法，对金融活动内容进行分类、量化、数据搜集和整理，以及进行描述和分析，反映金融活动的规律性，为金融制度的设计和理论研究提供客观和科学的依据。金融计量学的含义在西方一般是指金融市场的计量分析，主要包括对金融市场各种变量（利率、汇率、交易量、价格等）进行相应的统计分析和计量建模，以及对实证金融中的大量金融理论和现象进行分析。

作为连接金融理论和实证证据的桥梁，金融计量学在现代金融学中处于重要地位。它可以用于检验经济学假说和金融理论，解释金融现象，并对金融市场行为建模和预测，而且在学术研究领域取得进展的同时也对现代金融和投资管理产生了深远的影响。金融市场的进一步发展又给金融计量学的研究提出了新的挑战。如今，金融计量学以其独有的研究对象和研究方法，已经成为计量经济学中相对独立、颇具特色和最为活跃的研究领域之一。

广义来看，应用计量经济学方法对金融领域问题进行的研究都可以归入金融计量分析的范畴，金融计量学的范畴相应地涵盖了微观和宏观两个层面。微观领域包括金融市场和公司金融研究；宏观领域包括国际金融和货币银行等研究。本教材侧重于微观金融研究领域，主要介绍金融市场研究的时间序列分析方法和公司金融研究的面板数据方法，另外也适当地补充了目前在金融学研究领域广泛应用的因果推断方法。

（二）金融计量建模步骤

金融计量模型的构建方法很多，在实际的计量实证分析中并不需要严格拘泥于某种固定的建模方法。这里介绍的金融计量建模方法参考英国著名金融计量学家布鲁克斯的思路，主要步骤如下（见图1-1）：

步骤1：研究问题的概述。该步骤通常涉及金融或经济理论的形成，或者来自某种理论的认识——两个或多个变量之间的特定方式联系。这一步需要将金融经济理论或相关变量之间的关系模型用数字的方式表达出来。

步骤2：样本数据收集。这一步骤是金融计量的基础性工作，也是直接影响到检验结果的一项工作。通常应根据研究对象，进行样本数据的收集和整理，并在此基础上取舍变量。

步骤3：选择合适的估计方法来估计模型。在金融计量过程中，有必要根据研究目的以及数据本身的特点和需要来选择相应的估计方法和计量模型，如根据数据是连续数据还是离散数据选择一元回归、多元回归还是离散模型，数据是一元或多元时间序列数据要选择相应的计算模型，研究金融市场波动率、利率期限结构则对应相应的计量模型等。

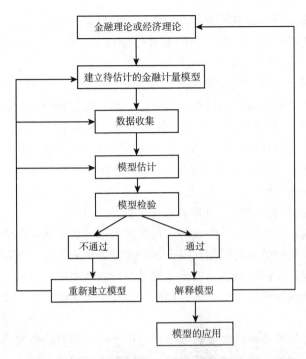

图 1 – 1　金融计量建模的基本步骤

步骤 4：模型的实证检验。在估计参数后，一个初步的模型就构建起来。但是所建立的模型是否合适，能否反映变量之间的关系，还需要对模型做进一步检验。模型检验通常包含统计检验、计量经济学检验以及经济金融意义检验三方面的内容。统计检验的目的在于检验模型参数估计值的可靠性，这包括模型的拟合优度检验、变量的显著性检验等；计量经济学检验是因计量经济学理论的要求而进行的，这包括序列相关性检验、异方差性检验和多重共线性检验等；经济金融意义检验是将计量检验的结果与相应的经济理论或金融理论比较是否相符。若所构建的模型估计结果不能通过上述某方面的检验，我们就有必要考虑前面几个步骤中是否存在问题并重新建立模型；若能够通过模型的检验，则可进一步进入计量模型的应用阶段。

步骤 5：模型应用（检验通过应用模型，检验不通过重新建立模型，重复上述过程）。通常，所构建的模型主要有以下三方面的应用：（1）结构分析，即研究一个变量或几个变量变化时对其他变量的影响，以揭示不同经济变量之间的内在联系；（2）金融经济预测，即根据金融经济模型对未来金融经济变量的变化进行预测分析；（3）政策评价，即研究不同的政策对经济目标所产生影响的差异或从金融计量分析中寻求优化政策目标的路径。

（三）金融数据的主要类型和来源

1. 金融数据类型

金融数据类型主要包括时间序列数据、横截面数据和面板数据等。

时间序列数据是指按时间序列排列的数据，用于所描述的某种金融现象或金融变量随时间变化的情况。时间序列数据是金融市场研究最常用的数据类型。例如上证指数日收益率数据、每个季度广义货币 *M2* 增长率数据、每年 *CPI* 数据等。

横截面数据是指在某一时点收集的不同个体的数据。它对应于同一时点上不同个体所组成的数据集合,用以研究某一时点上的某种经济现象,突出个体的差异。例如 2021 年中国各省 GDP 数据、各城市金融发展数据等。

面板数据是指时间序列数据和横截面数据相结合的数据。在时间序列上取多个截面,同时在这些截面上选取样本观测值所构成的数据。面板数据是公司金融研究最常用的数据类型。例如 2007 ~ 2020 年 A 股上市公司的资产规模、营业收入、利润率数据等。

此外,还有一类数据在面板数据的基础上加入空间地理维度,被称为空间数据。例如 2007 ~ 2020 年我国各省上市公司发明专利的申请数据等。

2. 金融数据的来源

金融计量分析需要的大量数据,其来源通常有三个渠道:

专业性网站。随着互联网技术的发展,网站成为金融数据获取的重要渠道。通常,可以从政府部门或财经机构的专门网站获得金融计量所需要的数据。例如我国的一些宏观经济数据可以从国家统计局网站获得,宏观金融数据可以从中国人民银行网站获得,证券数据可以从中国证监会网站获得;世界各国的经济数据可以从世界银行网站或国际货币基金组织网站获得等。

专业数据公司或信息公司。专业数据公司或信息公司通过收集某方面的数据,建立和维护专业型数据库,通过有偿方式来满足客户的需要。当需要进行大规模、批量数据处理时,通常需要依靠这些专业数据公司来搜集数据。目前,国内提供金融专业数据的数据库主要有:万德数据库(Wind)、国泰安数据库(CSMAR)、锐思数据库(RESSET)、CCER 中国经济金融数据库(CCER)、同花顺数据库(iFinD)、EPS 数据库(EPS)等。在高校或机构已购买这些数据库使用权的情况下,通过这些数据库可以下载金融市场、上市公司、金融年鉴、宏观经济等数据(见表 1 – 1)。

表 1 – 1　　　　　　　　　　　常用的金融专业数据库网址

数据库名称	网址
Wind	https：//www. wind. com. cn/
CSMAR	https：//www. gtarsc. com/
RESSET	http：//www. resset. cn/
CCER	http：//www. ccer. edu. cn/
iFinD	http：//www. 51ifind. com/
EPS	https：//www. epsnet. com. cn/
CHFS	https：//chfs. swufe. edu. cn/
CPES	https：//cpes. zkey. cc/index. jsp

抽样调查。抽样调查通常是针对某些专门研究开展的一种获取数据的方式。比如,中国家庭金融调查(china household finance survey,CHFS)是中国家庭金融调查与研究中心在全国范围内开展的抽样调查项目,旨在收集有关家庭金融微观层次的相关信息。中国私营企业调查(chinese private enterprise survey,CPES)是目前国内持续时间最长的大型全国性抽样调查之一,每两年进行 1 次,目前已进行了 14 次抽样调查。

第二节　常用的概率与数理统计知识

学习金融计量学，必须具备一定的概率论与数理统计知识。本节包括了金融计量学中用到的一些基本数学知识，简明扼要地论述了概率论的随机事件、随机变量的含义、数值特征，以及随机变量的概率分布等。

一、随机事件和随机变量

在自然界和人类社会中所发生的现象多种多样，但从尚未发生的结果上看可以概括为两类现象：一类是确定性现象。即在一定条件下必然发生或者必然不发生的现象。另一类是随机现象。这类现象发生的结果人们是无法提前预知的，可能会出现多种不同的结果。例如金融资产价格的涨跌就是随机现象。

为了研究随机现象，通常先通过试验进行观察。例如，抛掷一枚质地均匀的骰子，观察其出现的点数等。这种对某一类随机现象的观测，称为随机试验。随机试验具有以下的特点：（1）可以在相同的条件下重复进行；（2）每次试验的可能结果不止一个，并且能事先明确试验的所有可能结果；（3）进行一次试验之前不能确定哪一个结果会出现。

对于随机试验，尽管在每次试验之前不能预知试验的结果，但试验的所有可能结果组成的集合是已知的。我们将随机试验 E 的所有可能结果组成的集合称为 E 的样本空间，记为 S。样本空间的元素，即 E 的每个结果，称为样本点。

在实际中，当进行随机试验时，人们常常关心满足某种条件的那些样本点所组成的集合。一般，我们称试验 E 的样本空间 S 的子集为 E 的随机事件。在每次试验中，当且仅当这一子集中的一个样本点出现时，称这一事件发生。特别地，由一个样本点组成的单点集，称为基本事件。样本空间 S 包含所有的样本点，在每次试验中它总是发生的，S 称为必然事件。空集 φ 不包含任何样本点。它也作为样本空间的子集，在每次试验中都不发生，φ 称为不可能事件。

在相同的条件下，进行了 n 次试验。在这 n 次试验中，事件 A 发生的次数 n_A 称为事件 A 发生的频数。比值 n_A/n 称为事件 A 发生的频率，并且记成 $f_n(A)$。设 E 是随机试验，S 是它的样本空间。对于 E 的每一事件 A 赋予一个实数，记为 $P(A)$，称为事件 A 的概率。概率的性质有：（1）非负性。对于每一个事件 A，有 $P(A) \geqslant 0$；（2）规范性。对于必然事件 S，有 $P(S) = 1$；（3）可列可加性。设 $A_1, A_2, \cdots$ 是两两互不相容的事件，则 $P(A_1 \cup A_2 \cup \cdots) = P(A_1) + P(A_2) + \cdots$。

有些随机变量，它全部可能的取值是有限个或者可列无限个，这种随机变量称为离散型随机变量。设离散型随机变量 X 所有可能的取值为 $x_k (k = 1, 2, \cdots)$，X 取各个可能值的概率，即事件 $\{X = x_k\}$ 的概率为 $P\{X = x_k\} = p_k, k = 1, 2, \cdots$。由概率的定义，$p_k$ 满足如下两个条件：（1）$p_k \geqslant 0$；（2）$\sum p_k = 1$。

如果对于随机变量 X 的分布函数 $F(x)$，存在非负函数 $f(x)$，使对于任意实数 x 有：

$$F(x) = \int_{-\infty}^{x} f(t)\,\mathrm{d}t$$

则称 X 为连续型随机变量，其中函数 $f(x)$ 称为 X 的概率密度函数，简称概率密度。其具有以下性质：（1）$f(x) \geqslant 0$；（2）$\int_{-\infty}^{\infty} f(x)\,dx = 1$；（3）对于任意实数 $x_1, x_2 (x_1 \leqslant x_2)$，$P\{x_1 < X \leqslant x_2\} = F(x_2) - F(x_1) = \int_{x_1}^{x_2} f(x)\,dx$；（4）若 $f(x)$ 在点 x 处连续，则有 $F'(x) = f(x)$。

二、随机变量的数字特征与描述性统计量

用来衡量随机变量分布特点的数值统称为数字特征，如均值、方差等。在现实世界里我们面对的随机变量通常是未知分布的，无法直接求得其数字特征，因而我们采取抽样的方法来估计它们，即选择 X 的一组样本 $X_1, \cdots, X_n$，然后构造适当的函数 $g(X_1, \cdots, X_n)$ 作为 X 分布的数字特征的近似值，这样的 $g(X_1, \cdots, X_n)$ 便是描述性统计量。常用的一些数字特征和它们的描述性统计量有下面几种：

1. 期望

随机变量 X 的期望（或称均值）衡量了 X 取值的平均水平。它是对 X 所有可能取值按照其发生概率大小加权后得到的平均值：

$$E(X) = \sum_{i=1}^{n} p_i x_i$$

在 X 的分布未知时，我们用抽取样本 $X_1, \cdots, X_n$ 的算术平均数（也称样本均值）$X = \frac{1}{n}\sum_{i=1}^{n} X_i$ 作为 $E(X)$ 的估计值。

对于概率密度函数为 $f(x)$ 的连续型随机变量 X，其期望为：

$$E(X) = \int_{-\infty}^{+\infty} xf(x)\,\mathrm{d}x$$

直观上，上式也是对 x 进行加权平均，而权重为概率密度 $f(x)$。有时称求期望运算为期望算子。容易证明，期望算子满足线性性（linearity），即对于任意常数 k 都有：

$$E(X + Y) = E(X) + E(Y), E(kX) = kE(X)$$

2. 方差与标准差

很多情况下，我们不仅需要了解数据的期望值和平均水平，还要了解这组数据分布的离散程度。分布越散，其波动性和不可预测性也就越强。尤其对于投资者而言，他们不仅关心投资的期望收益率，也关心实际收益率相对预期的收益率可能有多大的偏差，即该投资回报的风险水平。对于投资收益率 r，我们用方差或者标准差来衡量它偏离期望值的程度。

定义随机变量 X 的方差（variance）为：

$$Var(X) \equiv \sigma^2 \equiv E[X - E(X)]^2$$

方差越大，则随机变量取值的波动幅度越大。称方差的平方根为标准差（standard deviation），通常记为 σ。

假设从历史数据或者模型模拟得出收益率 r 的离散分布，其方差和标准差的计算公式为：

$$\sigma^2 = \sum_{i=1}^{n} p_i (r_i - \bar{r})^2$$

对于 r 分布未知的情况，我们可以抽取其样本 $r_1, r_2, \cdots, r_n$，然后分别用样本方差 S^2 来估计 σ^2：

$$S^2 = \frac{1}{n-1} \sum_{i=1}^{n} (r_i - \bar{r})^2$$

在计算方差时，常利用以下简便公式：

$$Var(X) = E(X) - [E(X)]^2$$

3. 协方差和相关系数

在金融计量学中，利用协方差与相关系数描述金融随机变量的关联程度。

协方差（covariance）是测算两个随机变量之间相互关系的统计指标。定义随机变量 X 与 Y 的协方差为：

$$Cov(X,Y) \equiv \sigma_{XY} \equiv E[(X-E(X))(Y-E(Y))]$$

如果当随机变量 X 的取值大于（小于）其期望 $E(X)$ 时，随机变量 Y 的取值也倾向于大于（小于）其期望值 $E(Y)$，则 $Cov(X,Y) > 0$，二者存在正相关；反之，如果当随机变量 X 的取值大于（小于）其期望 $E(X)$ 时，随机变量 Y 的取值反而倾向于小于（大于）其期望值 $E(Y)$，则 $Cov(X,Y) < 0$，二者存在负相关。如果 $Cov(X,Y) = 0$，则说明二者线性不相关，但不一定相互独立，因为二者还可能存在非线性的相关关系。

例如，证券 i 与证券 j 收益之间的协方差可以表示为：

$$\sigma_{ij} = E[(r_i - \bar{r}_i)(r_j - \bar{r}_j)]$$

在投资组合理论中，协方差测度的是两个风险资产收益相互影响的方向的程度。

在计算协方差时，常使用以下简便公式：

$$Cov(X,Y) = E(XY) - E(X)E(Y)$$

协方差的运算也满足线性性，可以证明：

$$Cov(X, Y+Z) = Cov(X,Y) + Cov(X,Z)$$

协方差的缺点是，它受 X 与 Y 计量单位的影响。为将其标准化，引入相关系数的定义。定义随机变量 X 与 Y 的相关系数（correlation）为：

$$\rho \equiv Corr(X,Y) \equiv \frac{Cov(X,Y)}{\sqrt{Var(X)Var(Y)}} = \frac{\sigma_{XY}}{\sigma_X \sigma_Y}$$

可以证明，相关系数一定介于 -1 与 1 之间，即 $-1 \leqslant \rho \leqslant 1$。需要注意的是，如果以上各定义式中的积分不收敛，则随机变量的数字特征可能不存在。比如，自由度为 1 的 t 分布变量，其期望与方差都不存在。

4. 偏度和峰度

（1）偏度（skewed distributions）。偏度是用来衡量随机变量的概率分布是否围绕其均值对称的。一般我们将偏度称为三阶矩，因为其公式定义为 $E[X-E(X)]^3$。当概率分布围绕均值 $E(X)$ 对称时，对于其概率密度函数 $f(x)$，$f(E(X)-X)=f(E(X)+X)$ 存在。此时偏度 $E[X-E(X)]^3=0$；若随机变量 X 少数变量远远大于均值 $E(X)$，使概率密度曲线右侧尾部拖得很长，则称概率分布为正偏态。此时 $E[X-E(X)]^3>0$；反之，若少数变量数值很小，则概率密度曲线左侧尾部拖得很长，则称概率分布为负偏态。此时 $E[X-E(X)]^3<0$。

概率分布的对称性通常用偏度系数 S 来表示。其定义为：

$$S=E\left[\frac{X-\mu}{\sigma}\right]^3$$

σ 为随机变量 X 的标准差。显然，如果随机变量为对称分布（比如正态分布），则其偏度为 0。这是因为，根据微积分知识，奇函数在关于原点对称的区间上积分为 0。

（2）峰度（kurtosis）。峰度这一统计指标反映的是随机变量概率密度函数尾部的厚度（或称为宽度）。通常用于判断某个随机变量是否服从正态分布。

峰度的定义公式为 $E[X-E(X)]^4$。因此又称为四阶矩。峰度系数则是在峰度的基础上进行标准化，并表达为：

$$K=E\left[\frac{X-\mu}{\sigma}\right]^4$$

若随机变量服从正态分布，则峰度 K 近似等于 3。若峰度 K 显著大于 3，则意味着该变量概率分布的尾部要比正态分布的尾部厚，其分布密度曲线在距离均值较远地方位于正态分曲线的上方。这种情况下将出现所谓的尖峰（leptokurtosis）厚尾（heavy-tailed）现象。尖峰态分布具有比相同均值和方差的正态分布随机变量更厚的尾部，并且峰值处于更高的峰度；而低峰态分布在均值处有更低的峰度和更薄的尾部。

三、随机变量的概率分布

在统计学上，如果一个随机变量的概率分布是已知的，则这个随机变量的主要变化规律也是已知的。在经济计量中，有几种概率分布尤其重要。常用的概率分布有以下几种：

（一）二项分布

在金融计量领域中，有一些随机事件是只具有两种互斥结果的离散型随机事件，称为二项分布变量。二项分布就是对这类只具有两种互斥结果的离散型随机事件的规律性进行描述的一种概率分布。

设试验 E 只有两个 A 及 $\bar{A}$ 的可能结果，则称试验 E 为伯努利试验。设 $P(A)=p(0<p<1)$，此时 $P(\bar{A})=1-p$。将 E 重复独立进行 n 次，则称这一串重复的独立试验为 n 重伯努利试验。如果进行 n 次伯努利试验，取得成功次数为 X（$X=0,1,\cdots,n$）的概率可用下面

的二项分布概率公式来描述：

$$P(X) = \binom{n}{X} \pi^x (1-\pi)^{n-X}$$

式中的 n 为独立的伯努利试验次数，π 为成功的概率；$(1-\pi)$ 为失败的概率；X 为在 n 次伯努利试验中出现成功的次数；$\binom{n}{X}$ 表示在 n 次试验中出现 X 的各种组合情况，在此称为二项系数。显然，X 是一个离散型随机变量，其取值的概率分布为二项分布，记为 $X \sim B(n,p)$。

（二）正态分布

正态分布是一个连续的、呈钟形的图形。若连续随机变量 X 的概率密度函数具有如下形式：

$$f(x) = \frac{1}{\sqrt{2\pi}\sigma} e^{-\frac{(x-\mu)^2}{2\sigma^2}}$$

则称随机变量 X 服从参数为 μ, σ 的正态分布（normal distribution），并记作 $X \sim N(\mu, \sigma^2)$。其中，μ、σ 为常数，μ 为期望，而 σ^2 为方差。

显然，$f(x) \geq 0$。特别地，将 X 进行标准化，定义 $Z = \frac{x-\mu}{\sigma}$，则 Z 服从标准正态分布，记作 $Z \sim N(0,1)$。此时，概率密度函数为：

$$\phi(x) = \frac{1}{\sqrt{2\pi}} e^{\frac{-x^2}{2}}$$

标准正态分布的概率密度以原点为对称，呈钟形，通常记为 $\phi(x)$；其累积分布函数则记为 $\Phi(x)$：

$$\Phi(x) = \frac{1}{\sqrt{2\pi}} \int_{-\infty}^{x} e^{\frac{-t^2}{2}} \mathrm{d}x$$

随机变量 x 服从标准正态分布，其取值落在某个区间 $[a,b]$ 的概率，可直接用标准正态分布的累积分布函数计算而得：

$$P(a \leq x \leq b) = F(b) - F(a)$$

根据标准正态分布的累积分布函数表，可以直接查得 x 大于等于某个数值的概率，即 $P(x \geq b)$。相应地，可计算出 x 小于等于某个数值的概率，即 $P(x \leq b)$。当然，由于数值 b 的设定不同，x 大于或小于数值 b 的概率也就不同。通常，将数值 b 称为临界值。

（三）χ^2 分布

在统计学中，另一个重要的概率分布是 χ^2 分布，其可直接从独立标准正态随机变量推导出来。如果 $Z \sim N(0,1)$，则 $Z^2 \sim \chi^2(1)$，即自由度为 1 的 χ^2 分布。

令 $Z_i, i = 1,2,3,\cdots,n$ 为独立随机变量，均服从标准正态分布。定义一个新随机变量 X

为 Z_i 的平方和，即 $X = \sum_{i=1}^{n} Z_i^2$。于是，X 即服从具有 n 个自由度的 χ^2 分布。记为 $X \sim \chi^2$ (n)。χ^2 分布中的自由度对应于上式中求和的项数，因为 $\sum_{i=1}^{n} Z_i^2$ 由 n 个相互独立（自由）的随机变量所构成。X 分布来自标准正态的平方和，故取值为正。可以证明，$\chi^2(n)$ 分布的期望为 n，而方差为 $2n$。

（四）t 分布

t 分布在经典统计学和多元回归分析中广为应用；它可以从一个标准正态分布和一个 χ^2 分布得到。

设 Z 服从标准正态分布，而 X 服从自由度为 n 的 χ^2 分布。于是，随机变量 $T = \dfrac{Z}{\sqrt{X/n}}$ 便服从自由度为 n 的 t 分布，记为：

$$\frac{Z}{\sqrt{X/n}} \sim t(n)$$

t 分布的自由度，得自分母中的 χ^2 随机变量。

需要注意的是，如果上式中的分子与分母不相互独立，则一般不服从 t 分布。t 分布有一个类似于标准正态分布的形状，只是它更散开一些，因而尾端有较大的面积。t 分布随机变量的期望值为零（严格地说，期望值仅当 $n > 1$ 时存在），方差为 $n/(n-2)$。随着自由度不断变大，t 分布越来越接近于标准正态分布。当自由度 $n \to \infty$ 时，t 分布收敛于标准正态分布。

（五）F 分布

统计学和计量经济学中的另一重要分布是 F 分布。特别是在多元回归分析中，要用 F 分布去检验假设。

为了定义 F 随机变量，令 $X_1 \sim \chi_{k_1}^2$ 和 $X_2 \sim \chi_{k_2}^2$，并假定 X_1 和 X_2 独立，则随机变量 $F = \dfrac{X_1/k_1}{X_2/k_2}$ 服从一个自由度为 (k_1, k_2) 的 F 分布。我们把它记为：

$$\frac{X_1/k_1}{X_2/k_2} \sim F(k_1, k_2)$$

其中，k_1, k_2 为自由度。F 分布的取值也只能为正数，其概率密度的形状与 χ^2 分布相似。需要注意的是，如果上式中的分子与分母不相互独立，则一般不服从 F 分布。

F 分布与 t 分布存在着密切的关系，因为 t 分布的平方就是 F 分布。

命题：如果 $X \sim t(k)$，则 $X^2 \sim F(1, k)$。

证明：由于 $X \sim t(k)$，故根据 t 分布的定义，可将 X 写为：

$$X = \frac{Z}{\sqrt{X/n}} \sim t(n)$$

其中，由于 $Z \sim N(0,1)$，故 $Z^2 \sim \chi^2(1)$。由于 Z 与 Y 相互独立，故 Z^2 也与 Y 相互独立。因此，根据 F 分布的定义，X 服从自由度为 $(1,k)$ 的 F 分布。

第三节　金融计量软件 Stata 介绍

一、Stata 简介

进行金融计量分析需要专门的工具，在本书中，我们使用的工具是 Stata。Stata 是一个功能强大而又相对简单易学的统计计量软件。它是 Stata 公司的核心产品，在历经多次更新换代以后，Stata 已发展成与 SAS、SPSS 齐名的世界三大权威统计软件之一，同时也和 R、Matlab 等并列为最常用的金融计量分析软件之一。Stata 是一个不断发展的软件，2021 年 Stata 公司推出了最新版本第 17 版 Stata17。

（一）Stata 的优势

Stata 的普及性和受欢迎程度之所以非常高，主要是因为与其他软件相比，Stata 在以下几个方面拥有明显的优势：

第一，功能强大。Stata 具有非常强大的统计计量分析功能，从简单的统计描述到复杂的计量建模，Stata 都能轻易完成。而且，Stata 每两年就会进行一次更新升级，每次更新都会增加一些前沿的统计计量分析模块，这使得 Stata 可以始终与统计学、计量经济学的最新发展保持同步。

第二，运算速度极快。Stata 在运行时首先会将数据读入计算机内存，然后关于数据的各种处理和分析都直接在内存中完成，而无需反复从硬盘读入和存储数据。因此，Stata 的运算速度非常快，几乎所有的统计分析都可以在一瞬间完成。

第三，相对简单易学。Stata 的命令和语法都非常简单明了，对于一些有过编程经验的用户来说简直就是"小儿科"。即使用户不会编程，学写命令也不难。只要用户会写简单的英文句子，就能轻易学会 Stata 的命令和语法。

第四，结果易读易懂。Stata 的输出结果非常简洁，陈列也非常美观，用户可以使用各种选项设置自己想要的输出结果及其呈现方式。而且，Stata 的输出结果可以直接复制粘贴或通过命令输出到 Word、Excel 等常用的文本编辑软件中，供后续编辑使用。另外，Stata 还可以制作各种精美的表格和图形，这使得其在同类软件中拥有无可比拟的优势。

第五，众多的外部程序。Stata 是一个开放的软件，它所有的命令程序都保存在扩展名为".ado"的文件之中，用户可以通过文本编辑器打开、查阅甚至修改任何一个软件自带的命令程序文件，也可根据自身需要编写新的命令程序文件。这样一个开放的框架吸引了世界各地的统计爱好者不断开发新的命令程序。这些外部程序非常多，有些也非常实用。用户只要将这些程序下载并安装到自己的电脑上，就可以像使用软件自带的命令一样来使用它们。

（二）Stata 的工作界面

Stata 的工作界面中共有 5 个窗口（见图 1 - 2）。具体如下：

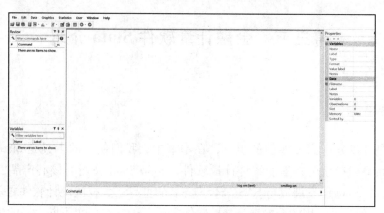

图 1 - 2　Stata 工作界面

结果窗口。在工作界面的中央占据面积最大的一个窗口是结果窗口。结果窗口的功能是显示用户输入的命令及其输出结果。除此之外，如果命令出错、相应的错误提示也会显示在结果窗口里。

命令窗口。在结果窗口的正下方标题为"Command"的窗口是命令窗口。该窗口的功能是输入命令。用户在命令窗口输入命令以后，按回车键就可以执行命令，执行结果则会在结果窗口显示出来。Stata 命令窗口主要用来输入和执行临时性命令，更多的命令程序还是放在 Stata do 文件中执行。

命令回顾窗口。工作界面的左边标题为"Review"的窗口是命令回顾窗口。该窗口的功能是显示 Stata 本次运行时已执行的命令编号、内容和反馈结果。对于正确执行的命令，用黑色显示；对于出错的命令，则用红色显示，同时显示错误代码。

变量窗口。位于工作界面右上角标题为"Variables"的窗口是变量窗口。该窗口的功能是显示已读入 Stata 中的数据所包含的所有变量的名称和变量标签。

属性窗口。位于工作界面右下角标题为"Properties"的窗口是属性窗口。该窗口的功能是显示已读入 Stata 中的数据和变量的属性。变量（Variables）的属性包括每个变量的名称、标签、存储类型、显示格式、数值标签和变量注释。数据（Data）的属性包括数据的名称、标签、注释、变量数、样本量、文件大小、分配内存容量和排序特征。

（三）设定界面

初次使用 Stata 的时候，可以根据自己的偏好调整它的工作界面。具体操作包括关闭、打开和隐藏窗口，调整窗口的位置和大小，调整结果窗口的字体和颜色等。

关闭、打开和隐藏窗口。Stata 默认显示 5 个窗口，但其中除了结果窗口以外，其他 4 个窗口都可关闭或隐藏。若要关闭某个窗口，只需单击该窗口右上角的"✖"即可；若要将已关闭的窗口再次打开，则可通过"Window"菜单找到相应的窗口名称，然后单击。隐藏窗口的方法是单击窗口右上角的"⏷"。此时，屏幕将只显示窗口的名称，而不显示窗口的内容；若要显示隐藏窗口，只需将鼠标移动到标有该窗口名称的位置即可；若要将隐藏的窗口再次固定到工作界面上，则需单击窗口右上角的"▇"。

调整窗口的位置和大小。若要调整某个窗口的位置，则需单击该窗口的标题栏，然后按住鼠标左键将其拖动到理想的位置后再松开鼠标左键。若要调整窗口的大小，则需将鼠标移动到窗口边框位置，然后拖动窗口的边框就可任意改变窗口的大小。

调整结果窗口的字体和颜色。若要调整结果窗口的字体，用户可将鼠标移动到结果窗口，然后单击鼠标右键，并在弹出的快捷菜单中选择"Font"。此时就会弹出窗口，用户可根据需要选择自己喜欢的字体、字形和字号。若要调整结果窗口的颜色，可将鼠标移动到结果窗口，然后单击鼠标右键，并在弹出的快捷菜单中选择"Preferences"。软件默认采用的是"Standard"配色。如果用户想要使用其他配色，可通过下拉菜单选择，也可根据自己的偏好自定义配色。

本书推荐使用如图 1-3 所示的工作界面。与默认的界面相比，该界面的不同之处在于：第一，关闭了用处不大的属性窗口，并将变量窗口调整到整个界面的左下角。这样可以最大限度地增加结果窗口的显示空间；第二，将结果窗口的配色改为"Classic"。这款配色是 Stata 早期版本的默认配色，以黑色为底色，结果显示更为清晰。具体如何设定，用户要充分考虑自己的偏好和使用习惯。

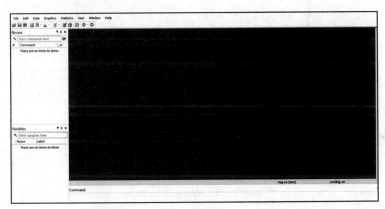

图 1-3　调整后的 Stata 工作界面

（四）do 文件

do 文件是 Stata 的命令程序文件。因为它的扩展名是"do"，所以通常被称作 do 文件。简单地讲，do 文件是 Stata 命令的集合。除了可执行的 Stata 命令之外，一个完整的 do 文件通常还会包含注释等辅助信息。

与在命令窗口输入命令的方式相比，编写和使用 do 文件具有 3 个方面的明显优势：

首先，在命令窗口，用户一次只能提交一行命令，而一个复杂的数据分析任务往往需要执行成百上千条命令。所以，面对一个复杂任务时，一个更有效率的方法是将所有命令写在 do 文件里，然后一次性将其中的部分或全部命令交由 Stata 执行。

其次，在命令窗口提交过的命令只会临时记录在结果窗口和命令回顾窗口，一旦关闭 Stata，这些命令就会丢失。如果用户将命令写在 do 文件中，就可以永久性地保存它们，这就为日后重新查看、调用、补充和修改数据分析过程提供了便利。

最后，在 do 文件中，研究者既可以对 Stata 命令进行注释说明，也可以对数据分析和计量实证的整体思路进行注释说明，从而增加 do 文件的可读性，这是在命令窗口输入命令无法做到的。综上所述，在命令窗口输入命令比较适用于那种临时性、简单和探案性的数据分析工作，而有计划、相对复杂和系统的数据分析任务最好以 do 文件的方式完成。

在一个完整的 do 文件中，用户还需要适当地调整 do 文件的格式，以使其看上去整洁美观。do 文件的编写工作可以通过任何一个文本编辑器完成，如记事本、Word 等常用的文本编辑工具。用户只要将编写好的文件存为 ".do" 格式，就可通过 Stata 打开并执行。但是，相比这些通用的文本编辑软件，我们更推荐用户在 Stata 自带的 do 文件编辑器中编写 do 文件。用户可以单击 Stata 窗口上的目快捷键打开 do 文件编辑器，也可通过菜单 "Window- > Do-file Editor- > New Do-file Editor" 打开 do 文件编辑器。打开以后，桌面上会弹出图 1 – 4 所示的窗口，在个窗口中的空白区域就是编写 do 文件的地方。

图 1 – 4　Stata do 文件

二、Stata 基本操作

（一）Stata 帮助文件

每个 Stata 命令都有一个与之对应的帮助文件。在很多时候，学习一个新命令的第一步就是查阅它的帮助文件。查阅方法是使用 help 命令，并在 help 之后紧接命令名。举例来说，我们可使用如下命令查询 regress 命令的使用方法：

help regress

在执行该命令以后，软件会自动打开 regress 命令的帮助文件。该文件详细介绍了 regress 命令的用途、语法结构、选项及用法。此外，文件末尾还配有案例以帮助用户快速上手。help 命令是所有 Stata 命令中最重要的命令之一。通过 help 命令，我们可以学会其他任何一个命令。所以对于初学者来说，一定要尽快养成经常向 Stata 求助的好习惯。

除了帮助文件，Stata 还自带使用手册。用户可在安装地址的"docs"文件夹中找到这些手册，也可通过单击"help"菜单下的"PDF documentation"子菜单打开手册。Stata 手册是其帮助文件的扩展。它不仅详细介绍了每个命令的使用方法，还介绍了相应的统计学原理和计算公式。因此，它是比帮助文件更加全面的 Stata 学习资料。不过，因为 Stata 的使用手册过于全面，学习起来也特别困难。因此，要在短期内将这些手册全部看完是不太现实的，也没有这个必要。

（二）Stata 常用命令

Stata 的命令很多，包括 Stata 软件自带命令和外部命令。后者需要下载才能使用。这里介绍一些 Stata 常用的命令，包括设定文件夹路径、读入数据、生成新变量、安装外部命令、变量重命名、变量加标签、描述性统计、分组、生成虚拟变量等。

1. 设定文件夹路径

通过"cd"命令设定 Stata 操作的文件夹路径，能够方便地调入该文件夹下的数据，也能够将各种绘制、统计、计量回归结果保存在该文件夹里。在使用 do 文件输入一系列命令时，通常需要在 do 文件最前面加入一段基本设定命令。具体如下：

clear all

version 16

cd D:\金融计量分析\Stata 操作

set more off, permanently

第 1 行命令表示对本次操作前的 Stata 所有数据和内存中暂存的结果进行清空；第 2 行命令为设定 Stata 软件版本；第 3 行命令最为重要，就是设定接下来 do 文件操作所对应的文件夹路径。"cd"为基本命令，"D:\ 金融计量分析 \ Stata 操作"为具体的文件夹路径，用户可以根据自己的文件夹路径名称进行修改。值得说明的是，文件夹路径名称不能包含空格字符，否则 Stata 无法识别；第 4 行命令表示在结果显示窗口输出结果时，禁止分屏显示。

2. 读入数据

这里的读入数据指的是读入 Stata 格式数据，数据后缀为".dta"。使用 use 命令可以读入以 Stata 格式存储的数据文件。该命令的语法是：

use filename [,clear]

其中，filename 表示数据文件名；选项 clear 表示先清空内存，再读入数据。举例来说，假如要读入一份来自国泰安数据库的金融数据"finance_CSMAR. dta"数据，可使用如下命令：

use finance_CSMAR. dta,clear

use 命令既能读入本地数据，也能读入保存在网络上的数据。换句话说，数据存储的地址既可以是本地计算机上的一个位置，也可以是一个网址。举例来说，通过以下命令可以打开一个保存在"http：//www. stata-press. com/data/r9/"的名为 nlswork. dta 的数据文件：

use "http://www. stata-press. com/data/r9/nlswork. dta",clear

需要注意的是，使用 use 命令打开网络数据的时候，一定要确保电脑处于联网状态。

　　除了 use 之外，Stata 还有两个命令可以打开".dta"格式的数据：一个是 sysuse；另一个是 webuse。sysuse 只能打开 Stata 软件自带的系统数据，使用时只需在 sysuse 之后指明系统数据的名称即可。例如，Stata 软件自带的汽车数据就可通过以下命令打开：

sysuse auto.dta,clear

　　webuse 的功能是从 Stata 官网读取数据。与 sysuse 相同，在联网状态下，我们只需在 webuse 之后指定数据名称，Stata 就可以去官网下载并打开该数据。例如，上文提到的 nlswork.dta 数据可以通过以下命令打开：

webuse nlswork.dta,clear

　　由于 sysuse 和 webuse 只能打开特定的数据，所以它们的功能都比较有限。多数情况下都是使用 use 命令来打开数据。

　　3. 创建新变量

　　创建新变量的命令为 generate。以汽车数据"auto.dta"为例，假如要生成一个新的变量 price2，并让 price2 取值等于 price 的平方，可以使用如下命令：

sysuse auto,clear

generate price2 = price^2

　　在 Stata 中给变量命名必须符合一定的语法规则。具体来说，包括以下 5 点：

　　第一，变量名不能过长，最多包含 32 个字符。

　　第二，变量名只能包含英文字母（a-z、A-Z）、阿拉伯数字（0－9）和下划线"_"。

　　第三，变量名只能以英文字母或下划线开头，不能以数字开头。考虑到 Stata 中有很多系统变量以下划线开头，建议用户使用英文字母作为变量名的起始字符。

　　第四，变量名不能与系统保留的变量重名。Stata 保留了一些变量名供系统使用。这些变量名包括"_all""_n""_N""_b""_coef""_cons""_rc""_pred""_skip""_pi""if""in""with""using""byte""int""long""float""double""str#""strL"。

　　第五，变量名区分大小写。因此，*urban*，*Urban* 和 *URBAN* 在 Stata 中是三个不同的变量，用户在命名和使用的时候需要特别小心。

　　除了以上五点之外，建议用户在给变量命名的时候尽可能做到"见名知义"。即通过变量名就能大概了解变量的含义。如果变量都以 *a*，*b*，*e*，*d* 来命名，虽然符合 Stata 的语法规则，但使用起来会有诸多不便，因此也不是好的变量名。

　　如果要对变量重命名，命令为 rename。假如想要将 price2 重新命令为 price_sq，则命令如下：

rename price2price_sq

　　使用 rename 命令还可以改变变量名中英文字符的大小写。其用法如下：

rename varlist,upper | lower | proper

　　该命令中，*varlist* 是重命名的目标变量，*upper*，*lower* 和 *proper* 这 3 个选项必选其一。*upper* 表示将所有英文字符变成大写；*lower* 表示将所有英文字母变成小写；*proper* 表示首字母大写，其余小写。

　　可通过以下命令一次性将所有变量名中的英文字符都变成大写：

rename　_all,upper

　　类似地，将所有变量名中的英文字符都变成小写；或将所有变量名中的首字母大写，其余小写。命令如下：

    rename _all, lower

    rename _all, proper

变量的变更替换命令为 replace，表示利用现有变量生成一个新的变量替换原有变量。输入下列命令：

    replace price = price/1,000

该命令的含义表示对 price 均做除以 1,000 的处理，将 price 的单位由美元变成千美元。

4. 安装外部命令

Stata 是一款开放的软件，所有用户都可以自行编写命令，并发给 Stata 公司。审核通过后，其他用户可以通过安装命令下载安装。同时，在 Stata 的用户社群中，共享着很多用户自己创建的外部命令。这些命令不仅极大地丰富了 Stata 的功能，而且在很大程度上推动了 Stata 软件的发展与流行。可以使用 ssc install 命令对 Stata 外部命令进行下载安装，我们以缩尾处理的外部命令 winsor2 为例进行说明。winsor2 是数据处理中很方便也很常用的一个外部命令，用来对数据的异常值进行缩尾处理。安装该命令，需要在电脑联网的前提下输入：

    ssc install winsor2

执行该命令，稍等片刻后，就能看到命令安装完成的提示。新命令将被安装于文件夹 "C：\ Stata16 \ ado \ plus \" 所对应的子文件夹内。例如 winsor2 命令以字母 "w" 开头，因此就存放在 "C：\ Stata16 \ ado \ plus \" 路径下的 "w" 文件夹内。如果 Stata17 软件①并未直接安装在 C 盘，可以通过 sysdir 来查看命令程序文件的位置（见图 1-5）。

```
. sysdir
     STATA:  C:\Stata16\
      BASE:  C:\Stata16\ado\base\
      SITE:  C:\Stata16\ado\site\
      PLUS:  C:\Stata16\ado/plus\
  PERSONAL:  C:\Stata16\ado/personal\
  OLDPLACE:  c:\ado\
```

图 1-5 sysdir 命令查看命令程序文件的位置

其中 PLUS 显示的就是外部命令下载存放的文件夹路径。

除直接使用 ssc install 安装外部命令外，还有些 Stata 用户社群共享的外部命令，可以在论坛或社群下载获得，再存放于 PLUS 文件夹即可。

5. 变量加标签

给变量起一个合适的名字可以在一定程度上反映变量的真实含义，但变量名在这方面的功能依然很有限。首先，变量名通常很短。因此，变量的很多信息无法体现在其名字中；其次，变量名只能包含英文字符、数字和下划线，因此想通过变量名来传递一些复杂信息也非常困难。为了弥补变量名的这些缺陷，Stata 允许用户给变量添加标签。

变量标签是对变量的说明性文字。与变量名相比，Stata 对变量标签的限制少很多。例

---

    ① 本教材使用的是 Stata16。

如，变量标签最多可以包含 80 个字符，而变量名最多只能包含 32 个字符；此外，变量标签可以包含任意字符，甚至包括汉字。因此，建议用户给每个变量都添加标签，以方便后续使用。

给变量添加标签的命令是 label variable。其使用方法如下：

label variable varname "label"

该命令中的 varname 是准备添加标签的变量，而双引号中的文字是标签的内容。

例如，要给数据"auto. dta"中的变量 *price* 和 *foreign* 加标签。具体命令如下：

label var price　　　"汽车价格"

label var foreign　　"汽车产地（1 国外；2 国内）"

贴上标签以后变量的含义也变得更加清晰。而且对于那些有标签的变量，Stata 在后续的分析过程中将显示变量标签而不是变量名。这可以帮助用户更好地读懂数据分析结果。

6. 排序与分组

对变量排序的命令为 sort 和 gsort。sort 用于升序排序；gsort 既可以升序排序，也可以降序排序。在降序排序时在排序变量前加负号。以数据"nlsw88. dta"为例，对 *wage* 变量进行升序排序。命令如下：

sysuse nlsw88. dta, clear

sort wage

如果要对 *wage* 变量进行降序排序，则使用 gsort 命令，同时在 *wage* 前面添加负号。命令如下：

gsort-wage

在变量排序之后，就可以按变量大小对样本数据进行分组设定。使用 generate 命令和 group 函数，以数据"nlsw88. dta"为例，按 wage 变量进行分组。命令如下：

sysuse nlsw88. dta, clear

sort wage

gen g_wage = group(5)

第 3 行命令表示将样本数据按 *wage* 大小分成 5 组，并生成新的组别变量 *g_wage*。使用 tabulate 命令可以查看 *g_wage* 的经验累积分布函数（见图 1 - 6）：

tab g_wage

g_wage	Freq.	Percent	Cum.
1	450	20.04	20.04
2	449	19.99	40.03
3	449	19.99	60.02
4	449	19.99	80.01
5	449	19.99	100.00
Total	2,246	100.00	

图 1 - 6　tab 命令显示变量的经验累积分布函数

变量 *g_wage* 取值为 1 ~ 5，表示共 5 组。每组样本数量约为 449（由于样本量并非恰好等于 5 的整数倍，因此每组样本数量不完全相等），所占百分比约为 20%。最后一列表示累积分布情况。

使用 tabstat 命令，并加入选项"by(g_wage)"，查看一下各组样本 *wage* 变量的描述性统计量：

tabstat wage,stat(N mean med min max)by(g_wage)f(%4. 2f)

通过图 1 −7 结果，可知 *wage* 变量的均值、中位数、最小值、最大值按组别大小均依次增加。

g_wage	N	mean	p50	min	max
1	450.00	3.12	3.22	1.00	4.03
2	449.00	4.68	4.69	4.03	5.43
3	449.00	6.32	6.27	5.43	7.31
4	449.00	8.73	8.67	7.32	10.27
5	449.00	16.00	12.78	10.32	40.75
Total	2246.00	7.77	6.27	1.00	40.75

图 1 −7　tabstat 查看变量的描述性统计量

7. 虚拟变量的生成

虚拟变量指的是取值为 1 和 0 的变量，在实际计量建模中常常要用到。例如企业产权性质有时就通过设定国有企业虚拟变量来衡量，用来考察国有企业和非国有企业的异质性。以数据"nlsw88. dta"为例，该数据集里的变量 *race* 表示种族类别。*race* 取 1 表示对应个体为白种人；取 2 为黑种人；取 3 为其他人种。如果要生成黑种人虚拟变量（ *dum_race*2），假设样本个体为黑种人，则 *dum_race*2 等于 1；否则，*dum_race*2 等于 0。可以通过 generate 和 replace 命令共同组合来完成虚拟变量的设定。具体命令如下：

sysuse nlsw88. dta,clear

gen dum_race2 =0

replace dum_race2 =1 if race == 2

第 1 行命令为读入数据；第 2 行命令表示生成一个新的变量 *dum_race*2，取值等于 0；第 3 行表示在 *race* 等于 2 的条件下，将 *dum_race*2 的取值替换成 1。*race* 等于 2 意味着样本个体为黑种人。此时 *dum_race*2 的取值为 1；*race* 取 1 或 3 时，*dum_race*2 的取值仍为 0。因此，*dum_race*2 就是黑种人虚拟变量。

类似地，如果要生成其他人种虚拟变量（ *dum_race*3），命令如下：

gen dum_race3 =0

replace dum_race3 =1 if race == 3

此外，还可以通过 tabulate 命令并加入选项 *generate* 的方式来生成虚拟变量。仍以 *race* 变量为例，命令如下：

tab race,gen(dum_r)

tab 表示列示 *race* 的分布情况；*gen* 选项表示生成一系列 *race* 的虚拟变量。在本例中，*race* 有 3 类，则生成 3 个虚拟变量，分别为 *dum_r*1，*dum_r*2，*dum_r*3。

用该方法也可以生成计量实证模型常用的年度、行业和地区虚拟变量等，这些变量可以控制不同年份宏观经济、不同行业特征、不同地区特征等因素对被解释变量的影响。

```
tab year,gen(yeardummy)
tab industry,gen(industrydummy)
tab province,gen(provincedummy)
```

其中，*year*，*industry*，*province* 分别表示年度、行业、地区变量命令。第 1 行命令表示生成一系列年度虚拟变量。例如，研究样本时间为 2010～2019 年，则总共会生成 10 个年度虚拟变量，变量名称分别为 *yeardummy*1～*yeardummy*10。类似地，第 2 行命令表示生成一系列行业虚拟变量；第 3 行命令表示生成一系列地区虚拟变量。

三、Stata 数据管理

（一）数据导入

使用 Stata 进行金融统计计量分析，首先要将其他格式的数据转变为 Stata 格式的数据。常用的数据格式主要包括 Excel 和 txt 等。

Stata 可以直接读入 Excel 格式的数据，其命令是 import Excel。举例来说，可以使用如下命令读入图 1－8 所示的“湖南省 GDP 和人口 Excel 数据”：

import Excel 湖南省 GDP 和人口数据 . xlsx， sheet （ " Sheet1 " ） cellrange （ A1： C21 ） firstrow clear

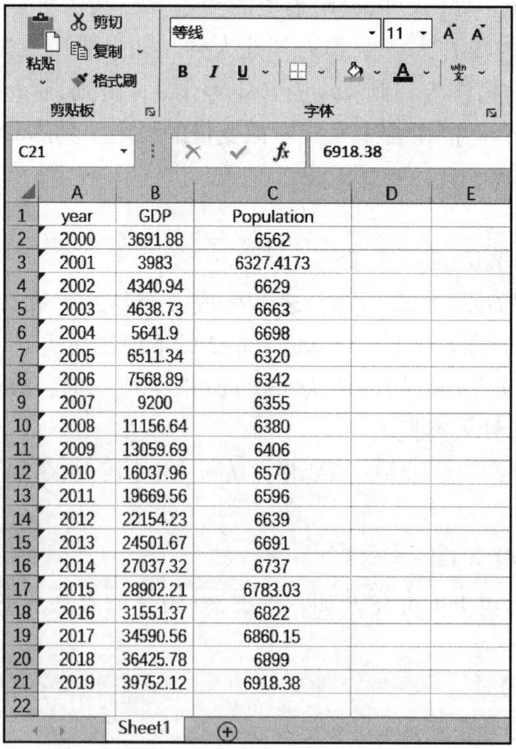

	A	B	C	D	E
1	year	GDP	Population		
2	2000	3691.88	6562		
3	2001	3983	6327.4173		
4	2002	4340.94	6629		
5	2003	4638.73	6663		
6	2004	5641.9	6698		
7	2005	6511.34	6320		
8	2006	7568.89	6342		
9	2007	9200	6355		
10	2008	11156.64	6380		
11	2009	13059.69	6406		
12	2010	16037.96	6570		
13	2011	19669.56	6596		
14	2012	22154.23	6639		
15	2013	24501.67	6691		
16	2014	27037.32	6737		
17	2015	28902.21	6783.03		
18	2016	31551.37	6822		
19	2017	34590.56	6860.15		
20	2018	36425.78	6899		
21	2019	39752.12	6918.38		
22					

图 1－8　湖南省 GDP 和人口 Excel 数据

使用 import Excel 命令时，需使用 *sheet*（）和 *cellrange*（）这两个选项设置待读入的数据在 Excel 文件中的具体存放位置。以上述命令为例，选项 *sheet*（"*Sheet*1"）表示待读入的数据位于一个名为 *Sheet*l 的工作表中；而选项 *cellrange*（A1：C21）表示待读入的数据的起始位置是 *Sheet*1 中的 A1 单元格而结束位置是 C21 单元格。经过这两步设置之后，Stata 就能准确找到待读入的数据。接下来，我们使用 firstrow 选项，告诉 Stata 数据第 1 行存储的是变量名。如果不加该选项，Stata 会将第 1 行数据当作变量值来读入。最后，使用 clear 选项表示先清空内存，再读入数据。关于 *import Excel* 更多的选项可以查看 help 文件。

Stata 可以直接读入 txt 格式的数据，其命令是 insheet。例如要读入一份名为"KZ. txt"的 txt 数据，命令如下：

insheet using KZ. txt, clear
save KZ. dta, replace

第 1 行命令表示读入"KZ. txt"数据；第 2 行命令表示将结果储存为 Stata 格式的数据。

（二）数据类型转化

变量的数据类型主要包括 3 类：数值型、字符型和日期型。

以一份如下的 txt 数据演示变量的数据类型转化命令。

图 1-9 中，第 1 列数据为上市公司股票代码；第 2 列为年度变量；第 3 列为日期变量；第 4 列为企业规模变量；第 5 列为资产负债率变量；第 6 列为企业产权性质变量。上述各列数据都包含着字符，第 1 列包含空格；第 2 列包含"-"；第 3 列包含"/"；第 4 列包含","；第 5 列包含"%"；第 6 列本身就是文字。

```
.   type d202.txt
600001      2004-12         2004/12/31      980.32          24%             国有
600 002     2004-12         2004/9/30       143,2.23        46%             民营
600 003     2004-12         2004/6/30       230,9.02        36%             国有
600004      2004-12         2004/3/31       145.98          61%             民营
```

图 1-9　type 命令列示数据

使用 insheet 命令导入该数据：

insheet code year date size leverage gov using d202. txt, clear

打开数据编辑器进行浏览（见图 1-10）：

	code	year	date	size	leverage	gov
1	600001	2004-12	2004/12/31	980.32	24%	国有
2	600 002	2004-12	2004/9/30	143,2.23	46%	民营
3	600 003	2004-12	2004/6/30	230,9.02	36%	国有
4	600004	2004-12	2004/3/31	145.98	61%	民营

图 1-10　Stata 数据编辑器浏览数据

导入数据后使用 describe 命令对数据进行描述，结果如图 1 – 11 所示。

```
.  describe

Contains data from d202.dta
  obs:             4
  vars:            6                                17 Jan 2022 10:15

                  storage    display    value
variable name     type       format     label      variable label

code              str7       %9s
year              str9       %9s
date              str12      %12s
size              str8       %9s
leverage          str11      %11s
gov               str14      %14s
```

图 1 – 11　describe 命令对数据进行描述

变量储存类型（storage type）均为文字型 *str* 变量。

使用 summarize 命令对变量进行描述性统计，结果如图 1 – 12 所示。

. summarize					
Variable	Obs	Mean	Std. Dev.	Min	Max
code	0				
year	0				
date	0				
size	0				
leverage	0				
gov	0				

图 1 – 12　summarize 命令对变量进行描述性统计

由于这些变量为字符型变量，因此结果显示观测样本数（*Obs*）为 0；其余统计量为空缺。

将字符型变量转换为数值型变量的命令为 destring。先以第 1 个变量 *code* 为例。命令如下：

destring code,gen(code1)ignore(" ")

其中，*destring* 后面加入要转换的字符型变量名称；选项 *gen* 表示 *generate* 的简写，括号中的 *code*1 为转换后新生成的变量；选项 *ignore* 表示忽略字符型变量的字符，括号中双引号内填写要忽略的字符。*code* 变量包含空格字符，这里填写的就是空格符号。转换之后，得到的新变量 *code*1 为数值型变量。若不想保留原有的 *code* 变量，则可以使用 *drop* 命令删掉该命令，并对 *code*1 进行重命名：

drop code1

rename code1 code

接下来对 *size* 和 *leverage* 两个变量进行转换。命令如下：

destring size leverage，replace ignore（"，%"）

由于 *size* 变量包含 "，"，*leverage* 变量包含 "%"，因此 *ignore* 选项的双引号中填写了 "，%"；选项 *replace* 表示将变量进行转换后直接替换原变量。

接下来对时间变量进行转换。时间变量包括 *year* 和 *date* 两个变量，首先使用如下命令对 *year* 变量进行转化：

gen year1 = real（substr（year,1,4））

其中，*gen* 表示 *generate* 的简写，生成一个变量 *year*1。这里之所以用 *year*1 命名新变量而不是用 *year* 命名，是因为在这份数据中已经有 *year* 这个变量。等号右边使用了两个 Stata 函数，*substr*（）函数表示从字符型变量中提取字符。由于此处例子 *year* 变量的形式为年 – 月。该字符的前 4 位表示年份，因此从 *year* 变量提取第 1 个字符到第 4 个字符。得到的取值 "2004" 仍然为字符型数据，再使用 *real*（）函数进行转换。*real*（）函数表示将字符型变量转换为数值或缺失值，若字符型变量是数字形式，则转换为数值。若字符型变量包含字母、文字或其他字符，则显示为缺失值。

由于新得到的 *year*1 变量为实际的年份变量，因此可以使用 *drop* 变量删除原有年份变量。并对新变量进行重命名：

drop year

rename year1 year

接下来对 *date* 变量进行转换。命令如下：

gen t = date（date,"YMD"）

format t %td

第一行命令中，*date*（）函数表示计算日期变量对应的 Stata 时间；选项 "YMD" 表示年月日。这里的例子日期单位是天，因此 *date* 函数计算出来的则是该日期变量对应的 Stata 天数。第二行命令表示对新生成的日期变量 t 进行格式调整，转换成 Stata 格式的日期型变量。同样，可以再用 drop 和 rename 命令进行处理。

drop date

rename t date

最后还剩下一个文字型类别变量 *gov* 要进行转化。可以使用 encode 命令进行转换：

encode gov,gen（gov1）

encode 命令表示将文字型变量转换成数值型类别变量；*gen* 选项表示生成一个新的变量。此例中，*gov* 共有两个类别，分别是 "国有" 和 "民营"。因此新生成的 *gov*1 变量取值为 1 和 2。可以再用 drop 和 rename 命令进行处理。

drop gov

rename gov1 gov

处理完所有变量后，再用 order 对变量按照最初的顺序进行排序：

order code year date size leverage gov

浏览数据如图 1 – 13 所示。

再用 describe 命令查看变量的数据存储类型（见图 1 – 14）：

	code	year	date	size	leverage	gov
1	600001	2004	31dec2004	980.32	24	国有
2	600002	2004	30sep2004	1432.23	46	民营
3	600003	2004	30jun2004	2309.02	36	国有
4	600004	2004	31mar2004	145.98	61	民营

图 1 – 13   Stata 数据编辑器浏览数据

```
. describe

Contains data from d202.dta
  obs:            4
  vars:           6                          17 Jan 2022 11:49

               storage   display    value
variable name   type     format     label      variable label

code            long     %10.0g
year            double   %10.0g
date            double   %td
size            double   %10.0g
leverage        byte     %10.0g
gov             long     %8.0g      gov1
```

图 1 – 14   describe 命令对数据进行描述

使用 summarize 命令对变量进行描述性统计（见图 1 – 15）：

```
. sum, sep(0)

    Variable |  Obs      Mean      Std. Dev.     Min        Max

        code |   4     600002.5    1.290994    600001     600004
        year |   4       2004          0         2004       2004
        date |   4     16298.25    118.3846     16161      16436
        size |   4     1216.888    902.2071     145.98    2309.02
    leverage |   4       41.75      15.6711       24         61
         gov |   4        1.5      0.5773503       1          2
```

图 1 – 15   summarize 命令对变量进行描述性统计

原有数据所有变量的描述性结果都能够计算得到。当然，在本例中，*year* 和 *date* 一般不需要进行描述性统计，这里只是作为一般性例子用来显示处理结果。至此，本例中所有变量的数据转换工作都已完成。对于更复杂的数据，数据思路大致类似。对于季度、月度、周度变量的处理，将在第三章再进行介绍。

以上介绍的是字符型变量如何转换成数值型变量，以及日期型变量如何转换。另外，还有 1 种情况，有时候也会需要将数值型变量转换成字符型变量。此时用到的命令为 tostring。该命令语法结构如下：

tostring varlist,{generate(newvarlist)│replace}［tostring_options］

假设要将前文例子中已转换得到的 year 变量再转换为字符型变量。命令如下：

tostring year, replace

（三）删除缺失值

由于变量有缺失值的样本都无法进入到统计计量分析过程中，因此需要对数据缺失值进行删除。以数据"nlsw88. dta"为例，这是一份 Stata 软件自带的数据，样本量为 2,246 个。使用 sysuse 命令调入该数据，并用 summarize 命令进行描述性统计。由图 1 - 16 可知，包括 *idcode*，*age* 等在内的多个变量数据都是完整的，没有缺失值。但也有一些变量如 *industry*，*occupation*，*union*，*hours*，*tenure* 等存在着或多或少的缺失值。如果在实际的计量分析中，要用到这些变量，那么就需要将这些变量存在缺失值的样本都删除掉。删除缺失值最简易的命令为 drop。例如，要删除 industry 存在缺失值的样本。命令为：

drop if industry == .

该命令中的等号要用两个" = "，表示 *industry* 变量取值为缺失值的情况下进行删除。如果要同时删除几个变量存在缺失值的样本，可以写多行命令逐一删除，也可以用逻辑运算符"｜"来写命令：

drop if industry == . ｜occupation == . ｜union == . ｜hours == . ｜tenure == . //（见图 1 - 16）

```
. sysuse nlsw88.dta, clear
(NLSW, 1988 extract)

. summarize, sep(0)
```

Variable	Obs	Mean	Std. Dev.	Min	Max
idcode	2,246	2612.654	1480.864	1	5159
age	2,246	39.15316	3.060002	34	46
race	2,246	1.282725	0.4754413	1	3
married	2,246	0.6420303	0.4795099	0	1
never_marr~d	2,246	0.1041852	0.3055687	0	1
grade	2,244	13.09893	2.521246	0	18
collgrad	2,246	0.2368655	0.4252538	0	1
south	2,246	0.4194123	0.4935728	0	1
smsa	2,246	0.7039181	0.4566292	0	1
c_city	2,246	0.2916296	0.4546139	0	1
industry	2,232	8.189516	3.010875	1	12
occupation	2,237	4.642825	3.408897	1	13
union	1,878	0.2454739	0.4304825	0	1
wage	2,246	7.766949	5.755523	1.004952	40.74659
hours	2,242	37.21811	10.50914	1	80
ttl_exp	2,246	12.53498	4.610208	0.1153846	28.88461
tenure	2,231	5.97785	5.510331	0	25.91667

图 1 - 16　调入数据"nlsw88. dta"对变量进行描述性统计

除 drop 命令外，也可以使用另外一种更简洁的办法。具体命令如下：

quietly reg idcode-tenure

keep if e(sample)

第一行命令表示对所有变量进行回归。这里假设实际计量分析要用到该数据的所有变量。*idcode* 是这份数据的第一个变量；*tenure* 是这份数据的最后一个变量。因此可以用 *idcode* – *tenure* 表示所有变量。*reg* 命令为 *regress* 的简写，表示使用最小二乘法进行回归；*quietly* 表示"悄悄地"做回归，也就是不让结果呈现在结果显示窗口。由于这里的回归并没有实际的含义，因此不需要呈现结果。在进行 *OLS* 回归的时候，只有那些变量没有缺失值的样本才能进入到回归。在做回归的时候，*Stata* 会生成一些返回值，其中一个函数返回值为 *e* (*sample*)。当某个样本进入回归时，对应的 *e* (*sample*) 取值为 1；当某个样本没有进入回归时，*e*(*sample*) 取值为 0。第二行命令表示保留那些 *e* (*sample*) 等于 1 的样本。也就是只保留进入回归的样本，那些没有进入回归的样本就被删除了。也就意味着这份数据里所有变量凡是存在缺失值的样本都被删除了（见图 1 – 17）。

```
.  quietly reg idcode-tenure

.  keep if e(sample)
(398 observations deleted)

.  summarize, sep(0)
```

Variable	Obs	Mean	Std. Dev.	Min	Max
idcode	1,848	2614.384	1486.31	1	5159
age	1,848	39.21429	3.041416	34	46
race	1,848	1.291667	0.4823869	1	3
married	1,848	0.6515152	0.4766194	0	1
never_marr~d	1,848	0.1087662	0.31143	0	1
grade	1,848	13.17208	2.550548	0	18
collgrad	1,848	0.2478355	0.4318727	0	1
south	1,848	0.4242424	0.4943612	0	1
smsa	1,848	0.7083333	0.4546527	0	1
c_city	1,848	0.2938312	0.4556388	0	1
industry	1,848	8.255952	3.042377	1	12
occupation	1,848	4.62013	3.479021	1	13
union	1,848	0.2467532	0.4312386	0	1
wage	1,848	7.60597	4.173447	1.344605	39.23074
hours	1,848	37.61905	9.957783	1	80
ttl_exp	1,848	12.86178	4.576879	0.4038461	28.88461
tenure	1,848	6.582882	5.631957	0	25.91667

图 1 – 17　删除变量缺失值并进行描述性统计

（四）异常值处理

异常值是指取值很大或很小的数值，可能由于数据录入错误等原因导致。在金融研究中较为常见。例如上市公司财务报表中常会有一些异常大或异常小的取值，甚至一些变量不可能为负，但却出现了负数等。在进行实际分析时，要对这些异常值进行处理。否则，会对分析结果产生较大的干扰。这里以 Stata 软件自带的一份数据 "auto. dta" 为例进行说明。使用 sysuse 调入该数据，通过 histogram 画出 *price* 变量的直方图。结果如图 1 – 18 所示。

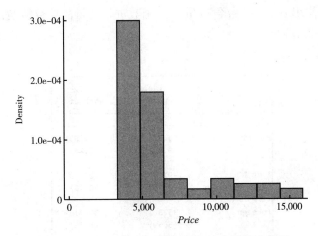

图 1 – 18　histogram 命令绘制 *price* 变量的直方图

这里假定 *price* 大于 13,000 的取值为异常值。通过 count 命令查看异常值个数（见图 1 – 19）：

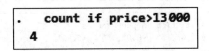

图 1 – 19　count 命令计数

可知异常值个数为 4 个。进一步生成异常值虚拟变量：

gen dum_out = price > 13,000

当 *price* > 13,000 这个条件成立时，*dum_out* 取值为 1；否则为 0。

接下来做两个回归，分别对全样本和剔除异常值的样本进行 *OLS* 回归：

reg price weight length foreign

est storem1

reg price weight length foreign if ~ dum_out

est storem2

esttab m1 m2,mtitle("with" "without")

第一行命令表示对全样本进行 *OLS* 回归；第二行命令表示将回归结果存为 *m*1。需要说明的是，此时的结果存在电脑内存中，并未存储于电脑硬盘里；第三行命令表示对 *dum_out* 不等于 1 的样本进行回归。也就是对剔除异常值的样本进行回归；第四行命令表示将回归结果存为 *m*2；最后一行命令使用外部命令 *esttab* 将结果 *m*1 和 *m*2 输出，显示在屏幕中。选项 *mtitle* 表示给两列回归结果加上标题。结果如图 1 – 20 所示。

由图 1 – 20 结果可知，是否剔除异常值得到的回归结果是存在显著差别的，估计系数的大小和显著性都可能发生改变。或者更极端地思考，已知 *price* 变量的取值介于 3,291 ~ 15,906 之间。如果新增一个样本，*price* 的取值为 1,000 万，明显比 *price* 的最大值要大很多。那么加入此样本进行回归，显然会改变估计结果。

由于异常值会对统计计量分析的结果产生干扰，因此要采取一些方法对异常值进行处理。目前常用的处理方法包括取对数和缩尾两种。以 Stata 自带数据集 "nlsw88. dta" 为例，调入数据后，使用 generate 命令和 ln（ ）函数进行变量的对数转换：

sysuse nlsw88. dta, clear

gen ln_wage = ln(wage)

	(1) with	(2) without
weight	5.775*** (6.02)	3.183*** (3.74)
length	-91.37** (-2.78)	-21.79 (-0.78)
foreign	3573.1*** (5.59)	3383.8*** (6.70)
_cons	4838.0 (1.29)	-698.8 (-0.23)
N	74	70

t statistics in parentheses
* p<0.05, ** p<0.01, *** p<0.001

图 1 – 20　是否剔除异常值得到的 OLS 回归结果对比

ln_wage 就是对 *wage* 变量进行对数转换后新生成的变量。利用直方图可以查看两个变量的分布对比情况（见图 1 – 21）：

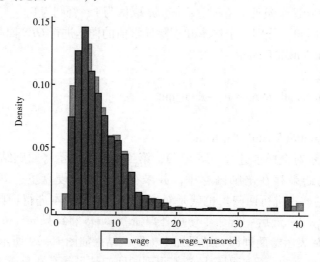

图 1 – 21　**wage** 变量缩尾前后直方图对比

twoway（histogram wage,color(gray））（histogram ln_wage,color(black））

灰色为 *wage* 变量的分布直方图；黑色为 *ln_wage* 变量的分布直方图。由图易知，取对数后的变量分布更为集中，存在异常值的可能性大大降低。

另一种更常用的方法是对变量进行缩尾处理。一般情况下对变量最小的 1% 样本和最大的 1% 样本进行缩尾处理。令最小的 1% 样本取值等于 1% 分位点上的值；令最大的 1% 样本取值等于 99% 分位点上的值。缩尾处理的命令为 winsor 和 winsor2。这两个命令都是外部命令，需要安装后才能使用。winsor2 的使用更为方便。建议大家直接使用 winsor2 命令进行缩尾即可。如要对 *wage* 变量进行缩尾处理，具体命令如下：

winsor2 wage，replace cuts（1 99）

选项 *replace* 表示缩尾后替换原有变量；选项 *cuts*（1 99）表示分别进行上下各 1% 的缩尾处理。如果要进行上下各 2% 的缩尾处理，选项调整为 *cuts*（2 98）。需要说明的是，缩尾处理要求样本数大于 100 才行。

除取对数和缩尾处理外，还有一种处理异常值的方法是截尾处理。截尾处理是指将最大或最小的一些样本直接删除。截尾处理也可以使用 winsor2 进行操作：

winsor2 wage，replace cuts（1 99）trim

在缩尾处理命令的基础上加上选项 *trim*，表示截尾处理。截尾处理的缺点是会损失样本数量。因此一般情况下，只有在样本量特别大的情况下，才进行截尾处理。

（五）数据合并

1. 纵向合并数据

有时候，分析所需使用的数据被存储在多个数据文件中。在进行数据处理之前，需要先将这些数据合并到一起。数据合并分为两种类型：一是纵向合并；二是横向合并。

纵向合并数据指的是将多个数据的样本纵向拼接在一起。合并之后，数据的样本量等于各子数据之和，但变量数目通常保持不变。例如，在跨国比较研究中不同国家和地区的数据通常会存储在不同的数据文件中。如果这些数据文件中包含的变量完全相同，就可以将它们纵向合并到一起进行综合分析。除此之外，有些调查项目（如 CCSS）在不同年份独立抽取了多个全国性的样本。如果将这些样本中共同的变量保存下来，就可通过纵向合并的方法将数据拼接到一起，从而研究同一社会现象随时间变动的趋势。综上所述，纵向合并数据在实际研究中的用途非常广泛。因此，熟练掌握这种方法是数据分析的一项基本功。需要特别注意的是，在使用 Stata 纵向合并数据之前，需要做一些准备工作。具体包括：

第一，不同数据文件中同一个变量的变量名要保持一致。否则 Stata 会将之视作两个不同的变量来处理。

第二，不同数据文件中相同变量的变量类型必须一致。否则也无法合并到一起。举例来说，如果数据 1 中标识个案编号的变量 *id* 是数值型变量，而数据 2 中的 *id* 是字符型变量，Stata 在纵向合并数据的时候也会出错。

第三，标识个案编号的变量在不同数据中的取值最好不要重复。否则合并之后无法区分样本来自哪个数据。举例来说，如果数据 1 中的 *id* 是从 1 至 *n* 来编号，数据 2 也按照同样的方法编号，那么合并以后就会出现两个 *id* 为 1，2，…的个案。且无法区分出哪个来自数据 1，哪个来自数据 2。一个解决途径是在数据合并之前（或同时）生成 1 个新变量来标识数据来源。

在 Stata 中，当我们做好纵向合并数据的前期准备工作之后，就可使用 append 命令来合并数据。该命令的使用方法如下：

append using filename［filename …］［，options］

在使用 append 命令之前，用户需要先将 1 个数据读入内存，然后再用该命令将其他数据合并过来。待合并的数据文件写在 uing 之后的 filename 之中。需要注意的是，Stata 允许一次性合并多个数据。即在 using 之后可以一次列出多个 filename。但我们强烈建议用户一次只合并 1 个数据，因为同时合并多个数据很容易出错。如果需要合并多个数据，可以多次使用 append 命令，每次合并 1 个数据。

append 命令有 5 个选项。一是 generate（newvarname）。该选项可以在合并数据的同时生成 1 个名为 newvaname 的虚拟变量。该变量可以标识合并后的数据中哪些是先读入内存的样本（取值为 0），哪些是合并过来的样本（取值为 1）。二是 keep（varlist）。该选项的功能是只将待合并数据中的部分变量合并进来，这些变量需列在 varlist 之中。相比使用该选项，我们更推荐用户在使用 append 命令之前就将数据准备好。即在合并前将待合并数据中的无关变量删除或只把需要合并的变量保存下来。三是 force。使用该选项可以将同名但存储类型不同的变量（如一个是字符型，另一个是数值型）强制合并在一起。但我们不建议用户使用这个选项，因为强制合并的后果是产生大量缺失值。更好的办法是，在合并之前先将不同数据中的同名变量转换成相同的存储类型。最后两个选项是 nolabel 和 nonotes。这两个选项的功能是只合并数据，不保留待合并数据中的标签和注释。这两个选项只有在一些特殊场合才会用到。

2. 横向合并数据

横向合并数据则是指将多个数据中的样本按照一定方式横向匹配合并之后，数据中的变量数量会有明显增加，但样本量通常不会发生与纵向合并相同，数据的横向合并在实际研究中也有非常广泛的应用。数据的横向合并是对复杂数据进行有效管理的一项基本功，因此必须熟练掌握。根据横向合并的方式，可将之分为四种不同的类型，即一对一合并、一对多合并、多对一合并、多对多合并等。

一对一合并指的是将两个数据中的数据行逐一匹配起来的合并方法。在匹配之前，首先需要确定匹配变量。这个变量必须在两个数据中都有，且取值唯一。在 Stata 中，使用 merge 命令实现一对一合并。该命令的使用方法如下：

merge 1 : 1 varlist using filename [, options]

该命令中，merge 之后的 1 : 1 表示进行一对一合并；varlist 就是数据合并所基于的匹配变量。无论 varlist 中包含 1 个变量还是多个变量，都必须满足以下两个条件：第一，varlist 必须在所有待合并的数据中都有；第二，varlist 中的取值（或取值组合）在所有待合并数据中都没有重复。

如果数据满足这两个要求，就可以基于 varlist 将它们合并在一起。在具体操作的时候，用户需要首先读入一个数据，然后再通过 merge 命令将另一个数据横向合并过来。这个待合并的数据需写在 using 之后的 filename 之中。使用 merge 命令 1 次只能合并 1 个数据。如果有多个数据需要合并，需要重复使用该命令。

在使用 merge 命令的时候有几个注意事项。首先，使用 merge 合并数据之后，Stata 会自动生成一个名为 "_merge" 的标识变量。该变量有 3 个取值，取值为 3 表示匹配成功；取值为 1 和 2 表示匹配失败。匹配失败有两个原因：一是先读入内存的数据中有一些个案在待合并的数据中没有找到相应的匹配对象（"_merge" 取值为 1）；二是待合并的数据中有一些个案在先读入内存的数中没有相应的匹配对象（此时 "_merge" 取值为 2）。Stata

在执行 merge 命令之后，默认会报告"_merge"的描述性统计结果。如果不想报告该结果，可使用 noreport 选项。此外，Stata 默认将匹配结果保存到一个名为"_merge"的变量中。如果用户想自己定义该变量的名称，可使用 generate（newvarname）选项。使用该选项后，Stata 会将匹配结果保存到用户自定义的 newvarname 之中。如果用户不想保存匹配结果，也可使用 nogenerate 选项，这样 Stata 就不会生成任何标识变量。我们强烈建议用户在使用 merge 命令的时候保留标识变量，同时显示该变量的描述性统计结果。

四、Stata 绘图

一个完整的图应包括以下要素：曲线（点/线/面）、标题与副标题、图例、脚注、插文、坐标轴。下面是一幅用 Stata 绘制散点图的例子。

```
sysuse auto,clear
twoway（scatter mpg weight if foreign==0）    ///
（scatter mpg weight if foreign==1,msymbol(Sh)）    ///
,///
title(标题：行驶里程与车重关系)    ///
subtitle(副标题：1974 年美国的国产和进口汽车)    ///
ytitle(纵坐标标题：里程)    ///
xtitle(横坐标标题：重量)    ///
note(注释：数据来自美国汽车协会)    ///
text(35 3400"曲线类型：散点图")    ///
legend(title(图例)label(1 国产车)label(2 进口车))    ///
scheme(s1rcolor)
```

上述命令中的"///"表示命令断行符号。由于命令较长，为书写方便，可以使用该符号。由于有命令断行符号，因此上述命令从第 2 行起要全部选中执行。注意断行符号"///"和注释符号"//"一样，和同行的命令字符之间的间隔至少超过 1 个字符；否则会提示出错。上述命令绘制出来的图形如图 1-22 所示。

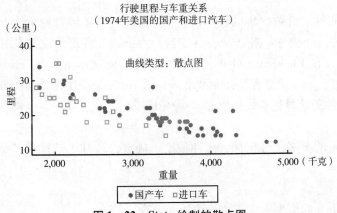

图 1-22　Stata 绘制的散点图

资料来源：美国汽车协会。

Stata 绘图的命令结构如下：

graph-command（plot-command，plot-options）（plot-command，plot-options），graph-options

或者

graph-command plot-command，plot-options ‖ plot-command，plot-options ‖ ，graph-options

graph-command 定义图的类型；plot-command 定义曲线类型。同一个图中如果有多条曲线可以用括号分开；也可以用"‖"分开。曲线有其自身的选项，而整个图也有其选项。例如 twoway 为 graph-command 中的命令之一；而 scatter 为 plot-command 中的命令之一。

曲线选项和图选项，例如：

twoway（scatter mpg weight），title（"美国汽车"）

twoway（scatter mpg weight，msymbol（Oh））

twoway（scatter mpg weight，msymbol（Oh）），title（"美国汽车"）

第 1 行命令中的选项 title 为图选项，表示为整幅图加标题；第 2 行命令中的选项 msymbol 为曲线选项，表示设置点的类型为空心圆形；第 3 行命令同时使用图与曲线选项，将前两行命令结合起来。

Stata 提供各种曲线类型，包括点（scatter）、线（line）、面（area），直方图（histogram）、条形图（bar）、饼图（pie）、函数曲线（function）以及矩阵图（matrix）等。对时间序列数据有以 ts 开头的一系列特殊命令，如 tsline。还有一类是对双变量的回归拟合图（lfit，qfit，lowess）等。可以用帮助命令查看，包括 help graph，help towway 等。

五、Stata 统计分析

以数据集 grilic. dta 为例。该数据集截取自格里利克斯（Griliches，1976）对教育投资回报率的经典研究，由布莱克本和诺伊马克（Blackburn and Neumark，1992）更新数据，包括 758 名美国年轻男子的数据。

首先，打开此数据集，看一下它所包含的变量情况。

use grilic. dta，clear

describe

从图 1 – 23 可知，此数据集的样本容量为 758。其中被解释变量为 lnw（工资对数）；主要解释变量包括 s（教育年限）、$expr$（工龄）、$tenure$（在现单位工作限）、age（年龄）、iq（智商）、kww（在 Knowledge of the World of Work 测试的成绩）、med（母亲的教育年限）、mrt（婚否）、$smsa$（是否住在大城市）以及 rns（是否住在美国南方）。

下面看一下各变量的基本统计指标（见图 1 – 24）。

sum

如果想看 lnw 的更多统计指标，比如偏度、峰度，可加上选择项"detail"（见图 1 – 25）：

sum lnw，detail

下面，绘制 lnw 的概率密度函数，可输入命令：

kdensity lnw，normal normop（lpattern（dash））

```
Contains data from grilic.dta
  obs:           758
  vars:           11                        12 Mar 2015 20:28

                storage   display   value
variable name    type     format    label    variable label

rns             byte      %8.0g              south = 1
mrt             byte      %8.0g              married = 1
smsa            byte      %8.0g              big cities =1
med             byte      %8.0g              mother's education
iq              int       %8.0g              IQ
kww             byte      %8.0g              KWW
age             byte      %8.0g              age
s               byte      %8.0g              schooling
expr            float     %9.0g              experience
tenure          byte      %8.0g              tenure
lnw             float     %9.0g              ln(wage)

Sorted by:
```

图 1 – 23　describe 命令查看数据结构

Variable	Obs	Mean	Std. Dev.	Min	Max
rns	758	0.2691293	0.4438001	0	1
mrt	758	0.5145119	0.5001194	0	1
smsa	758	0.7044855	0.456575	0	1
med	758	10.91029	2.74112	0	18
iq	758	103.8562	13.61867	54	145
kww	758	36.57388	7.302247	12	56
age	758	21.83509	2.981756	16	30
s	758	13.40501	2.231828	9	18
expr	758	1.735429	2.105542	0	11.444
tenure	758	1.831135	1.67363	0	10
lnw	758	5.686739	0.4289494	4.605	7.051

图 1 – 24　sum 命令查看基本统计量

```
                        ln(wage)

       Percentiles    Smallest
 1%       4.804         4.605
 5%       5.011         4.605
10%       5.165         4.654      Obs             758
25%       5.38          4.718      Sum of Wgt.     758

50%       5.684                    Mean        5.686739
                     Largest       Std. Dev.   0.4289494
75%       5.991         6.786
90%       6.252         6.844      Variance    0.1839976
95%       6.399         6.869      Skewness    0.1744968
99%       6.706         7.051      Kurtosis     2.73237
```

图 1 – 25　sum 命令加 detail 选项的结果

其中，"kdensity"表示核密度估计（kernel density estimation）；选择项"normal"表示画正态分布的密度函数作为对比；而选择项"normop（lpattern（dash））"则表示将正态密度用虚线来画（其中，normop 表示 normal options；而 lpattern 表示 line pattern）。

从图 1 – 26 可知，工资对数的分布接近于正态分布，也基本为对称分布。作为对比，下面考察工资水平本身的分布。

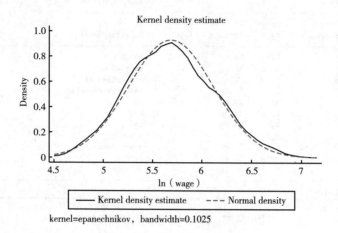

图 1 – 26　ln$w$ 变量的概率密度函数

gen wage = exp(lnw)

kdensity wage

从图 1 – 27 可知，一方面，工资水平的分布相较正态分布甚远，为非对称分布。在右边存在很长的尾巴，称为"向右偏"；另一方面，工资对数的分布则很接近正态分布。这是使用工资对数作为被解释变量的原因之一。此例也提示我们，对于取值为正的非对称分布，有时可通过取对数使其变得更为对称，也更接近于正态分布。

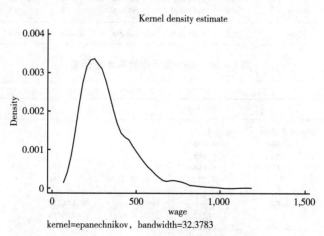

图 1 – 27　工资水平 w 的概率密度函数

以上考察的均为无条件分布以及无条件期望等。下面考察给定教育年限情况下的条件分布。比如给定教育年限为 16 年（大学毕业），工资对数的条件密度如图 1 – 28 所示。

kdensitylnw if s == 16

为便于比较，下面将 ln$w$ 的无条件密度与条件密度画在一起：

twoway kdensity lnw ‖ kdensity lnw if s == 16, lpattern(dash)

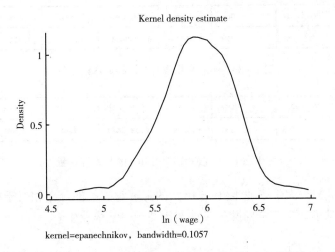

图 1 - 28 给定教育年限为 16 年时工资对数的条件密度

其中，"‖"为分隔符（separator）。分隔符"‖"的作用，也可以通过两个括号"（）（）"来等价地实现。比如：

twoway（kdensity lnw）（kdensity lnw if s == 16, lpattern（dash））

从图 1 - 29 可以看出，给定 $s = 16$ 的工资对数条件密度（图中虚线），明显比工资对数的无条件密度向右移。故条件期望增大，而条件方差则似乎也变小。下面，比较 $\ln w$ 的无条件期望、方差与条件期望、标准差。

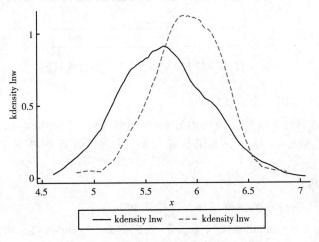

图 1 - 29 工资对数密度和条件密度函数

从图 1 - 30 和图 1 - 31 可知，条件期望为 5.907338，大于无条件期望 5.686739；而条件标准差为 0.3396442，小于无条件标准差 0.4289494。

sumlnw

sum lnw if s == 16

进一步，比较在 $s = 12$（中学毕业）与 $s = 16$（大学毕业）情况下，$\ln w$ 的条件密度。

twoway（kdensity lnw if s == 12）（kdensity lnw if s == 16, lpattern（dash））

Variable	Obs	Mean	Std. Dev.	Min	Max
lnw	758	5.686739	0.4289494	4.605	7.051

图 1-30 sum 命令查看 lnw 的基本统计量

Variable	Obs	Mean	Std. Dev.	Min	Max
lnw	151	5.907338	0.3396442	4.828	6.869

图 1-31 s 取值为 16 时 lnw 的基本统计量

从图 1-32 可知，大学毕业生（$s=16$）的工资对数条件分布相对于中学毕业生（$s=12$）向移。故大学毕业生工资对数的条件期望高于中学毕业生。

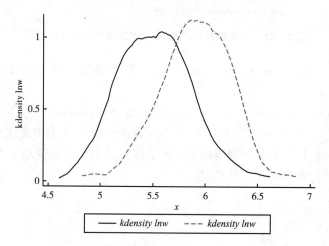

图 1-32 $s=12$ 和 $s=16$ 时工资对数密度函数

接下来看看几种常用分布的图形情况：

（1）正态分布。在 Stata 中，使用函数 $normalden(x)$ 与 $normal(x)$ 分别表示标准正态分布的密度函数 $\phi(x)$ 与累积分布函数 $\Phi(x)$。比如，计算标准正态分布小于 1.96 的概率：

dis normal(1.96)

如果要画标准正态分布的密度函数，可输入如下命令：

twoway function y = normalden(x),range(-5 5)xline(0)ytitle(概率密度)

其中，选择项"range（-5 5）"表示在横轴区间（-5,5）上画此图；默认为"range（0 1）"，即在（0,1）区间画图。选择项"xline（0）"表示在横轴 $x=0$ 处画一条直线；而选择项"ytitle（概率密度）"表示将纵轴的标签设为"概率密度"（见图 1-33）。

进一步，正态分布 $N(m,s)$ 的密度函数可用 $normalden(x,m,s)$ 来表示。其中 m 与 s 分别为期望与标准差。下面，将 $N(0,1)$ 与 $N(1,4)$ 的密度函数画在一起。

twoway function y = normalden(x),range(-5 10) ‖ function z = normalden(x,1,2),range(-5 10)lpattern(dash)ytitle(概率密度)

其中，选择项"lpattern（dash）"表示使用虚线画图（见图 1-34）。

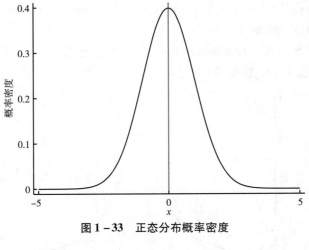

图 1-33　正态分布概率密度

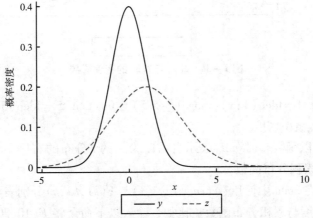

图 1-34　$N(0,1)$ 与 $N(1,4)$ 的密度函数

（2）χ^2 分布。在 Stata 中，使用函数 $chi2den(n,x)$ 与 $chi2(n,x)$ 分别表示自由度为 n 的卡方分布的概率密度与累积分布函数。比如，输入以下命令将 $\chi^2(3)$ 与 $\chi^2(5)$ 的密度函数画在一起（见图 1-35）。

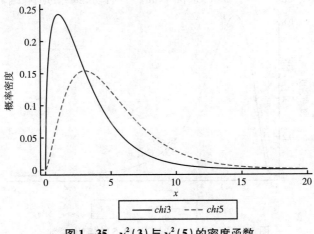

图 1-35　$\chi^2(3)$ 与 $\chi^2(5)$ 的密度函数

twoway function chi3 = chi2den(3,x), range(0 20) ‖ function chi5 = chi2den(5,x), range (0 20) lpattern(dash) ytitle(概率密度)

（3）t 分布。在 Stata 中，使用函数 $tden(n,t)$ 与 $t(n,t)$ 分别表示自由度为 n 的 t 分布的概率密度与累积分布函数。比如，使用以下命令将 $t(1)$ 与 $t(5)$ 的密度函数画在一起（见图 1 – 36）。

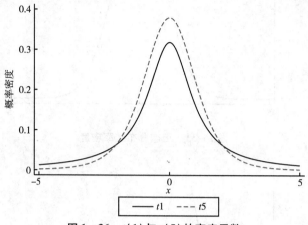

图 1 – 36　$t(1)$ 与 $t(5)$ 的密度函数

twoway function t1 = tden(1,x), range(– 5 5) ‖ function t5 = tden(5,x), range(– 5 5) lpattern(dash) ytitle(概率密度)

另外，Stata 还以函数 $ttail(n,t)$ 表示自由度为 n 的 t 分布的右侧尾部概率，即 $P(T > t)$，正好是反向的累积分布函数。

（4）F 分布。在 Stata 中使用数 $Fen(k1,k2,x)$ 与 $F(k1,k2,x)$ 分别表示自由度为 (k_1,k_2) 的 F 分布的概率密度与累积分布函数。比如，输入以下命令将 $F(10,20)$ 与 $F(10,5)$ 的密度函数画在一起。

twoway function F20 = Fden(10,20,x), range(0 5) ‖ function F5 = Fden(10,5,x), range(0 5) lpattern(dash) ytitle(概率密度)

如果想对图 1 – 37 进行编辑，比如将变量标签改为 "F （10，20）" 与 "F （10，5）"，可在图像上单击菜单 "File" → "Start Graph Editor"，启动 Stata 的图像编辑器（见图 1 – 38）。

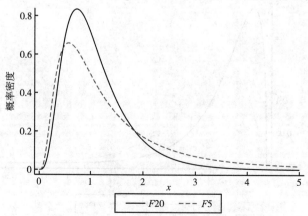

图 1 – 37　$F(10,20)$ 与 $F(10,5)$ 的密度函数

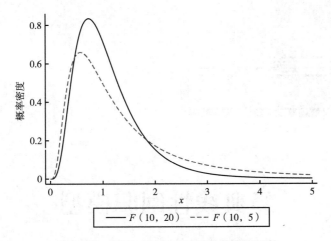

图 1 - 38　$F(10,20)$ 与 $F(10,5)$ 的密度函数

启动图像编辑器之后，直接单击原来的变量标签"$F20$"与"$F5$"即可进行编辑，将标签分别改为"$F(10, 20)$"与"$F(10, 5)$"。

更多有关概率分布的 Stata 函数，参见"help density function"。

第二章

经典线性回归模型

第一节　一元线性回归模型

一元线性回归模型是最简单的线性回归模型，可以用来研究两个变量之间的关系。学习一元线性回归模型，有助于更好地理解多元线性回归模型，因而本章的第一节从一元线性回归模型学起。

一、一元线性回归模型的定义

应用计量经济研究的主要问题之一就是要探究各种经济变量之间的关系：变量 y 和 x 之间存在何种关系，或者变量 x 的变化对变量 y 的变化会产生什么影响。例如，教育经济学中的经典问题，工资收入 y 和受教育程度 x 之间存在什么关系。由于经济变量是随机变量，变量之间的关系表现为不确定的统计相关关系。可以通过建立变量 y 和 x 的一个线性方程来表述二者之间的关系：

$$y_i = \beta_0 + \beta_1 x_i + \varepsilon_i \tag{2-1}$$

该模型即为一元线性回归模型。变量 y 被称为被解释变量或因变量；变量 x 被称为解释变量或自变量；下标 i 表示第 i 个样本；变量 ε 被称为误差项或干扰项，表示除 x 之外所有其他影响 y 的因素。一元线性回归模型把除 x 之外其他所有影响 y 的因素都看作是无法观测的因素。β_0 表示截距参数；β_1 表示斜率参数，是应用计量经济研究的兴趣所在。

下面举两例说明。第 1 个例子来自农业经济学，研究农作物小麦产量（yield）和施肥量（fertilizer）之间的关系。模型如下：

$$yield_i = \beta_0 + \beta_1 fertilizer_i + \varepsilon_i$$

农业经济学研究者感兴趣的是，在其他因素不变的情况下，施肥量如何影响小麦产量。系数 β_1 度量在其他条件不变的情况下，施肥量对小麦产量的影响：

$$\beta_1 = \frac{\Delta yield_i}{\Delta fertilizer_i}$$

第 2 个例子来自教育经济学的经典例子，研究个人工资收入（wage）与受教育程度（edu）之间的关系。模型如下：

$$wage_i = \beta_0 + \beta_1\, edu_i + \varepsilon_i$$

干扰项 ε 包括诸如工作经验、能力、任现职时间等其他影响工资收入的所有因素。教育经济学研究者感兴趣的是，在其他因素不变的情况下，个体受教育程度如何影响工资收入。β_1 度量了在其他条件不变的情况下，多接受 1 年教育导致工资收入的变化量。

教育经济学实际研究中，往往将工资收入取对数作为被解释变量。其原因在于两点：第一，取对数后的工资收入更接近于正态分布；第二，被解释变量取对数能够以变化百分比解释。工资收入取对数后的一元线性回归模型变为：

$$\ln wage_i = \beta_0 + \beta_1\, edu_i + \varepsilon_i$$

β_1 表示受教育程度对工资收入对数的边际效应：

$$\beta_1 = \frac{\mathrm{dln}wage}{dedu} = \frac{\frac{dwage}{wage}}{dedu} \approx \frac{\frac{\Delta wage}{wage}}{\Delta edu}$$

由上式可知，β_1 的含义表示受教育程度每增加 1 年，工资收入增加百分之多少。

借助于数据集 grilic. dta，可以考察工资收入对数和受教育程度之间的线性关系。该数据集包括 759 名美国年轻男子的教育投资回报率数据。工资收入对数用变量 $\ln w$ 表示，受教育程度用 s 表示。使用 Stata 软件打开数据，并浏览数据：

use grilic. dta, clear

browse lnw s

画出二者的散点图，并在图上画出离这些样本点最近的拟合线，结果如图 2 - 1 所示。

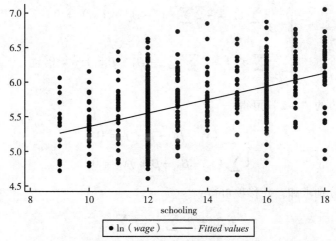

图 2 - 1　工资收入对数与受教育程度的散点图和线性拟合

twoway scatter lnw s ‖ lfit lnw s

由图 2 - 1 可知，工资收入对数和受教育程度之间存在正相关关系。

二、最小二乘法（OLS）

图 2 - 2 描绘了变量 y 和变量 x 的样本散点图分布情况。我们希望在平面 (x, y) 上找到一条直线，使得此直线到所有样本观测值的距离和最近。假设存在一条直线如图 2 - 2 所示，其方程为：$y_i = \hat{\beta}_0 + \hat{\beta}_1 x_i$。可以计算每个样本点到直线的距离，定义 $e_i = y_i - \hat{\beta}_0 - \hat{\beta}_1 x_i$，$e_i$ 称为残差。最小二乘法的基本原则是：最优拟合直线应该使残差绝对值之和最小。之所以要求残差绝对值之和最小，是因为残差有正负之分，不取绝对值直接求和会出现正负相抵的现象。但绝对值不易运算，因此最为简便的方法便是对残差取平方再求和。OLS 的基本原则可以调整为：最优拟合直线应当使残差平方和最小。

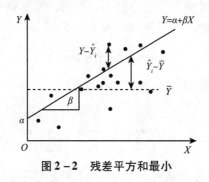

图 2 - 2　残差平方和最小

在数学上，可将 OLS 的基本原则表述为：

$$\min_{\hat{\beta}_0, \hat{\beta}_1} \sum e_i^2 = \sum (y_i - \hat{\beta}_0 - \hat{\beta}_1 x_i)^2 \qquad (2-2)$$

根据数学微积分知识，最优化问题可转化为求一阶导数等于 0 的参数取值。因此残差平方和最小化的一阶条件为：

$$\begin{cases} \dfrac{\partial}{\partial \hat{\beta}_0} \sum e_i^2 = -2 \sum (y_i - \hat{\beta}_0 - \hat{\beta}_1 x_i) = 0 \\[2mm] \dfrac{\partial}{\partial \hat{\beta}_1} \sum e_i^2 = -2 \sum (y_i - \hat{\beta}_0 - \hat{\beta}_1 x_i) x_i = 0 \end{cases}$$

消去方程左边的 " - 2" 可得：

$$\begin{cases} \sum (y_i - \hat{\beta}_0 - \hat{\beta}_1 x_i) = 0 \\[2mm] \sum (y_i - \hat{\beta}_0 - \hat{\beta}_1 x_i) x_i = 0 \end{cases}$$

对上式各项分别求和，并移项可得：

$$\begin{cases} n \hat{\beta}_0 + \hat{\beta}_1 \sum x_i = \sum y_i \\[2mm] \hat{\beta}_0 \sum x_i + \hat{\beta}_1 \sum x_i^2 = \sum x_i y_i \end{cases}$$

这是一个关于参数估计量 $\hat{\beta}_0$，$\hat{\beta}_1$ 的二元一次方程组。由方程组的第 1 个方程可得：

$$\hat{\beta}_0 = \bar{y} - \hat{\beta}_1 \bar{x} \tag{2-3}$$

其中，$\bar{y} \equiv \frac{1}{n} \sum y_i$ 为 y 的样本均值，$\bar{x} \equiv \frac{1}{n} \sum x_i$ 为 x 的样本均值。将上式代入方程组的第 2 个方程，合并同类项可得：

$$\hat{\beta}_1 \left(\sum x_i^2 - \bar{x} \sum x_i \right) = \sum x_i y_i - \bar{y} \sum x_i$$

使用关系式 $\sum x_i = n \bar{x}$，求解 $\hat{\beta}_1$ 可得：

$$\hat{\beta}_1 = \frac{\sum x_i y_i - n \bar{x} \bar{y}}{\sum x_i^2 - n \bar{x}^2}$$

经过整理得到：

$$\hat{\beta}_1 = \frac{\sum (x_i - \bar{x})(y_i - \bar{y})}{\sum (x_i - \bar{x})^2} \tag{2-4}$$

这样就得到了 β_0，β_1 的 OLS 估计量 $\hat{\beta}_0$，$\hat{\beta}_1$。显然，OLS 估计量要有定义，必须是式（2-4）的分母 $\sum (x_i - \bar{x})^2 \neq 0$。这意味着解释变量 x_i 应有所变动，而不能是常数。由 OLS 估计量可以计算得到被解释变量的拟合值（predicted value）$\hat{y}_i = \hat{\beta}_0 - \hat{\beta}_1 x_i$。

三、OLS 的前提假设

假设 1：给定 x_i 时，ε_i 的条件分布均值为零

OLS 的第 1 个假设是给定 x_i 时 ε_i 的条件分布均值为零。该假设说明在给定 x_i 取值时，其他因素分布均值为零，表明这些其他因素与 x_i 无关。用数学符号表示可写成：$E(\varepsilon_i \mid x_i) = 0$。该假设等价于假定总体回归线为给定 x_i 时 y_i 的条件均值，即 $E(y_i \mid x_i) = \beta_0 + \beta_1 x_i$。由 $E(\varepsilon_i \mid x_i) = 0$，可知 x_i 和 ε_i 不相关，$corr(x_i, \varepsilon_i) = 0$。此时 OLS 估计无偏，不存在遗漏变量的内生性问题。

假设 2：观测值 (x_i, y_i) 独立同分布

OLS 的第 2 个假设是观测值 (x_i, y_i) 独立同分布（其中 $i = 1, 2, 3, \cdots, n$），即抽取的样本满足独立同分布。如果观测值是从单个较大总体中通过简单随机抽样得到的，则 (x_i, y_i) 满足独立同分布。例如，令 X 表示个人年龄；Y 表示个人收入。假设从某个较大总体中抽取了 n 个个体的样本，则 (x_i, y_i) 必定具有相同的分布。又由于是随机抽取的，因此它们之间也是独立的，即它们是独立同分布的。

但并不是所有的抽样方案都能得到关于 (x_i, y_i) 的独立同分布观测。例如时间序列数据一个很重要的特点就是时间上靠近的观测不是独立的而是相关的。若现在的利率较低，则下个季度利率也可能较低，这种相关性违背了独立同分布假定。遇到这种情况，则需要考虑放宽独立同分布假定，而不能仍旧依赖于 OLS 估计。

假设3：解释变量的样本有变异

由于 OLS 估计量：

$$\hat{\beta}_1 = \frac{\sum (x_i - \bar{x})(y_i - \bar{y})}{\sum (x_i - \bar{x})^2}$$

因此，OLS 的第 3 个假设要求 x_i 不能等于其均值 $\bar{x}$；否则 $\hat{\beta}_1$ 没有含义。如果总体中的 x 变异较小或样本量很小，有可能导致 x 的随机样本缺少变异。通常，通过检查 x_i 的描述性统计量，就可以发现假设 3 是否成立。若 x_i 的样本标准差等于 0 或近似等于 0，则假设 3 不成立；否则假设 3 成立。

假设4：不太可能出现大的异常值

OLS 的第 4 个假设是 x_i 和 y_i 的观测值不太可能出现一般数据范围之外的大异常值。用数学可表述为：x 和 y 具有非零有限四阶矩，即：

$$0 < E(x_i^4) < \infty , 0 < E(y_i^4) < \infty$$

亦即 x 和 y 具有有限峰度。

大异常值有可能导致 OLS 估计结果出现较大的偏差。此外，在论证样本方差 s_y^2 是总体方差 σ_y^2 的一致估计量（$s_y^2 \xrightarrow{p} \sigma_y^2$）时，要用到有限峰度假设。

数据出现较大异常值的原因可能是数据录入的时候出现错误。例如数据采用了不同的单位或者输入数据时出现手误等。通过画出变量观测值的数据直方图或进行描述性统计，可以发现数据是否存在异常值。

假设5：同方差

给定解释变量的任何值，误差都具有相同的方差：

$$Var(\varepsilon \mid x) = \sigma^2$$

值得强调的是，同方差假定与零条件均值假定即 $E(\varepsilon_i \mid x_i) = 0$ 非常不同。假设 1 涉及的是误差项的期望值；而假设 5 关心的是 ε 的方差（都以 x 为条件）。尽管同方差假定对于证明 $\hat{\beta}_0$ 和 $\hat{\beta}_1$ 的无偏性没有作用，但增加该假设，能够简化 $\hat{\beta}_0$ 和 $\hat{\beta}_1$ 的方差计算。而且它还意味着，普通最小二乘法具有某种有效性。如果我们假定 ε 和 x 是独立的，那么给定 x 下 ε 的分布就不依赖于 x，因此 $E(\varepsilon \mid x) = E(\varepsilon) = 0$，且 $Var(\varepsilon \mid x) = \sigma^2$。

因为 $Var(\varepsilon \mid x) = E(\varepsilon^2 \mid x) - [E(\varepsilon \mid x)]^2$ 和 $E(\varepsilon \mid x) = 0$，所以 $\sigma^2 = E(\varepsilon^2 \mid x)$。这意味着 σ^2 是 ε^2 的无条件期望值。因此，根据 $E(\varepsilon) = 0$，有 $\sigma^2 = E(\varepsilon^2) = Var(\varepsilon)$。换言之，$\sigma^2$ 是 ε 的无条件方差，所以经常被称为误差方差（error variance）或干扰方差。σ^2 的平方根是误差的标准差 σ。σ 越大，表示影响 y 的无法观测因素的分布越分散。

可以用 y 的条件均值和条件方差表示零均值假设和同方差假设：

$$E(y \mid x) = \beta_0 + \beta_1 x$$
$$Var(y \mid x) = \sigma^2$$

换言之，给定 x，y 的条件期望线性于 x；但给定 x 时，y 的方差却是常数。

当 $Var(\varepsilon \mid x)$ 取决于 x 时，便称误差项表现出异方差性（heteroskedasticity）。由于 Var

$(\varepsilon \mid x) = Var(y \mid x)$，所以只要 $Var(y \mid x)$ 是 x 的函数，便会出现异方差性。

四、OLS 估计量的统计性质

当估计出模型参数之后，需要进一步考虑参数估计值的精确度。即参数是否能够代表总体参数的真实值。一般地，由于抽样波动的存在和所选择的估计方法不同，都会导致估计的参数与总体参数的真实值存在差距。因此需要考察参数估计量的性质，以衡量估计量的"好坏"。在前一节阐述的假设条件下，OLS 估计量有许多良好的性质，主要包括无偏性、有限性、一致性。

（一）无偏性

无偏性是指 $\hat{\beta}_0$、$\hat{\beta}_1$ 是参数 β_0、β_1 的线性无偏估计。线性是指估计量是参数的线性函数；无偏性是指估计量的均值或者期望等于总体参数的真实值。要证明无偏性成立，必须具有 $E(\varepsilon) = 0$ 这一假设前提。由前文 OLS 估计量 $\hat{\beta}_1$ 的推导公式：

$$\hat{\beta}_1 = \frac{\sum (x_i - \bar{x})(y_i - \bar{y})}{\sum (x_i - \bar{x})^2}$$

上式分子可化为：

$$\sum (x_i - \bar{x})(y_i - \bar{y}) = \sum (x_i - \bar{x})[\beta_1((x_i - \bar{x}) + (\varepsilon_i - \bar{\varepsilon}))]$$
$$= \beta_1 \sum (x_i - \bar{x})^2 + \sum (x_i - \bar{x})(\varepsilon_i - \bar{\varepsilon})$$
$$\sum (x_i - \bar{x})(\varepsilon_i - \bar{\varepsilon}) = \sum (x_i - \bar{x})\varepsilon_i - \sum (x_i - \bar{x})\bar{\varepsilon} = \sum (x_i - \bar{x})\varepsilon_i$$

将上式重新代入估计量 $\hat{\beta}_1$ 的推导公式，可得：

$$\hat{\beta}_1 = \beta_1 + \frac{\frac{1}{n}\sum (x_i - \bar{x})\varepsilon_i}{\frac{1}{n}\sum (x_i - \bar{x})^2}$$

两边同时取期望：

$$E(\hat{\beta}_1) = \beta_1 + E\left[\frac{\frac{1}{n}\sum (x_i - \bar{x})\varepsilon_i}{\frac{1}{n}\sum (x_i - \bar{x})^2}\right]$$

$$= \beta_1 + E\left[\frac{\frac{1}{n}\sum (x_i - \bar{x})E(\varepsilon_i \mid x_1, x_2, \cdots, x_n)}{\frac{1}{n}\sum (x_i - \bar{x})^2}\right] = \beta_1$$

上式的第 2 个等式由期望的迭代原则推导而得。由上述推导，$E(\hat{\beta}_1) = \beta_1$，因此 $\hat{\beta}_1$ 是无偏的。

$$\hat{\beta}_0 = \bar{y} - \hat{\beta}_1 \bar{x} = \beta_0 + \beta_1 \bar{x} + \bar{\varepsilon} - \hat{\beta}_1 \bar{x} = \beta_0 + (\beta_1 - \hat{\beta}_1) \bar{x} + \bar{\varepsilon}$$

$$E(\hat{\beta}_0) = \beta_0 + E[(\beta_1 - \hat{\beta}_1) \bar{x}] + E(\bar{\varepsilon}) = \beta_0 + E[(\beta_1 - \hat{\beta}_1) \bar{x}]$$

由于 $E(\hat{\beta}_1) = \beta_1$，意味着 $E[(\beta_1 - \hat{\beta}_1)] = 0$。因此 $E(\hat{\beta}_0) = \beta_0$。以上两个论证对 β_0 和 β_1 的任何值都成立，由此就证明了 OLS 的无偏性。

（二）有效性

有效性是指 OLS 估计量 $\hat{\beta}_0$、$\hat{\beta}_1$ 是参数 β_0、β_1 所有可能的线性无偏估计量中，具有最小方差的估计量。由前文 OLS 估计量 $\hat{\beta}_1$ 的推导公式：

$$\hat{\beta}_1 = \frac{\sum (x_i - \bar{x})(y_i - \bar{y})}{\sum (x_i - \bar{x})^2}$$

令 $\tilde{x}_i = (x_i - \bar{x})$，则：

$$\hat{\beta}_1 = \frac{\sum \tilde{x}_i (y_i - \bar{y})}{\sum \tilde{x}_i^2} = \frac{\sum \tilde{x}_i y_i}{\sum \tilde{x}_i^2} - \frac{\bar{y} \sum \tilde{x}_i}{\sum \tilde{x}_i^2} = \frac{\sum \tilde{x}_i y_i}{\sum \tilde{x}_i^2}$$

上式中，$\sum \tilde{x}_i = \sum (x_i - \bar{x}) = \sum x_i - n\bar{x} = 0$，故第 2 项可以去掉，故：

$$\hat{\beta}_1 = \frac{\sum \tilde{x}_i y_i}{\sum \tilde{x}_i^2}$$

界定：

$$k_i = \frac{(x_i - \bar{x})}{\sum (x_i - \bar{x})^2} = \frac{\tilde{x}_i}{\sum \tilde{x}_i^2}$$

故：

$$\beta_1^* = \sum k_i y_i$$

表明 $\hat{\beta}_1$ 是以 k_i 为权重的 y_i 的加权平均。

定义 β_1 的另一线性估计量 β_1^* 如下：

$$\beta_1^* = \sum w_i y_i$$

其中，权重 w_i 不一定等于 k_i。对上式求期望得到：

$$E(\beta_1^*) = \sum w_i E(y_i) = \sum w_i (\beta_0 + \beta_1 x_i) = \beta_0 \sum w_i + \beta_1 \sum w_i x_i$$

要使 β_1^* 无偏，必须满足 $\sum w_i = 0$，以及 $\sum w_i x_i = 1$。

$$Var(\beta_1^*) = Var(\sum w_i y_i) = \sum w_i^2 Var(y_i)$$

由于 $Var(y_i) = Var(\varepsilon_i) = \sigma^2$，故：

$$Var(\beta_1^*) = \sigma^2 \sum w_i^2$$

$$= \sigma^2 \sum (w_i - k_i + k_i)^2$$

$$= \sigma^2 \sum (w_i - k_i)^2 + \sigma^2 \sum k_i^2 + 2\sigma^2 \sum (w_i - k_i)k_i$$

由于:

$$\sum (w_i - k_i)k_i = \sum w_i k_i - \sum k_i^2 = \frac{\sum w_i \tilde{x}_i}{\sum \tilde{x}_i^2} - \frac{\sum \tilde{x}_i^2}{\left(\sum \tilde{x}_i^2\right)^2}$$

$$= \frac{\sum w_i (x_i - \bar{x})}{\sum \tilde{x}_i^2} - \frac{1}{\sum \tilde{x}_i^2} = \frac{\sum w_i x_i}{\sum \tilde{x}_i^2} - \frac{\bar{x} \sum w_i}{\sum \tilde{x}_i^2} - \frac{1}{\sum \tilde{x}_i^2}$$

$$= \frac{1}{\sum \tilde{x}_i^2} - 0 - \frac{1}{\sum \tilde{x}_i^2} = 0$$

故:

$$Var(\beta_1^*) = \sigma^2 \sum (w_i - k_i)^2 + \sigma^2 \sum k_i^2$$

要使得上式最小化,只有第 1 项等于零。即 $w_i = k_i$,也就是权重 w_i 等于最小二乘的权重 k_i 时,$Var(\beta_1^*)$ 取得最小值。此时:

$$Var(\beta_1^*) = \sigma^2 \sum k_i^2 = \sigma^2 \frac{\sum \tilde{x}_i^2}{\left(\sum \tilde{x}_i^2\right)^2} = \frac{\sigma^2}{\sum \tilde{x}_i^2} = Var(\hat{\beta}_1)$$

(三) 一致性

一致性是指当样本容量趋于无穷大时,参数估计量依概率收敛于总体参数的真实值。一致性的一个充分条件是,参数估计量是无偏的,且随着样本容量趋于无穷,其方差趋于零。前面已经证明无偏性,此处就只需证明参数估计量的方差在样本量无限增加时趋于零。

$$Var(\hat{\beta}_1) = \frac{\sigma^2}{\sum_{i=1}^{n} (x_i - \bar{x})^2} = \frac{\sigma^2/n}{\sum_{i=1}^{n} (x_i - \bar{x})^2/n}$$

即将方差表达式分子分母同时除以 n,不会改变等式。

$$\lim_{n \to \infty} Var(\hat{\beta}_1) = \lim_{n \to \infty} \frac{\sigma^2/n}{\sum_{i=1}^{n} (x_i - \bar{x})^2/n}$$

由微积分知识可知,比率的极限等于分子的极限与分母的极限之比。随着 n 趋于无穷,σ^2 是一个有限的常数。因此 σ^2/n 趋于零;而有前面的有限峰度假设,不太可能出现大的异常值。因此 x_i 的方差 $\sum_{i=1}^{n} (x_i - \bar{x})^2/n$ 是一个有限的正数,从而可知:

$$\lim_{n \to \infty} Var(\hat{\beta}_1) = 0$$

OLS 估计量 $\hat{\beta}_1$ 是真实 β_1 的一致估计量。类似地，可以证明，$\hat{\beta}_0$ 是真实 β_0 的一致估计量。

五、一元线性回归的假设检验

（一）β_1 的双边假设检验

假设检验是统计推断的一个主要内容。它的基本任务是根据样本所提供的信息，对未知总体分布的某些方面的假设作出合理的判断。

假设检验的程序是：先根据实际问题的要求提出一个论断，称为统计假设。记为 H_0；然后根据样本的有关信息，对 H_0 的真伪进行判断，作出拒绝 H_0 或接受 H_0 的决策。

假设检验的基本思想是概率性质的反证法。为了检验原假设 H_0 是否正确，先假定这个假设是正确的，看由此能推出什么结果。如果导致一个不合理的结果，则表明"假设 H_0 为正确"是错误的，即原假设 H_0 不正确，因此要拒绝原假设 H_0；如果没有导致一个不合理现象的出现，则不能认为原假设 H_0 不正确，因此不能拒绝原假设 H_0。

概率性质的反证法的根据是小概率事件原理。该原理认为"小概率事件在一次试验中几乎是不可能发生的"。在原假设 H_0 下构造一个事件，这个事件在"假设 H_0 是正确"的条件下是一个小概率事件。随机抽取一组容量为 n 的样本观测值进行该事件的试验。如果该事件发生，说明"假设 H_0 正确"是错误的。因为不应当出现的小概率事件出现了，因而应当拒绝原假设 H_0；反之，如果该小概率事件没有出现，就没有理由拒绝原假设 H_0，应当接受原假设 H_0。

检验回归系数假设的一般方法同检验总体均值的假设是一样的。为此，我们首先简要复习一下总体均值的假设检验。回顾 Y 均值等于某个特定值 $\mu_{Y,0}$ 的原假设可以表示为 $H_0 : E(Y) = \mu_{Y,0}$，而双边备择假设为 $H_1 : E(Y) \neq \mu_{Y,0}$。

原假设 H_0 对双边备择假设的检验按照如下 3 步进行：第 1 步计算 $\bar{Y}$ 的标准误差 $SE(\bar{Y})$。它是 $\bar{Y}$ 抽样分布标准差的估计量；第 2 步计算 t 统计量。其一般形式为 $t = （估计量 - 假设值）/估计量的标准误差$；具体应用到这里的 t 统计量为 $t = (\bar{Y} - \mu_{Y,0})/SE(\bar{Y})$；第 3 步，根据实际观测到的检验统计量计算 p 值。它表示的是能够拒绝原假设的最小显著水平。或等价地 p 值是在假定原假设正确条件下，由于随机抽样变异得到的距离原假设值至少与实际观测到的统计量距离原假设值一样远的统计量的概率。由于原假设下，t 统计量在大样本下服从标准正态分布，因此双边假设的 p 值为 $2\Phi(-|t^{act}|)$。其中 t^{act} 是实际计算得到的 t 统计量值；Φ 为累积标准正态分布。此外，第 3 步还可以如下进行：只比较 t 统计量和要求显著水平下检验的合适临界值。例如，如果 $|t^{act}| > 1.96$，则在 5% 显著水平的双边检验中拒绝原假设。即这种情况认为 5% 显著水平下，总体均值统计上显著不同于假设值。

从理论上讲，前面有关总体均值检验过程正确的关键要素是，大样本下 $\bar{Y}$ 的抽样分布近似为正态。由于在大样本下，$\hat{\beta}_1$ 也服从正态抽样分布，因此我们也能利用相同的方法检验有关斜率真值的假设。

检验之前需要明确表示出原假设和备择假设。更一般地，原假设总体斜率 β_1 的真值取某个具体值 $\beta_{1,0}$，则双边备择假设为 β_1 不等于 $\beta_{1,0}$。即原假设（null hypothesis）和双边备择假设（two-sided alternative hypothesis）分别为：

$$H_0 : \beta_1 = \beta_{1,0} ; H_1 : \beta_1 \neq \beta_{1,0}$$

为了检验原假设 H_0，采用同总体均值检验一样的 3 个步骤：

第 1 步，计算 $\hat{\beta}_1$ 的标准误（standard error）$SE(\hat{\beta}_1)$。它是 $\hat{\beta}_1$ 标准误的估计量 $\hat{\sigma}_{\hat{\beta}_1}$，是 $\hat{\beta}_1$ 抽样分布的标准差。具体地：

$$SE(\hat{\beta}_1) = \sqrt{\hat{\sigma}_{\hat{\beta}_1}^2}$$

其中：

$$\hat{\sigma}_{\hat{\beta}_1}^2 = \frac{1}{n} \times \frac{\dfrac{1}{n-2} \sum (x_i - \bar{x})^2 \hat{\varepsilon}_i^2}{\left[\dfrac{1}{n} \sum (x_i - \bar{x})^2 \right]^2}$$

虽然 $\hat{\sigma}_{\hat{\beta}_1}^2$ 的公式很复杂，但实际应用中标准误是由回归软件计算得到的，故使用起来较简单。由于在衡量距离远近时，绝对距离依赖于变量单位，因此需要以标准误为基准来考虑相对距离。

第 2 步，计算 t 统计量（t-statistic）：

$$t = \frac{\hat{\beta}_1 - \beta_{1,0}}{SE(\hat{\beta}_1)}$$

第 3 步，计算 p 值（p-value）。即在原假设下，得到距离 $\beta_{1,0}$ 至少有实际计算的估计值 $\hat{\beta}_1^{act}$ 距离 $\beta_{1,0}$ 一样远的 $\hat{\beta}_1$ 的概率。数学上可表示为：

$$p \text{ 值} = Pr_{H_0} (|\hat{\beta}_1 - \beta_{1,0}| > |\hat{\beta}_1^{act} - \beta_{1,0}|)$$

$$= Pr_{H_0} \left(\left| \frac{\hat{\beta}_1 - \beta_{1,0}}{SE(\hat{\beta}_1)} \right| > \left| \frac{\hat{\beta}_1^{act} - \beta_{1,0}}{SE(\hat{\beta}_1)} \right| \right) = Pr_{H_0} (|t| > |t^{act}|)$$

其中，Pr_{H_0} 表示在原假设下计算概率，第 2 个不等式由第 1 个不等式除以 $SE(\hat{\beta}_1)$ 得到。t^{act} 为实际计算得到的 t 统计量值。该统计量服从自由度为 $n-2$ 的 t 分布。由于大样本下，$\hat{\beta}_1$ 近似服从正态分布，因此原假设下 t 统计量近似服从标准正态分布。所以大样本下：

$$p \text{ 值} = Pr(|Z| > |t^{act}|) = 2\Phi(-|t^{act}|)$$

p 值较小，如小于 5%，则在原假设实际上为真时，由样本变异得到 $\hat{\beta}_1$ 值的概率小于 5% 的意义上讲，该 p 值提供了反对原假设的证据，即在 5% 显著水平下拒绝原假设。

另一种方法是在 5% 显著水平下，只需比较 t 统计量的值与双边检验的临界值 ± 1.96，就可以检验假设。若 $|t^{act}| > 1.96$，则在 5% 水平下拒绝原假设。

（二）β_1 的单边假设检验

截至目前的讨论都集中在 $H_0 : \beta_1 = \beta_{1,0} ; H_1 : \beta_1 \neq \beta_{1,0}$ 的检验中。由于备择假设中的 β_1 可

能大于也可能小于 $\beta_{1,0}$，所以这是个双边假设检验。然而有时使用单边假设检验可能更恰当。对于单边检验，其原假设和单边备择假设分别为：

$$H_0 : \beta_1 = \beta_{1,0} ; H_1 : \beta_1 < \beta_{1,0}$$

其中，$\beta_{1,0}$ 为原假设下 β_1 的取值；备择假设为 β_1 小于 $\beta_{1,0}$。如果备择假设为 β_1 大于 $\beta_{1,0}$，则上式中的不等号方向相反。

由于单边和双边假设检验中的原假设都是相同的，因此 t 统计量的构造是一样的。两者之间的唯一区别在于如何解释 t 统计量。对于单边备择假设而言，当 t 统计量取较大负值而不是较大正值时拒绝原假设：即在 5% 显著水平下，不是当 $|t^{act}| > 1.96$ 时拒绝原假设，而是当 $t^{act} < -1.645$ 时拒绝原假设。

由累积标准正态分布可得单边检验的 p 值为：

$$p \text{ 值} = Pr(Z < t^{act}) = \Phi(t^{act})$$

若备择假设为 β_1 大于 $\beta_{1,0}$，则不等号方向相反。故 p 值为右尾概率 $Pr(Z > t^{act})$。

在实际应用中，只有存在明确理由时才使用单边备择假设。这个理由可能来源于经济理论、之前的经验证据或两者兼而有之。然而，即便起初觉得相关备择假设好像是单边的，但仔细考虑后未必是这样的。如一种经过临床试验的新配方药物由于之前没有认识到的副作用，竟然被证实是有害的。事实上，这种不确定性常常促使计量经济学家采用双边检验。

以上讨论都集于斜率 β_1 的假设检验。但我们偶尔也关心截距 β_0 的假设。关于截距的原假设和双边备择假设分别为：

$$H_0 : \beta_{01} = \beta_{0,0} ; H_1 : \beta_0 \neq \beta_{0,0}$$

检验这个原假设的一般方法是将假设检验三步应用于 β_0。若备择假设是单边的，则上述方法的修正同上。

基于统计证据接受或拒绝这个原假设的方法，提供了利用样本了解总体时处理样本内在不确定性的强大工具。但很多时候，我们也会碰到脑中缺乏回归系数假设的情况。相反地，我们需要了解与数据相符的回归系数取值区间。这就需要构造置信区间。

六、一元线性回归的置信区间

由于斜率 β_1 的任何统计估计必定具有抽样不确定性，所以我们不可能仅通过一个样本数据确定 β_1 的真值。但是利用 OLS 估计量及其标准误差可以构造斜率 β_1 或截距 β_0 的置信区间。

β_1 的 95% 置信区间（confidence interval）有两种等价的定义。一是在 5% 显著水平下利用双边假设检验不能拒绝的取值集合；二是以 95% 的概率包含 β_1 真值的区间，即抽取的可能样本中有 95% 的样本构造的置信区间包含了 β_1 的真值。由于在 95% 的所有样本置信区间中包含了真值，故称为 95% 的置信水平（confidence level）。

这两种定义等价的原因如下。根据定义，5% 显著水平下的假设检验只能在 5% 的所有可能样本中拒绝 β_1 的真值。即在 95% 的所有可能样本中，不会拒绝 β_1 的真值。又因为

95% 的置信区间是在 5% 显著水平下不能拒绝的所有 β_1 的取值集合，所以可得 β_1 的真值包含在 95% 的所有可能样本的置信区间内。

同总体均值的置信区间情形，原则上可在 5% 显著水平下，利用 t 统计量检验 β_1 的所有可能值（即对所有的 $\beta_{1,0}$ 值检验原假设 $\beta_1 = \beta_{1,0}$）来计算 95% 置信区间，则 95% 置信区间是不能拒绝的所有 β_1 值的集合。

构造置信区间的一种简便方法是注意到当假设值 $\beta_{1,0}$ 落在 $\hat{\beta}_1 \pm 1.96SE(\hat{\beta}_1)$ 范围之外时，t 统计量将拒绝 $\beta_{1,0}$。所以 95% 置信区间为 $[\hat{\beta}_1 - 1.96SE(\hat{\beta}_1), \ \hat{\beta}_1 + 1.96SE(\hat{\beta}_1)]$。这个推理与总体均值的置信区间构造类似。

β_0 的 95% 置信区间构造方法类似，只需分别用 $\hat{\beta}_0$ 和 $SE(\hat{\beta}_0)$ 代替 $\hat{\beta}_1$ 和 $SE(\hat{\beta}_1)$。

β_1 的 95% 置信区间可用于构造 x 一般变化引起的预期效应的 95% 置信区间。考虑 x 一定量的变化 Δx，对应 y 的预期变化为 $\beta_1 \Delta x$。其中总体斜率 β_1 未知。但由于我们可以构造其置信区间，因此我们可以构造预期效应 $\beta_1 \Delta x$ 的置信区间。因为 β_1 的 95% 置信区间的一个端点是 $\hat{\beta}_1 - 1.96SE(\hat{\beta}_1)$，利用 β_1 的这一估计得出 Δx 变化量的预期效应为 $[\hat{\beta}_1 - 1.96SE(\hat{\beta}_1)] \times \Delta x$。又 β_1 置信区间的另一个端点是 $\hat{\beta}_1 + 1.96SE(\hat{\beta}_1)$，由此得出变化的预期效应为 $[\hat{\beta}_1 + 1.96SE(\hat{\beta}_1)] \times \Delta x$。于是，$x$ 变化 Δx 效应的 95% 置信区间可表示为：

$$\left[[\hat{\beta}_1 - 1.96SE(\hat{\beta}_1)] \times \Delta x, [\hat{\beta}_1 + 1.96SE(\hat{\beta}_1)] \times \Delta x \right]$$

七、拟合优度检验

拟合优度检验，顾名思义，是检验模型对样本观测值的拟合程度。检验的方法是构造一个可以表征拟合程度的指标，在这里称为统计量，它是样本的函数。从检验对象中计算出该统计量的数值，然后与某一标准进行比较，得出检验结论。

已知由一组 (X, Y) 的样本观测值 $(x_i, y_i)(i = 1, 2, \cdots, n)$。得到如下样本回归直线：

$$y_i = \hat{\beta}_0 + \hat{\beta}_1 x_i$$

Y 的第 i 个观测值与样本均值的离差 $y_i - \bar{y}$ 可分解为两部分之和：

$$y_i - \bar{y} = (y_i - \hat{y}_i) + (\hat{y}_i - \bar{y})$$

被解释变量的离差平方和（total sum of squares，TSS）可分解为：

$$\sum (y_i - \bar{y})^2 = \sum [(y_i - \hat{y}_i) + (\hat{y}_i - \bar{y})]^2 = \sum [e_i + (\hat{y}_i - \bar{y})]^2$$
$$= \sum e_i^2 + \sum (\hat{y}_i - \bar{y})^2 + 2\sum e_i(\hat{y}_i - \bar{y})$$

由于：

$$\sum e_i(\hat{y}_i - \bar{y}) = \sum e_i \hat{y}_i - \bar{y} \sum e_i = 0 - 0 = 0$$

因此可将 TSS 分解为：

$$\sum (y_i - \bar{y})^2 = \sum (\hat{y}_i - \bar{y})^2 + \sum e_i^2$$

上式右边第一项为 $\sum (\hat{y_i} - \bar{y})^2$。由于 $\bar{y} = \bar{\hat{y}}$（被解释变量的均值等于拟合值的均值），故可写为 $\sum (\hat{y_i} - \bar{\hat{y}})^2$。即可由模型解释的部分，称为 explained sum of squares，简记 ESS；上式右边第二项为残差平方和 $\sum e_i^2$（residual sum of squares，RSS），是模型所无法解释的部分，反映样本观测值与估计值偏离的大小。离差平方和公式可写为：

$$TSS = ESS + RSS$$

显然，如果没有常数项，则无法保证 $\sum e_i^2 = 0$。故平方和分解公式在无常数项的情况下，不再成立。

离差平方和公式表明，Y 的观测值围绕其均值的总离差平方和可分解为两部分：一部分来自回归线；另一部分则来自扰项。因此，可用来自回归线的回归平方和占 Y 的总离差平方和的比例，来判断样本回归线与样本观测值的拟合优度。

定义拟合优度（goodness of fit）R^2 为：

$$R^2 = \frac{ESS}{TSS} = 1 - \frac{RSS}{TSS}$$

拟合优度也称可决系数（coefficient of determination）。R^2 的取值介于 0 与 1 之间。显然，在总离差平方和中，回归平方和所占的比重越大，残差平方和所占的比重越小，回归直线与样本点拟合得越好。如果模型与样本观测值完全拟合，则有 $R^2 = 1$。当然，模型与样本观测值完全拟合的情况很少发生，R^2 等于 1 的情况较少。但毫无疑问的是该统计量越接近于 1，模型的拟合优度越高。

第二节　多元线性回归模型

一、遗漏变量偏差

遗漏变量问题是指在模型设定时遗漏了一个实际上应包括在真实模型中的变量。遗漏变量一般会导致 OLS 估计量产生偏误。

假定真实的总体模型包含两个解释变量，具体模型如下：

$$y = \beta_0 + \beta_1 x_1 + \beta_2 x_2 \tag{2-5}$$

假定该模型满足 OLS 基本假定。重点关注的是 x_1 对 y 的偏效应 β_1。比如，y 是小时工资（或小时工资的对数）；x_1 是受教育程度；而 x_2 则是对个人能力的度量。为了得到 β_1 的无偏估计量，我们应当将 y 对 x_1 和 x_2 进行回归（这样就给出了 β_0，β_1 和 β_2 的无偏估计量）。但由于疏忽或数据不足，实际上是在没有加入 x_2 的情况下估计了该模型。换句话说，我们只是将 y 对 x_1 进行了简单回归，得到方程：

$$\tilde{y} = \tilde{\beta}_0 + \tilde{\beta}_1 x_1$$

我们使用符号"~"而非"^"，是为了强调 $\tilde{\beta}_1$ 来自一个设定有偏误的模型。

初学遗漏变量的问题时，往往很难区别潜在的真实模型实际估计的方程。虽然初看起来，变量 x_2 应当放在模型中，而我们将它漏掉是很愚蠢的，但通常我们都别无选择。比如，假设 wage 由 $wage = \beta_0 + \beta_1 educ + \beta_2 abil + \varepsilon$ 决定。由于能力不可观测，所以我们转而估计模型 $wage = \beta_0 + \beta_1 educ + v$。其中，$v = \beta_2 abil + \varepsilon$。将 wage 对 educ 进行简单回归，由此得到 β_1 的估计量就是 $\tilde{\beta}_1$。

我们以 x_1 和 x_2 的样本值为条件推导 $\tilde{\beta}_1$ 的期望值。因为 $\tilde{\beta}_1$ 恰好是简单回归中 OLS 斜率估计量。$\tilde{\beta}_1$ 和 $\hat{\beta}_1$ 的关系如下式所示：

$$\tilde{\beta}_1 = \hat{\beta}_1 + \hat{\beta}_2 \tilde{\delta}_1$$

其中，$\hat{\beta}_1$ 和 $\hat{\beta}_2$ 是 y 对 x_1 和 x_2 进行多元回归得到的斜率估计量；$\tilde{\delta}_1$ 则是 x_2 对 x_1 进行简单回归得到的斜率估计量。

由于 $\tilde{\delta}_1$ 仅取决于样本中的自变量，所以我们在计算 $E(\tilde{\beta}_1)$ 时视之为固定量。而且由于 $\hat{\beta}_1$ 和 $\hat{\beta}_2$ 分别是 β_1 和 β_2 的无偏估计量，因此：

$$E(\tilde{\beta}_1) = E(\hat{\beta}_1 + \hat{\beta}_2 \tilde{\delta}_1) = E(\hat{\beta}_1) + E(\hat{\beta}_2)\tilde{\delta}_1 = \beta_1 + \beta_2 \tilde{\delta}_1$$

这就意味着 $\tilde{\beta}_1$ 中的偏误为：

$$Bias(\tilde{\beta}_1) = E(\tilde{\beta}_1) - \beta_1 = \beta_2 \tilde{\delta}_1$$

此时的偏误源自遗漏的解释变量 x_2。$\beta_2 \tilde{\delta}_1$ 常被称为遗漏变量偏误（omitted variable bias）。

有两种情况使 $\tilde{\beta}_1$ 无偏。第一种情况相当明显，若 $\beta_2 = 0$，于是 x_2 不会出现在真实模型中。此时 $\tilde{\beta}_1$ 是无偏的；第二种情况是，若 $\tilde{\delta}_1 = 0$，即使 $\beta_2 \neq 0$，$\tilde{\beta}_1$ 也是 β_1 的无偏估计。

由于 $\tilde{\delta}_1$ 是 x_1 和 x_2 之间的样本协方差与 x_1 的样本方差之比，所以当且仅当样本中的 x_1 和 x_2 不相关时，才会有 $\tilde{\delta}_1 = 0$。于是，就有了一个重要结论，若样本中的 x_1 和 x_2 不相关，则 $\tilde{\beta}_1$ 就是无偏估计。

当 x_1 和 x_2 相关时，$\tilde{\delta}_1$ 与 x_1 和 x_2 之间的相关系数具有相同的符号：若 x_1 和 x_2 正相关，则 $\tilde{\delta}_1 > 0$；而若 x_1 和 x_2 负相关，则 $\tilde{\delta}_1 < 0$。$\tilde{\beta}_1$ 偏误的符号同时取决于 β_2 和 $\tilde{\delta}_1$ 的符号。表 2-1 中总结了存在偏误时的 4 种可能情形。

表 2-1　　　　　　　　　遗漏变量导致估计偏误的 4 种可能类型

项目	$Corr(x_1, x_2) > 0$	$Corr(x_1, x_2) < 0$
$\beta_2 > 0$	偏误为正	偏误为负
$\beta_2 < 0$	偏误为负	偏误为正

表 2-1 总结了偏误的方向。偏误的大小仍然十分重要。偏误很小，无论符号是正是负，都不值得考虑。例如，如果总体中的教育回报是 8.6%，而 OLS 估计量中的偏误是 0.1%，那我们就不是很关心。相反，偏误如果达到约 3%，问题就很严重。偏误的大小由 β_2 和 $\tilde{\delta}_1$ 的大小决定。

实践中，由于 β_2 是一个未知的总体参数，所以就不能肯定 β_2 是正还是负。但就 x_2 对

y 产生影响的方向而言，我们通常都有一个不错的概念。此外，尽管 x_1 和 x_2 之间相关关系的符号因不能观测到 x_2 而未知，但多数情况下，我们对 x_1 和 x_2 之间是正相关还是负相关总能做出有根据的猜测。

在工资方程中，根据定义，更强的能力会导致更高的生产力，因而带来更高的工资，因此 $\beta_2 > 0$。而且，我们也有理由相信 $educ$ 和 $abil$ 正相关：一般来说，越有天赋的人就会选择越高的受教育程度。因此，从简单回归方程 $wage = \beta_0 + \beta_1 educ + \beta_2 abil + v$ 得到的 OLS 估计值一般都过大。但这并不意味着，从我们的样本所得到的估计值也太大。我们只能说，如果我们搜集许多随机样本，而且每次都求出简单回归估计值，那么这些估计值的平均值将比 β_1 更大。

二、多元线性回归的含义及 OLS 估计量

多元回归模型如下：

$$y_i = \beta_0 + \beta_1 x_{1i} + \beta_2 x_{2i} + \cdots + \beta_k x_{ki} + \varepsilon_i \tag{2-6}$$

y_i 表示被解释变量的第 i 个观测；$x_{1i}, x_{2i}, \cdots, x_{ki}$ 表示第 k 个解释变量的第 i 个观测；ε_i 为误差项；β_0 为截距系数，表示当所有 x 取值为 0 时 y 的期望值；$\beta_1, \beta_2, \cdots, \beta_k$ 为斜率系数，用来度量 x 变化对 y 的影响。例如 β_1 度量在保持 $x_{2i}, \cdots, x_{ki}$ 不变的情况下，x_{1i} 变化一个单位引起的 y_i 期望值的变化。

在金融计量实证研究中，通常重点考察某一个因素对被解释变量的影响。该变量被称为解释变量，其余变量被称为控制变量。例如，蔡卫星等（2019）考察了企业集团如何影响企业的创新产出。计量模型设定如下：

$$lnpatent_{i,t} = \alpha_0 + \alpha_1 Group_{i,t-1} + \alpha_c Controls_{i,t-1} + \sum year + \sum industry + \varepsilon_{it}$$

$lnpatent_{i,t}$ 为被解释变量。表示企业创新产出，分别使用全部专利和发明专利进行衡量；$Group$ 为解释变量企业集团。当两家或以上的上市公司在同一年度具有相同的最终控制人时，这些上市公司就认为是从属于企业集团；$Controls$ 表示一系列可能影响企业专利的控制变量。包括公司规模、托宾 Q、总资产收益率、资本密集度、经营活动现金流比率、资产负债率、第 1 大股东持股比例、独立董事比例、赫芬达尔指数。此外，还加入了年度效应和行业效应。重点关注的是企业集团（$Group$）的估计系数 α_1。

接下来介绍如何利用 OLS 方法估计多元线性回归模型中的系数 $\beta_0, \beta_1, \cdots, \beta_k$。

令 $\hat{\beta}_0, \hat{\beta}_1, \cdots, \hat{\beta}_k$ 分别表示 $\beta_0, \beta_1, \cdots, \beta_k$ 的估计量，则 y_i 的拟合值 $\hat{y}_i = \hat{\beta}_0 + \hat{\beta}_1 x_{1i} + \hat{\beta}_2 x_{2i} + \cdots + \hat{\beta}_k x_{ki}$；模型的残差 $e_i = y_i - \hat{y}_i = y_i - \hat{\beta}_0 - \hat{\beta}_1 x_{1i} - \hat{\beta}_2 x_{2i} - \cdots - \hat{\beta}_k x_{ki}$。

OLS 估计的基本思想是通过最小化残差平方和来对系数进行估计。所有样本的残差平方和为：

$$\sum e_i^2 = \sum (y_i - \hat{\beta}_0 - \hat{\beta}_1 x_{1i} - \hat{\beta}_2 x_{2i} - \cdots - \hat{\beta}_k x_{ki})^2$$

我们称使残差平方和达到最小的系数的 $\beta_0, \beta_1, \cdots, \beta_k$ 的估计量为 $\beta_0, \beta_1, \cdots, \beta_k$ 的普通最小二乘估计量，分别记为 $\hat{\beta}_0, \hat{\beta}_1, \cdots, \hat{\beta}_k$。可利用微积分推导 OLS 估计量，计算要简

单得多。多元回归模型的 OLS 估计量类似于一元回归模型的 OLS 估计量。求残差平方和关于系数向量中每个元素的导数，并令这些导数等于零，解方程即可得 OLS 估计量 $\hat{\beta}_0, \hat{\beta}_1, \cdots, \hat{\beta}_k$ 的公式。

由于待估计的参数较多，以代数形式求解将非常烦琐，下面介绍以矩阵形式来求解多元线性回归 OLS 估计量。

残差平方和关于第 j 个回归系数 $\beta_j (j=0,1,2,\cdots,k)$ 的导数为：

$$\frac{\partial}{\partial \beta_j} \sum_{i=1}^{n} (Y_i - \hat{\beta}_0 - \hat{\beta}_1 X_{1i} - \cdots - \hat{\beta}_k X_{ki})^2$$

$$= -2 \sum_{i=1}^{n} X_{ji} (Y_i - \hat{\beta}_0 - \hat{\beta}_1 X_{1i} - \cdots - \hat{\beta}_k X_{ki})$$

其中，$j=0$ 时，对所有 i 有 $X_{0i}=1$。上式右边的导数为 $k+1$ 维向量 $-2X'(Y-X\beta)$ 的第 j 个元素，其中 β 为由 $\beta_0, \beta_1, \cdots, \beta_k$ 组成的 $k+1$ 维向量。总共有 $k+1$ 个这样的导数，其中每一个对应于 β 的一个元素。由此得 $k+1$ 个方程组成的方程组。当令其等于零时，就得到了 OLS 估计量的一阶条件。即 $\hat{\beta}$ 为如下 $k+1$ 个方程组成的方程组的解：

$$X'(Y - X\hat{\beta}) = 0$$

或等价地 $X'Y = X'X\hat{\beta}$。

求解方程组即得 OLS 估计量 $\hat{\beta}$ 的形式为：

$$\hat{\beta} = (X'X)^{-1} X'Y \qquad (2.7)$$

其中，$(X'X)^{-1}$ 为矩阵 $X'X$ 的逆。

三、多元线性回归的假设检验

（一）单个系数的假设检验

回顾一元回归的情形，我们利用样本均值代替相应的期望值得到了 OLS 估计量的方差估计。在最小二乘假设条件下，由大数定律知这些样本均值收敛于对应的总体值，所以有 $\hat{\sigma}_{\hat{\beta}_1}^2 / \sigma_{\hat{\beta}_1}^2 \to 1$。而 $\hat{\sigma}_{\hat{\beta}_1}^2$ 的平方根即 $\hat{\beta}_1$ 的标准误 $SE(\hat{\beta}_1)$，它是 $\hat{\beta}_1$ 抽样分布标准差的估计量。

所有这些都可以直接推广到多元回归中。第 j 个回归系数的 OLS 估计量 $\hat{\beta}_j$ 的标准差可由其标准误 $SE(\hat{\beta}_j)$ 来估计。用矩阵很容易表示出这个标准误的公式。其中重要一点是就标准误而言，从概念上讲一元和多元没什么不同。不管是包含一个还是多个回归变量，其关键思想——估计量的大样本正态性及抽样分布标准差具有一致估计量，都是相同的。

更一般地，我们想检验第 j 个回归变量的真实系数 β_j 为某个具体值 $\beta_{j,0}$ 的假设。其中原假设的值 $\beta_{j,0}$ 要么来自经济理论；要么来自实际应用背景。若备择假设是双边的，则这两个假设的数学表述为：

$$H_0: \beta_j = \beta_{j,0}; H_1: \beta_j \neq \beta_{j,0} （双边备择假设）$$

回顾只有 1 个回归变量时上述原假设的检验步骤。其中第 1 步是计算系数的标准误；

第 2 步是计算 t 统计量；第 3 步是利用累积正态分布表计算检验的 p 值，或者比较 t 统计量与检验要求显著水平下相应的临界值大小。上述步骤的理论基础是 OLS 估计量在原假设下服从大样本正态分布。其中均值为假设的真值；而方差具有一致估计量。

该基本步骤也适用于多元回归中。$\hat{\beta}_j$ 的抽样分布近似于正态分布，且原假设下该分布的均值为 $\beta_{j,0}$。而分布的方差也存在一致估计量。因此我们可以完全按照与一元回归相同的步骤检验原假设。

第一步，计算 $\hat{\beta}_j$ 的标准误差 $SE(\hat{\beta}_j)$。

第二步，计算 t 统计量：

$$t = \frac{\hat{\beta}_j - \beta_{j,0}}{SE(\hat{\beta}_j)}$$

第三步，计算 p 值：

$$p = 2\Phi(-|t^{act}|)$$

其中，t^{act} 表示实际计算得到的 t 统计量值。当 p 值小于 0.05，或等价地 $t > 1.96$ 时，在 5% 显著水平下拒绝原假设。

标准误和检验 $\beta_j = 0$ 的 t 统计量及 p 值都可由回归软件自动计算得到。

（二）联合假设检验

联合假设（joint hypothesis）一般是指对回归系数施加两个或两个以上约束的假设。考虑如下形式的联合原假设和备择假设：

$$H_0 : \beta_j = \beta_{j,0}, \beta_m = \beta_{m,0}, \cdots, 总共 q 个约束$$
$$H_1 : H_0 中 q 个约束中的一个或多个约束不成立$$

其中，$\beta_j, \beta_m, \cdots$ 指不同的回归系数；$\beta_{j,0}, \beta_{m,0}, \cdots$ 指原假设下这些回归系数的取值。例如含 $k = 6$ 个回归变量的回归中第 2、4 和 5 个回归变量系数为零的原假设。即 $\beta_2 = 0$、$\beta_4 = 0$ 和 $\beta_5 = 0$，共有 $q = 3$ 个约束。一般地，原假设 H_0 下有 q 个这样的约束。

若原假设 H_0 下有任何一个（或以上）等式不成立，则联合原假设本身是错误的。因此，备择假设为原假设 H_1 中至少有 1 个等式不成立。

虽然看似可以通过利用常用 t 统计量 1 次检验 1 个约束来检验联合假设，但下面的计算表明这种方法是不可靠的。具体地，假设要检验 $\beta_1 = 0$ 且 $\beta_2 = 0$ 的原假设。令 t_1 表示检验原假设 $\beta_1 = 0$ 的 t 统计量；t_2 表示检验原假设 $\beta_2 = 0$ 的 t 统计量。

由于这个问题涉及两个随机变量 t_1 和 t_2，回答它需要刻画量 t_1 和 t_2 的联合抽样分布。大样本下 $\hat{\beta}_1$ 和 $\hat{\beta}_2$ 服从联合正态分布，所以联合原假设下，t 统计 t_1 和 t_2 服从二维正态分布，其中每个 t 统计量的均值为零、方差为 1。

首先考虑 t 统计量不相关因而独立的特殊情况。在原假设为真时拒绝原假设的概率超过 5% 的特殊情况下，可以精确计算出这种方法的拒绝概率。因为只有当 $|t_1| \leq 1.96$ 且 $|t_2| \leq 1.96$ 时不能拒绝原假设，又因为 t 统计量之间是独立的，故 $Pr(|t_1| \leq 1.96 \& |t_2| \leq 1.96) = Pr(|t_1| \leq 1.96) \times Pr(|t_2| \leq 1.96) = 0.95^2 = 0.9025 = 90.25\%$。所以原假设为真时

拒绝原假设的概率为 $1 - 0.95^2 = 9.75\%$。由于用第 1 个 t 统计量无法拒绝时，还可以尝试使用第 2 个 t 统计量，所以导致过多地拒绝了原假设。

若回归变量相关，则情况要更复杂些。"一次一个"步骤的水平取决于回归变量的相关系数取值。因为"一次一个"检验方法的水平不正确，即原假设下的拒绝率不等于要求的显著水平，所以我们需要采用新的方法。该方法基于 F 统计量进行假设检验和统计推断。

F 统计量（F-statistics）用于检验回归系数的联合假设，且 F 统计量的公式早已编入现代的回归软件。我们首先讨论两个约束的情形，然后再讨论 q 个约束的一般情形。

当联合原假设中有 $\beta_1 = 0$ 和 $\beta_2 = 0$ 两个约束时，F 统计量利用下面公式把两个 t 统计量 t_1 和 t_2 结合在一起。即：

$$F = \frac{1}{2}\left(\frac{t_1^2 + t_2^2 - 2\hat{\rho}_{t_1, t_2} t_1 t_2}{1 - \hat{\rho}_{t_1, t_2}^2} \right)$$

其中，$\hat{\rho}_{t_1, t_2}$ 表示两个 t 统计量的相关系数估计量。

为了理解上式中的 F 统计量，首先假设 t 统计量不相关，于是我们可以删去涉及 $\hat{\rho}_{t_1, t_2}$ 的项。上述公式就简化为 $F = \frac{1}{2}(t_1^2 + t_2^2)$。即 F 统计量是 t 统计量平方的均值。原假设下 t_1 和 t_2 为独立的标准正态随机变量（因为根据假设 t 统计量不相关），所以原假设下 F 服从 $F_{2,\infty}$ 分布。在 β_1 非零或 β_2 非零（或两者）的备择假设下，t_1^2 或 t_2^2（或两者）很大，于是检验结果拒绝原假设。

一般情况下 t 统计量是相关的，因此 F 统计量公式修正了这一相关性。这一修正使得无论 t 统计量是否相关，F 统计量在大样本下都服从 $F_{2,\infty}$ 分布。

检验含 q 个约束的联合原假设的异方差稳健 F 统计量公式，也已合成到回归软件中。这就大大简化了实际应用中 F 统计量的计算。原假设成立时，F 统计量的抽样分布在大样本下为 $F_{q,\infty}$ 分布。即大样本下，原假设成立时有：F 统计量服从 $F_{q,\infty}$ 分布。对具体的 q 值和要求的显著水平，F 统计量的临界值可查 $F_{q,\infty}$ 分布表得到。

如果用一般异方差稳健公式计算 F 统计量，则不管误差是同方差还是异方差，原假设下 F 统计量的大 n 分布都是 $F_{q,\infty}$。由于历史原因，大多数统计软件的默认状态为计算同方差适用标准误。因此，在某些软件包中你必须选择"稳健"选项后，才会利用异方差稳健标准误（更一般地，"协方差矩阵"的异方差稳健估计值）计算 F 统计量。

利用 F 统计量分布的大样本 $F_{q,\infty}$ 近似可以计算其 p 值。令 F^{act} 表示实际计算得到的 F 统计量值。因为原假设下 F 统计量服从大样本 $F_{q,\infty}$ 分布，所以 p 值为：

$$p \text{ 值} = Pr\left[F_{q,\infty} > F^{act} \right]$$

上式中的 p 值计算可查 $F_{q,\infty}$ 的分布表（或等价地，查 χ_q^2 的分布表，这是因为服从 χ_q^2 分布的随机变量等于 q 乘以服从 $F_{q,\infty}$ 分布的随机变量）。此外，由于最现代的统计软件中包括累积卡方和 F 分布，因此也可以通过计算机计算 p 值。

"总"回归的 F 统计量检验了所有斜率系数为零的联合假设。即原假设和备择假设为：

$$H_0 : \beta_1 = 0, \beta_2 = 0, \cdots, \beta_k = 0;$$
$$H_1 : 至少存在某个 j 使 \beta_j \neq 0, j = 1, 2, \cdots, k$$

原假设下，虽然截距（原假设成立时为 Y_i 的均值）可能不为零，但所有回归变量都不能解释 Y_i 的任何变化。总回归的 F 统计量是计算上式中原假设的 F 统计量。当原假设为真时，总回归的 F 统计量在大样本下服从 $F_{k,\infty}$ 分布。

当 $q = 1$ 时，F 统计量检验了 1 个约束。联合原假设则化为单个回归系数的原假设，此时 F 统计量是 t 统计量的平方。

四、多元线性回归的置信区间

多元回归中单个系数的置信区间构造方法也与一元回归模型时一样，系数 β_j 的 95% 双侧置信区间表示该区间以 95% 的概率包含的真值；也就是，在所有可能随机抽取的样本中有 95% 包含 β_j 的真值。等价地，这是 5% 双边假设检验中不能拒绝的 β_j 的取值集合。当样本容量较大时，95% 的置信区间为：

$$\beta_j 的 95\% 置信区间 = \left[\hat{\beta}_j - 1.96 SE(\hat{\beta}_j), \hat{\beta}_j + 1.96 SE(\hat{\beta}_j) \right]$$

类似地，90% 置信区间为：

$$\beta_j 的 90\% 置信区间 = \left[\hat{\beta}_j - 1.645 SE(\hat{\beta}_j), \hat{\beta}_j + 1.645 SE(\hat{\beta}_j) \right]$$

五、多元线性回归的拟合优度

对于多元回归，在回归方程有常数项的情况下，由于 OLS 的正交性，平方和分解公式依然成立（证明方法与一元回归相同），故仍可以将被解释变量的离差平方和分解如下：

$$\sum (y_i - \bar{y})^2 = \sum (\hat{y}_i - \bar{y})^2 + \sum e_i^2$$

记 $TSS = \sum (y_i - \bar{y})^2$ 为总离差平方和；$ESS = \sum (\hat{y}_i - \bar{y})^2$ 为回归平方和；$RSS = \sum e_i^2$ 为残差平方和。离差平方和公式可写为：

$$TSS = ESS + RSS$$

总离差平方和可分解为回归平方和与残差平方和两部分。回归平方和反映总离差平方和中可由样本回归线解释的部分。它越大，残差平方和越小，表明样本回归线与样本观测值的拟合程度越高。因此，可用回归平方和占总离差平方和的比重来衡量样本回归线对样本观测值的拟合程度：

$$R^2 = \frac{ESS}{TSS} = 1 - \frac{RSS}{TSS}$$

该统计量越接近于 1，模型的拟合优度越高。

在应用过程中发现，如果在模型中增加一个解释变量，R^2 往往增大。这是因为残差平方和往往随着解释变量个数的增加而减少，至少不会增加。这就给人一个错觉：要使模型拟合得好，只要增加解释变量即可。但是，现实情况往往是，由增加解释变量个数引起的增大与拟合好坏无关。因此在多元回归模型之间比较拟合优度，R^2 就不是一个合适的指标，必须加以调整。

在样本容量一定的情况下，增加解释变量必定使得自由度减少。所以调整的思路是将残差平方和与总离差平方和分别除以各自的自由度，以剔除变量个数对拟合优度的影响。记 $\bar{R}^2$ 为调整的可决系数（adjusted coefficient of determination），则有：

$$\bar{R}^2 = 1 - \frac{RSS/(n-k-1)}{TSS/(n-1)}$$

其中，$n-k-1$ 为残差平方和的自由度；$n-1$ 为总离差平方和的自由度。显然，如果增加的解释变量没有解释能力，则对残差平方和 RSS 的减小没有多大帮助。但增加了待估数的个数，从而使 $\bar{R}^2$ 有较大幅度的下降。

调整的可决系数与未经调整的可决系数之间存在如下关系：

$$\bar{R}^2 = 1 - (1 - R^2)\frac{n-1}{n-k-1}$$

在实际应用中，$\bar{R}^2$ 达到多大才算模型通过了检验？没有绝对的标准，要看具体情况而定。模型的拟合优度并不是判断模型质量的唯一标准，有时甚至为了追求模型的经济意义，可以牺牲一点拟合优度。

第三节　模型应用及 Stata 操作

一、多元线性回归模型的应用

OLS 是计量经济学的基本方法之一，在金融领域也得到了广泛的应用。下面以一些文献为例进行说明。

应千伟和罗党论（2012）利用我国 2004 ~ 2009 年 A 股上市公司数据，研究了银行授信额度对公司投资效率的影响。从融资约束理论来看，银行授信额度降低了公司融资的成本，保证未来的项目能够顺利实施。获得银行授信额度的公司相对于未获得授信的公司而言，投资的资金来源更加充足，企业的融资约束将得到缓解，有助于公司更好地抓住投资机会，提高投资效率。从代理理论和自由现金流假说来看，企业经理人的行为与股东利益并不完全一致，可能利用自由现金流进行过度投资。当企业获得授信额度后，额外的自由现金流可能促使过度投资加重，从而降低投资效率。因此，银行授信额度对投资效率的影响取决于融资约束效应和代理效应的权衡。该文使用投资－投资机会敏感性来衡量投资效率，计量实证模型设定如下：

$$Invt_{it} = \beta_0 + \beta_1\, Oppotunity_{it-1} + \beta_2\, Creditline_{it} \times Oppotunity_{it-1} + \beta_3\, Creditline_{it} + \beta_4\, CF_{it}$$
$$+ \beta_5\, Size_{it-1} + \beta_6\, Lev_{it-1} + \beta_7\, Age_{it-1} + \beta_8\, SEO_{it-1} + \sum \gamma\, Industry_{it}$$
$$+ \sum \lambda\, Year_{it} + \sum \eta\, Province_{it} + \varepsilon_{it}$$

其中，$Invt$ 表示企业投资。用 3 个指标来衡量，分别是（企业购建固定资产、无形资产和其他长期资产所支付的现金）/总资产；（企业购建固定资产、无形资产和其他长期资产所支付的现金 – 处置固定资产、无形资产和其他长期资产收回的现金净额）/总资产；以及（本期固定资产和在建工程总额 – 上一期固定资产和在建工程总额）/总资产。$Opportunity$ 表示投资机会，分别使用托宾 Q 和营业收入增长率来衡量。$Creditline$ 表示授信额度，使用 $Cline$（是否获得授信额度）和 $Clinerta$（授信占总资产比例）两个指标。其余变量为控制变量。交互项系数 β_2 反映的是授信额度对投资效率的影响。若 $\beta_2 > 0$，表示授信额度提高了投资效率；若 $\beta_2 < 0$，表示授信额度降低了投资效率。采用 OLS 回归模型，并对系数的标准误和 t 值做了企业层面的集聚调整。回归模型中除了授信额度和企业经营性现金流采用当期值外，其余解释变量都是采用上一期期末值，这在一定程度上可以克服解释变量的内生性。回归结果如表 2 – 2 所示。

表 2 – 2　　　　　　　　　　　授信额度与投资效率：OLS 回归结果

变量	(1) Invt1	(2) Invt2	(3) Invt3	(4) Invt1	(5) Invt2	(6) Invt3
Tobin	0.010 *** (4.79)	0.010 *** (5.09)	0.017 *** (6.79)	0.020 *** (4.73)	0.021 *** (5.08)	0.025 *** (4.38)
Tobin × Cline	0.007 *** (2.65)	0.008 *** (2.93)	0.004 (1.04)			
Cline	– 0.008 * (– 1.91)	– 0.008 ** (– 2.04)	– 0.001 (– 0.18)			
Tobin × Clinerta				0.004 (0.32)	0.004 (0.26)	– 0.01 (– 0.52)
Clinerta				– 0.004 (– 0.20)	– 0.001 (– 0.07)	0.021 (0.74)
Size	0.008 *** (7.93)	0.009 *** (8.89)	0.012 *** (9.29)	0.008 *** (4.26)	0.009 *** (4.80)	0.010 *** (4.19)
Lev	– 0.014 ** (– 2.39)	– 0.018 *** (– 3.10)	– 0.012 * (– 1.69)	– 0.004 (– 0.35)	– 0.005 (– 0.41)	– 0.008 (– 0.56)
Cashflow	0.101 *** (9.36)	0.103 *** (9.77)	0.046 *** (3.63)	0.049 ** (2.57)	0.047 ** (2.48)	0.014 (0.53)
Age	– 0.002 *** (– 6.87)	– 0.002 *** (– 7.67)	– 0.002 *** (– 7.30)	– 0.002 *** (– 4.51)	– 0.002 *** (– 4.99)	– 0.002 *** (– 4.50)

续表

变量	(1) Invt1	(2) Invt2	(3) Invt3	(4) Invt1	(5) Invt2	(6) Invt3
SEO	0.123 *** (12.62)	0.123 *** (12.70)	0.160 *** (13.62)	0.105 *** (6.05)	0.106 *** (6.15)	0.133 *** (6.59)
Constant	−0.015 (−0.50)	−0.034 (−1.17)	−0.222 *** (−6.49)	0.027 (0.66)	0.004 (0.11)	−0.233 *** (−4.40)
Year	控制	控制	控制	控制	控制	控制
Industry	控制	控制	控制	控制	控制	控制
Province	控制	控制	控制	控制	控制	控制
N	6,728	6,728	6,716	1,488	1,488	1,486
R^2	0.256	0.269	0.174	0.291	0.305	0.201

注：***、**、*分别表示估计系数在 1%、5%、10% 的统计水平上显著，圆括号内数值为 t 值。

　　表 2-2 中模型（1）~（3）分别以 Invt1，Invt2 和 Invt3 作为投资支出变量。从表中交叉项 Tobin × Cline 前的系数及其显著性可以看出，与没有获得授信额度的企业相比，获得授信额度的企业投资—投资机会敏感性更强。这说明总体而言，获得授信额度有助于提高投资效率；模型（4）~（6）也分别以 Invtl，Invt2 和 Invt3 作为投资支出变量。但只选取有授信额度的公司样本，进一步观察授信额度具体数额的大小对投资效率的影响。从交叉项 Tobin × Clinerta 的系数和显著性可以看出，总体上在已获得授信的样本中，授信额度的多少对投资效率没有显著影响。

　　辛清泉等（2014）使用 A 股市场 2003~2009 年的数据，分析和检验了企业层面的透明度对股价波动性的影响，发现当前更高的盈余质量、更好的信息披露水平、更多的分析师跟踪、更准确的分析师盈余预测和国际四大审计，同未来更低的个股回报方差相关联。表明公司透明度显著降低了股价波动性。计量实证模型设定如下：

$$VAR\_ADJ_{it} = \alpha_0 + \alpha_1 TRANSPARENCY_{it-1} + \alpha_2 LNMVE_{it-1} + \alpha_3 MTB_{it-1} + \alpha_4 LEV_{it-1}$$
$$+ \alpha_5 CFO_{it-1} + \alpha_6 CFO_{it+1} + \alpha_7 VFO_{it-1} + \alpha_8 RETA_{it} + \alpha_9 RETASQ_{it-1}$$
$$+ \alpha_{10} BHSHARE_{it-1} + e_{it}$$

　　因变量 VAR_ADJ_{it} 是 t 年公司 i 股价回报的方差，等于 t 年 5 月到 $t+1$ 年 4 月各个月度股票回报方差的平均值（再乘以 100）；月度股票回报方差等于当月内日个股回报（市场调整后）的方差乘以当月交易天数。VAR_ADJ_{it} 越大，表示股价波动性越大。

　　$TRANSPARENCY_{it-1}$ 是公司 i 在 $t-1$ 年的透明度指标，包括盈余质量指标、信息披露考评指数、分析师跟踪人数、分析师盈余预测准确性、是否聘请国际四大作为其年报的审计师、透明度综合指标。由于透明度更高的公司其未来股价波动性应该更低，因此预期系数 $\alpha_1 < 0$。其余变量为控制变量。此外，还控制了行业和年度固定效应。

　　利用 OLS 回归得到的结果如表 2-3 所示。

表 2-3 企业透明度与股价波动性：OLS 估计结果

变量	(1) DD	(2) DSCORE	(3) LOGANALYST	(4) ACCURACY	(5) BIG4	(6) TRANS
TRANSPARENCY	-1.411 (-2.76***)	-0.079 (-3.74***)	-0.087 (-5.61***)	-2.023 (-2.57**)	-0.081 (-1.97**)	-0.581 (-7.02***)
LNMVE	-0.116 (-8.40***)	-0.106 (-4.97***)	-0.077 (-4.48***)	-0.093 (-6.76***)	-0.120 (-8.75***)	-0.081 (-5.41***)
MTB	0.043 (3.10***)	0.051 (3.62***)	0.061 (4.46***)	0.051 (5.01***)	0.059 (4.38***)	0.053 (3.86***)
LEV	0.399 (3.91***)	0.231 (2.52***)	0.454 (4.59***)	0.101 (1.37)	0.428 (4.32***)	0.410 (4.14***)
CFO	-0.400 (-2.39**)	-0.392 (-1.52)	-0.348 (-2.18**)	-0.293 (-1.87*)	-0.416 (-2.58**)	-0.350 (-2.18**)
COF_{t+1}	-0.301 (-2.11**)	-0.273 (-1.66*)	-0.155 (-1.04)	-0.469 (-3.54***)	-0.210 (-1.40)	-0.148 (-1.00)
VCFO	3.003 (1.98**)	3.874 (2.41**)	4.115 (3.15***)	2.209 (2.06**)	4.115 (3.12***)	3.015 (2.23**)
$RETA_t$	0.330 (9.13***)	0.277 (6.14***)	0.349 (10.03***)	0.260 (9.01***)	0.350 (10.04***)	0.349 (10.01***)
RETASQ	0.039 (9.13***)	0.041 (4.12***)	0.040 (6.94***)	0.043 (5.70***)	0.043 (7.34***)	0.039 (6.86***)
BHSHARE	0.066 (1.50)	-0.056 (-1.35)	0.096 (2.17**)	0.056 (1.07)	0.128 (2.57**)	0.116 (2.61***)
Intercept	3.556 (11.85***)	3.839 (8.56***)	3.043 (8.17***)	2.858 (9.19***)	3.933 (13.01***)	3.382 (10.90***)
N	5,438	2,601	6,244	2,721	6,244	6,244
Adj. R^2	0.27	0.28	0.27	0.31	0.27	0.28

注：***、**、*分别表示估计系数在1%、5%、10%的统计水平上显著，圆括号内数值为 t 值。

可以看到，所有透明度变量的回归系数均至少在 5% 的水平上显著为负。表明当年的透明度同来年更低的个股回报方差相连，意味着公司透明度能够显著降低股价波动。考虑经济显著性，在控制住其他因素的影响后，当透明度综合指标 TRANS 从 25 分位上升到 75 分位时（即 TRANS 从 0.374 上升到 0.586），个股回报方差 VAR_ADJ 将下降 0.123，相比于其均值（1.458）下降约 8.4 个百分点。

二、多元线性回归模型的 **Stata** 操作

OLS 的 Stata 命令为 regress。其语法结构如下：

regress depvar [indepvars] [if] [in] [weight] [,options]

其中，*regress* 可以简写为 *reg*。如果要将变量 y 对 x1，x2，x3 进行 *OLS* 回归，命令如下：

reg y x1 x2 x3

如果要使用稳健标准误，可加选项 *robust*。命令为：

reg y x1 x2 x3，robust

以余明桂等（2016）一文来说明 OLS 方法的具体 Stata 操作。该文利用中央"五年规划"对一般鼓励和重点鼓励产业规划的信息，采用手工收集的 2001～2011 年上市公司及其子公司的专利数据，检验了中国产业政策对企业技术创新的影响。研究发现，产业政策能显著提高被鼓励行业中企业发明专利数量，并且这种正向关系在民营企业中更显著。计量实证模型如下：

$$\ln Patent(RD)_{i,t+1} = \alpha + \beta_1 E\_ind1(E\_ind2) + \beta_2 Control_{i,t} + \varepsilon_{it}$$

被解释变量表示企业技术创新，分别采用上市公司及其子公司发明专利申请数量加 1 的自然对数（ln*Patent*）和企业研发投入与企业总资产的比率（*RD*）作为技术创新的代理变量。*E_ind*1，*E_ind*2 分别表示一般鼓励和重点鼓励产业政策哑变量；*Control* 表示一系列控制变量。

首先，读入该文公开的实证数据：

use 产业政策与企业创新_正文部分数据 . dta，clear

global var "Size Lev Roa PPE Capital Cash Age Gdpr"

第 2 行命令表示设定控制变量的全局宏。即用 *var* 代表一系列控制变量。接下来先进行变量的描述性统计分析：

xi：reg flnpat110 E_ind1 $var i. year i. ind1 ,robust

gen sample = e(sample)

tabstat flnpat110 RD E_ind1 E_ind2 nature $var if sample == 1,stat(N mean sd min p25 median p75 max)c(s)f(%10.4f)

第 1 行命令表示进行 *OLS* 回归。前缀"*xi*"表示用于加入年度效应"*i. year*"和行业效应"*i. ind*1"；*flnpat*110 表示发明专利申请数量加 1 的自然对数；*E_ind*1 为产业政策虚拟变量；$*var* 表示前面设定的一系列控制变量。第 2 行命令表示生成一个虚拟变量 *sample*。进行 *OLS* 回归后，会生成一个返回函数 e（*sample*）。如果某个样本进入回归，则对应的 e（*sample*）等于 1；否则 e（*sample*）等于 0。因此变量 *sample* 的取值也为 1 和 0。第 3 行命令表示进行描述性统计。基本命令为 tabstat；*if* 为条件语句；"*if sample == 1*"表示只取 *sample* 等于 1 的样本。也就是没有缺失值进入回归的样本；*stat* 为 *statistics* 的简写，表示设定统计量，依次报告样本数、均值、标准差、最小值、1/4 分位数、中位数、3/4 分位数、最大值；c（s）为 *columns（statistics）* 的简写，表示以列的形式列出统计量；选项 *f* 为 *format* 的简写，表示设定格式；*f*（%10.4*f*）意为 10 个字符，显示 4 位小数。执行上述

命令后，结果如图 2 - 3 所示。

variable	N	mean	sd	min	p25	p50	p75	max
flnpat110	11665.0000	0.6041	1.0915	0.0000	0.0000	0.0000	0.6931	8.6785
RD	1912.0000	0.0098	0.0144	0.0000	0.0012	0.0043	0.0119	0.0808
E_ind1	11665.0000	0.6640	0.4724	0.0000	0.0000	1.0000	1.0000	1.0000
E_ind2	11665.0000	0.1381	0.3450	0.0000	0.0000	0.0000	0.0000	1.0000
nature	11665.0000	0.6219	0.4849	0.0000	0.0000	1.0000	1.0000	1.0000
Size	11665.0000	21.4527	1.1808	10.8422	20.7127	21.3519	22.0893	28.1356
Lev	11665.0000	0.5086	0.1674	0.2334	0.3746	0.5153	0.6442	0.7676
Roa	11665.0000	0.0351	0.0301	-0.0023	0.0097	0.0293	0.0541	0.0949
PPE	11665.0000	0.3182	0.1832	0.0524	0.1659	0.2924	0.4714	0.6146
Capital	11665.0000	0.2960	0.1872	0.0005	0.1526	0.2691	0.4252	0.7731
Cash	11665.0000	0.1792	0.1469	0.0008	0.0789	0.1408	0.2374	0.8706
Age	11665.0000	8.7978	4.5205	1.0000	5.0000	9.0000	12.0000	26.0000
Gdpr	11665.0000	0.1643	0.0578	-0.0926	0.1271	0.1671	0.2022	0.4969

图 2 - 3   tabstat 命令报告变量的统计量

接下来进行 OLS 回归。命令如下：

xi:reg flnpat110 E_ind1 $var i. year i. ind1 ,robust

est store m1

xi:reg RD E_ind1 $var i. year i. ind1 ,robust

est store m2

xi:reg flnpat110 E_ind2 $var i. year i. ind1 ,robust

est store m3

xi:reg RD E_ind2 $var i. year i. ind1 ,robust

est store m4

esttab m1 m2 m3 m4 ,b(%10.4f) t(%10.4f) compress nogaps mtitle( ) scalar(N r2) star(* 0.1 ** 0.05 *** 0.01) drop(_Iyear* _Iind* $var) order(E_ind*)

第 1 行命令为进行第一个 OLS 回归。用 flnpat110 对 E_ind1 和其他控制变量进行回归；第 2 行命令为保存结果于 m1。值得注意的是该结果仅存储于电脑内存，而非存储于电脑硬盘；第 3 行命令为进行第 2 个 OLS 回归。用 RD 对 E_ind1 和其他控制变量进行回归；第 4 行命令为保存结果于 m2。后面各行命令类似，分别进行第 3、4 个 OLS 回归并保存。第 9 行命令表示输出结果。esttab 命令为输出格式化结果；m1 ~ m4 为前面 4 个 OLS 回归结果；选项 b（%10.4f） 表示设定估计系数的输出格式，".4" 表示显示 4 位小数；选项 t（%10.4f） 表示设定 t 统计量的输出格式；选项 compress 表示减少横向间距；选项 nogaps 表示压缩垂直间距，compress 和 nogaps 都是让结果显示更加紧凑；选项 mtitle（ ） 表示设定每一列回归结果显示的标题。如果括号中不填内容，则自动以每一列回归的被解释变量作为标题；选项 scalar（N r2） 表示设定回归结果标量。通过 ereturn list 命令可以列示回归结果的返回值。一般情况下需要报告的标量就是样本数（N） 和拟合优度 R^2（r2）；选项 star（* 0.1 ** 0.05 *** 0.01） 表示标示估计系数的显著性。系数在 1% 的统计水平上显著，标示 3 颗星。在 5% 的统计水平上显著，标示 2 颗星。在 10% 的统计水平上显著，标示 1 颗星；选项 drop（_Iyear* _Iind* $var） 表示不显示年度效应、行业效应和控制变量的结果。一般情况下可以报告控制变量的结果。此文为节约篇幅，未报告控制变量的结果；选项

order（*E_ind**）表示将所有以 *E_ind* 开头的变量估计系数列示在最前面。执行上述命令后，可以得到如图 2 - 4 的回归结果。这和余明桂等（2016）一文结果一致。由该回归结果可知，一般鼓励行业 *E_ind*1 和重点鼓励行业 *E_ind*2 的系数都显著为正。意味着在给定其他条件不变的情况下，受到产业政策鼓励的企业专利数量和研发投入显著高于不受产业政策支持企业的专利数量和研发投入。这说明，产业政策能够促进被鼓励行业中企业的技术创新。

	(1) flnpat110	(2) RD	(3) flnpat110	(4) RD
E_ind1	0.2297*** (9.5291)	0.0017** (2.5474)		
E_ind2			0.1923*** (3.9492)	0.0054*** (3.1725)
_cons	-7.3295*** (-28.3970)	-0.0058 (-0.7309)	-7.1955*** (-27.2890)	-0.0117 (-1.4024)
N r2	11665 0.3053	1917 0.1666	11665 0.3004	1917 0.1697

图 2 - 4 产业政策与企业技术创新 *OLS* 回归结果

注：***、**、* 分别表示估计系数在1%、5%、10%的统计水平上显著，圆括号内数值为 *t* 值。

如果想要将回归结果输出到 Excel 表格中，可以执行如下命令：

esttab m1 m2 m3 m4 using Table4. csv,replace b(%10.4f)t(%10.4f)compress nogaps mtitle()scalar(N r2)star(*0.1 **0.05 ***0.01)drop(_Iyear* _Iind* $var)order(E_ind*)

其中，"*using Table*4. *csv*" 表示将结果输出到名为 "*Table*4. *csv*" 的文件中；选项 *replace* 表示如果输出结果的文件夹有 "*Table*4. *csv*"，则对其进行替换。该命令的其他选项如前文所述。如果想要将结果输出到 Word 文件中，可以将 ". *csv*" 更改为 ". *rtf*"。

接下来进一步区分产权性质，考察产业政策对企业技术创新的异质性影响。具体命令如下：

xi：reg flnpat110 E_ind1 $var i. year i. ind1 if nature ==1,robust

est store m1

xi：reg flnpat110 E_ind1 $var i. year i. ind1 if nature ==0,robust

est store m2

xi：reg RD E_ind1 $var i. year i. ind1 if nature ==1,robust

est store m3

xi：reg RD E_ind1 $var i. year i. ind1 if nature ==0,robust

est store m4

xi：reg flnpat110 E_ind2 $var i. year i. ind1 if nature ==1,robust

est store m5

xi：reg flnpat110 E_ind2 $var i. year i. ind1 if nature ==0,robust

est store m6

xi：reg RD E_ind2 $var i. year i. ind1 if nature ==1,robust

est store m7

xi:reg RD E_ind2 $var i. year i. ind1 if nature ==0,robust

est store m8

esttab m1 m2 m3 m4 m5 m6 m7 m8,b(%10. 4f)t(%10. 4f)compress nogaps mtitle( )scalar (N r2)star(*0. 1 **0. 05 ***0. 01)drop(_Iyear*_Iind* $var)order (E_ind*)

命令的写法和前面 OLS 基准回归基本一致，区别仅仅是加入了 if 条件语句。例如第 1 个回归限定条件 "if nature ==1"，表示仅对国有企业哑变量 nature 等于 1 的样本（即国有企业）进行回归；第 2 个回归限定条件 "if nature ==0"，表示仅对民营企业样本进行回归。后面各列回归类似。回归结果如图 2 -5 所示，和余明桂等（2016）一文的结果一致。结果显示，以发明专利来衡量企业创新水平，E_ind1 和 E_ind2 的系数在国有企业和民营企业样本中都显著为正。这再次表明产业政策能够显著促进企业的创新活动。以研发投入来衡量企业创新水平，E_ind1 和 E_ind2 的系数在民营企业样本中不显著，在国有企业样本中显著为正。

	(1) flnpat110	(2) flnpat110	(3) RD	(4) RD	(5) flnpat110	(6) flnpat110	(7) RD	(8) RD
E_ind1	0.2057*** (6.3056)	0.2799*** (8.1287)	0.0021*** (2.6456)	0.0008 (0.5653)				
E_ind2					0.1775*** (2.8620)	0.2530*** (3.1925)	0.0080*** (3.5131)	0.0006 (0.2546)
_cons	-7.7857*** (-23.2990)	-6.7837*** (-14.9193)	-0.0009 (-0.1068)	-0.0186 (-0.8547)	-7.6580*** (-22.2408)	-6.6652*** (-14.5312)	-0.0096 (-1.0650)	-0.0189 (-0.8486)
N	7254	4411	1374	543	7254	4411	1374	543
r2	0.3250	0.2869	0.1224	0.2980	0.3216	0.2778	0.1317	0.2977

图 2 -5 产业政策与企业技术创新：异质性结果

注： *** 、 ** 、 * 分别表示估计系数在1% 、5% 、10% 的统计水平上显著，圆括号内数值为 t 值。

将上述结果输出到 Excel 文件的命令如下：

esttab m1 m2 m3 m4 m5 m6 m7 m8 using Table5. csv,replace b(%10. 4f)t(%10. 4f)compress nogaps mtitle( )scalar(N r2)star(*0. 1 **0. 05 ***0. 01)drop (_Iyear*_Iind* $var)order (E_ind*)

如果要检验产业政策对两类企业技术创新的影响是否存在显著差异，则需要进行系数组间差异显著性检验。可以使用基于似无相关模型（seemingly unrelated regression，SUR）进行检验。所谓似无相关模型，就是表面上看起来没有关系，但实质上有关系的两个模型。这种"实质上"的关系其实是假设不同组别的干扰项彼此相关。为了表述方便，对应于上述论文，将国有企业和民营企业的模型简写如下：

国有企业：$\ln Patent_{1i,t+1} = \alpha_1 + \beta_{11} E\_ind1 + \beta_{12} Control_{i,t} + \varepsilon_{1it}$

民营企业：$\ln Patent_{2i,t+1} = \alpha_2 + \beta_{21} E\_ind1 + \beta_{22} Control_{i,t} + \varepsilon_{2it}$

若假设 $corr(\varepsilon_{1it},\varepsilon_{2it}) =0$，则我们可以分别对国有企业和民营企业进行 OLS 估计。然而，两组样本所处的经济制度和市场环境有诸多相似之处，使得二者的干扰项可能相关。即 $corr(\varepsilon_{1it},\varepsilon_{2it}) \neq 0$。此时，对两个样本组执行联合估计（GLS）会更有效率。执行完 SUR 估计后，对两组之间的系数差异进行检验。

在 Stata 中执行上述检验的步骤为：（1）分别针对国有企业和民营企业进行 OLS 估计（不限于 OLS 估计，可以执行 $Logit$，$Tobit$ 等估计），存储估计结果；（2）使用 suest 命令执行 SUR 估计；（3）使用 test 命令检验组间系数差异。具体操作如下：

* － Step1：分别针对两组样本进行估计

xi：reg   flnpat110   E_ind1   \$var i. year i. ind1 if nature ==1

est store m1

xi：reg   flnpat110   E_ind1   \$var i. year i. ind1   if nature ==0

est store m2

* － Step2：SUR

suest m1 m2

* － Step3：检验系数差异

test [m1_mean]E_ind1 = [m2_mean]E_ind1

需要说明的是，SUR 要求分样本估计时不能用稳健的标准误。由于 SUR 属于多方程模型，因此需要指定每个方程的名称。在下面呈现的回归结果中，[m1_mean] 和 [m2_mean] 分别是国有企业和民营企业各自对应的方程名称。因此，[m1_mean]E_ind1 表示国有企业方程中 E_ind1 变量的系数，而 [m2_mean]E_ind1 则表示民营企业中 E_ind1 变量的系数。执行组间系数差异检验的结果如图 2－6 所示。

```
. *-Step3: 检验系数差异
. test [m1_mean]E_ind1=[m2_mean]E_ind1

 ( 1)  [m1_mean]E_ind1 - [m2_mean]E_ind1 = 0

        chi2( 1) =     2.47
       Prob > chi2 =    0.1164
```

图 2－6　系数差异显著性检验

结果显示 p 值等于 0.1164，不能拒绝两组样本 E_ind1 变量系数差异等于 0 的原假设。说明产业政策对国有企业和民营企业发明专利的影响不存在显著差异。

此外，还可以使用引入交互项的方法或费舍尔组合检验（permutation test）方法，对不同组别间系数差异是否显著进行检验。详细内容可参考连玉君和廖俊平（2017）。

再以魏志华和朱彩云（2019）一文为例对 OLS 方法的 Stata 应用进行阐述。该文以 2007～2017 年中国 A 股上市公司为样本，实证检验了超额商誉对企业经营业绩的影响。研究发现，超额商誉对企业未来 3 年的经营业绩具有显著负面影响。其原因在于，超额商誉削弱了企业的产品市场竞争能力，这表现为超额商誉导致企业产品市场份额和行业竞争优势的持续下降，最终损害企业经营业绩。

该文建立的 OLS 实证模型如下：

$$ROA_{i,t+j} = \alpha_0 + \alpha_1 GW\_excess_{i,t} + \sum Controls_{i,t} + \varepsilon_{i,t}$$

$$M_{i,t+j} = \beta_0 + \beta_1 GW\_excess_{i,t} + \sum Controls_{i,t} + \varepsilon_{i,t}$$

$$ROS_{i,t+j} = \gamma_0 + \gamma_1 GW\_excfess_{i,t} + \gamma_2 M_{i,t} + \sum Controls_{i,t} + \varepsilon_{i,t}$$

其中，$j=1,2,3$，被解释变量 ROA 为企业业绩。用净利润/总资产衡量；解释变量 GW_excess 为超额商誉。采用商誉期望模型的回归残差作为代理变量；M 为中介变量。包括净商业信用（NTC）和产品市场份额（Share），前者等于（预收账款 + 应付账款 – 应收账款 – 预付账款）/企业营业收入，后者等于营业收入/行业当年营业收入总和；$Controls$ 为一系列控制变量。

首先考察超额商誉对企业业绩的影响，具体 Stata 命令如下：

```
use 超额商誉数据. dta, clear
xtset code year
global x Size Age LEV PPE Boardsize Maho TOP2_5 Dual SOE
reg F. ROA GW_excess $x i. year i. ind, vce(cluster code)
est store m1
reg F2. ROA GW_excess $x i. year i. ind, vce(cluster code)
est store m2
reg F3. ROA GW_excess $x i. year i. ind, vce(cluster code)
est store m3
esttab m1 m2 m3, scalar(r2_a N) star(*0.1 **0.05 ***0.01) drop(*.year *.ind $x) b(%6.4f) t(%6.3f)
esttab m1 m2 m3 using 基准回归结果表. rtf, replace scalar(r2_a N) star(*0.1 **0.05 ***0.01) drop(*.year *.ind $x) b(%6.4f) t(%6.3f)
```

第 1 行命令为读入数据；第 2 行命令表示设定面板数据。由于接下来的回归命令要用到向前算子 $F./F2./F3.$ 等，因此必须要对面板数据进行设定才行；第 3 行命令表示设定全局宏，用 x 来表示一系列控制变量。后面在书写命令时用 $x 就可以代替这一系列控制变量；第 4 行命令表示用未来 1 年的企业业绩（$FROA$）对超额商誉、控制变量、年度效应、行业效应进行回归。由于这里的年度变量（$year$）和行业变量（ind）都是数值型变量，因此在写回归命令时不要加前缀"$xi:$"。选项 $vce(cluster\ code)$ 表示使用公司层面聚类标准误。所谓聚类公司层面是指假定同一家企业不同年份观测点的干扰项相关，而不同企业的干扰项不相关；第 5 行命令表示保存结果为 m1；第 6～9 行命令分别表示使用未来 2 年和 3 年的企业业绩作为被解释变量进行回归，并储存结果为 m2 和 m3；第 10 行命令为输出结果到 Stata 结果显示窗口；第 11 行命令表示将结果输出到 Word 文件"基准回归结果表. rtf"中。最终得到回归结果如下表所示，与魏志华和朱彩云（2019）一文结果一致。超额商誉（GW_excess）对于未来连续 3 年总资产利润率（ROA）的回归系数都至少在 5% 的水平上显著为负。而且从回归系数的绝对值来看，超额商誉对公司未来业绩的负面影响随着时间的推移有加剧倾向。从经济意义看，超额商誉每增加一个单位，企业后 2 年的 ROA 均下降约 0.03；第 3 年的 ROA 下降约 0.06。图 2 – 7 的实证结果说明企业不理性的并购行为所带来的超额商誉，的确会成为企业未来经营发展的"包袱"，而且其对经营业绩的负面效应还具有一定的持续性。

	(1) F.ROA	(2) F2.ROA	(3) F3.ROA
GW_excess	-0.0333***	-0.0325**	-0.0610***
	(-3.039)	(-2.329)	(-2.632)
_cons	-0.0858***	-0.0410**	-0.0259
	(-4.782)	(-2.379)	(-1.361)
N	6958	5966	4961
r2_a	0.1466	0.1358	0.1249

图 2 - 7　超额商誉与企业经营业绩 *OLS* 回归结果

注：***、**、*分别表示估计系数在 1%、5%、10% 的统计水平上显著，圆括号内数值为 t 值。

接下来检验超额商誉对企业产品市场竞争能力的影响。具体 Stata 命令如下：

use 超额商誉数据. dta, clear

global x Size Age LEV PPE Boardsize Maho TOP2_5 Dual SOE

xtset code year

reg F. NTC GW_excess $x i. year i. ind, vce(cluster code)

est store m1

reg F2. NTC GW_excess $x i. year i. ind, vce(cluster code)

est store m2

reg F3. NTC GW_excess $x i. year i. ind, vce(cluster code)

est store m3

reg F. Share GW_excess $x i. year i. ind, vce(cluster code)

est store m4

reg F2. Share GW_excess $x i. year i. ind, vce(cluster code)

est store m5

reg F3. Share GW_excess $x i. year i. ind, vce(cluster code)

est store m6

esttab m1 m2 m3 m4 m5 m6, scalar(r2_a N) star(*0. 1 **0. 05 ***0. 01) drop (*. year *. ind $x) b(%6. 4f) t(%6. 3f)

esttab m1 m2 m3 m4 m5 m6 using 超额商誉与企业产品市场竞争能力回归结果表. rtf, replace scalar(r2_a N) star(*0. 1 **0. 05 ***0. 01) drop(*. year *. ind $x) b(%6. 4f) t(%6. 3f)

上述命令和前文命令类似，仅仅是用净商业信用（*NTC*）和产品市场份额（*Share*）作为被解释变量进行回归，得到的结果如图 2 - 8 所示。当被解释变量是 *NTC* 时，超额商誉的回归系数都在 1% 的水平上显著为负，且回归系数的绝对值有增加趋势。这表明超额商誉显著降低了企业未来连续 3 年的净商业信用。可见，从产业链视角的纵向竞争能力看，超额商誉会持续削弱企业的产品市场竞争能力；当被解释变量是 *Share* 时，超额商誉的回归系数都至少在 5% 的水平上显著为负，不过回归系数的绝对值基本稳定。这表明超额商誉会显著降低企业未来连续 3 年的市场份额。可以说，从同行业视角的横向竞争能力来看，超额商誉同样会持续削弱企业的产品市场竞争能力。

	(1) F.NTC	(2) F2.NTC	(3) F3.NTC	(4) F.Share	(5) F2.Share	(6) F3.Share
GW_excess	-0.3834*** (-5.521)	-0.5022*** (-5.875)	-0.5226*** (-4.168)	-0.0203*** (-3.029)	-0.0187** (-2.527)	-0.0234** (-2.203)
_cons	-1.0308*** (-7.328)	-1.0995*** (-7.435)	-1.0910*** (-6.763)	-0.3261*** (-14.356)	-0.3188*** (-14.044)	-0.3162*** (-13.670)
N	6957	5961	4958	6957	5961	4959
r2_a	0.3760	0.3553	0.3564	0.4723	0.4248	0.3856

图 2 - 8　超额商誉对企业产品市场竞争能力的影响

注：*** 、** 、* 分别表示估计系数在 1%、5%、10% 的统计水平上显著，圆括号内数值为 t 值。

最后，对产品市场竞争能力是否是超额商誉影响企业业绩的中介效应进行检验。具体 Stata 命令如下：

```
use 超额商誉数据.dta,clear
global x Size Age LEV PPE Boardsize Maho TOP2_5 Dual SOE
xtset code year
reg F. ROA GW_excess NTC $x i. year i. ind,vce( cluster code)
est store m1
reg F2. ROA GW_excess NTC $x i. year i. ind,vce( cluster code)
est store m2
reg F3. ROA GW_excess NTC $x i. year i. ind,vce( cluster code)
est store m3
reg F. ROA GW_excess Share $x i. year i. ind,vce( cluster code)
est store m4
reg F2. ROA GW_excess Share $x i. year i. ind,vce( cluster code)
est store m5
reg F3. ROA GW_excess Share $x i. year i. ind,vce( cluster code)
est store m6
```

esttab m1 m2 m3 m4 m5 m6,scalar(r2_a N) star(* 0.1 ** 0.05 *** 0.01) drop(*. year *. ind $x) order(GW_* NTC Share) b(%6.4f) t(%6.3f)

esttab m1 m2 m3 m4 m5 m6 using 超额商誉影响企业业绩的中介效应.rtf,replace scalar (r2_a N) star(* 0.1 ** 0.05 *** 0.01) drop(*. year *. ind $x) order(GW_* NTC Share) b(% 6.4f) t(%6.3f)

上述命令和前文命令类似，在基准回归的基准上加入了中介变量，得到的结果如图 2 - 9 所示。净商业信用的回归系数都在 1% 的水平上显著为正。这表明净商业信用会显著提升企业未来连续 3 年的经营业绩。类似地，除了对 $t+1$ 期企业业绩的回归系数为正但不显著外，市场份额对企业业绩的回归系数在 $t+2$，$t+3$ 期都至少在 5% 的水平上显著为正。这表明提升市场份额也会促进企业未来的经营业绩。而由图 2 - 8 的回归结果可知，超额商誉会显著降低企业的产品市场竞争能力。因此综合图 2 - 8、图 2 - 9 的回归结果可以得出，超额商誉削弱企业产品市场竞争能力，进而影响企业业绩的中介效应显著为负。

此外，还可以使用 sgmediation 命令估计中介效应，同时对中介效应的显著性进行检验（Sobel-Goodman Mediation Tests）。使用 ssc install sgmediation 对 sgmediation 进行安装，由于

sgmediation 命令不能和时间算子、因子变量等一起使用，因此首先要生成未来值、年度效应、行业效应等。以企业未来 1 年的业绩为例进行说明。命令如下：

	(1) F.ROA	(2) F2.ROA	(3) F3.ROA	(4) F.ROA	(5) F2.ROA	(6) F3.ROA
GW_excess	-0.0280** (-2.528)	-0.0277** (-1.986)	-0.0551** (-2.374)	-0.0327*** (-2.972)	-0.0314** (-2.233)	-0.0596** (-2.555)
NTC	0.0141*** (6.291)	0.0107*** (4.330)	0.0119*** (4.467)			
Share				0.0304 (1.205)	0.0564*** (2.739)	0.0657** (2.422)
_cons	-0.0716*** (-4.004)	-0.0323* (-1.899)	-0.0133 (-0.705)	-0.0750*** (-3.721)	-0.0204 (-1.079)	-0.0007 (-0.031)
N	6956	5964	4959	6958	5966	4961
r2_a	0.1535	0.1408	0.1297	0.1469	0.1371	0.1267

图 2 - 9　超额商誉影响企业业绩的中介效应检验

注：***、**、* 分别表示估计系数在 1%、5%、10% 的统计水平上显著，圆括号内数值为 t 值。

```
use 超额商誉数据.dta,clear
global x Size Age LEV PPE Boardsize Maho TOP2_5 Dual SOE
gen FROA = F.ROA
tab year,gen(yeardummy)
tab ind,gen(inddummy)
sgmediation FROA,mv(NTC)iv(GW_excess)cv($x yeardummy * inddummy *)
```

第 3 行命令表示生成未来 1 年企业业绩；第 4、5 行命令分别表示生成年度虚拟变量和行业虚拟变量；第 6 行命令表示估计中介效应，同时进行显著性检验。sgmediation 命令后面填写被解释变量；选项"$mv()$"括号里填写中介变量；"$iv()$"括号里填写解释变量；"$cv()$"括号里填写控制变量。执行上述命令后，Stata 会报告中介效应模型估计结果及对应的检验结果。其中检验结果如图 2 - 10 所示。

```
Sobel-Goodman Mediation Tests

                       Coef        Std Err         Z          P>|Z|
Sobel            -0.00536143    0.00109651      -4.89       1.011e-06
Goodman-1 (Aroian) -0.00536143  0.00110207      -4.865      1.145e-06
Goodman-2        -0.00536143    0.00109092      -4.915      8.897e-07

                       Coef        Std Err         Z          P>|Z|
a coefficient    = -0.37983     0.059295        -6.40572    1.5e-10
b coefficient    = 0.014115     0.001865        7.56852     3.8e-14
Indirect effect  =-0.005361     0.001097        -4.88954    1.0e-06
  Direct effect  =-0.027957     0.009207        -3.03638    0.002394
   Total effect  =-0.033318     0.009217        -3.61471    0.000301

Proportion of total effect that is mediated:      0.16091559
Ratio of indirect to direct effect:               0.19177522
Ratio of total to direct effect:                  1.1917752
```

图 2 - 10　sgmediation 命令进行中介效应检验

图 2 - 10 中，*Sobel Z* 值为 -4.89；p 值小于 0.01。表明中介效应是显著的。

第三章

一元时间序列分析方法

时间序列数据是金融计量分析中的一类重要数据。时间序列分析是现代计量经济学的重要内容，在金融数据分析中具有广泛的应用。借助于一元时间序列模型，可以利用金融变量自身过去的数值，也可以根据误差项当前及过去的数值所提供的信息来建立模型并做出预测。本章主要介绍时间序列的相关概念、AR 模型、MA 模型、ARMA 模型以及单位根检验等。

第一节　时间序列的相关概念

一、金融时间序列数据

将某种金融随机变量按出现时间的顺序排列起来称为金融时间序列。金融时间序列变量 y 在时间 t 上的观测记为 y_t；总观测次数记为 T，被称为样本容量。观测间隔称为数据的频率，例如周、月、季度或年。例如，1980 年 1 月 ~ 2006 年 6 月我国的通货膨胀率。该数据就是金融时间序列数据。T 等于 306；频率为月。

图 3－1 描绘了我国通货膨胀率情况；图 3－2 描绘了我国狭义货币 $M1$ 总量增长率情况。不难看出，这两个金融时间序列变量的动态走势也表现出相当大的差异。看起来很难找到某一种金融计量模型，能够完全捕捉或刻画各种不同的金融时间序列变量的不同特征。对于不同演进路径特征的时序数据，对应着不同的计量模型选择，后续章节将陆续介绍。

常见的金融时间序列包括各类资产价格、宏观金融变量等。因此，研究资产定价和宏观金融问题时，常常需要用到金融时间序列方法。

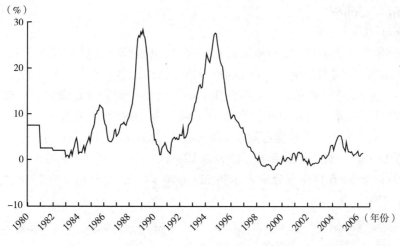

图 3 - 1　中国 *CPI* 通货膨胀率

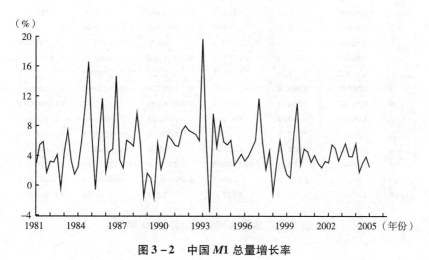

图 3 - 2　中国 *M1* 总量增长率

二、滞后与差分

y_{t-1} 称为 y_t 的一阶滞后变量。该变量 t 时刻的取值等于变量 y_t 在 $t-1$ 时刻的值；y_{t-k} 称为 y_t 的 k 阶滞后变量。该变量 t 时刻的取值等于变量 y_t 在 $t-k$ 时刻的值。

$y_t - y_{t-1}$ 称为一阶差分。用 Δy_t 表示；对 Δy_t 继续取差分，称为二阶差分。用 $\Delta(\Delta y_t)$ 表示。$\Delta(\Delta y_t) = (y_t - y_{t-1}) - (y_{t-1} - y_{t-2})$。

在 Stata 中，利用滞后算子 "*L.*" 和差分算子 "*D.*"，可以分别计算滞后项和差分项。具体命令如下：

```
use gnp96. dta, clear
tsset date
gen Lgnp = L. gnp96
gen L2gnp = L2. gnp96
```

gen Dgnp = D. gnp96

gen D2gnp = D2. gnp96

第 1 行命令为读入数据 "*gnp*96. *dta*"。该数据包括两个变量，即图 3 – 3 的前两列。其中变量 *date* 为季度时间变量，变量 *gnp*96 为平减后的 *GNP* 数据；第 2 行命令表示设定时间变量。对于时间序列数据，一定要使用 tsset 命令进行时间变量设定。只有这样，才能生成变量的滞后项和差分项；第 3 行命令为生成变量 *gnp*96 的一阶滞后项。命名为 *Lgnp*，对应于图 3 – 3 第 3 列。由于数据起始于 1967*q*1，因此 *Lgnp* 在 1967*q*1 的取值为缺失值；第 4 行命令为生成 *gnp*96 的二阶滞后项。命名为 L2gnp，对应于图 3 – 3 第 3 列。前两个样本取值为缺失值；第 5、6 行命令分别表示生成 *gnp*96 的一阶差分和二阶差分项。对应于图 3 – 3 的最后两列。

	date	gnp96	Lgnp	L2gnp	Dgnp	D2gnp
1	1967q1	3631.6	.	.	.	.
2	1967q2	3644.5	3631.6001	.	12.899902	.
3	1967q3	3672	3644.5	3631.6001	27.5	14.600098
4	1967q4	3703.1	3672	3644.5	31.100098	3.6000977
5	1968q1	3757.5	3703.1001	3672	54.399902	23.299805
6	1968q2	3818.3	3757.5	3703.1001	60.800049	6.4001465
7	1968q3	3841.6	3818.3	3757.5	23.300049	-37.5
8	1968q4	3861.8	3841.6001	3818.3	20.199951	-3.1000977
9	1969q1	3906.8	3861.8	3841.6001	45	24.800049
10	1969q2	3915	3906.8	3861.8	8.1999512	-36.800049
11	1969q3	3937.8	3915	3906.8	22.800049	14.600098
12	1969q4	3922.9	3937.8	3915	-14.900146	-37.700195
13	1970q1	3922	3922.8999	3937.8	-0.8999 234	14.000244
14	1970q2	3922.3	3922	3922.8999	0.30004883	1.1999512
15	1970q3	3961.3	3922.3	3922	39	38.699951

图 3 – 3　滞后项和差分项的 Stata 操作

三、随机过程

随机过程是指一系列或一组随机变量的集合，用来描绘随机现象在接连不断的观测过程中的实现结果。对于每 1 次观测，得到 1 次观测到的随机变量。如果让这种观测随时间的推移永远持续下去，就得到用来描述随机现象不断演变情况的随机变量集合。也就是一个随机过程。

设 Z 是某个集合，对任意固定 $t \in Z$，y_t 是随机变量。$t \in Z$ 的全体 $\{y_t, t \in Z\}$ 称为随机过程，记为 $\{y_t\}$。

在实际应用中，组成随机过程的随机变量一般定义在时间域或者空间域上。在现实当中，随机过程的实例包括股票、利率以及汇率随时间的波动等。在理论上，出生于苏联的著名数学家柯尔莫哥洛夫（A. N. Kolmogorov）给出了随机序列的存在性条件，也就是著名的柯尔莫哥洛夫存在性定理（Kolmogorov's existing theorem）。

用一个具体的实例来说明随机变量与随机过程的概念。假定我们观测到了样本大小为 T 的股票价格变量 y_t：

$$\{y_1, y_2, \cdots, y_T\}$$

上式表达的是 T 个特定的观测值的集合，但是这 T 个观测值的集合只是生成这些数据的随机过程的一个可能结果。如果把股票价格变量在不同时期的观测值看成是一个生成 y_t 的数据生成过程（data generating process，DGP）的结果，那么这个 DGP 每一次都可以生成一组观测值，而且持续下去，直到永远。因此，对于序列

$$\{\cdots, y_{t-1}, y_0, y_1, y_2, \cdots, y_t, y_{t+1}, \cdots\}_{t=-\infty}^{+\infty}$$

上式给出的观测值序列的时间区域是从负无穷到正无穷，但是这组观测值序列仍然只是该数据生成过程的一个实现过程。正因为如此，我们才使用"随机"（stochastic）一词来修饰这样的过程，即随机过程。

在现实中，随机过程的实例包括股票、利率以及汇率等各类金融资产价格随时间的波动。通常把观测到的时间序列数据视为某个随机过程的一个实现。

四、自协方差函数和自相关函数

时间序列的最大特点是存在自相关，即不同期的观测值之间存在相关性。例如某一地区当年的 GDP 和上一年的 GDP 之间存在很高的相关性。为了度量这种自相关，需要引入自协方差和自相关的概念。

自协方差是指随机变量 y_t 与其自身滞后期之间的协方差，即"自身的协方差"。常见的协方差的基本定义是：

$$Cov(X, Y) = E[(X - E(X))(Y - E(Y))]$$

其中，$E[\cdot]$ 表示期望。从而可以知道，y_t 与其自身滞后 j 期 y_{t-j} 之间的协方差定义为：

$$\gamma_j = E[(y_t - E(y_t))(y_{t-j} - E(y_{t-j}))], j = 0, \pm1, \pm2$$

若 y_t 是平稳时间序列，则上述期望值为不变的常数。$E(y_t) = E(y_{t-j}) = \mu$。因此：

$$\gamma_j = E[(y_t - \mu)(y_{t-j} - \mu)], j = 0, \pm1, \pm2$$

另外，从方差的基本定义还可以知道，随机变量 y_t 的方差就是当 $j = 0$ 的特殊情况。假设 y_t 的均值保持不变，则方差可以写成：

$$Var(y_t) = \gamma_0 = E[(y_t - \mu)(y_{t-0} - \mu)] = E[(y_t - \mu)^2]$$

由于自协方差受变量单位的影响，为此，考虑将其标准化为自相关系数。依据统计学知识，随机变量 x 和 y 的相关系数公式为：

$$\rho = \frac{Cov(X, Y)}{\sqrt{Var(X)Var(Y)}}$$

在金融时间系列中，相应地有自相关函数（autocorrelation function，ACF）。y_t 与 y_{t-j} 的自相关函数定义为：

$$\rho_j = \frac{Cov(y_t, y_{t-j})}{\sqrt{Var(y_t)Var(y_{t-j})}}, j = 0, \pm 1, \pm 2$$

自相关系数 ρ_j 将自协方差标准化为介于 $[-1,1]$ 之间的量。一般将 ρ_j 相对于滞后期数 j 绘制出的图称为自相关图（correlogram）。由于自相关函数关于原点对称（$\rho_j = \rho_{-j}$），故一般只画自相关图的正半边。

金融应用中常需要检验几个自相关系数是否同时为零。博克斯和皮尔斯（Box and Pierce, 1970）提出了混合检验统计量。

$$Q(m) = T\sum_{k=1}^{m} \hat{\rho}_k^2$$

式中，T 为样本容量；m 为最大滞后长度。

Q 统计量通常用于检验一个时间序列是否为白噪声。在大样本中，它近似服从自由度为 m 的 χ^2 分布。在实际的检验中，通常会计算出不同滞后阶数的 Q 统计量、自相关系数和偏自相关系数。如果各阶 Q 统计量都没有超过由设定的显著性水平决定的临界值，则接受原假设。即不存在序列相关。并且此时，各阶的自相关和偏自相关系数都接近于 0；如果在某一滞后阶数 m，Q 统计量超过设定的显著性水平的临界值，则拒绝原假设。说明序列存在 m 阶自相关。由于 Q 统计量的值要根据自由度 m 来估算，因此一个较大的样本容量是保证 Q 统计量有效的重要因素，

然而，用 Q 统计量来检验小样本的性质并不是很好。在小样本情况下，该统计量经常导致错误的决策。为提高有限样本检验的功效，有学者提出修正统计量（Ljung and Box, 1978）：

$$Q^*(m) = T(T+2)\sum_{k=1}^{m} \frac{\hat{\rho}_k^2}{T-k}$$

从 $Ljung\text{-}Box$ 统计量 Q^* 的表达可以看到，$(T+2)$ 和 $(T-k)$ 两项在渐进意义上可相互抵消，从而 $Ljung\text{-}Box$ 检验等同于 $Box\text{-}Pierce$ 检验。对于时间序列线性依赖关系的混合检验，这一统计量也非常适用。

五、平稳性

平稳性是时间序列分析的基础。判断一个序列平稳与否非常重要，因为一个序列是否平稳会对它的行为及其性质产生重要的影响。最常见和最常用的是弱平稳概念。

弱平稳性过程（weakly stationary process）是指，如果一个时间序列 $\{y_t\}$ 的均值和方差在时间过程上保持是常数，并且在任意两个时期之间的协方差值仅依赖于该两个时期间的距离或滞后长度，而不依赖于计算这个协方差的实际时间，则称时间序列 $\{y_t\}$ 是弱平稳的。弱平稳时间序列有如下性质：

$$E(y_t) = \mu$$
$$E(y_t - \mu)(y_t - \mu) = \sigma^2 < \infty$$
$$E(y_{t_1} - \mu)(y_{t_2} - \mu) = \gamma_{t_2 - t_1} \quad \forall t_1, t_2$$

如果一个时间序列概率分布的一阶矩和二阶矩（均值和方差）不随时间变化，那它就是弱平稳的。在金融文献里，通常假定资产收益率序列是弱平稳的。我们对某种时间序列做平稳性假定，是因为若一个时间序列是非平稳的，则我们只能研究其在研究期间的行为。每个时间序列数据集都是特定的一幕，就无法把结论推广到其他期间。因此，从预测角度看，这种非平稳时间序列没有什么太大的实际价值。

六、白噪声过程

如果时间序列 $\{y_t\}$ 是一个有有限均值和有限方差、独立同分布的随机变量序列，则称时间序列 $\{y_t\}$ 为白噪声。特别地，若时间序列服从均值为 0、方差为 σ^2 的正态分布，则这个序列称为高斯白噪声。白噪声是一种十分重要的时间序列。它是其他各类型时间序列的重要组成部分，在金融市场效率理论中具有重要的意义。

对于白噪声序列，自相关系数为零。在实际应用中，如果所有样本的自相关系数接近于零，则认为这个序列为白噪声序列。

若一个随机过程满足：

$$E(y_t) = \mu$$
$$Var(y_t) = \sigma^2$$
$$\gamma_{t-r} = \begin{cases} \sigma^2, 若\ t = r \\ 0, 若\ t \neq r \end{cases}$$

则我们称之为白噪声过程（white noise process）。

因此，白噪声过程的均值和方差均为常数。且除滞后零阶外，自协方差都为零。因此，白噪声过程的自相关系数除在 $s = 0$ 时的值为 1 外，其余时刻均为 0。如果 $\mu = 0$，且上述 3 个条件都成立，则这一过程就称为带有零均值的白噪声过程。为说明这一过程，在此特举例说明。这里选取上海证券交易所上市的浦发银行（交易代码：600000）全年收益率数据。剔除波动率超过 5% 的异常数值后的收益率时间序列，就表现为一个由白噪声过程产生的时间序列（见图 3 - 4）。

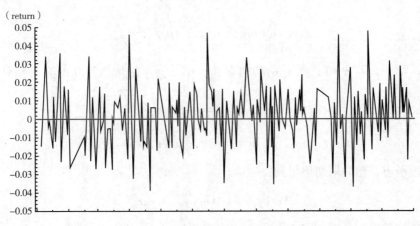

图 3 - 4　由白噪声产生的时间序列

第二节　平稳时间序列模型

本节所介绍的平稳时间序列模型包括平稳自回归模型（AR）、移动平均过程（MA）和平稳自回归移动平均模型（ARMA）。在金融计量分析中，如果希望预测某个金融变量的未来值，则可以借助于上述模型用金融变量的过去值来预测其未来值。这种模型统称为一元时间序列模型。模型所关注的仅仅是相关关系，而非因果关系。

一、自回归模型（AR）

（一）AR（1）模型

自回归模型是指变量对变量自身的滞后项进行回归。自回归模型也可以称为自回归过程。由于时间序列一般存在自相关，最简单的预测方法为，使用变量 y_t 的滞后一期值 y_{t-1} 来预测 y_t 的当前值。这就是最简单的一阶自回归模型 $[AR(1)]$。

若时间序列 $\{y_t\}$ 可表示为：

$$y_t = c + \alpha y_{t-1} + \varepsilon_t \tag{3-1}$$

若 ε_t 为白噪声，即 $E(\varepsilon_t)=0$；$Var(\varepsilon_t)=\sigma_\varepsilon^2$；$Cov(\varepsilon_t,\varepsilon_s)=0$；$\forall t \neq s$，则称 $\{y_t\}$ 为一阶自回归过程，简称为 $AR(1)$。其中，c 为截距系数；α 为一阶滞后项系数。当 $|\alpha|<1$ 时，$AR(1)$ 为平稳时间序列。证明过程如下所示。

假定序列 y_t 是弱平稳的，则 $E(y_t)=\mu$；$Var(y_t)=\gamma_0$；$Cov(y_t,y_{t-j})=\gamma_j$。其 μ、γ_0 是常数；γ_j 是 j 的函数而与 t 无关。对两边取期望，得：

$$E(y_t) = c + \alpha E(y_{t-1})$$

在平稳性的假定下，$E(y_t)=E(y_{t-1})=\mu$，从而有：

$$\mu = c + \alpha\mu \ 或 \ E(y_t)=\mu=\frac{c}{1-\alpha}$$

可见，第一，若 $\alpha \neq 1$，则 y_t 的均值存在；第二，y_t 的均值为 0 的充要条件是当且仅当 $c=0$。

利用 $c=(1-\alpha)\mu$，可以把 $AR(1)$ 模型写成如下形式：

$$y_t - \mu = \alpha(y_{t-1}-\mu) + \varepsilon_t$$

对两边平方，然后取期望得到：

$$Var(y_t) = \alpha^2 Var(y_{t-1}) + \sigma_\varepsilon^2$$

在平稳性假定下，$Var(y_t)=Var(y_{t-1})$，故：

$$Var(y_t) = \frac{\sigma_\varepsilon^2}{1 - \alpha^2}$$

为使随机变量的方差是非负有限的，这就要求 $\alpha^2 < 1$。由此可知，由 $AR(1)$ 的弱平稳性可推得 $-1 < \alpha < 1$。反之，若 $-1 < \alpha < 1$，可以证明 y_t 的均值、方差和自协方差是有限的。从而，模型是弱平稳的。所以，模型弱平稳的充分必要条件是 $|\alpha| < 1$。

由上述论证可知，当 $|\alpha| < 1$ 时，AR（1）过程的均值和方差分别为：

$$E(y_t) = \mu = \frac{c}{1 - \alpha}, Var(y_t) = \frac{\sigma_\varepsilon^2}{1 - \alpha^2}$$

因为平稳 AR（1）过程的均值和方差保持不变，那么序列的任意一个观测值落在某个特定区间内的概率在所有时刻点 t 上也是恒定的。比如围绕均值上下两个标准差的范围（对应 90% 的置信区间），即 $\mu \pm 2\sqrt{\gamma_0}$。

从这样的概率学角度考虑，只要 $|\alpha| < 1$，那么时间序列 y_t 永远也不会"过分"偏离其均值水平。因为平稳序列的均值和方差保持不变，那么序列的任一观测值落在某个特定区间内的概率在所有时刻点 t 上也是恒定的。平稳序列的观测值表现出一种向其均值水平回复的特征。这种特征在金融时间序列分析中称"均值回复"，对应的英文名词是"meanreverting"。

为了对 $AR(1)$ 过程的均值和方差有一个更为感性的认识，下面利用 Stata 模拟一个 AR（1）数据生成过程，并生成两组不同的观测序列。使用的 $AR(1)$ 过程如下：

```
clear
set seed 12345
sim_arma y, ar(0.9) nobs(1000)
line y _t, yline(0)
```

第一行命令表示清空 Stata 已有数据；第二行命令表示设定种子值"12345"，目的在于使得数值模拟的结果保持不变。如果没有预先设定好种子值，则每次模拟生成的数据不相同；第三行命令表示模拟生成 $\alpha = 0.9$ 的时间序列数据 y，样本为 1,000 个。同时会生成时间变量_t；第四行命令表示绘制 y 的时序图。其中选项 $yline(0)$ 表示绘制一条 y 等于 0 的水平线。模拟生成的数据如图 3 − 5 所示。由于 $|\alpha| < 1$，该时间序列为平稳时间序列。由图形特征可以看出来，y 变量的时序图呈现出均值回复的特征。

平稳 $AR(1)$ 的自协方差为：

$$\gamma_j = E\left[(y_t - \mu)(y_{t-j} - \mu)\right] = \frac{\sigma_\varepsilon^2}{1 - \alpha^2}\alpha^j$$

平稳 $AR(1)$ 的自相关函数为：

$$\rho_j = \frac{Cov(y_t, y_{t-j})}{\sqrt{Var(y_t)Var(y_{t-j})}} = \frac{\gamma_j}{\gamma_0} = \frac{\dfrac{\sigma_\varepsilon^2}{1 - \alpha^2}\alpha^j}{\dfrac{\sigma_\varepsilon^2}{1 - \alpha^2}} = \alpha^j$$

由于平稳 $AR(1)$ 的 $|\alpha| < 1$，自相关函数随着滞后期数的增加而呈现逐渐衰减的态势。

例如，当 $\alpha = 0.9$ 时，$\rho_j = (0.9)^j$，自相关函数如图3-6所示。ρ_j 总为正值，并且随着滞后期 j 的增加而逐渐单调递减；当 $\alpha = 0.5$ 时，自相关函数 ρ_j 仍然保持正值单调递减的特点。但是，在第2种情况下，自相关函数衰减至0点的速度要比第1种情况快得多。

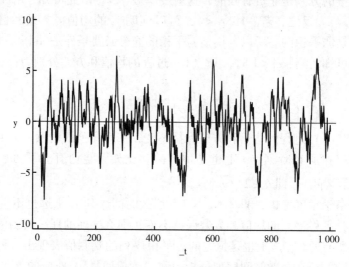

图3-5 AR（1）过程数值模拟

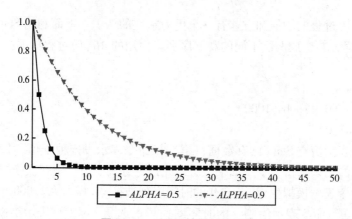

图3-6 $AR(1)$的自相关函数

从图3-6可以看到，在 $\alpha = 0.5$ 时，自相关函数曲线更快地减小到0点。ACF 的值从零时刻经过大致8期左右就降至0点；而对于 $\alpha = 0.9$ 的情况，ACF 曲线表现一种更加平缓趋近于0的趋势。更一般地，$|\alpha|$ 越大，ACF 表现得越平缓。这种现象常被称为惯性、持久性、平滑性或者记忆性。在现实生活中，通货膨胀和利率等宏观金融时间序列变量经常会表现出较高的持久性；而股票收益率等微观金融工具的收益率很少表现出这样的持久性特征。

（二）$AR(p)$ 模型

$AR(1)$ 过程可扩展为 p 阶自回归过程，记为 $AR(p)$。$AR(p)$ 表示为：

$$y_t = \alpha_0 + \alpha_1 y_{t-1} + \alpha_2 y_{t-2} + \cdots + \alpha_p y_{t-p} + \varepsilon_t \tag{3-2}$$

可见，自回归模型是时间序列 $\{y_t\}$ 表示为它的滞后项与误差项 ε_t 的线性函数。在 p 阶自回归中，$\alpha_1,\alpha_2,\cdots,\alpha_p$ 是自回归参数。它表明滞后项每改变一个单位时，对 y_t 所产生的影响。它是根据样本观测值来估计的参数。

在实际应用中，一个 AR 时间序列的滞后阶 p 是未知的，必须根据实际情况来决定。这个问题称为 AR 模型的阶的决定。一般可以通过 3 种方法：第 1 种方法是利用偏自相关系数（partial auto-correlation function，PACF）；第 2 种方法是利用信息准则进行判断；第 3 种方法是序贯 t 规则。

（1）偏自相关函数。偏自相关就是 y_t 和 y_{t-j} 之间的，除去居中的诸 y（即 $y_{t-1},y_{t-2},\cdots,y_{t-j-1}$）影响后的相关关系。其相关程度可用偏自相关系数 $\phi_{j,j}$ 度量。对下式进行回归：

$$y_t = \alpha_0 + \alpha_1 y_{t-1} + \cdots + \alpha_{j-1} y_{t-(j-1)} + \cdots + \phi_{j,j} y_{t-j} + \varepsilon_1, \quad t=1,2,\cdots,T$$

因此，滞后 j 阶的偏自相关系数是当 y_t 对 $y_{t-1},\cdots,y_{t-j}$ 作回归时 y_{t-j} 的系数。之所以称为偏相关，是因为它度量了 j 期间距的相关而不考虑 $j-1$ 期的相关。对于一个 $AR(p)$ 模型，间隔为 p 的样本偏自相关系数不应为零；而对于所有 $j>p$，偏自相关系数 $\hat\phi_{j,j}$ 应接近零。因此可以利用这一性质来决定阶 p。许多经济计量软件在给出自相关系数（ACF）及 Q 统计量之外，还会给出偏自相关函数 $PACF$，从而加以辅助性判断自回归阶数。

（2）采用信息准则系数判别模型阶数。在实际应用中，较为简便的方法是，所选定的阶数应使得信息准则的数值达到最小。对于信息准则，一般应用赤池信息准则（AIC）和施瓦茨贝叶斯信息准则（SBIC）。它们分别表示为：

$$AIC = \ln(\hat\sigma^2) + \frac{2k}{T}$$

$$SBIC = \ln(\hat\sigma^2) + \frac{k}{T}\ln T$$

式中，$\hat\sigma^2$ 为残差和方差（等于残差平方和除以自由度的数量 $T-k$）；$k=p+q+1$ 是待估计参数的总个数；T 是样本容量。相比较而言，$SBIC$ 的惩罚项严于 AIC。在实践中，可以结合以上两种方法来确定最优滞后阶数。如果二者不一致，为了保守起见（即尽量避免遗漏变量偏差），可取二者滞后阶的大者。另外，还可以使用 Q 检验来检验模型的残差是否存在自相关。如果残差存在自相关，则需扩大滞后阶数。

（3）序贯 t 规则。设最大滞后期 $P_{\max}$。令 $\hat p = P_{\max}$ 进行估计，对最后一个滞后期系数的显著性进行 t 检验。如接受该系数为 0，令 $\hat p = P_{\max} - 1$，重新估计。再对新的最后一个滞后期的系数进行 t 检验。如显著，则停止；否则，令 $\hat p = P_{\max} - 2$。以此类推。此准则称为"由大到小的序贯 t 规则"（general-to-specific sequential t rule）。

对一个 $AR(p)$ 模型，我们常用条件最小二乘法来估计其参数。条件最小二乘法是从第 $p+1$ 个观测值开始的。具体地说，在给定开始的 p 个观测值的前提下，我们有：

$$y_t = \alpha_0 + \alpha_1 y_{t-1} + \alpha_2 y_{t-2} + \cdots + \alpha_p y_{t-p} + \varepsilon_t$$

其中的参数可用最小二乘法估计。记 $\hat\alpha_i$ 是 α_i 的估计值，所拟合的模型为：

$$\hat y_t = \hat\alpha_0 + \hat\alpha_1 y_{t-1} + \hat\alpha_2 y_{t-2} + \cdots + \hat\alpha_p y_{t-p}$$

对应的残差为：

$$\hat{\varepsilon}_t = y_t - \hat{y}_t$$

对实际数据所拟合的模型，要仔细地验证它的合理性。若模型是合理的，其残差序列应该是白噪声。残差的样本自相关函数和 *Ljung-Box* 统计量可用来检验 $\hat{\varepsilon}_t$ 与一个白噪声的接近程度。对 $AR(p)$ 模型，*Ljung-Box* 统计量 $Q(m)$ 渐进服从自由度为 $m-p$ 的 χ^2 分布。如果所拟合的模型经验证是不合理的，那么就需要对它进行修正。

（三）自回归分布滞后模型

在自回归 $AR(p)$ 模型中为提高预测力或解释力，也可引入其他解释变量，构成"自回归分布滞后模型"（autoregressive distributed lag model，简记 ADL(p,q) 或 ARDL(p,q)）：

$$y_t = \alpha_0 + \alpha_1 y_{t-1} + \cdots + \alpha_p y_{t-p} + \gamma_1 x_{t-1} + \cdots + \gamma_q x_{t-q} + \varepsilon_t \tag{3-3}$$

其中，p 为被解释变量 y 的自回归阶数；而 q 为解释变量 x 的滞后阶数。假定扰动项为白噪声，则 OLS 为一致估计。对于滞后阶数 (p,q) 的选择，可使用信息准则（AIC 或 BIC），或进行序贯检验。即使用检验 t 或 F 检验来检验最后一阶系数的显著性。在 ADL 模型中，也可引入更多的解释变量。比如，变量 z 的 r 阶滞后 $(z_{t-1}, \cdots, z_{t-r})$。

对于 ADL 模型，解释变量 x 对于 y 的边际效应为 γ_1，但这并非长期效应。由于 $\{y_t\}$ 与 $\{x_t\}$ 序列为平稳序列，故均值不随时间而变。记其均值分别为 y^* 与 x^*。将方程两边同时求期望可得：

$$y^* = \alpha_0 + \alpha_1 y^* + \cdots + \alpha_p y^* + \gamma_1 x^* + \cdots + \gamma_q x^*$$

将上式移项整理可得：

$$(1 - \alpha_1 - \cdots - \alpha_p) y^* = \alpha_0 + (\gamma_1 + \cdots + \gamma_q) x^*$$

因此，x 增加 1 单位对 y^* 的边际效应为：

$$\frac{\mathrm{d} y^*}{\mathrm{d} x^*} = \frac{\gamma_1 + \cdots + \gamma_q}{1 - \alpha_1 - \cdots - \alpha_p}$$

这就是解释变量 x 永久性增加 1 单位对 y 的长期效应，也称为"长期乘数"（long-run multiplier）。

二、移动平均模型

移动平均（moving average，MA）过程是指将时间序列过程 y_t 写成一系列不相关的随机变量的线性组合。MA 过程的最简单形式是一阶移动平均过程，通常记做 MA（1）。模型形式为：

$$y_t = c + \varepsilon_t + \theta_1 \varepsilon_{t-1} \tag{3-4}$$

其中，c 表示常数项；θ_1 为系数；ε_t 是方差为 σ^2 的白噪声过程。由于 y_t 可以看成是白噪声的移动平均，故得名。

由于一阶移动平均过程是独立分布的随机扰动项的线性组合，所以其均值很容易求解。只要对模型两边取期望，就可以获得 $MA(1)$ 过程的均值。即：

$$\mu = E(y_t) = E(c + \varepsilon_t + \theta_1 \varepsilon_{t-1}) = c \tag{3-5}$$

所以，$MA(1)$ 过程的均值等于模型中常数项的值。如果常数项为 0，则 $MA(1)$ 过程的均值等于 0。

根据方差的基本定义，序列 y_t 的方差定义为：

$$\gamma_0 = E\left[y_t - E(y_t)\right]^2 = E\left(\varepsilon_t + \theta_1 \varepsilon_{t-1}\right)^2 = (1 + \theta_1^2)\sigma^2 \tag{3-6}$$

$MA(1)$ 过程的自协方差为：

$$
\begin{aligned}
E\left[(y_t - \mu)(y_{t-j} - \mu)\right] &= E\left[(\varepsilon_t + \theta_1 \varepsilon_{t-1})(\varepsilon_{t-j} + \theta_1 \varepsilon_{t-j-1})\right] \\
&= E\left(\varepsilon_t \varepsilon_{t-j} + \theta_1 \varepsilon_{t-1}\varepsilon_{t-j} + \theta_1 \varepsilon_t \varepsilon_{t-j} + \theta_1^2 \varepsilon_{t-1}\varepsilon_{t-j-1}\right)
\end{aligned}
$$

再根据白噪声的基本性质（彼此独立），可以得到下面的结果：

$$\gamma_j = \begin{cases} \theta_1 \sigma^2, & j = 1 \\ 0, & j > 1 \end{cases} \tag{3-7}$$

从式（3-5）、式（3-6）和式（3-7）可以看到，无论 $MA(1)$ 过程中系数如何取值，其均值、方差和自协方差与时间 t 都没有关系，所以 $MA(1)$ 过程始终为平稳过程。实际上，从 $MA(1)$ 过程的定义也可以猜测到这个重要的属性：既然白噪声过程是典型的平稳时间序列，那么两个白噪声的简单相加仍然应该是平稳过程。

基于以上关于方差与自协方差的定义，我们可以得到 $MA(1)$ 过程的自相关函数。即：

$$\rho_j = \frac{\gamma_j}{\gamma_0} = \begin{cases} \dfrac{\theta_1}{1 + \theta_1^2}, & j = 1 \\ 0, & j > 1 \end{cases}$$

可以看到，$MA(1)$ 过程的自相关函数只在相邻两项之间存在非 0 的数值；而其他情况下均为 0。可以证明，所有自相关函数的值都没有超过 0.5。即：

$$|\rho_1| \leqslant \frac{1}{2}, \theta_1 \forall R$$

当 $\theta_1 = -1$ 时，得到下界值 $\rho_1 = -0.5$；当 $\theta_1 = 1$ 时，得到上界值 $\rho_1 = 0.5$。

更一般地，考虑 q 阶移动平均过程，记为 $MA(q)$：

$$y_t = c + \varepsilon_t + \theta_1 \varepsilon_{t-1} + ... + \theta_q \varepsilon_{t-q} \tag{3-8}$$

在 $MA(q)$ 模型中，$\theta_1, \cdots, \theta_q$ 为参数；ε_t 为白噪声过程。

由于移动平均过程的组成部分都是白噪声过程，因此任何一个移动平均过程都是平稳的。其一阶矩和两阶矩不随时间变化。它们分别为：

$$\mu = E(c + \varepsilon_t + \theta_1 \varepsilon_{t-1} + ... + \theta_q \varepsilon_{t-q}) = c$$

$$\gamma_0 = E\left[y_t - E(y_t)\right]^2 = E\left(\varepsilon_t + \theta_1\varepsilon_{t-1} + \ldots + \theta_q\varepsilon_{t-q}\right)^2 = \left(1 + \theta_1^2 + \ldots + \theta_q^2\right)\sigma^2$$

和 $MA(1)$ 过程类似，可以求解出 $MA(q)$ 的自协方差和自相关函数：

$$\gamma_j = \begin{cases} (\theta_1 + \theta_{j+1}\theta_1 + \theta_{j+1}\theta_2 + \cdots + \theta_q\theta_{q-j})\sigma^2, & j = 1, 2, \cdots, q \\ 0, & j > q \end{cases}$$

$$\rho_j = \frac{\gamma_j}{\gamma_0} = \begin{cases} \dfrac{\theta_1 + \theta_{j+1}\theta_1 + \theta_{j+1}\theta_2 + \cdots + \theta_q\theta_{q-j}}{1 + \theta_1^2 + \theta_2^2 + \cdots + \theta_q^2}, & j = 1, 2, \cdots, q \\ 0, & j > q \end{cases}$$

自相关函数是识别 $MA(q)$ 模型阶的有用工具。一个时间序列 y_t 具有自相关函数 ρ_j。若 $\rho_j \neq 0$，但对 $j > q$，有 $\rho_j = 0$，则 y_t 可表示为一个 $MA(q)$ 模型。

估计 MA 模型通常用最大似然法。有两种方法求 MA 模型的似然函数。第 1 种假定初始的扰动项（即 ε_t，$t \leq 0$）都是 0，这样 $\varepsilon_1 = y_1 - c_0$，$\varepsilon_2 = y_2 - c_0 - \theta_1\varepsilon_1$，…，计算似然函数所需要的扰动可以递推得到。这种方法称为条件似然法。所得到的估计是条件最大似然估计；第 2 种方法是把初始扰动（ε_t，$t \leq 0$）当作模型的附加参数与其他参数一起估计出来。这种方法称为精确似然法（exact likelihood）。精确似然估计优于条件似然估计，但计算会更复杂一些。如果样本量较大，这两种似然估计是接近的。

三、自回归移动平均模型

自回归模型和移动平均模型是时间序列中最基本的两种模型类别。将这两种基本的模型类别结合起来，就产生了自回归移动平均模型（ARMA）。

若一个时间序列 y_t 可表示为：

$$y_t = c + \alpha_1 y_{t-1} + \alpha_2 y_{t-2} + \cdots + \alpha_p y_{t-p} + \varepsilon_t + \theta_1\varepsilon_{t-1} + \theta_2\varepsilon_{t-2} + \cdots + \theta_q\varepsilon_{t-q} \qquad (3-9)$$

则称时间序列模型为自回归移动平均模型，表示为 $ARMA(\mathrm{p}, \mathrm{q})$。其中，$\varepsilon_t$ 仍然定义为方差为 σ^2 的白噪声过程；c 是常数项；α_i 和 θ_j 分别是自回归系数和移动平均系数。

最常用和最简单的自回归移动平均过程是 $ARMA(1, 1)$ 过程。该模型表示为：

$$y_t - \alpha_1 y_{t-1} = c + \varepsilon_t + \theta_1\varepsilon_{t-1} \qquad (3-10)$$

等号左边的组成部分为自回归部分；右边为移动平均部分。这样就使其同时具有自回归和移动平均模型的性质。若该过程要符合平稳性和可逆性的性质，则要求：

$$|\alpha_1| < 1; |\theta_1| < 1$$

$ARMA$ 模型阶的决定方法之一是考虑 ACF 和 $PACF$ 以及一些选定的 $ARMA$ 过程的相关图，如 $AR(1)$，$AR(2)$，$MA(1)$，$MA(2)$，$ARMA(1, 1)$ 和 $ARMA(2, 2)$ 相应的相关图。因为每一随机过程都有它典型的 ACF 和 $PACF$ 式样，如果所研究的时间序列适合于其中的一个式样，我们就认为该时间序列符合这个过程。当然，我们仍有必要利用诊断性检验以判断所选的 $ARMA$ 模型是否足够精确（见表 3 - 1）。

表 3 – 1　　　　　　　　　*ACF* 与 *PACF* 的理论模式

模型种类	*ACF* 的典型模式	*PACF* 的典型模式
AR（*p*）	指数衰减或震荡尾部收敛	滞后 *p* 阶后截断
MA（*q*）	滞后 *q* 阶后截断	指数衰减或震荡尾部收敛
ARMA（*p, q*）	指数衰减	指数衰减

可见，$AR(p)$ 过程的 *ACF* 和 *PACF* 与 $MA(q)$ 过程的 *ACF* 和 *PACF* 相比，刚好是相反的模式。对于 $AR(p)$ 过程，*ACF* 按几何或指数规律下降（常描述为拖尾）；而 *PACF* 则在一定时期后忽然截断（常描述为断尾）。但对于 $MA(q)$ 过程，其模式刚好与 $AR(p)$ 过程相反。

在识别 *ARMA* 模型时，有学者提出了一种新方法——增广自相关函数（*EACF*），以此来判定 *ARMA* 过程的阶（Tsay and Tiao，1984）。*EACF* 可判定 $ARMA(p,q)$ 适合的最大阶数，但有时并不唯一。在此，可以利用 *EACF* 判断 (p,q) 可能的集合，然后选择其中最适合的模型。*EACF* 的结果可以用一个二维表格表示。这个表的行对应于 *AR* 的阶 *p*；列对应于 *MA* 的阶 *q*。此外，还可以采用信息准则法判别模型阶数。在实际中，很难利用自相关函数来确定模型的合理阶数。较简便的方法为，选定的阶数应使信息准则的值达到最小。

第三节　平稳性与单位根检验

一、非平稳性检验的必要性

从前几节可知，当时间序列含有单位根时，它就是一个非平稳的时间序列。而非平稳时间序列恰好具有这种齐次非平稳特征。即通过足够次数的差分就可以转换为一个平稳的时间序列。

（一）单整性的定义

若一个非平稳的时间序列 y_t 必须经过 d 次差分后才能变换成一个平稳的、可逆的 *ARMA* 时间序列，则称 y_t 具有 d 阶单整性，用 $y_t \sim \mathrm{I}(d)$ 表示。显然，平稳时间序列应该表示为 $\mathrm{I}(0)$。但单整时间序列通常是指单整阶数大于 0 的序列。对于 $\mathrm{I}(d)$ 序列 y_t，可以表示为：

$$\phi(L)(1-L)^d y_t = \theta(L)\varepsilon_t$$

因为 y_t 含有 d 个单位根，所以常把时间序列非平稳性的检验称为单位根检验。

（二）伪回归问题

在实证检验之前测试时间序列是否平稳是很重要的，因为时间序列平稳与否将会很强烈地影响序列的行为与特性（Brooks，2002）。一个时间序列当有不变的均值、方差和自协方差时，被定义为平稳。由于证券价格的运动在短期内经常是波动而完全没有预料性的，它被认为是随机游走过程（random walk process）。

布鲁克（Brook，2002）指出，第一，对于不平稳时间序列，在特定时间段中变量的变化在系统中的影响不会渐渐地消逝。相反，持续的影响将趋向无穷。第二，如果应用非平稳时间序列建立模型，很可能形成伪回归的问题。即使变量之间没有任何相互关系，回归的变量仍会表现出很高的 R^2 值。第三，非平稳时间序列变量会导致回归模型系数无效的假设检验。所以，在建立关于两个变量相关关系的模型前，有必要先对时间序列做平稳性检验。

如果对非平稳性时间序列进行回归，在回归结果中，我们可能会发现 R^2 很高，t 值也极高。这似乎表示变量之间存在着很好的拟合关系。但是，同时会发现杜宾—沃森 d 值偏低。这时可能存在伪回归（spurious regressions）现象，即回归结果是不正确的。格兰杰和纽博尔德（Granger and Newbold）曾经提出一个良好的经验规则：当 $R^2 > d$ 时，所估计的回归就有谬误之嫌。我们对伪回归作如下解释：有时候时间序列的高度相关，仅仅是因为两者同时随时间有或上或下变动的趋势，两者并没有真正的联系。这种情况就称为伪回归。

二、两种类型的非平稳性

通常，有两种类型被用来描述非平稳性。它们是带漂移的随机游走模型（random walk model with drift）和趋势平稳过程（tend-stationary process）。

其中，带漂移的随机游走模型表达为：

$$y_t = \mu + y_{t-1} + \varepsilon_t$$

趋势平稳过程是因其在线性趋势附近而得名。此过程表达为：

$$y_t = \alpha + \beta t + \varepsilon_t$$

在上述情况下，ε_t 是白噪声扰动项。

扩展过程的一般情形为：

$$y_t = \mu + \phi y_{t-1} + \varepsilon_t$$

这样，根据 φ 的不同取值，会产生以下 3 种情况：

（1）$\varphi < 1$，表示对系统的冲击逐渐衰减，这是时间序列平稳的情形。

（2）$\varphi = 1$，这时冲击会在系统中持续下去并且永不衰减，并存在：

$$y_t = y_0 + \sum_{t=0}^{\infty} \varepsilon_t, \ T \to \infty$$

可知，y 的当期值仅仅是过去无穷多个冲击的总和再加上某个初始值 y_0。这种情况被称为单位根过程，因为其特征方程的根是 1。

（3）$\varphi > 1$，表示对系统的冲击不仅会持续，而且还会逐渐增大，以致一个给定的冲击对系统的影响会越来越大。

通常，我们不使用 $\varphi > 1$，而使用 $\varphi = 1$ 的情况来刻画序列的非平稳性。因为 $\varphi > 1$ 的情形并不能描述大多数经济金融数据序列；而 $\varphi = 1$ 的情形则可以准确地描述许多经济金融数据序列。

下面，我们来讨论非平稳的两种类型。即带漂移的随机游走模型 $y_{t-1} + \varepsilon_t$ 和趋势平稳

模型 $y_t = \alpha + \beta t + \varepsilon_t$。

这两种类型要对序列进行不同的平稳性处理。第 1 种类型被认为是随机非平稳性 （stochastic，non-stationarity） 的。即在序列中存在一个随机趋势。假定 $\Delta y_t = y_t - y_{t-1}$ 和 $Ly_t = y_{t-1}$，则存在 $(1-L)y_t = y_t - Ly_t = y_t - y_{t-1}$。若在等式两边减去 y_{t-1}，即：

$$y_t - y_{t-1} = \mu + \varepsilon_t$$
$$(1-L)y_t = \mu + \varepsilon_t$$
$$\Delta y_t = \mu + \varepsilon_t$$

现在，存在一个新的增量 Δy_t，它是平稳的。可以说这种平稳性是从"一阶差分"中导出的。同时，可将 y_t 看做是单位根过程（特征方程的根是1）。

非平稳性的第 2 种类型被认为是确定性非平稳 （deterministic non-stationarity）。它需要剔除线性趋势。也就是说，假定现在只存在这类非平稳，那么要对这种特殊形式进行回归，然后对已经剔除线性趋势的残差进行估计。

图 3 – 7、图 3 – 8 分别描述了随机游走与带漂移的随机游走过程和趋势平稳过程。图 3 – 7 中，随机游走与带漂移的随机游走过程表现出偏离其均值的运动过程。从两个序列对比看，正的漂移会导致序列更倾向于随着时间的推移而上升，同时会发现漂移对时间序列的影响越来越大。图 3 – 8 中表明，趋势平稳过程显然没有固定水平的均值，并在其向上的趋势附近呈现出完全的随机波动性。如果从趋势平稳序列中剔除时间趋势，我们将会得到类似于图 3 – 9 中的白噪声过程。

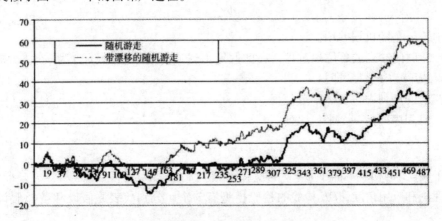

图 3 – 7　随机游走与带漂移的随机游走过程

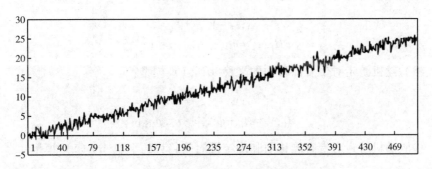

图 3 – 8　趋势平稳的时间序列

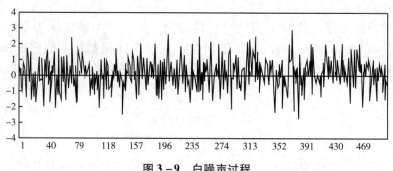

图 3 - 9　白噪声过程

三、单位根检验

（一）ADF 检验

检验时间序列是否平稳，需要先检验单位根是否存在。常用检验单位根的方法是由迪基和富勒等（Fuller，1976；Dickey and Fuller，1979）提出的迪基—福勒（Dickey-Fuller，DF）检验，即单位根检验（unit root test）。

下面，讨论 DF 检验的基本思想。首先，从考虑如下模型开始：

$$y_t = \phi y_{t-1} + \varepsilon_t$$

式中，ε_t 是随机误差项。

为检验时间序列的单位根过程，在此假定上述方程的原假设(H_0)为 $\varphi = 1$，相对应的备择假设(H_1)为 $\varphi < 1$。即：

H_0：时间序列中包含一个单位根。

H_1：时间序列是一个平稳序列。

$$\Delta y_t = (\phi - 1) y_{t-1} + \varepsilon_t = \varphi y_{t-1} + \varepsilon_t$$

对于 $\varphi = 1$ 的检验等同于 $\psi = 0$ 的检验（因为 $\varphi - 1 = \psi$）。

从理论和应用角度，DF 检验的检验模型有 3 个，分别代表原假设和备择假设的不同情况：

（1）检验随机游走对一阶平稳自回归 AR（1）模型：

$$H_0 : y_t = y_{t-1} + \varepsilon_t$$
$$H_1 : y_t = \phi y_{t-1} + \varepsilon_t, \varphi < 1$$

（2）检验随机游走对带有漂移项的平稳 AR（1）模型：

$$H_0 : y_t = y_{t-1} + \varepsilon_t$$
$$H_1 : y_t = \beta_1 + \phi y_{t-1} + \varepsilon_t, \varphi < 1$$

（3）检验随机游走对带有漂移项和确定性时间趋势的平稳 AR（1）模型：

$$H_0 : y_t = y_{t-1} + \varepsilon_t$$

$$H_1 : y_t = \beta_1 + \beta_2 t + \varphi y_{t-1} + \varepsilon_t , \varphi < 1$$

对以上 3 种情况，还可以表示为：

$$H_0 : \Delta y_t = \varepsilon_t$$

$$H_1 : \Delta y_t = \beta_1 + \beta_2 t + \varphi y_{t-1} + \varepsilon_t$$

情况（1）中，$\beta_1 = \beta_2 = 0$；情况（2）中，$\beta_2 = 0$。对于上述 3 种情况，原假设都是 $H_0 : \varphi = 1$ 或 $H_0 : \varphi = 0$，即存在一个单位根。在每一种情况中，检验是根据 Δy 对 y_{t-1} 的估计回归中 y_{t-1} 的 t 比率进行的。情况（2）加上了一个常数项；情况（3）加上了一个常数项和一个趋势项。

由于原假设是非平稳的，所以检验统计量并不像通常原假设情况下的 t 分布，而是遵循一种非正态分布。

与标准正态分布的临界值相比，如果检验统计量是较临界值更小的负数，则拒绝原假设；接受平稳性的备择假设。相反，如果检验统计量较 DF 临界值在绝对值上要小得多，则接受原假设；拒绝平稳性的备择假设。

由于 DF 检验仅在 ε_t 是白噪声序列时才有效，因此它有一定的局限性。特别是随机误差项 ε_t 是自相关的，DF 检验将无效。其解决的办法是利用因变量的 p 阶滞后来扩展检验，以此吸收被解释变量中表现的动态结构。按照布鲁克（Brook，2002）提出的方法，扩展的 DF（augmented dickey-fuller，ADF）检验模型如下：

$$\Delta y_t = \varphi y_{t-1} + \sum_{i=1}^{p} \alpha_i \Delta y_{t-i} + \varepsilon_t$$

Δy_t 滞后项仅能吸收因变量中出现的任何动态结构，以确保 ε_t 没有自相关。这种检验方法称为增广的 dickey-fuller 检验。

比较检验统计量与临界值的绝对值大小。如果前者大于后者，就拒绝序列存在单位根的原假设。该时间序列是平稳序列。

（二）ADF 检验模型的确定

ADF 检验模型是一般形式，然而是否应当包含常数项 β_1，是否包含时间趋势项 $\beta_2 t$，以及如何确定最优滞后阶数 p，这是一个需要解决的现实问题。

首先，我们来看如何判断检验模型是否应当包含常数项与时间趋势项。解决这一问题的经验做法是：考察数据图形。如果数据图形呈现出无规则上升、下降并反复这一状况，说明数据主要是由随机趋势支配。因此应当不包括常数项和时间趋势项；如果数据图形呈明显的随时间递增（减）的趋势但是趋势并不太陡，说明支配数据轨迹的既有随机趋势，又有确定趋势。因此应当包括常数项但不包括时间趋势项；如果数据图形呈现明显的随时间快速增长（下降）的趋势，说明确定性趋势中的时间趋势占绝对支配地位。因此初步选定的模型应含常数项和时间趋势项。

其次，如何确定检验模型的最优滞后阶数。这里有两种方法：

（1）运用信息准则来确定。在本章第二节已经提及信息准则。常用的信息准则包括 AIC 信息准则、SC 信息准则。一般而言，我们应选择使信息准则值最小的滞后阶数。

（2）运用数据的频率来确定。例如，如果是月度数据，使用 12 阶滞后；如果是季度数据，使用 4 阶滞后。依此类推。但是，在包含高频率的金融数据（比如小时或天）的回归中，就没有办法对滞后阶数做出明确的选择。

在检验回归中，使用因变量的最优滞后阶数是相当重要的。这是由于滞后阶数太少则不能剔除自相关；而太多则会增加系数的标准误。系数标准误的增加是由于参数的增加而增加了自由度。因此，在其他条件相同的情况下，检验统计量的绝对值将减少。这将会削弱检验的准确率，意味着对于一个平稳过程，比起其他情况来讲，单位根原假设会更不容易被拒绝。

（三）菲利普斯 – 配荣（phillips-perron，PP）检验

PP 检验针对的是回归模型的干扰项 ε_t 存在异方差或序列自相关的现象。回归模型的 3 种形式及检验规则与 DF 检验相同。但在 PP 检验下，这两个统计量的计算相对更复杂，是在对应的 DF 检验统计量的形式上加以修正的。但 PP 检验比照的临界值分布表和 DF 检验的 3 种回归形式下的临界值分布表相同。

第四节　案例分析及 Stata 应用

一、一元时间序列分析的应用

作为实际应用的例子，我们考查中国的月度 CPI 通货膨胀率动态模型的设立与估计 CPI 的数据来自国家统计和《中国经济景气月报》。我们使用公布的月度价格指数（上年同月）的季末月份观测值（减 100）作为研究的季度数据，以减少由月度平均数作为季度数据可能带来的序列相关性。

为了方便讨论，我们集中在 CPI 通货膨胀率的 $ARMA$ 模型的设立上，首先考虑 AR 模型和 MA 模型哪一个比较适合用来捕捉我国通货膨胀率的动态路径。如图 3 – 10 所示。

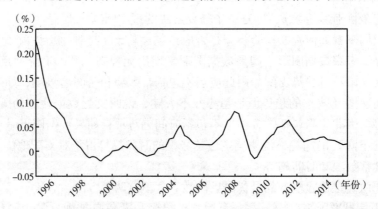

图 3 – 10　中国季度 CPI 通货膨胀率：1995 年第 1 季度至 2015 年第 2 季度

也就是说，模型是否可能包含移动平均（MA）项呢？有些研究，如刘金全和谢卫东（2003）就假设我国 CPI 通货膨胀率服从 ARMA 过程。依据我们介绍的时间序列分析理论，如果通货膨胀率随机时序轨迹的真实数据生成过程含有 MA 成分，其部分自相关函数（PACF）应当呈现拖尾态势；而 ACF 会出现截尾现象。为了帮助判断，图 3 – 11 画出了该通货膨胀率序列的样本自相关和部分自相关函数图。从图中可以看到，通货膨胀率变量的 SPACF 一定后期数后陡然切断到 0（即落在 2 个标准差的上下界内），而 SACF 则呈现出拖尾现象，从而表明用 AR（p）模型来刻画我国通货膨胀率的时序特性比较合理。

Autocorrelation	Partial Correlation	AC	PAC	Q-Stat	Prob
		1	0.821	0.821	57.339	0.000
		2	0.622	-0.162	90.600	0.000
		3	0.452	-0.024	108.45	0.000
		4	0.319	-0.016	117.41	0.000
		5	0.216	-0.013	121.58	0.000
		6	0.117	-0.078	122.82	0.000
		7	0.038	-0.018	122.95	0.000
		8	-0.028	-0.044	123.02	0.000
		9	-0.067	0.009	123.45	0.000
		10	-0.073	0.037	123.96	0.000
		11	-0.075	-0.026	124.51	0.000
		12	-0.068	0.013	124.97	0.000

图 3 – 11 中国 CPI 通货膨胀率 SACF 与 SPACF

另外，要利用 AR 模型获得相对合理可靠的估计，AR 模型的滞后期数应当科学有据地选取。可以初始设定 8 期，然后根据 AIC 标准来确定最优滞后期数（循环减少期数直至 AIC 达到最小值），从而也符合计量模型中确立的"从一般到特殊"（general-to-specific）的规则。在实践中，依据 BIC 标准选择的结果也完全一致。

根据以上分析，基本的模型设定为：

$$\pi_t = c + \alpha_1 \pi_{t-1} + \varepsilon_t$$

其中，π_t 代表通货膨胀率；c 是截距项；ε_t 序列不相关的随机扰动误差项。OLS 回归估计结果报告在表 3 –2 中。从结果的拟合优度、系数的显著性水平以及图 3 – 12 中描绘的残差序列与自相关图等来看，AR（1）模型比较好地刻画了我国 1995～2010 年的季度 CPI 通货膨胀率。

表 3 –2　　　　　中国 CPI 通货膨胀 AR(1) 模型回归的残差序列与自相关

Dependent Variable：CPI

Method：Least Squares

Sample（adjusted）：1995Q2 2010Q3

Included observations：62 after adjustments

Variable	Coefficient	Std. Error	t-Statistic	Prob.
c	0.251	0.178	1.412	0.163
α_1	0.812	0.033	24.32	0.000

续表

R-squared	0.908	Mean dependent var	2.561
Adjusted R-squared	0.906	S. D. dependent var	3.866
S. E. of regression	1.183	Akaike info criterion	3.206
Sum squared resid	83.96	Schwarz criterion	3.274
Log likelihood	-97.37	F-statistic	591.4
Durbin-Watson stat	1.225	Prob (F-statistic)	0.000

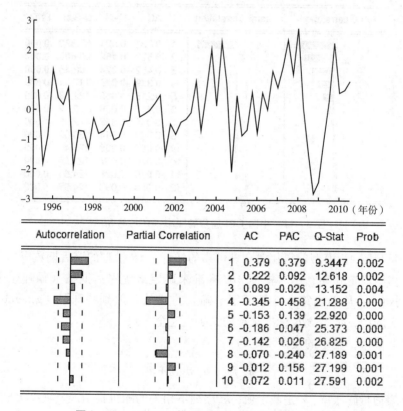

图 3 - 12 *AR*（1）模型回归的残差序列与自相关

二、一元时间序列分析的 **Stata** 操作

（一）利用 *AR* 模型预测 GDP

本节使用一元时间序列模型预测 GDP。使用数据集 gdp_china. dta 考察 1978 ~ 2013 年中国实际国内生产总值（1978 年不变价格，亿元），记为 y。使用 1978 ~ 2012 年中国实际 GDP 数据，利用 *AR* 模型预测 2013 年 GDP，并将预测值和真实值进行比较，判断预测精度。首先利用 *AR*（1）模型进行预测。

use gdp_china. dta,clear

tsset year

tsline y, xlabel(1980(10)2010)　　//结果如图 3 – 13 所示。

GDP 存在指数增长（exponential growth）的趋势。通常的处理方法是，将 GDP 取对数，把指数趋势变为线性趋势。计算 GDP 对数，再次画时间趋势图（见图 3 – 13）。

gen lny = log(y)

tsline lny, xlabel(1980(10)2010)

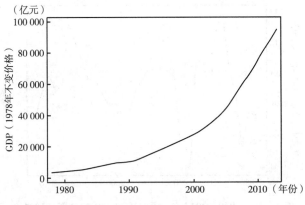

图 3 – 13　1978 ~ 2013 年中国实际 GDP

GDP 对数存在线性趋势，但依然不平稳（期望值不断增长）。将 GDP 对数进行一阶差分，然后画时间趋势图（见图 3 – 14）。

gen dlny = d. lny

tsline dlny, xlabel(1980(10)2010)

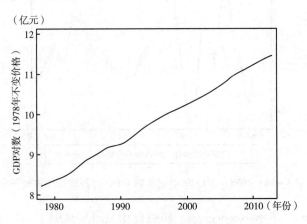

图 3 – 14　1978 ~ 2013 年中国实际 GDP 对数值

$\Delta \mathrm{ln} y_t$ 不存在明显的时间趋势，可大致视为平稳时间序列。

之所以考察 GDP 对数差分，因为它约等于 GDP 的增长率：

$$\Delta \mathrm{ln} y_t \equiv \mathrm{ln} y_t - \mathrm{ln} y_{t-1} = \mathrm{ln}\left(\frac{y_t}{y_{t-1}}\right) = \mathrm{ln}\left(\frac{y_{t-1} + \Delta y_t}{y_{t-1}}\right)$$

$$= \mathrm{ln}\left(1 + \frac{\Delta y_t}{y_{t-1}}\right) = \frac{\Delta y_t}{y_{t-1}}$$

其中，根据泰勒展开的一阶近似，当 $x \approx 0$ 时，$\ln(1+x) \approx x$。

直接计算 GDP 的增长率（记为 g），并与 GDP 对数差分进行画图比较（见图 3 – 15）。

gen g = (y – l. y)/l. y

tsline dlny g, xlabel(1980(10)2010) lpattern(dash)

（亿元）

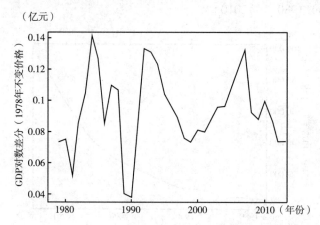

图 3 – 15 1978~2013 年中国实际 GDP 对数取一阶差分

通过自相关图，考察 GDP 对数差分的各阶自相关系数（见图 3 – 16）。

corrgram dlny

（亿元）

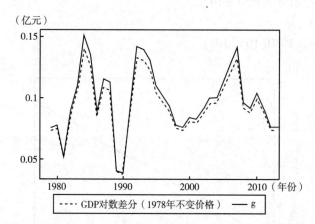

---- GDP对数差分（1978年不变价格） —— g

图 3 – 16 1978~2013 年中国实际 GDP 对数值与经济增长率

其中，"*corrgram*" 表示 *correlogram*。即画自相关图（见图 3 – 17）。

使用画自相关图的另一命令。

ac dlny, lags(20)

其中，"*ac*" 表示 *autocorrelation*；

选择项 "*lags*（20）" 表示画 1~20 阶的自相关图（见图 3 – 18）；

默认所画的最高阶数为 $\min\{floor(n/2) - 2, 40\}$，其中 $floor(n/2)$ 为不超过 $n/2$ 的最大整数。

一阶与五阶自相关系数显著不为 0；其他阶不显著。

```
                                   -1      0    1 -1      0      1
LAG      AC       PAC       Q     Prob>Q  [Autocorrelation]  [Partial Autocor]

1      0.5360    0.5454   10.943  0.0009
2     -0.0298   -0.4515   10.978  0.0041
3     -0.2579    0.0205   13.669  0.0034
4     -0.3405   -0.3311   18.514  0.0010
5     -0.4687   -0.3671   27.998  0.0000
6     -0.4371   -0.3092   36.531  0.0000
7     -0.1425   -0.0790   37.47   0.0000
8      0.1774   -0.0418   38.98   0.0000
9      0.3220   -0.1600   44.143  0.0000
10     0.2768   -0.0670   48.113  0.0000
11     0.1179   -0.1722   48.863  0.0000
12     0.0341   -0.0569   48.928  0.0000
13    -0.0123   -0.2000   48.937  0.0000
14    -0.0322   -0.0378   49.001  0.0000
15    -0.0743   -0.0851   49.359  0.0000
```

图 3 – 17　GDP 对数差分的各阶自相关系数

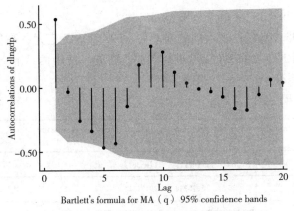

Bartlett's formula for MA（q）95% confidence bands

图 3 – 18　GDP 对数差分的自相关

以 *OLS* 估计 $\Delta \ln y_t$ 的一阶自回归模型。仅使用 2013 年前的数据回归，然后预测 2013 年的 GDP。由于假设扰动项无自相关，故使用异方差稳健的标准误即可，不必使用异方差自相关稳健的 *HAC* 标准误（见图 3 – 19）。

reg dlny l. dlny if year < 2013, r

Linear regression					Number of obs =	33
					F(1, 31) =	12.99
					Prob > F =	0.0011
					R-squared =	0.2879
					Root MSE =	0.02147

dlny	Coef.	Robust Std. Err.	t	P>|t|	[95% Conf. Interval]	
dlny L1.	0.5362727	0.1487888	3.60	0.001	0.2328159	0.8397295
_cons	0.0437698	0.0144049	3.04	0.005	0.0143908	0.0731488

图 3 – 19　*AR*（1）估计结果

可得如下回归方程（常数项与斜率均在1%水平上显著）：

$$\widehat{\Delta \ln y_t} = 0.0437698 + 0.5362727 \Delta \ln y_{t-1}$$

计算回归方程的拟合值，即$\widehat{\Delta \ln y_t}$，并记为 dlny1。

predict dlny1

list dlny1 if year == 2013

由于$\widehat{\ln y_{2013}} = \ln y_{2012} + \widehat{\Delta \ln y_{2013}}$，故 2013 年 GDP 的预测值为：

$$\widehat{y_{2013}} = \exp\left(\ln y_{2012} + \widehat{\Delta \ln y_{2013}}\right)$$

在 Stata 中，使用"$x[n]$"表示变量x的第n个观测值，故可计算如下：

dis exp(lny[35] + dlny1[36])

对比 2013 年的实际 GDP，并计算预测误差，即$y_{2013} - \widehat{y_{2013}}$：

dis y[36]

dis y[36] − exp(lny[35] + dlny1[36])

计算结果为 −895.90347，表示预测误差为 −895.90347 亿元，高估 895.90347 亿元。

接下来考虑使用更高阶的 AR 模型进行预测。首先，使用信息准则确定滞后阶数 p。

quietly reg dlny l. dlny if year < 2013，r

estat ic　　//结果见图 3 −20。

Akaike's information criterion and Bayesian information criterion						
Model	Obs	ll(null)	ll(model)	df	AIC	BIC
.	33	75.35938	80.96115	2	−157.9223	−154.9293
Note: N=Obs used in calculating BIC; see **[R] BIC note**						

图 3 −20　AR（1）信息准则结果

可知，AR（1）的 AIC 为 −157.9223；BIC 为 −154.9293。

估计 AR（2）模型，并计算信息准则：

reg dlny l(1/2). dlny if year < 2013, r

其中，"l(1/2). dlny"表示变量 $dlny$ 的 1~2 阶滞后。结果见图 3 −21。

Linear regression					Number of obs = 32	
					F(2, 29) = 17.51	
					Prob > F = 0.0000	
					R-squared = 0.4234	
					Root MSE = 0.01979	
dlny	Coef.	Robust Std. Err.	t	P>|t|	[95% Conf. Interval]	
dlny						
L1.	0.7711595	0.1304462	5.91	0.000	0.5043671	1.037952
L2.	−0.4487175	0.1530057	−2.93	0.007	−0.7616494	−0.1357857
_cons	0.0641134	0.0128498	4.99	0.000	0.0378326	0.0903943

图 3 −21　AR（2）估计结果

dlny 的二阶滞后 L2. *dlny* 依然在 1% 水平上显著。故根据序贯 *t* 规则，滞后阶数 *p* 应至少大于或等于 2。

estat ic   //结果如图 3 - 22 所示。

```
Akaike's information criterion and Bayesian information criterion

  Model     Obs    ll(null)    ll(model)    df       AIC         BIC

    .        32    72.88943    81.69936      3    -157.3987   -153.0015

           Note:  N=Obs used in calculating BIC; see [R] BIC note
```

图 3 - 22   AR (2) 信息准则结果

可知，*AR* (2) 的 *AIC* 为 - 157. 3987，*BIC* 为 - 153. 0015，均比 *AR* (1) 略有上升。故根据信息准则，应选择 $p = 1$。即 *AR* (1) 模型。

进一步估计 *AR*(3) 模型：

reg dlny l(1/3). dlny if year < 2013 , r   //结果如图 3 - 23 所示。

```
Linear regression                          Number of obs  =       31
                                           F( 3,   27)    =    12.82
                                           Prob > F       =   0.0000
                                           R-squared      =   0.4459
                                           Root MSE       =  0.01907

                        Robust
    dlny     Coef.    Std. Err.      t      P>|t|    [95% Conf. Interval]

    dlny
     L1.   0.7557034  0.1261359    5.99    0.000    0.4968939    1.014513
     L2.  -0.4943798  0.1785691   -2.77    0.010   -0.8607733   -0.1279864
     L3.   0.0204783  0.1711994    0.12    0.906   -0.3307938    0.3717504

   _cons   0.0692315  0.0154137    4.49    0.000    0.0376052    0.1008579
```

图 3 - 23   AR (3) 估计结果

dlny 的三阶滞后很不显著。根据序贯 *t* 规则，应选择 $p = 2$。

综合以上结果，为避免遗漏变量偏差，应按照序贯 *t* 规则选择 *AR* (2) 模型。

使用 *AR* (2) 模型预测 GDP，并与 *AR* (1) 的预测效果对比：

quietly reg dlny l(1/2). dlny if year < 2013 , r

predict dlny2

dis exp(lny[35] + dlny2[36])

dis y[36] - exp(lny[35] + dlny2[36])

计算结果为 - 680. 78688。表示对于 2013 年的 GDP，*AR* (2) 模型的预测误差为 - 680. 78688亿元。即高估80. 78688 亿元；*AR* (1) 模型则高估895. 90347 亿元。*AR* (2) 的预测效果优于 *AR* (1)，因为二阶滞后仍包含有用信息。

(二) 单位根检验的 Stata 实例

纳尔逊和普洛瑟（Nelson and Plosser, 1982）使用 *ADF* 检验考察1860 ~ 1970 年美国14 个年度宏观时间序列。结果发现只有其中 1 个变量可拒绝单位根的原假设；而其余 13 个变量均可视为单位根变量。此文一出，引起经济学界对单位根的广泛关注。

下面以数据集 nelson_plosser. dta 为例，包括美国的年度宏观经济变量，取自纳尔逊和普洛瑟（1982）。我们将检验其中的两个变量，即 *lrgnp*（实际 GNP 对数）与 *lun*（失业率对数），是否含有单位根。先看一下这两个变量的时间趋势。

use nelson plosser. dta,clear

tsline lrgnp lun if year > = 1890,lp(dash)xlabel(1890(10)1970)

其中，变量 *lrgnp* 的取值始于 1890 年；而变量 *lun* 的取值始于 1909 年。故使用条件语句"if year > = 1890"来限制画图的范围（使之更加美观）。选择项"xlabel（1890（10）1970）"表示，在横轴从 1890 ~ 1970 年每 10 年做个标注（*label*）。

从图 3 - 24 可知，实际 GNP 对数（以虚线表示）有明显的上升时间趋势，而且较为光滑。这意味着当期值强烈地依赖于上期值。即自回归系数接近于 1。故可能为单位根过程；另外，失业率对数则看不出有什么时间趋势，而且较不光滑。即自回归系数明显小于 1。故不太可能为单位根过程。

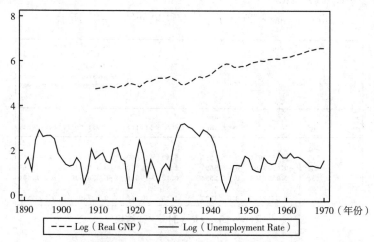

图 3 - 24　*lrgnp*（实际 **GNP** 对数）与 *lun*（失业率对数）的时间趋势

对于实际 GNP 对数，首先考虑带常数项与时间趋势项的 *DF* 检验：

dfuller lrgnp,trend

从图 3 - 25 可知，*DF* 检验的 5% 临界值为 - 3. 489。由于 *DF* 统计量 $Z(t)$ 为 - 2. 026 > - 3. 489（左边单侧检验），故可在 5% 的水平上接受"存在单位根"的原假设。由于扰动项可能存在自相关，考虑更高阶的 *ADF* 检验。计算施韦特（Schwert，1989）建议的最大滞后阶数 $p_{\max} = [12 \times (T/100)^{1/4}]$：

di 12 * (62/100)^(1/4)

```
Dickey-Fuller test for unit root                Number of obs    =        61

                              ---------- Interpolated Dickey-Fuller ----------
                Test          1% Critical       5% Critical      10% Critical
             Statistic          Value             Value             Value
------------------------------------------------------------------------------
Z(t)          -2.026           -4.126            -3.489            -3.173
------------------------------------------------------------------------------
MacKinnon approximate p-value for Z(t) = 0.5871
```

图 3 - 25　实际 **GNP** 对数的单位根检验

其中，样本容量为62。结果为10.648273。这表明，$p_{max}=10$。下面，令 $\hat{p}=10$，进行 *ADF* 检验：

dfuller lrgnp, lags(9) trend reg

图 3−26 显示，时间趋势项（_trend）很显著（p 值为 0.017）；但最后一阶滞后项（*L9D.*）在 5% 平上并不显著（p 值为 0.358）。依次令 $\hat{p}=9,\cdots,3$，进行 *ADF* 检验，最后一阶滞后项仍不显著（过程略）。

令 $\hat{p}=2$，再进行 *ADF* 检验。

dfuller lrgnp, lags(1) trend reg

Augmented Dickey-Fuller test for unit root			Number of obs	=	52
		Test Statistic	1% Critical Value	5% Critical Value	10% Critical Value
Z(t)		-2.308	-4.146	-3.498	-3.179

MacKinnon approximate p-value for Z(t) = 0.4296

D.lrgnp	Coef.	Std. Err.	t	P>|t|	[95% Conf. Interval]	
lrgnp						
L1.	-0.2431874	0.1053744	-2.31	0.026	-0.456157	-0.0302179
LD.	0.4268154	0.1533028	2.78	0.008	0.1169789	0.736652
L2D.	0.1299825	0.1591474	0.82	0.419	-0.1916663	0.4516314
L3D.	0.0148792	0.1601745	0.09	0.926	-0.3088455	0.3386039
L4D.	0.0074853	0.1591925	0.05	0.963	-0.3142547	0.3292252
L5D.	-0.0628515	0.1517327	-0.41	0.681	-0.3695147	0.2438117
L6D.	0.1135881	0.1488912	0.76	0.450	-0.1873321	0.4145084
L7D.	0.1157849	0.1470971	0.79	0.436	-0.1815095	0.4130792
L8D.	-0.0360994	0.1474121	-0.24	0.808	-0.3340302	0.2618315
L9D.	-0.1339387	0.1441335	-0.93	0.358	-0.4252433	0.157366
_trend	0.0083664	0.003355	2.49	0.017	0.0015856	0.0151471
_cons	1.091761	0.4663261	2.34	0.024	0.1492807	2.034241

图 3−26　实际 GNP 对数更高阶的单位根检验

图 3−27 显示，最后一阶滞后项（*LD.*）在 1% 的水平上显著不等于 0。*ADF* 统计量 $Z(t)$ 为 −2.994 > −3.490，故无法在 5% 的水平上拒绝存在单位根的原假设。即可认为实际 GNP 对数 ln*gnp* 含有单位根。麦金农的近似 p 值（Mackinnon approximate p-value）为 0.1338，与此结论一致。

Augmented Dickey-Fuller test for unit root			Number of obs	=	60
		Test Statistic	1% Critical Value	5% Critical Value	10% Critical Value
Z(t)		-2.994	-4.128	-3.490	-3.174

MacKinnon approximate p-value for Z(t) = 0.1338

D.lrgnp	Coef.	Std. Err.	t	P>|t|	[95% Conf. Interval]	
lrgnp						
L1.	-0.1753423	0.0585665	-2.99	0.004	-0.2926651	-0.0580195
LD.	0.4188865	0.1209448	3.46	0.001	0.1766048	0.6611681
_trend	0.0056465	0.0018615	3.03	0.004	0.0019174	0.0093757
_cons	0.8134145	0.2679888	3.04	0.004	0.2765684	1.350261

图 3−27　实际 GNP 对数的单位根检验

进一步检验是否 *lrgnp* 的一阶差分为平稳过程。根据序贯 t 规则，选择 $\hat{p}=1$，进行 DF 检验。另外，由于 $\Delta lrgnp$ 已不存在时间趋势（画图略），故检验时不带时间趋势项。

dfuller d. lrgnp   //结果如图 3 – 28 所示。

Dickey-Fuller test for unit root		Number of obs	=	60
		Interpolated Dickey-Fuller		
	Test Statistic	1% Critical Value	5% Critical Value	10% Critical Value
Z(t)	-5.322	-3.566	-2.922	-2.596
MacKinnon approximate p-value for Z(t) = 0.0000				

图 3 – 28 实际 GNP 对数一阶差分的单位根检验

ADF 统计量 $Z(t)$ 为 $-5.322 < -3.566$，故可在 1% 的水平上拒绝存在单位根的原假设。即认为 $\Delta lrgnp$ 为平稳过程。由此可知，*lrgnp* 为 $I(1)$ 过程。

下面考察失业率对数 *lun* 是否含有单位根。根据序贯 t 规则，选择 $\hat{p}=4$，进行不带时间趋势的 ADF 检验：

dfuller lun, lags(3) reg   //结果如图 3 – 29 所示。

Augmented Dickey-Fuller test for unit root		Number of obs	=	77
		Interpolated Dickey-Fuller		
	Test Statistic	1% Critical Value	5% Critical Value	10% Critical Value
Z(t)	-3.588	-3.542	-2.908	-2.589
MacKinnon approximate p-value for Z(t) = 0.0060				

D.lun	Coef.	Std. Err.	t	P>|t|	[95% Conf. Interval]	
lun						
L1.	-0.291	0.081	-3.59	0.001	-0.452	-0.129
LD.	0.382	0.110	3.48	0.001	0.163	0.602
L2D.	-0.203	0.103	-1.96	0.053	-0.409	0.003
L3D.	0.243	0.104	2.33	0.022	0.035	0.451
_cons	0.490	0.148	3.32	0.001	0.196	0.784

图 3 – 29 失业率对数 *lun* 的单位根检验

ADF 统计量 $Z(t)$ 为 $-3.588 < -3.542$，故可在 1% 的水平上拒绝存在单位根的原假设，认为失业率对数 *lun* 为平稳过程。麦金农近似 p 值为 0.0060，与此结论一致。

第四章

VAR 模型

第一节　VAR 模型的基本概念

一、VAR 模型的定义

前面介绍的模型，均是将变量分别设定为被解释变量 y_t 和解释变量 x_t。对被解释变量的变化，可用其自身变量 y_t 的滞后值进行解释，这就是自回归模型。

如 AR（1），可表示为 $y_t = a_0 + a_1 y_{t-1} + u_t$；或者与解释变量一起构造协整模型。如 $y_t = a_0 + \beta_0 x_t + u_t$；或者将两个模型结合起来，并加入解释变量和被解释变量更多的滞后值，以增加模型的解释力，从而构成新的模型。如 $y_t = a_0 + a_1 y_{t-1} + \beta_0 x_t + \beta_1 x_{t-1} + u_t$。由此可以得到误差验证模型。显然，上述模型的特征均是单一方程的回归，且已先验地设定了变量之间解释和被解释的关系。

如果事先并不知道哪个变量为被解释变量，哪个变量为解释变量，我们很难确定变量之间的协整关系。针对这个问题，希姆斯（C. S. Sims，1980）提出了向量自回归模型（vector autoregression，VAR）。在 VAR 模型中，没有区分内生变量和外生变量，而是把所有变量都看作是内生变量。初始模型对系统不加任何约束。即每个方程都有相同的解释变量——所有被解释变量若干期的滞后值。

这样，在一个含有 n 个方程（被解释变量）的 VAR 模型中，每个被解释变量都对自身以及其他被解释变量的若干期滞后值进行回归。令滞后阶数为 k，则 VAR 模型的一般形式可用下式表示：

$$Z_t = \sum_{i=1}^{k} A_i Z_{t-i} + U_t \tag{4-1}$$

式中，Z_t 表示由第 t 期观测值构成的 n 维列向量；A_i 为 $n \times n$ 系数矩阵；U_t 是由随机误差项构成的 $n \times 1$ 矩阵。其中随机误差项 u_i（$i = 1, 2, \cdots, n$）为白噪声过程，并满足 $E(u_{it}$

$u_{jt}) = 0 (i, j = 1, 2, \cdots, n, 且 i \neq j)$。

二元的 *VAR* 模型是最简单的 *VAR* 模型。在这种模型结构中，Y_t 和 X_t 的当期值由它们前 k 期的值和随机误差项所决定。

具有两个时间序列变量 Y_t 和 X_t 的向量自回归由两个方程组成。其中一个方程的因变量为 Y_t；另一个方程的因变量为 X_t。两个方程中的回归变量为两个变量的滞后值。更一般地，k 个时间序列变量的 *VAR* 由 k 个方程组成，其中一个变量对应一个方程，而任一方程中的回归变量为所有变量的滞后值。*VAR* 系数的估计可通过普通最小二乘法估计每个方程得到。*VAR* 为 k 个时间序列回归的集合，其中的回归变量为 k 个序列的滞后值。*VAR* 将一元自回归推广到多个时间序列变量或其"向量"中。当每个方程中的滞后数都等于 p 时，我们称这个方程系统为 *VAR* (p)。

在两个时间序列 Y_t 和 X_t 的情形中，*VAR* (p) 由以下两个方程组成：

$$Y_t = \beta_{10} + \beta_{11} Y_{t-1} + \cdots + \beta_{1p} Y_{t-p} + \gamma_{11} X_{t-1} + \cdots + \gamma_{1p} X_{t-p} + u_{1t} \tag{4-2}$$

$$X_t = \beta_{20} + \beta_{21} Y_{t-1} + \cdots + \beta_{2p} Y_{t-p} + \gamma_{21} X_{t-1} + \cdots + \gamma_{2p} X_{t-p} + u_{2t} \tag{4-3}$$

其中，β 和 γ 为未知系数；u_{1t} 和 u_{2t} 为误差项。

VAR 模型的重要特征就是简洁且易表达。比如，若 $k = 1$，则每一个变量仅依赖于 Y_t 和 X_t 的先前一期的值再加上误差项。即表示为：

$$Y_t = \beta_{10} + \beta_{11} Y_{t-1} + \gamma_{11} X_{t-1} + u_{1t} \tag{4-4}$$

$$X_t = \beta_{20} + \beta_{21} X_{t-1} + \gamma_{21} Y_{t-1} + u_{2t} \tag{4-5}$$

如果将系统中所有的变量组成一个向量，即令向量 $R_t = \begin{pmatrix} Y_t \\ X_t \end{pmatrix}$，则上式可表示为 $R_t = \beta_0 + \prod_1 R_{t-1} + U_t$。则这一形式称为一阶向量自回归模型，记作 *VAR* (1)。

进一步扩展，可将 p 阶向量自回归模型表示为：

$$R_t = \beta_0 + \prod_1 R_{t-1} + \cdots + \prod_p R_{t-p} + U_t \tag{4-6}$$

从 *VAR* (p) 模型中可以看出，*VAR* 模型包含 3 个重要参数：变量的选择；系统中所含变量的个数 n；滞后阶数 p。

二、*VAR* （p) 模型与 *VAR* （1) 的转化

在很多情况下，由于 *VAR* (1) 模型更容易分析其性质、进行计算和理论推导，可以利用一个 F 矩阵将 *VAR* (p) 模型转化成 *VAR* (1) 的形式进行问题研究。

要实现这样的转化，首先可以对 *VAR* (p) 模型的左右同时取期望，获得下面的等式：

$$\mu = C + \Phi_1 \mu + \Phi_2 \mu + \cdots + \Phi_p \mu \tag{4-7}$$

从而可以获得一个均值矩阵，即：

$$\mu = (I_n - \Phi_1 - \Phi_2 - \cdots - \Phi_p)^{-1} C \tag{4-8}$$

这样，$VAR(p)$ 模型就可以写成去除均值的形式。即：

$$Y_t - \mu = \Phi_1(Y_{t-1} - \mu) + \Phi_2(Y_{t-2} - \mu) + \cdots + \Phi_p(Y_{t-p} - \mu) + \varepsilon_t \qquad (4-9)$$

然后定义一个 $np \times 1$ 维的矩阵 $\bar{Y}_t$。即：

$$\bar{Y}_t = \begin{bmatrix} y_t - \mu \\ y_{t-1} - \mu \\ \vdots \\ y_{t-(p-1)} - \mu \end{bmatrix} \qquad (4-10)$$

再来定义一个 $np \times np$ 维的矩阵 F：

$$F = \begin{bmatrix} \Phi_1 & \Phi_2 & \cdots & \Phi_{p-1} & \Phi_p \\ I_n & 0 & \cdots & 0 & 0 \\ 0 & I_n & \cdots & 0 & 0 \\ 0 & 0 & I_n & 0 & 0 \\ \vdots & \vdots & \vdots & \vdots & \vdots \\ 0 & 0 & 0 & I_n & 0 \end{bmatrix} \qquad (4-11)$$

以及一个 $np \times 1$ 维的矩阵 V_t：

$$V_t = \begin{bmatrix} \varepsilon_t \\ 0 \\ \vdots \\ 0 \end{bmatrix} \qquad (4-12)$$

基于以上的设计，$VAR(p)$ 模型就可以重新写成 $VAR(1)$ 的形式。即

$$\bar{Y}_t = F\bar{Y}_{t-1} + V_t \qquad (4-13)$$

其中：

$$\begin{cases} E(V_t V_t') = E \\ E(V_t V_s') = 0, \text{对于 } t \neq s \end{cases} \qquad (4-14)$$

并且：

$$E_{np \times np} = \begin{bmatrix} \Omega & 0 & \cdots & 0 \\ 0 & 0 & \cdots & 0 \\ \vdots & \vdots & \ddots & \vdots \\ 0 & 0 & \cdots & 0 \end{bmatrix} \qquad (4-15)$$

三、VAR 模型与 VMA 模型的转化

这里介绍向量自回归模型与向量移动平均（vector moving average VMA）过程之间的相互转化。所谓 VMA 过程，就是使用向量形式表示的移动平均过程。在这样的移动平均过程中，随机扰动项以向量白噪声的形式出现。所以，一个 $VMA(q)$ 过程定义为：

$$Y_t = C + \varepsilon_t + \psi_1 \varepsilon_{t-1} + \cdots + \psi_q \varepsilon_{t-q} \qquad (4-16)$$

其中，C 表示常数向量；ψ_i 表示系数矩阵；ε_t 代表向量白噪音。如果我们能将 VAR 转化成类似于上式的形式，就实现了从 VAR 到 VMA 的转化。下面我们分 VAR（1）和 VAR（p）两种情况分别讨论。

首先考虑最简单的情况，即 VAR（1）模型。与单变量模型的情形类似，一个平稳的 VAR（1）模型是可以转化为 VMA 形式的。例如，对于一个 VAR（1）模型，使用滞后算子可以写成以下形式。即：

$$(I_n - \Phi L) Y_t = C + \varepsilon_t \tag{4-17}$$

其中，I_n 表示 n 维的单位矩阵。这样可以进一步得到：

$$
\begin{aligned}
Y_t &= (I_n - \Phi L)^{-1}(C + \varepsilon_t) \\
&= (I_n + \Phi L + \Phi^2 L^2 + \cdots)(C + \varepsilon_t) \\
&= (I_n + \Phi + \Phi^2 + \cdots)C + \varepsilon_t + \Phi \varepsilon_{t-1} + \Phi \varepsilon_{t-2} + \cdots \\
&= \mu + \sum_{i=0}^{\infty} \Phi^i \varepsilon_{t-i}
\end{aligned}
\tag{4-18}
$$

很显然这是 VMA 的一种特殊形式，即 VMA（∞）。以上结果利用了滞后算子的性质。即：

$$(I_n - \Phi L)^{-1} = I_n + \Phi L + \Phi^2 L^2 + \cdots \tag{4-19}$$

需要注意的是，在以上等式的矩阵中出现的幂的形式，表示的是矩阵的幂。

将 VAR（1）模型转化成 VMA 模型的过程相对比较简单，只要将一维情况下的滞后算子多项式的一些性质拓展到向量情况下，就能够实现转化，对于 VAR（p）模型，由于滞后期数的增加，转化过程的步骤稍微复杂一些。下面详细介绍。

首先需要将 VAR（p）转化成 VAR（1）的形式，即：

$$\overline{Y}_t = F \overline{Y}_{t-1} + V_t \tag{4-20}$$

再利用滞后算子，可以将该模型进一步写成如下形式：

$$(I_{np} - FL) \overline{Y}_t = V_t \tag{4-21}$$

然后利用滞后算子多项式的性质，可以将该模型写成以下形式。即：

$$\overline{Y}_t = (I_{np} - FL)^{-1} V_t = (I_n + FL + F^2 L^2 + \cdots) V_t \tag{4-22}$$

至此可以看到 VAR（p）已经初步具有了 VMA 的形式，但是还要继续转化为原始 VAR（p）模型对应的 VMA 形式。最终目标是将 VAR（p）模型中 Y_t 表示成该模型中向量白噪声的函数。所以，我们继续将上式进一步写成如下形式，即：

$$\overline{Y}_{t+s} = V_{t+s} + F V_{t+s-1} + F^2 V_{t+s-2} + \cdots + F^{s-1} V_{t+1} + F^s \overline{Y}_t \tag{4-23}$$

式（4-23）实际上意味着，$\overline{Y}_{t+s}$ 这个向量系统的前 n 行可以写成如下形式：

$$
\begin{aligned}
Y_{t+s} = {}& \mu + \varepsilon_{t+s} + \psi_1 \varepsilon_{t+s-1} + \cdots + \psi_{s-1} \varepsilon_{t+1} + F_{11}^{(s)}(Y_t - \mu) + F_{12}^{(s)}(Y_{t-1} - \mu) \\
& + \cdots + F_{1p}^{(s)}(Y_{t-(p-1)} - \mu)
\end{aligned}
\tag{4-24}
$$

其中，$\psi_i = F_{11}^{(i)}$。$F_{11}^{(i)}$ 表示 F^i 表示矩阵的左上角的部分；而 F^i 是矩阵 F 的 i 次幂。

然后运用矩阵运算的相关知识，可以得到更为一般的结论。即：

$$Y_t = \mu + \sum_{j=0}^{\infty} \psi_j \, \varepsilon_{t-j} = \mu + \psi(L) \, \varepsilon_t \qquad (4-25)$$

如果上式得到满足，可以推出更为一般的结果。即：

$$Y_t = \psi(L) \varepsilon_t \qquad (4-26)$$

这样，我们就成功地将 VAR（p）模型转化为 VMA（∞）模型的形式。不过需要注意，$\psi(L)$ 是 VAR 模型中系数的非线性函数，在 VMA（∞）模型中，方程右侧只有向量白噪声过程和均值 μ 出现。这可以理解为，滞后项 Y_{t-j} 经过反复迭代之后，都从 $VAR(p)$ 中被替换，与处理一维的向量自回归模型类似，这种迭代必然引入向量白噪声的滞后项，并最终会将 Y_{t-j} 全部替换，将 VAR（p）写成 VMA 的形式，这个 VMA 形式经常被称为 VAR（p）模型的"Wold"表现形式。

第二节　VAR 模型构建与估计

一、变量平稳性的考量与选择

在进行 VAR 模型估计之前首先需要厘清变量的选择问题。有关这个问题，有些计量经济学家，如西姆斯等（Stock，1990）提出，非平稳序列仍然可以放在 VAR 模型中，通过估计结果分析经济、金融含义。他们认为，如果对一些本来是一阶单整的经济变量首先进行一次差分，获得相应的平稳序列，再利用 VAR 模型分析变量间互动关系，这样可能会隐藏许多非常有价值的原始变量之间的长期关系。因此一部分计量经济学家推崇利用 VAR 模型进行协整分析。

但是，如果利用 VAR 模型分析实际问题时，使用非平稳序列变量，却会带来统计推断方面的麻烦。因为标准的统计检验和统计推断要求分析的所有序列必须都是平稳序列。

那么利用 VAR 模型做回归分析，究竟应该在 VAR 系统内使用平稳的序列，还是非平稳序列呢？作为指导性的原则，如果要分析不同变量之间可能存在的长期均衡关系，则可以直接选用非平稳序列；而如果分析的是短期的互动关系，则选用平稳序列。对于分析中涉及的非平稳序列，必须先进行差分或去除趋势，使其转化成对应的平稳序列，然后包含在 VAR 模型中作进一步分析。

二、滞后阶数的选择

（一）似然比检验法

似然比检验法构造的检验统计量如下：

$$LR = T[\ln|\sum \hat{r}|] - T[\ln|\sum \hat{u}|] \qquad (4-27)$$

它服从自由度为 m 的 χ^2 分布。其中，$\sum \hat{r}$ 是受约束的 VAR 模型残差的方差——协方差矩阵的行列式；而 $\sum \hat{u}$ 是不受约束的 VAR 模型残差的方差——协方差矩阵的行列式；T 是样本容量。

似然比检验法就是比较不同滞后期数对应的似然函数值。这个统计量衡量不同滞后期是否显著性影响模型的拟合情况。例如，可以考查滞后期的增大是否导致 VAR 系统对应的似然函数出现显著性增大。

具体地说，对于一个含有 3 个变量的 VAR 模型，如果 $p_1 = 5$，$p_2 = 6$，那么约束 VAR 模型从 6 个滞后期到 5 个滞后期，每个等式就涉及 3 个约束条件。所以，在原有假设条件下，所有约束的系数均为 0，则一共有 $3 \times 3 = 9$ 个约束条件。因此，自由度为 9。

在实际应用中，首先需要给定一个最大的滞后期数。然后循环运用似然比检验来判断最优滞后期数。正因为如此，有些计量软件的输出结果会显示 "sequential LR test"（循环 LR 检验）的字样，实际上就是循环地应用了以上介绍的 LR 检验过程。

当然，最大滞后期数的设定具有一定的主观性。但是，通常可以根据分析数据的频率来确定。例如，对于月度数据，可以考虑 12、18 或者 24 期为最大滞后期数；对于季度数据，一般可以先给定一个最大的 4 期或 8 期滞后期数；对于年度数据，可以考虑 2、3 或者 4 为最大滞后期数。

（二）信息准则法

似然比检验比较直观且容易估计，但有其局限性。似然比检验只有在每个方差的误差项都服从正态分布的假设条件下，χ^2 检验才严格地渐进有效。然而在许多情况下，似然比检验所要求的随机误差项必须满足正态分布的条件，在金融数据中并不能够得到满足。因此，我们需要用一些其他的方法来确定滞后阶数。经常用到的方法就是信息准则法。常见的信息准则有 AIC 和 BIC。当然，在向量情况下，对应的 AIC 和 BIC 的计算公式与一维模型对应的公式有些变化：

$$AIC = \ln\left|\hat{\sum}\right| - \frac{2k}{T}$$

$$SBIC = \ln\left|\hat{\sum}\right| - \frac{2k}{T}\ln T \qquad (4-28)$$

式中，$\left|\hat{\sum}\right|$ 是由估计的 VAR 模型残差的方差——协方差矩阵的行列式；k 代表的是所有方程中回归项的个数（包括常数项）；T 是样本容量。

应用计量软件，分别依次取不同的滞后阶数值来估计模型，每次会得到不同的 AIC 值或者 BIC 值，选择的最优滞后阶数应使得 AIC 值或 BIC 值达到最小条件。

（三）检验 VAR 模型的残差是否为白噪声（是否有自相关）

如果真实模型为 $VAR(p)$，但被错误设置为 $VAR(p-1)$，则解释变量的最后一阶滞后 y_{t-p} 将被纳入扰动项 ε_t，会导致扰动项出现自相关。

由于 $\{y_t\}$ 的相关性，包含 y_{t-p} 的扰动项 ε_t 将与解释变量 $\{y_{t-1}\cdots y_{t-p+1}\}$ 相关，导致 OLS 估计不一致。所以，如果检验 VAR 模型的残差存在自相关，我们应加入更高阶的滞后变量。

以上介绍了 3 种方法判定 VAR 模型中的最优滞后期数。另外还有其他几种判断准则，例如 FPE 和 HQ 准则等。

需要注意的是，在很多情况下，不同的准则或检验统计量选择的最优滞后期数可能会不同。在这种情况下，我们可以根据"多数原则"，即超过半数以上的可用判断准则指向的那个滞后准则，很可能就是一个最优的选择。如果利用这个原则仍然无法判断，则可以对不同滞后期的 VAR 模型进行回归估计，然后考查结果是否对滞后期很敏感以及不同滞后期对分析问题的结论是否影响很大。这样的过程实际上就是所谓的稳健性检验过程。

三、VAR 变量个数的选择

VAR 系统中包含的变量个数越多，需要估计的系数越多。假设有 5 个变量，滞后 4 期，则每个方程中共有 21 个待估系数（含截距项）；整个 VAR 模型共有 105 个待估系数。待估系数过多使有效样本容量过小，增大估计误差，降低预测精度。故 VAR 模型通常仅包含少数几个变量。

在设定 VAR 模型时，应根据经济理论确定哪些变量在 VAR 模型中。比如，经济理论告诉我们，通货膨胀率、失业率、短期利息率互相关联，可构成 3 个变量的 VAR 模型。也可在 VAR 系统中引入其他外生解释变量，比如 $\{w_{1t}, w_{2t}, \cdots, w_{Kt}\}$，并且与扰动项不相关。

四、VAR 模型的估计方法

介绍了 VAR 模型的基本概念和相关性质后，我们会发现模型中的系数是给定的或者是已知的。然而在实际应用中，更多的情况是利用样本数据，估计出相关的系数。所以这一部分介绍实践中如何估计 VAR 模型。

虽然 VAR 模型系统比一维模型看上去复杂得多，但是用来估计 VAR 的方法却不一定很繁杂。常见的估计方法包括最大似然估计（maximum likelihood estimator，MLF）和常见的最小二乘估计法。在特定条件下，MLF 与 OLS 估计获得的系数是完全相同的。

例如，假设要估计一个 VAR 模型：

$$R_t = \beta_0 + \prod_1 R_{t-1} + \cdots + \prod_p R_{t-p} + U_t \tag{4-29}$$

如果能够假设 $U_t \sim i.i.d. N(0, \Omega)$，其中 Ω 为 $n \times n$ 对称正定矩阵，即向量高斯分布（multivariate Gaussian distribution）；并且假设待估计的系数和方差—协方差矩阵 $\theta = \{\beta_0, \prod_1, \cdots, \prod_p, \Omega\}$ 没有特殊约束条件（即所谓的无约束 VAR）。那么就可以证明，使用 OLS 估计得到的系数矩阵 $\varphi = [\beta_0, \prod_1, \cdots, \prod_p]$ 结果与 MLF 估计的系数结果将完全一致。

所以只要 VAR 模型中的随机扰动项服从 $i.i.d.$ 分布，那么对 VAR 模型系统中每个等式分别进行 OLS 回归，获得的系数估计值是有效的一致性估计值。另外，即使跨等式的扰动项之间存在相关性，但是只要各个扰动项自身不存在序列相关性，且 VAR 系统中每个回归等式的解释变量都相同，那么 OLS 估计与其他多等式回归方法（如似不相关回归，seemingly unrelated regression SUR）给出的结果一样有效。基于以上原因，同时又因为 OLS 估计方法的简单易行等特点，OLS 回归是估计无约束 VAR 模型的最常用方法之一。

五、VAR 案例分析——人口老龄化对经济增长影响的动态分析

随着人口老龄化进程的加快，我国经济也将受到深刻影响。利用我国 2000～2013 年人口与经济指标的省级面板数据，构建面板向量自回归（PVAR）模型。在居民消费和国民储蓄路径下，分别动态分析我国人口老龄化对经济增长的影响。

（一）模型设定

构建面板 VAR 模型分别分析人口老龄化对居民消费和经济增长的影响；对国民储蓄，和经济增长的影响。任霍尔埃金等（Holtz-Eakin et al.，1988）提出的面板数据向量自回归模型，既具有 VAR 模型的众多优点，将研究系统中研究变量都当作内生变量，通过计算正交化脉冲响应函数分析一个内生变量的冲击会给其他内生变量带来的影响；同时也继承了面板数据的优点，通过考虑个体效应和时间效应涵盖了个体差异性和不同截面的共同冲击。

PVAR 模型的基本形式为：

$$y_{i,t} = \alpha_i + \beta_i + \sum_{j=1}^{p} \beta_p y_{i,t-p} + \varepsilon_{i,t} \tag{4-30}$$

其中，$i = 1,2,\cdots,31$ 表示省份；$t = 2000,2001,\cdots,2013$ 表示年份；考虑人口老龄化 - 居民消费 - 经济增长时，y_{it} 是包含 3 个变量的向量 $y_{it} = \{lnpgdp, lnpcons, odep\}$。考虑人口老龄化 - 国民储蓄 - 经济增长时，$y_{it}$ 是包含 3 个变量的向量 $y_{it} = \{lnpgdp, sav, odep\}$；$p$ 为滞后阶数；引入 α_i 表示个体效应，即允许变量中存在地域性的差异。引入 β_t 表示时间效应，刻画变量的时间趋势；β_p 为 3×3 维的系数矩阵；$\varepsilon_{i,t}$ 是随机扰动项。

本案例构建 PVAR 模型主要包括下面步骤：（1）PVAR 模型滞后阶数的选择；（2）利用面板广义矩估计（GMM）对模型进行估计，说明内生变量之间的回归关系；（3）计算脉冲响应函数，通过动态脉冲响应图反映内生变量的冲击对自身及其他内生变量的影响；（4）误差项的方差分解，进一步说明误差项影响因素的程度。

（二）数据来源与变量说明

考虑数据的可获得性和我国人口发展过程，我国在 2000 年开始进入人口老龄化社会，所以数据选取时间区间为 2000～2013 年。数据主要来源于 2001～2014 年《中国人口统计年鉴》和《中国统计年鉴》，选取了 2000～2013 年 31 个省（自治区、直辖市）的老年抚养比、人均地区生产总值、地区人均消费支出和地区最终消费率（不包括港澳台地区的数据）。

从经济学的角度考虑，本文使用地区老年人口抚养比反映该地区人口老龄化程度。表示因地区人口老龄化带来的经济负担；利用人均地区生产总值的对数（lnpgdp）反映地区

的经济增长状况；利用人均地区消费支出的对数（*lnpcons*）反映地区的居民消费水平。居民消费可直接反映居民的消费能力和消费水平；利用国民储蓄率（*sav*）反映地区的国民储蓄水平。国民储蓄水平是影响投资和经济持续增长的根本因素。由于我国没有统计国民储蓄率数据，本案例选取 1 减去最终消费率，近似表示地区国民储蓄率。计算公式为：国民储蓄率 =1 – 最终消费率。即(1 – 最终消费/GDP) × 100% = (1 – 居民最终消费/GDP – 政府最终消费/GDP) × 100%。

接下来介绍一下本案例滞后阶数的选择过程。

利用 AIC，BIC 和 HQIC 统计量来判断最优自回归滞后阶数，依据 AIC，BIC 或 HQIC 取最小值的阶数确定为模型的最优滞后阶数。结果如表 4 – 1 所示。

表 4 – 1　　　　　　　　"老龄化—消费—经济增长" *PVAR* 滞后阶数检验

滞后阶数	PVAR（1）	PVAR（2）	PVAR（3）	PVAR（4）	PVAR（5）
AIC	– 3. 1067	– 3. 7547	– 3. 8123	– 4. 5492*	– 4. 5258
BIC	– 2. 0322	– 2. 5073	– 2. 3659	– 2. 8703*	– 2. 5707
HQIC	– 2. 6800	– 3. 2577	– 3. 2341	– 3. 8757*	– 3. 7387

由表 4 – 1 可知，当 *lnpgdp*，*lnpcons*，*odep* 建立 *PVAR* 模型滞后阶数选取为 4 时，AIC，BIC 和 HQIC 统计量都最小。一致表明滞后阶数应选取为 4，建立 *PVAR*（4）模型。

由表 4 – 2 可知，当 *lnpgdp*，*sav*，*odep* 建立 *PVAR* 模型，滞后阶数选取为 4 时，BIC 和 HQIC 统计量最小；而滞后阶数为 5 时，AIC 统计量最小。一般地，当三者不一致时，BIC/HQIC 倾向选择比较精简的模型；AIC 倾向比较复杂的模型，且 BIC/HQIC 通常优于 AIC。因此本案例滞后阶数选取为 4，建立 *PVAR*（4）模型。

表 4 – 2　　　　　　　　"老龄化—储蓄—经济增长" *PVAR* 滞后阶数检验

滞后阶数	PVAR（1）	PVAR（2）	PVAR（3）	PVAR（4）	PVAR（5）
AIC	5. 2007	4. 7700	4. 8903	3. 8034	3. 7779*
BIC	6. 2752	6. 0173	6. 3368	5. 4823*	5. 7329
HQIC	5. 6274	5. 2669	5. 4686	4. 4769*	4. 5649

为了检验人口老龄化与经济变量之间的动态关系，本书采用脉冲响应函数研究内生变量冲击对自身及其他内生变量的影响。由于脉冲响应函数乔利斯基（Cholesky）正交分解对变量的排序非常敏感，而人口结构的变化反映了劳动人口数量和比重变化，进而会导致收入水平的变化，影响消费和储蓄。而经济增长并不立即影响人口结构变化，人口结构的变化相对缓慢。因此，在脉冲响应函数 Cholesky 分解中，表示人口结构变量的 *odep* 排在前面。其后是人均地区生产总值 *lnpgdp* 和人均居民消费支出 *lnpcons* 或者国民储蓄率 *sav*。所以两组变量分别为 {*odep*，*lnpgdp*，*lnpcons*} 和 {*odep*，*lnpgdp*，*sav*}。本书通过给予内生变量 {*odep*，*lnpgdp*，*lnpcons*} 一个标准差的冲击，使用蒙特卡洛模拟 500 次得到正交脉冲响应函数图，并给出 95% 的置信区间。

人口老龄化—居民消费—经济增长的脉冲响应函数分析。利用老年人抚养比、人均地区生产总值对数、人均居民消费支出对数建立的 *PVAR* 模型，对变量进行蒙特卡洛模拟，得到脉冲响应函数。结果如图 4 - 1 所示。由图可知，人口老龄化程度的一个正交化新息的冲击对经济增长的影响第一期为 0；随后便持续一直为负，且负值较为稳定。这表明面对人口老龄化的冲击时，人口老龄化对经济增长并不同期立即产生影响，而是具有滞后性。且随后对经济增长的负作用持久且稳定，人口老龄化对经济增长有拖累作用。从老年人抚养比 *odep* 对人均消费支出对数 *lnpcons* 的脉冲响应函数图（第 3 行，第 1 列）可看出，人口老龄化的一个正交化新息冲击对人均消费支出产生的影响一直持续为负，负向作用呈现先增大后减小趋势。但减小反应较弱依然为负向作用，最终收敛于很小的负向影响。表明面对人口老龄化的冲击，中国的人均消费水平出现一定程度的持续负向效应，人口老龄化降低居民消费水平。

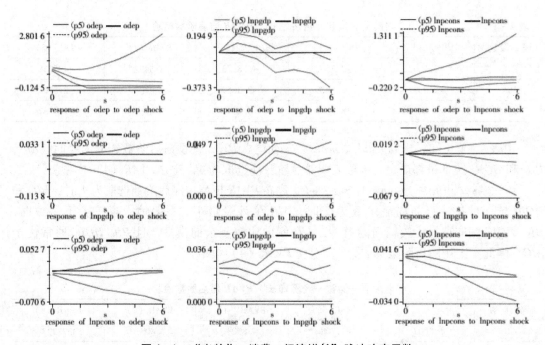

图 4 - 1 "老龄化→消费→经济增长" 脉冲响应函数

　　另外，考虑人口老龄化→消费水平→经济增长的间接路径，老年人抚养比 *odep* 对人均消费支出对数 *lnpcons*3 的脉冲响应函数（第 3 行，第 1 列）和人均消费支出对数 *lnpcons* 对人均地区生产总值对数 *lnpgdp* 的脉冲响应函数（第 2 行，第 3 列）可看出，在间接影响路径下，人口老龄化程度的一个正交化新息冲击首先对居民消费水平产生负向作用，进而通过居民消费水平的负向作用对经济增长产生负向作用。所以从人口老龄化→消费水平→经济增长的间接路径看出，人口老龄化对经济增长负向影响的部分因素，是由人口老龄化对居民消费水平的负向作用传递产生的。

　　总而言之，在考虑居民消费情况下，人口老龄化对居民消费和经济增长都产生了负向作用。并且在人口老龄化→消费水平→经济增长的间接影响路径下，人口老龄化不利于消费水平提高进而对经济增长产生负向作用。

　　人口老龄化—国民储蓄—经济增长的脉冲响应函数分析。利用老年人抚养比、国民储蓄率、人均地区生产总值对数建立的 *PVAR* 模型对变量 {*odep*，*lnpgdp*，*sav*} 进行蒙特卡洛模拟得到脉冲响应函数。结果如图 4 - 2 所示。

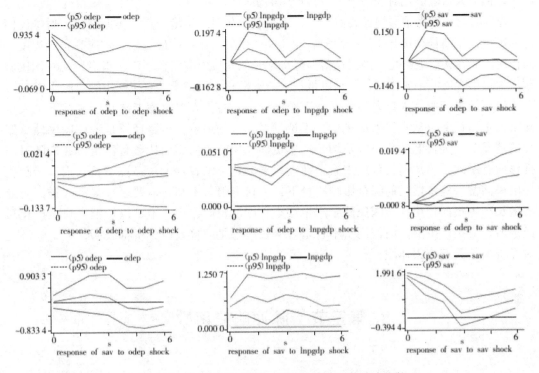

图 4 - 2　"老龄化—储蓄—经济增长"脉冲响应函数

由图 4 - 2，在考虑国民储蓄情况下，从老年人抚养比 *odep* 对人均地区生产总值对数 *lnpgdp* 的脉冲响应函数图（第 2 行，第 1 列）可看出，人口老龄化程度的一个正交化新息的冲击对经济增长的影响持续一直为负，随后负作用有减小趋势但一直维持为负。表明面对人口老龄化的冲击时，经济增长出现负向变动。虽负作用有所减小，但对经济增长的影响持续为负。

从老年人抚养比 *odep* 对国民储蓄率 *sav* 的脉冲响应函数图（第 3 行，第 1 列）可看出，人口老龄化程度的冲击对国民储蓄率的影响当期为 0；滞后第 2、3 期为正向影响然后下降；第 4 期后变为负向效应；随后负向作用有所减小。表明面对人口老龄化的冲击时，国民储蓄当期不受影响；短期内对国民储蓄产生正向作用，对国民储蓄有拉升作用；但随后"反正为负"，人口老龄化在中长期对国民储蓄有负向作用。但从 6 期累积效应来看，总体上人口老龄化对国民储蓄有很小程度的正向作用。

另外，考虑人口老龄化→国民储蓄→经济增长的间接路径，从老年人抚养比 *odep* 对国民储蓄率 *sav* 的脉冲响应函数图（第 3 行，第 1 列）和国民储蓄率 *sav* 对人均地区生产总值对数 *lnpgdp* 的脉冲响应函数图（第 2 行，第 3 列）可看出，面对国民储蓄正交化新息的冲击，经济增长出现正向变动，且上升趋势明显。说明国民储蓄有利于经济增长。在间接影响路径下，人口老龄化的冲击首先对国民储蓄产生很小程度的正向作用；进而对经济增长会产生一定程度的正向作用。所以，从人口老龄化→国民储蓄→经济增长的间接路径看出，人口老龄化对经济增长有一定程度的正向影响，但人口老龄化对经济增长的总体影响是负向作用。表明通过人口老龄化提升的国民储蓄对经济增长产生很小程度的正向作用，不足以抵消人口老龄化对经济增长直接产生的负向作用。

总而言之，在考虑国民储蓄路径下，人口老龄化对经济增长产生负向作用；对国民储蓄的影响在短期具有拉升作用，而随后较长期产生负向作用；最终累计效应有很小程度正向作用。而在人口老龄化→国民储蓄→经济增长的间接影响路径下，人口老龄化对国民储蓄产生很小程度的正向作用，不足以抵消人口老龄化对经济增长直接产生的负向作用。

研究结果表明，人口老龄化不利于经济增长。防止人口过度老龄化，是接下来人口政策的重要任务。从直接效应来看，不论是考虑人均消费支出路径还是考虑国民储蓄路径的情况下，人口老龄化对经济增长产生负向作用，负向作用持久且稳定，并未随时间推移而有所减缓。从间接效应来看，在人口老龄化→消费水平→经济增长和人口老龄化→国民储蓄→经济增长的间接影响路径下，人口老龄化不利于消费水平提高，进而对经济增长产生负向作用。对国民储蓄产生很小程度的正向作用，不足以抵消人口老龄化对经济增长直接产生的负向作用。不管是直接效应还是间接效应分析都表明，人口老龄化对经济增长具有拖累作用。

第三节　脉冲响应函数

一、VAR 模型中的脉冲响应函数介绍

VAR 模型的检验结果用以说明模型中哪些变量的变化，对系统内每一个变量的未来值有显著性影响。但是从结构性上看，VAR 模型的 F 检验不能揭示某个给定变量的变化，对系统内其他变量产生的影响是正向的还是负向的，以及这个变量的变化在系统内会产生多长时间的影响。然而，这些信息可以通过考察 VAR 模型中的脉冲效应（impulse response）和方差分解（variance decompositions）来得到。

脉冲响应函数是指系统对其中某一个变量的一个冲击或信息所作的反应。考虑 n 元 VAR（p）系统：

$$R_t = \beta_0 + \prod_1 R_{t-1} + \cdots + \prod_p R_{t-p} + U_t \tag{4-31}$$

其中，R_t 是由内生变量组成的 k 维向量，是常数向量；$\prod_i$ 是系数矩阵；U_t 是 k 维误差向量。其协方差矩阵为 Ω。

经过适当变化，上述模型可最终表示为：

$$R_t = \beta_1 + \sum_{s=0}^{\infty} (\psi_s P)(P^{-1} U_{t-s}) = \beta_1 + \sum_{s=0}^{\infty} (\psi_s P) \omega_{t-s} \tag{4-32}$$

式中，ψ 是系数矩阵；β_1 是常数向量；P 为非奇异矩阵，满足 $PP^T = \Omega$；ω_t 为向量白噪声。

系数矩阵 $\psi_s P$ 的第 i 行第 j 列元素，表示系统中变量 i 对变量 j 的一个标准误差的正交

化冲击的 s 期脉冲响应。由上式可以计算出系统中一个变量对另一个变量的脉冲响应函数。比较其不同滞后期的脉冲效应，可以确定一个变量对另一个变量的作用时滞。

二、格兰杰因果检验

经济学中常需确定因果关系究竟是从 x 到 y，还是从 y 到 x，抑或是双向因果关系。

格兰杰（Granger，1969）提出了以下检验思想。

首先，原因必然发生于结果之前；其次，原因包含有关结果的独特信息，对结果具有解释力或预测力。因此如果 x 是 y 的因，但 y 不是 x 的因，则 x 的过去值可帮助预测 y 的未来值；而 y 的过去值却不能帮助预测 x 的未来值。

考虑 $ADL(p,p)$ 模型：

$$y_t = \gamma + \sum_{m=1}^{p} \alpha_m y_{t-m} + \sum_{m=1}^{p} \beta_m x_{t-m} + \varepsilon_t \qquad (4-33)$$

滞后阶数 p 可根据"信息准则"或"由大到小的序贯规则"确定。估计此模型后，检验原假设"$H_0:\beta_1 = \cdots = \beta_p = 0$"，即检验 x 的过去值对预测 y 的未来值有无帮助。

如果拒绝 H_0，称 x 是 y 的"格兰杰因"（Grangercause）。将回归模型中 x 与 y 的位置互换，可检验 y 是否为 x 的格兰杰因。

实际操作中，常将 (x,y) 构成二元 VAR 系统，使用 Stata 命令 "vargranger" 进行格兰杰因果检验。

格兰杰因果关系并非真正意义上的因果关系，充其量只是动态相关关系。表明一个变量是否对另一变量有"预测能力"。因此在某种意义上，它至多是因果关系的必要条件，而且格兰杰因果关系也可能由第 3 个变量所引起。

另外，格兰杰因果检验仅适用于平稳序列，或者有协整关系的单位根过程。对于不存在协整关系的单位根检验，则只能先差分，得到平稳序列后再进行格兰杰因果检验。

三、案例分析——互联网消费金融对国内居民消费结构的影响

随着"互联网 +"的普及，互联网技术逐渐渗透到各个领域。互联网技术与消费金融领域的结合更是改变了传统的消费模式和交易模式（马德功等，2017）。互联网消费金融是借助互联网进行线上申请、审核、放款及还款全流程的消费金融业务。与传统的消费金融业务相比，互联网消费金融业务充分运用互联网"高透明度、高参与度、高效率、低成本"等特点（周斌等，2017），为客户提供优质服务的同时带动了消费金融行业的发展。网络购物的发展使消费者越来越习惯于线上消费，第三方支付的普及使消费者弱化了货币概念，这些都为互联网消费金融的发展提供便利条件，越来越多的消费者接受并使用互联网消费金融产品。

信用卡支付也是典型的消费金融手段。它不仅能提升消费者的支付意愿，还有利于促进消费升级（王巧巧等，2018）。而互联网消费金融产品模式与信用卡支付模式相似，且前者面对的受众更加广泛，发展势头正强。在此背景下研究互联网消费金融对居民消费结

构的影响具有现实意义，有利于发挥互联网消费金融对消费结构的直接影响和对国内经济发展转型的间接影响作用。

（一）研究方法

互联网消费金融规模会受到经济系统中各类因素的影响不断变化。VAR 模型是研究这种动态变化的经典模型之一。

任何一个系统（或模型）中都存在许多变量，其中自变量和因变量统称为内生变量。一般来说，内生变量是"理论内所要解释的变量"，是指在经济机制内部由经济因素所决定的变量；外生变量是指作为给定条件存在的变量，其不受自变量影响，而受外部条件支配，也会对模型系统产生影响。内生变量和外生变量往往难以区分。为了避免这种误差，VAR 模型把系统中的每个影响因素都作为内生变量。确定滞后阶数后，这些内生变量的滞后值也进入系统，成为解释变量，从而研究系统中变量在动态变化中的关系。VAR 模型对每个内生变量构建以系统中所有内生变量的滞后值为解释变量的函数，从而将单变量自回归模型推广到由多元时间序列变量组成的"向量"自回归模型。确定各个内生变量的滞后阶数后，再进行参数估计和其他分析。

建立 VAR 模型的过程为：若存在 K 个时间序列变量：

$$y_{1t}, y_{2t}, \cdots, y_{kt} \quad y_t = \begin{pmatrix} y_{1t} \\ y_{2t} \\ \vdots \\ y_{kt} \end{pmatrix}, t = 1, 2, \cdots, T$$

则 P 阶 VAR 模型，即 $VAR(p)$ 的表达式：

$$y_1 = A_1 y_{t-1} + \cdots + A_p y_{t-p} + \varepsilon_t + C \tag{4-34}$$

其中，y_t 是 k 维内生变量向量；p 是滞后阶数；样本个数为 t。t 是 k 维扰动变量；C 为 k 维常数向量。

VAR 理论要求进入模型中的各个时间序列变量都是平稳序列。若时间序列变量不平稳，则需要对时间序列变量进行差分。对差分后平稳的序列建立 VAR 模型，进而对差分后的变量做进一步分析。

（二）变量选取及数据来源

随着经济的发展，居民收入和居民消费支出都处于增长中。凯恩斯提出绝对收入假说，用于描述消费支出和收入之间的关系。该假说认为，在通常情况下，总需求函数中消费部分主要以总所得（收入）为其主要变数，消费支出与实际收入之间保持稳定的函数关系。随着收入的增加消费也将增加，但每一收入增量中，用于消费的比重越来越小。即边际消费倾向递减。假说认为收入是影响消费支出的主要因素，收入对消费存在影响。本案例选择居民收入总额来表示收入（用 income 表示）。为了研究互联网消费金融对居民各类消费支出的影响，本案例选择互联网消费金融放贷规模来表示互联网消费金融发展水平（用 internet 表示）。本案例从供给端出发，将食品、衣着、居住消费支出归为基本生存性消费支出（用 *basis* 表示）。

（三）实证与结果

互联网消费金融对国内居民基本生存性消费支出的影响。

1. 平稳性检验（ADF 检验）

一般地，进入 *VAR* 模型中的变量形式要求是平稳序列。如果非平稳变量进入模型，会导致模型不稳定，出现虚假的分析结果。在实际建模之前首先检验时间序列变量的平稳性。通过对每个变量分别做单位根检验来确保每个进入模型的变量都是平稳变量。检验结果见表 4 - 3。

表 4 - 3　　　　　　　　　　　　　　　ADF 检验结果

变量名称	ADF 统计量	5% 临界值	10% 临界值	结论
income	- 1. 285079	- 4. 008157	- 3. 460791	非平稳
internet	- 2. 294610	- 4. 008157	- 3. 460791	非平稳
basis	- 1. 420424	- 4. 008157	- 3. 460791	非平稳
D（*income*）	- 3. 603180	- 3. 259808	- 2. 771129	平稳
D（*internet*）	- 2. 493007	- 1. 988198	1. 600140	平稳
D（*basis*）	- 2. 781060	- 3. 259808	- 2. 771129	平稳

从表 4 - 3 可知，尽管 *income*，*Internet*，*basis* 序列都是非平稳的，但它们经过一阶差分之后都是平稳的。因此，可对居民收入、互联网消费金融、居民基本生存性消费的数据经过一阶差分后再建立模型，得出结论。而一阶差分后的数据序列代表的是原数据序列的变化。即 D（*income*）表示居民收入的年增长量；D（*internet*）表示互联网消费金融规模的年增长量；D（*basis*）表示居民基本生存性消费支出的年增长量。因此本文研究的是各变量增长量之间的动态关系。

2. 确定最大滞后阶数

建立 *VAR* 模型前需要预估和确定 *VAR* 模型中的滞后阶数。为了确保模型具有良好的解释能力，滞后阶数要完整地反映模型的动态特征。一般阶数越多，反映程度越完整。但太多的阶数会影响参数估计，且严重降低模型的自由度。因此确定模型中的滞后阶数时，既要考虑阶数的充足性又要考虑模型的自由度。运用 *LR*，*FPE*，*AIC*，*SC*，*HQ* 等准则检验来确定 *VAR* 模型的滞后阶数。检验结果见表 4 - 4。

表 4 - 4　　　　　　　　　　　最大滞后阶数检验统计量

Lag	LogL	LR	FPE	AIC	SC	HQ
0	13. 00375	NA	2. 18e - 05	- 2. 223057	- 2. 157315	- 2. 364927
1	33. 07842	22. 30518	2. 27e - 06 *	- 4. 684093 *	- 4. 421127 *	- 5. 251573 *

如表 4 - 4 所示，根据 *LR*，*FPE*，*AIC*，*SC*，*HQ* 等准则检验，考虑到模型的自由度，将此 *VAR* 模型的滞后阶数定为 1 阶。

3. VAR 参数估计

经过平稳性检验及确定最大滞后阶数后，可以建立 VAR 模型。其中，需要对该 VAR 模型进行单位圆检验。如图 4 - 3 所示。

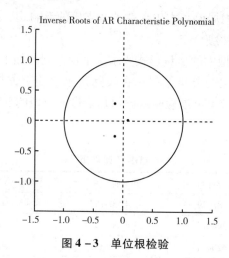

Inverse Roots of AR Characteristie Polynomial

图 4 - 3　单位根检验

根据图 4 - 3 可看出，该 VAR 模型全部根的倒数的模均小于 1。即所有根的倒数均落在单位圆内。这说明滞后一阶的模型拟合度较高且比较稳定。确定最大滞后阶数为 1，并将常数项作为外生变量。其中关于因变量 D（basis）的参数估计结果如下：

$$D\ (basis)_t = 0.255919 D\ (income)_{t-1} + 0.008650 D\ (internet)_{t-1}$$
$$- 0.074026 D\ (basis)_{t-1} + 0.054688 \tag{4-35}$$

该结果表明，互联网消费金融放贷规模的年增长量会正向提高居民的基本生存性消费支出的年增长量，作用系数为 0.008650；居民收入的年增长量也会正向提高居民基本生存性消费支出的年增长量，作用系数为 0.255919。这表明，互联网金融放贷规模的扩大、居民收入的增长都将正向影响居民基本生存性消费支出的增长。而居民收入的年增量与互联网消费金融放贷规模的年增量相比，对居民基本生存性消费支出年增量的作用系数更大。这与凯恩斯假说中收入是影响消费支出的主要因素相符合，但互联网消费金融放贷规模对居民基本生存性消费支出的影响也不容小觑。

4. 脉冲响应函数

脉冲响应的意义是冲击对某个变量在不同时期的影响效果。即冲击对系统的动态影响。若脉冲响应函数在一段时间内趋于不再波动则表明冲击效应趋于稳定。当脉冲响应函数最终趋于 0，则说明冲击效应逐渐趋于零，表明冲击无法构成持久性的影响作用；但当差分变量的脉冲响应函数最终趋于 0 时，原变量的冲击效应不会趋于 0，而是趋于稳定。分析 VAR 模型时，可运用脉冲响应函数分析模型变量之间的动态影响。脉冲响应函数比参数估计更具有实际意义。为了看出 D（income）、D（internet）、D（basis）之间的动态关系，绘制出脉冲响应函数如图 4 - 4 和图 4 - 5 所示。在图 4 - 4 和图 4 - 5 中，横轴表示冲击作用的滞后期数（单位：年）；纵轴表示居民基本生存性消费支出的年增长量；实线表示各冲击变量对居民基本生存性消费支出年增量的反应程度；虚线表示正负两倍标准差偏离带。

　　根据图 4 - 4 可以看出，当给居民收入年增量一个正向冲击时，居民基本生存性消费支出的年增量先在一段时间内没有波动之后又迅速降低，最终趋于 0。根据图 4 - 5 可以看出，当给互联网消费金融放贷规模的年增量一个正向冲击时，居民基本生存性消费支出的年增量先上升后降低，再上升，最终下降趋于 0。还可看出，居民基本生存性消费支出年增量对互联网消费金融放贷规模年增量的脉冲响应更敏感。

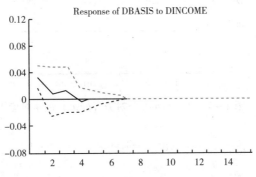

图 4 - 4　D（$basis$）对 D（$income$）的脉冲响应

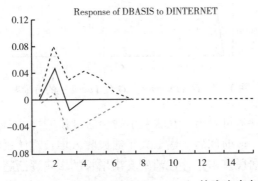

图 4 - 5　D（$basis$）对 D（$internet$）的脉冲响应

　　同时，居民基本生存性消费支出的年增量对居民收入年增量和互联网消费金融放贷规模年增量的脉冲响应最终都趋于 0，说明居民基本生存性消费支出对居民收入和互联网消费金融放贷规模的脉冲响应最终都趋于稳定。居民基本生存性消费支出的年增量对居民收入年增量的脉冲响应趋于 0 的时间大约为 7 年；对互联网消费金融放贷规模年增量的脉冲响应趋于 0 的时间大约为 9 年。可看出居民基本生存性消费支出对互联网消费金融放贷规模和居民收入的脉冲响应趋于稳定的时间的差距不明显。

　　5. 方差分解

　　方差分解的意义是不同时点变量的预测方差可以分解为不同冲击解释的部分，可理解为冲击对变量波动的贡献。通过分析系统中每个冲击对内生变量变化的贡献差异，从而评价各变量的重要程度。VAR 模型的方差分解结果如图 4 - 6 和图 4 - 7 所示。由于前期互联网消费金融的发展规模接近于 0，因此 D（$income$）的贡献度起点为 0。但随着时间的延长，D（$income$）和 D（$internet$）的真实贡献度逐渐显现出来。根据图 4 - 6 可以看出，居民收入的增长对居民基本生存性消费支出增长的贡献度不断下降，最终稳定至 40%。根据图 4 - 7 可以看出，互联网消费金融规模的增长对居民基本生存性消费支出增长的贡献度不断升高，最终稳定至 60%。

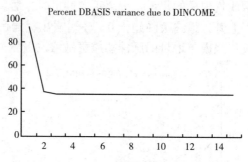

图 4-6　*D*（*income*）对 *D*（*basis*）的贡献度

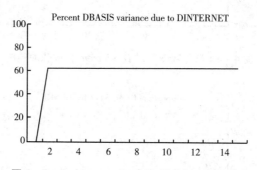

图 4-7　*D*（*internet*）对 *D*（*basis*）的贡献度

　　比较图 4-6 和图 4-7 可看出，互联网消费金融规模的增长对居民基本生存性消费支出增长的贡献率在经过一段时间后，逐渐大于居民收入增长对居民基本生存性消费支出增长的贡献率。即前者对居民基本生存性消费支出增长的影响逐渐超过后者。

第四节　VAR 模型的扩展

一、SVAR—结构 VAR 的介绍

　　在 20 世纪 60~70 年代，传统联立方程模型曾经流行。尤其在宏观经济领域，对于样本内独创的预测和拟合效果显著；但是对于样本外预测能力却较弱。原因在于一组联立方程组是对宏观经济运行层面的模拟刻画，涉及宏观经济政策的方方面面。施加诸多的约束条件以后，估计出来的参数以过去确定的经济政策为依据，所以样本内的预测和拟合效果才突出。一旦宏观经济政策发生改变，模型估计出的参数所依赖的经济环境发生改变，对于经济政策作用的背景也已经发生改变。联立方程组对未来，即样本外预测效果就不理想了。简化的 VAR 模型去除了复杂的约束条件，对于样本外一期预测能力有了改善。但是其缺陷是无法揭示经济结构—变量之间当期相互的影响。

西姆等学者（Sim，1981；Bernanke，1986；Shapiro and Watson，1988；Blanchard and Quah，1989）提出了 $SVAR$（结构 VAR）模型。在该模型中，一系列代表宏观经济运行的变量之间发生相互影响，并且允许被解释变量与残差（包含未知且无法度量的信息）之间存在当期相关。为叙述方便，列举如下方程组：

$$\begin{cases} y_{1t} = -a_{12}y_{2t} + \gamma_{11}y_{1,t-1} + \gamma_{12}y_{2,t-1} + \varepsilon_{1t} \\ y_{2t} = -a_{21}y_{1t} + \gamma_{21}y_{1,t-1} + \gamma_{22}y_{2,t-1} + \varepsilon_{2t} \end{cases} \tag{4-36}$$

其中，残差扰动项的分布满足以下条件：独立同分布；均值为 0；方差分别为 σ_1^2、σ_2^2。方程组中，每个方程包含了另一个方程的当期被解释变量 y。ε_{1t}、ε_{2t} 彼此相互独立。方程组内在含义为，不包含在政策内的意外事件冲击。

方程组转变为矩阵形式如下：

$$\begin{bmatrix} 1 & a_{12} \\ a_{21} & 1 \end{bmatrix} \begin{bmatrix} y_{1t} \\ y_{2t} \end{bmatrix} = \begin{bmatrix} \gamma_{11} & \gamma_{12} \\ \gamma_{21} & \gamma_{22} \end{bmatrix} \begin{bmatrix} y_{1,t-1} \\ y_{2,t-1} \end{bmatrix} + \begin{bmatrix} \varepsilon_{1t} \\ \varepsilon_{2t} \end{bmatrix} \tag{4-37}$$

进一步简化为：

$$Ay_t = \Gamma_1 y_{t-1} + \varepsilon_t \tag{4-38}$$

矩阵 A 反映 y_{1t} 与 y_{2t} 当期的相互影响。若矩阵 A 是可逆，两边同乘 A^{-1}，则得到：

$$y_t = A^{-1}\Gamma_1 y_{t-1} + A^{-1}\varepsilon_t \tag{4-39}$$

扰动项的线性组合 $A^{-1}\varepsilon_t$ 成为简化 VAR 的扰动项，$u_t = A^{-1}\varepsilon_t$。其协方差矩阵为：

$$Var(u_t) = Var(A^{-1}\varepsilon_t) = A^{-1}Var(\varepsilon_t)A^{-1} \tag{4-40}$$

$Var(\varepsilon_t)$ 是对角矩阵；但 $Var(u_t)$ 不是对角矩阵，其中包含 3 个参数。结构方程式（4-38）的可识别条件：其待估参数的个数小于或等于简化方程式（4-39）待估参数的个数。若方程式（4-38）的待估参数是 8 个，而简化 VAR 方程式（4-39）的待估参数是 7 个，那么为了识别结构方程，需要根据经济原理施加一个约束条件。如 $a_{12} = 0$。也就是说，y_{2t} 对 y_{1t} 没有当期影响。至于实际情况是否存在强影响还是弱影响，在研究过程中设定方程的时候，若考虑使用 $SVAR$ 模型，首先必须关注各个宏观经济变量之间的实际影响关系。

二、$SVAR$ 模型的不同变化

为了更加清晰地说明 $SVAR$ 模型需要满足恰好识别的条件，首先列出简化的 p 阶的 VAR 方程：

$$y_t = \Gamma_1 y_{t-1} + \cdots + \Gamma_p y_{t-p} + \delta_t \tag{4-41}$$

本方程中的 δ_t 允许与 y_t 存在同期相关。经过变化形成如下结构 $SVAR$ 模型：

$$Ay_t = A\Gamma_1 y_{t-1} + \cdots + A\Gamma_p y_{t-p} + A\delta_t \tag{4-42}$$

移项变化得到：

$$A\left(I - \Gamma_1 L - \cdots - \Gamma_p L^P\right) y_t = A\delta_t \tag{4-43}$$

在结构 $SVAR$ 方程中，$A\delta_t = \varepsilon_t$ 是 $SVAR$ 的结构扰动项，不存在同期相关。因此，假设方程变形为：

$$A\left(I - \Gamma_1 L - \cdots - \Gamma_p L^P\right) y_t = A\delta_t = B\varepsilon_t \tag{4-44}$$

式（4-44）中，若 δ_t 存在同期相关；ε_t 不存在同期相关；且假设 B 为单位矩阵 I。为满足识别条件，A 矩阵则为下三角矩阵（与前面讲到 $a_{12} = 0$ 一致）：

$$A = \begin{pmatrix} 1 & \cdots & 0 \\ \vdots & \ddots & \vdots \\ a_{n1} & \cdots & 1 \end{pmatrix}, \qquad B = \begin{pmatrix} b_{11} & \cdots & 0 \\ \vdots & \ddots & \vdots \\ 0 & \cdots & b_{nn} \end{pmatrix} \tag{4-45}$$

此时该模型也被称为 A 模型。若 A 是单位矩阵 I，则 B 不再是单位矩阵，而是需要满足 $A\delta_t = B\varepsilon_t$。此时的模型也被称为 B 模型，或者称为 C 模型。

（1）短期约束条件。针对矩阵 A 和 B 所做的约束称为短期约束。为了使模型恰好识别并估计出待估参数，所施加的约束都集中在扰动项对于当期被解释变量的冲击影响。在研究经济问题时，我们应当注意到，采用 AB 模型时，尤其要注意联立方程组中各个被解释变量 y_{it} 之间、意外冲击项对被解释变量当期是否存在相关影响，而且所施加的约束条件仍需要与实际经济运行情况相符合。

（2）长期约束条件。对式（4-44）进行变换：

$$y_t = \left(I - \Gamma_1 L - \cdots - \Gamma_p L^P\right)^{-1} A^{-1} B\varepsilon_t = C\varepsilon_t \tag{4-46}$$

也可以用式（4-47）表达：

$$\Gamma(1) = \Gamma_0 - \sum_{i=1}^{p} \Gamma_i \tag{4-47}$$

从式（4-46）和式（4-47）可以看出，ε_t 要求同期不相关。意味着历史上的冲击扰动影响，到了本期对于被解释变量不再具有影响效应，扰动项的冲击效应长期累积的结果最终将会变为 0。而矩阵 C 正是为了满足这一条件而设定。

第五节　VAR 模型在学术研究中的应用

一、VAR 模型学术文献解读

韩雪（2022）发表的《基于 VAR 模型香港股汇市之间的均值溢出效应研究》一文中，以香港联系汇率制为背景，研究香港的股市收益率与港币汇率市场的变化之间的相互关系。

从"三元悖论"理论出发，香港采取联系汇率制，港币与美元的汇率稳定作为首要目标。同时作为国际性金融中心，香港允许国际资本自由流动。因此，香港特区政府货币政策的独立性受到很大限制。在世界金融危机和新冠疫情的冲击下，美元宽松量化政策对香港实体经济的输入性冲击，以及香港经济状况对于外来冲击能否基于市场机制发生调整与反馈，都成为研究重点。

本书采用 VAR 模型如下：

$$Y_t = c + \sum_{i=1}^{p} A_i Y_{t-i} + \varepsilon_t \tag{4-48}$$

其中，c 为 $n \times 1$ 维的常数矩阵；A 为 $n \times n$ 维解释变量系数矩阵；Y_{t-i} 为被解释变量和解释变量的滞后项；滞后阶数 p 由 AIC、BIC 准则来确定。变量选取香港恒生指数—日交易数据，以及港币汇率收益率；样本时间跨度从 2005 年 9 月 1 日—2020 年 10 月 30 日的日度数据。为了消除异方差影响，所有变量均采用自然对数化处理，产生 lrhis（香港恒生指数收益率）和 lre（港币汇率收益率）两个序列。

回归检验步骤严格按照以下次序展开：

1. 所有经自然对数处理后的数据，进行单位根检验

$$D.\ y\_t = a + b \times y\_t - 1 + deta \times t + (c1 \times D.\ y\_t - 1 + c2 \times D.\ y\_t - 2$$
$$\text{漂移项} \qquad \text{时间趋势项} \qquad \text{为了控制序列相关}$$
$$+ \ldots + ck \times D.\ y\_t - k)$$

（注意：$b = \rho - 1$。当存在单位根时，$b = 1$，整个序列存在随机游走现象）

在 Stata16 软件中对时间序列设定以后，采用迪基－富勒鉴定：

dfuller lrhis, regress nocon

dfuller lre, regress nocon

（第一种情况，消除漂移项的影响。即剔除常数选项 noconstant）

dfuller lrhis, regress drift

dfuller lre, regress drift

（第二种情况，带漂移项，不消除常数项，增加后缀 drift 命令）

dfuller lrhis, regress lag(3)

dfuller lre, regress lag(3)

（第三种情况，为了消除序列相关影响，可以设置滞后阶选项，这里可以选择滞后 2 阶或者滞后 3 阶）

dfuller lrhis, regress lag(3) trend

dfuller lre, regress lag(3) trend

（第四种情况，比如随着经济增长，本币对外币汇率逐年升值趋势，或者人均消费支出也有逐年增长趋势，需要考虑时间趋势下的平稳，增加 trend 后缀命令）

2. 滞后阶数选择

经过单位根检验以后，所有经过自然对数处理后的变量都是平稳的，进入第 2 步。即 VAR 模型滞后阶数选择。而如果是非平稳序列，则还需要进行一阶差分，并对一阶差分序列做平稳性检验。当各个变量的一阶差分序列都是平稳的，且样本变量的时间跨度足够长时，比如有 30 个以上的时间周期，则可以采用协整分析方法；若时间周期跨度不够，则没必要采用协整分析方法。

另外，也可直接使用 varstable 命令对各个变量进行联合平稳性检验。这个等价于上面对每个变量单独进行平稳性检验。两者选择哪一种都可以。后者具体命令格式如下：

varstable lhis lre

VAR 模型中选择滞后阶的命令有不同。

varsoc lhis lre

该命令直接默认检验滞后一阶到滞后四阶，并且报告检验结果。*AIC*、*PFE*、*QIC*、*BIC* 4 个结果中，*BIC* 侧重于精简的模型。因此滞后阶数报告总是选择最少的。AIC 报告结果偏滞后阶数较大的，在 4 个结果中权衡选择。

varbasic lhis lre

该命令自动选择滞后一阶到滞后二阶，并报告检验结果。

本书在经过滞后阶选择以后，进入第三步，即格兰杰因果检验。

3. 格兰杰因果检验

严格来说，首先要进行 *VAR* 模型回归，然后再做格兰杰因果检验。程序命令如下：

var lhis lre,lag(1/4)

vargranger

var lhis lre,lag(1/4)dfk small

vargranger

本书中的样本经过滞后阶检验选择的是滞后四阶。因此 *var* 回归后缀命令为 lag(1/4)。从滞后一阶到滞后四阶都作为内生解释变量，在回归结果中呈现系数和显著性水平。由于样本达到 3,737 个，不属于小样本。反之，如果为小样本，则命令后增加后缀 dfk small。这是因为小样本下为了对自由度进行校正，增加后缀命令可以减小标准误。系数除以标准误得到 t 值，有效提升显著性水平，尽量做到无偏估计。

格兰杰因果检验的目的，并不是说对两个变量之间的影响机制从理论上进行检验验证，而是从数据驱动影响的自然机理进行检验。如表 4-5 中所示。在 1% 和 5% 的显著水平上，通过了双向因果检验。说明港币汇率市场收益率与香港恒生股指收益率，相互之间产生因果推动，两者之间存在相互影响。

表 4-5   格兰杰因果检验结果

Null Hypothesis	F-Statistic	Prob.
Re does not Granger cause Rhis	2.01686	0.0047
Rhis does not Granger cause Re	1.72785	0.0231

4. 脉冲响应及方差分解

本书中仅有 2 个变量，不会由于有 3 个变量的排序不同导致回归结果参数大小出现差异。因此回归命令简单。

var lre lhis,lag(1/4)

irf create order1,step(10)set(myirf1)replace

irf graph oirf,impulse(lhis)response(lre)

irf create order2,step(10)order(lhis lre)replace

irf graph oirf,impulse(lre)response(lhis)

以上两个变量互换，分别作为冲击变量和回馈反应变量，检验双向冲击效应。注意两个程序模块中，被解释变量和解释变量互换了位置。为了对方差效应做乔列斯基（Cholesky）分解，并且用列表方式呈现结果，紧接着输入如下命令：

irf table oirf,impulse(lhis)response(lre)

irf table oirf,impulse(lre)response(lhis)

这个脉冲响应图揭示了香港股市与香港汇市背后的深层市场机制与管理制度。从图 4 - 8 的展示直观得到的信息是，香港恒生指数收益率受到港币汇率市场波动冲击的反应很大；而港币汇率市场收益率受到香港恒生指数收益率波动冲击的反应很小（从图上的数据也可以看出来）。出现该情况的原因在于香港实行联系汇率制，港元兑美元的汇率维持一个稳定的汇率水平，自然会保持港元的国际信誉。来自香港实体经济各个方面的冲击影响，实际上已经被香港特区政府采取各种措施包括货币政策工具，化解和吸收了对于港币汇率的冲击效应。虽然从时间滞后周期上看，依然是滞后四阶有反应，但是从数量级来看已经非常微弱。反过来，港币汇率市场的波动，为了维持港币兑美元的汇率稳定而产生的各种政策，对于香港实体经济的冲击效应是非常明显的。从表 4 - 6 中的数据对比可以更加清楚地看到这一点。

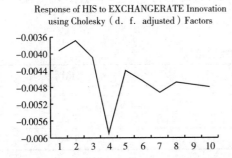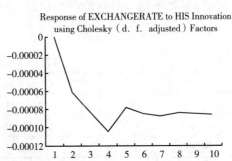

图 4 - 8　脉冲响应趋势

表 4 - 6　　　　　　　　　　　　　　　方差分解

	恒生指数				港元汇率		
1	0.014852	98.66052	1.339483	1	0.00331	0.000000	100.0000
2	0.014865	98.55271	1.447292	2	0.000332	0.078215	99.92178
3	0.014866	98.54376	1.456239	3	0.000332	0.229512	99.77049
4	0.014866	98.54368	1.456325	4	0.000332	0.229559	99.77044
5	0.014866	98.54367	1.456331	5	0.000332	0.229674	99.77033
6	0.014866	98.54367	1.456331	6	0.000332	0.229675	99.77033
7	0.014866	98.54367	1.456331	7	0.000332	0.229675	99.77033
8	0.014866	98.54367	1.456331	8	0.00332	0.229675	99.77033
9	0.014866	98.54367	1.456331	9	0.000332	0.229675	99.77033
10	0.014866	98.54367	1.456331	10	0.000332	0.229675	99.77033

随着美元在国际地位的动摇，美元的宽松量化政策导致美元巨幅贬值的效应逐渐扩散至全球。港币是否继续维持兑美元的联系汇率，又或者，放弃兑美元的联系汇率以后，如何保持港币的坚挺以及香港国际金融中心地位？作者的研究提出了一个很好的问题，但是尚未找到良好的应对措施。

陈赞宇、张利茹（2021）在《中美中央银行货币利率政策效果的比较分析——新冠疫情背景下基于 VAR 模型的实证分析》一文中，采用 2020 年 1 月—2021 年 2 月 14 个月的月度数据，研究中美货币政策利率传导机制的差异。中国央行货币政策选择利率为中介目标，通过货币政策向金融机构和实体经济进行传导。实际上央行调整存贷款基准利率对实体经济的冲击效应有时候并不是十分明显；市场利率和货币投放量引起的冲击效应往往很大。当前以 MLF 和 LPR 为调控中心的货币政策传导机制是否通畅？也是值得着重分析的问题。

作者选择银行间 7 天同业拆借利率作为市场利率的代理变量；本外币消费性贷款 CU 作为消费代理变量；固定资产投资月度数据 CK 作为投资水平的代理变量。整体样本数据跨度为 14 个月的月度数据。回归方程如下：

$$Y_t = A_1 Y_{t-1} + A_{t2} Y_{t-2} + \cdots + A_n Y_{t-n} + u_t \tag{4-49}$$

回归变量的原始序列未采取自然对数处理，对所有原始变量进行单位根检验。由于消费代理变量 CU 非平稳，对原始序列数据采用一阶差分后做单位根检验 DCU 平稳。结果如下。

表 4-7　　　　　　　　　　　各序列单位根检验结果

变量	P 值	平稳性
CR	0.0344	平稳
CK	0.0001	平稳
DCU	0.0003	平稳

为简化回归方程中的变量，作者直接选择平稳序列做 VAR 回归检验，并做方差分解。结果如图 4-9 所示。

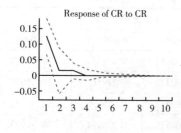
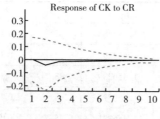
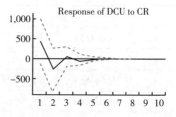

图 4-9　脉冲响应

这里滞后阶检验确定为滞后 1 阶。但是从上述脉冲响应图形看，不同变量对 CR 冲击效应的延续时间都在滞后二期达到最大。7 天同业拆借利率，对消费的冲击效应幅度大于对投资的冲击效应。

从图 4-10 方差分解看到，7 天同业拆借利率对于投资的冲击影响几乎没有什么效应。但是对于消费的冲击影响，从滞后 2 期以后持续到滞后 10 期恒定在 25% 的影响。后续对照美国的回归检验结果我们集中分析。这里先展示回归命令，便于同学们模仿学习模型命令。

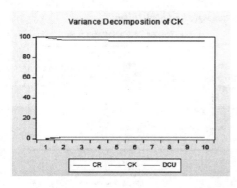
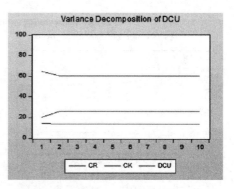

图 4 – 10　方差分解

varsoc ck cr

varsoc dcu cr

var ck cr,lag(1/4)dfk small（由于是小样本回归检验,有必要增加命令后缀）

vargranger（然后做格兰杰因果检验,原作者并未展示结果）

var dcu cr,lag(1/4)dfk small（这里同上,更换了被解释变量）

vargranger

var ck cr,lag(1/4)

irf create order1,step(10)set(myirf1)replace

irf graph oirf,impulse(cr)response(ck)

var 模型做回归检验之后,继续做脉冲响应和方差分解。

irf create order2,step(10)order(dcu cr)replace

irf graph oirf,impulse(cr)response(dcu)

此处命令与上同，仅仅改变了一个反应函数变量。

针对美国货币政策的研究，选择 10 年期国债收益率作为利率的代理变量 *Bond_*10Y；宏观经济测度分别选择每月居民消费价格指数 *CPI* 作为物价的代理变量；每月 *ADP* 作为美国就业情况代理变量；制造业采购经理人指数 *APMI* 作为经济变化代理变量。回归方程同上文一致。原始序列经单位根检验都为平稳序列。因此原始序列可以直接进行回归检验（见图 4 – 11）。

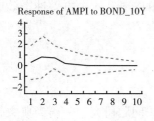
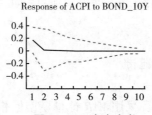
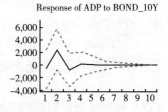

图 4 – 11　脉冲响应

方差分解图如图 4 – 12 所示。

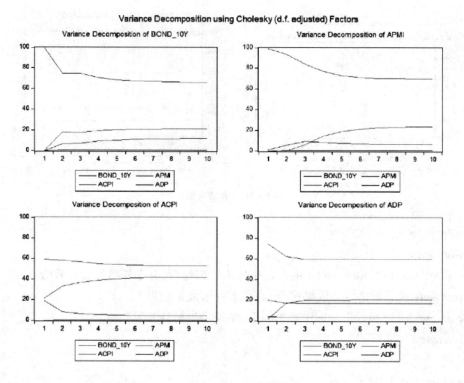

图 4 – 12　方差分解

美国 10 年期国债收益率属于长期利率。美国应对新冠肺炎疫情对经济的负面冲击影响，短期内采取降息措施，等同于变相提高了国债长期收益率。图 4 – 11 中第 1 个小图，短期利率下降—长期利率上涨，美国制造业采购经理人指数滞后 2 阶达到最大。与第 3 个小图，美国就业情况同步对应。短期内增加了就业率，但长期效应趋于 0；第 2 个小图反映了美国居民短期消费有所增加，但长期就业率和收入增长效应趋于 0。因此长期消费并没有显著增加。从方差分解图来看，美国 10 年期国债收益率对于其余 3 个变量都有不同程度的冲击效应。为了看懂方差分解图，选择图 4 – 12 中右上方小图来讲解。来自美国 10 年期国债收益率 $Bond\_10Y$ 的冲击对美国制造业采购经理人指数 $APMI$ 的影响，在第 3 期达到最大 8%，后续变为 6% 左右；物价指数 $ACPI$ 对 $APMI$ 的冲击效应在第 7 期达到最大并稳定在 22%。$APMI$ 自身波动对自身的冲击影响长期大约维持在 72%；就业指数 ADP 对 $APMI$ 的冲击硬性几乎为 0。从理论上也很好理解。就业变化不会主动对制造业产生冲击影响，而是制造业景气发展会增加对劳动力的需求。4 个方差冲击效应加总等于 100%。

二、PVAR 模型研究文献解读

PVAR 模型是指运用面板数据，采用 VAR 计量模型做相关问题研究。一篇经典文献是 *Financial development and dynamic investment behavior：Evidence from panel VAR*，（Love & Zicchino，2006），论文重点研究一个国家金融体系发展水平与该国公司层面投资行为之间的关系。由于样本采用了 36 个国家的企业数据，每个国家的金融体系发展水平都不相同，因此每个企业设定一个识别代码 ID，然后回归检验。

在外部融资市场上，放款人和借款人之间存在信息不对称。而且公司投资决策不仅仅取决于资本的边际产出率，同时取决于公司抵押品在贷款合同中的估值，再加上公司融资约束条件。因此大量的公司宁愿采取内部融资来解决投资资金问题。基于此现象，研究者提出一个需要分析和验证的问题：在控制基于托宾 Q 理论的投资机会主义条件下，当公司外部融资成本高涨情况下，公司净价值的变化对于自身投资行为会产生一个更大的冲击效应。

由于信贷市场信息不对称而产生道德风险，即使新增投资的预期边际产出率较低，公司也会从银行寻求一笔贷款从事有风险的投资项目。那么，一个法律监管体系和金融体系完备的经济社会，应当能够有效降低这种道德风险。公司在外部监管和融资约束条件下，应当更加倾向于内部融资。如此，公司的现金流改变与公司的投资决策或投资行为之间就有着必然关系。

本书采用 36 个国家企业层面的样本数据：

$$Z_{it} = \Gamma_0 + \Gamma_1 Z_{i,t-1} + f_i + d_{c,t} + e_t \qquad (4-50)$$

回归方程采用面板 VAR。Z_t 采用三变量向量（SKB，CFKB，IKB）以及四变量向量（SKB，CFKB，IKB，TOBINQ）。SKB，销售收入/期初资本总额，代表资本的边际产出率；CFKB，现金流/起初资本总额；IKB，投资支出/起初资本总额，代表收益的主要变量；TOBINQ，按照理论，为公司市场价值/公司资产重置价格（公司资产账面价值）。SKB 和 TOBINQ 为基础因素，代表资本的边际产出率；CFKB，公司单位资本现金流为金融因素。在不考虑市场摩擦影响条件下，基本因素受到一个正向冲击，应当给公司投资产生一个正向冲击响应。即公司应利用较好的投资机会，实施投资行为；当控制基本因素不变，公司现金流发生良好改变的情况下，在融资约束条件的制约下，公司应当会采取内源融资实施投资行为。CFKB 作为金融因素，成为测度市场摩擦和融资约束的代理变量。

为了确定 PVAR 模型中各个变量出现的次序，需要分析严格外生变量和内生变量。外生变量列在最前面；内生变量按照重要性递减，依次排列在后面。这种排列次序会对 VAR 模型回归结果产生重要影响。

基于理论和现实情况发现，公司资本的边际产出率如果受到当前的冲击，会对公司的投资额产生同期效应。即当期投资额会发生改变。而当期投资额发生改变，对资本产出率的影响效应会滞后一期发生作用。做出如此理性假设，因为：（1）单位资本销售额最大概率倾向于外生变量。因为这个变量取决于市场对公司产出的需求，在公司控制范围之外；（2）投资产生效果通常会有时间滞后，因为投资行为从发生到产生生产效果需要时间。同时认为，销售产生的现金流对当期的投资额也具有同期效应。投资行为对现金流的增加若产生反馈效应，也会在滞后一期发挥作用。模型增加第 4 个变量就是托宾 - Q（TOBINQ）。该变量对其他所有变量的影响效应在滞后一期发生，但面对其他变量的冲击效应都在当期发生反应。即单位资本的当期销售额、现金流量、投资总额的变化都会对当期 TOBINQ 值的变化产生影响。因此，*TOBINQ* 是一个严格内生变量，可以捕获来自其他变量的全部冲击效应。

再次重申本论文的研究目的，是比较不同国家的公司在不同的金融体系发展水平制约下，公司投资行为对金融因素的冲击所作出的反应。所有公司样本，按照所在国家金融体系发展水平分为高水平和低水平两组（金融体系发展水平指数构造，详细参看德米尔居斯孔特和莱文（Demirguc-Kunt and Levine，1996）的文章。这里简单介绍指标构成，采用 5 个指标数据加总。即上市公司股票市值/GDP；股票交易总额/GDP，股票交易总额/上市公司股票市值；流动负债/GDP；对私人部门信贷总额/GDP。对于股票市场欠发达的国家，对应的指标前乘以 −1。按照金融体系发展水平的高、低分为两组，每个国家的企业样本数据分组列入表 4−8 中。金融体系发展水平 ≤ −0.3 的企业，划入低水平一组；其余划入高水平分组。

表 4−8　　　　　　　　　　　　　　不同国家企业样本统计

Country	Country code	Number of observatons	Percent of total observations	Number of firms	Financial development
Panel A：Low financial development sample					
Argentina	AR	250	0.005	39	−1.38
Belgium	BE	586	0.01	91	−0.82
Brazil	BR	894	0.02	143	−1.04
Chile	CL	507	0.01	74	−0.75
Colombia	CO	146	0.00	21	−1.6
Denmark	DK	1,051	0.02	138	−0.49
Finland	FI	818	0.02	113	−0.41
Indonesia	ID	708	0.01	114	−1.17
India	IN	1,856	0.03	294	−0.7
Italy	IT	1,100	0.02	151	−0.64
Mexico	MX	522	0.01	76	−0.85
New Zealand	NZ	304	0.006	44	−0.53
Philippines	PH	406	0.008	68	−1.15
Pakistan	PK	546	0.01	88	−1.28
Portugal	PT	291	0.005	53	−0.67
Sweden	SE	1,178	0.02	178	−0.31
Turkey	TR	248	0.005	54	−1.2
Venezuela	VE	92	0.002	13	−1.26
Group Average		639	0.012	97	−1
Group Total		11,503		1,752	

续表

Country	Country code	Number of observatons	Percent of total observations	Number of firms	Financial development
Panel B：High financial development sample					
Austria	AT	530	0.01	83	−0.27
Australia	AU	1,383	0.03	184	0.42
Canada	CA	3,136	0.06	443	0.03
Switzerland	CH	1,087	0.02	151	2.2
Germany	DE	4,092	0.08	582	1.68
Spain	ES	987	0.02	134	−0.14
France	FR	3,338	0.06	524	0.1
United Kingdom	GB	8,657	0.16	1,165	1.68
Israel	IL	164	0.00	37	0.01
Japan	JP	6,654	0.12	1,271	3.3
South Korea	KR	1,643	0.03	259	0.84
Malaysia	MY	1,837	0.03	291	1.19
Netherlands	NL	1,282	0.02	154	0.66
Norway	NO	878	0.02	148	−0.15
Singapore	SG	906	0.02	145	1.6
Thailand	TH	1,233	0.02	185	0.36
USA	US	3,399	0.06	356	1.35
South Africa	ZA	1,189	0.02	244	0.25
Group average		2,355	0.044	353	1
Group total		42,395		6,356	
Total sample		53,898		8,108	

所有变量的构建和统计数据构成，均列入表 4 - 9 中。

表 4 - 9		解释变量说明

变量		说明
公司层面变量	*CAPEX*	资本支出
	NETPEQ	不动产及设备总值
	SALES	净销售额或销售收入
	IKB	投资支出/期初资本 = *CAPEX*/(*NETPEQ* − *CAPEX*)
	SKB	销售收入/期初资本 = *SALES*/(*NETPEQ* − *CAPEX*)
	CF	现金流（从现金流/销售额的比值中分离得到该数据）
	CFKB	现金流/期初资产 = *CF*/(*NETPEQ* − *CAPEX*)
	RANK	按照企业规模排位次序
	TOBINQ	托宾 *Q*，所有股票市场价值 + 所有债券市场价值/公司资产重置价格

续表

变量		说明
国家层面变量	*STKMKT*	股票市场发展指数, 按照 Demirguc-Kunt and Levine (1996) 的 *Index* 1, 等于 (上市公司股票市值 + 股票交易总额)/GDP + 换手率 (股票交易总额/股票市值总额)
	FININT	金融中介发展指数 *Findex*1 = (流动债券 + 国内私人部门信贷总额)/GDP
	FD	金融体系发展指数 = *STKMKT* + *FININT*
	GDPPC	人均 *GDP* 指数来自世界发展指数报告
	HIGHINC	基于 2002 年全球国民人均收入世界银行分类方法

首先, 对样本按照金融体系发展水平的高低分组。针对金融体系发展水平高、低进行虚拟变量赋值:

gen FD = fd

gen High_FD = 1 if FD > - 0. 3

gen High_FD = 0 if FD < = - 0. 3

为了产生表 4 - 8 中列 2 ~ 列 5 结果, 需要运行以下命令:

tab country if High_FD = 1

tab country if High_FD = 0

panels id:tab country if High_FD = 1

panels id:tab country if High_FD = 0

tabstat FD High_FD = 1, s(mean) by(country) f(%6. 3f)

tabstat FD High_FD = 0, s(mean) by(country) f(%6. 3f)

样本的整体特征都呈现在表 4 - 8 中。

为了呈现表 4 - 10 中各个变量分位数统计结果, 运行如下命令:

Bysort High_FD:tabstat SKB CFKB IKB TOBINQ,///

s(mean sd min q max) c(s) f(%4. 2f)

表 4 - 10　　　　　　　　　　　主要变量的统计描述

变量	Low financial development sample					High financial development sample				
	Mean	Standard deviation	25th percentile	50th percentile	75th percentile	Mean	Standard deviation	25th percentile	50th percentile	75th percentile
SKB	3. 39	3. 54	1. 06	2. 31	4. 38	4. 12	4. 05	1. 41	2. 92	5. 33
IKB	0. 21	0. 15	0. 10	0. 17	0. 28	0. 21	0. 14	0. 11	0. 18	0. 27
CFKB	0. 29	0. 32	0. 11	0. 22	0. 38	0. 28	0. 28	0. 13	0. 23	0. 38
TOBINQ	1. 35	0. 78	0. 89	1. 11	1. 51	1. 46	0. 76	1. 00	1. 22	1. 63

各个变量的平均值、标准差、25% ~ 75% 分位数统计值都呈现出来了。各个变量的具体含义, 在表 4 - 9 中都已经说明。

关于变量滞后阶数的选择, 运行以下命令:

pvar2 SKB CFKB IKB,lag(4) soc

pvar2 SKB CFKB IKB if High_FD == 1, lag(4) soc

pvar2 SKB CFKB IKB if High_FD == 0, lag(4) soc

在这篇论文的原文中，作者在变量选择过程中，通过机制和机理的分析，已经说明了确定滞后一阶的原因。但是，做科学研究，增加这一步命令的筛选，会更加能够说服读者，而且有助于我们熟悉软件 Stata 中的相关命令程序。该命令设定滞后 4 阶进行运算比较。当然最后我们发现，还是选择了解释变量的滞后一阶。

在作者原论文中，以下命令是呈现 3 变量的回归检验结果，列入表 4 - 11 中。

表 4 - 11　　　　　　　　　　　　三变量回归检验结果

Respoase of	Response to		
	SKB (t-1)	CFKB (t-1)	IKB (t-1)
Panel A：Low financial development sample			
SKB (t)	0.571 (6.77)***	0.359 (1.54)	-1.528 (-7.03)***
CFKB (t)	0.025 (3.61)***	0.300 (9.68)***	-0.124 (-5.66)***
IKB (t)	-0.09 (-1.98)	0.129 (5.54)***	0.111 (5.83)***
N obs	7228		
N firms	1518		
Panel B：Hihg financial development sample			
SKB (t)	0.462 (13.55)***	0.771 (5.56)***	-1.599 (-12.22)***
CFKB (t)	0.010 (3.75)***	0.361 (19.99)***	-0.104 (-7.89)***
IKB (t)	0.004 (-2.19)	0.084 (7.06)***	0.132 (9.99)***
N obs	26675		
N firms	5370		

注：*** 、** 、* 分别表示估计系数在 1% 、5% 、10% 的统计水平上显著，圆括号内数值为 t 值。

pvar2 SKB CFKB IKB if High_FD == 1, lag(1)

est store High

pvar2 SKB CFKB IKB if High_FD == 0, lag(1)

est store Low

local m "High Low"

esttab 'm', mtitle('m') star(* 0.1 ** 0.5   *** 0.01) s(N AIC BIC HQIC) /// b(%6.3f) wide

nogap compress replace

增加托宾 Q 变量，变为 4 变量。需要重新设置面板数据模型，然后运行如下命令。结果列入表 4 - 12 中：

```
xtset id year
pvar2 SKB CFKB IKB TOBINQ if High_FD == 1, lag(1)
est store High2
pvar2 SKB CFKB IKB TOBINQ if High_FD == 0, lag(1)
est store Low2
local m "High2 Low2"
esttab 'm', mtitle('m') star(*0.1 **0.5 ***0.01) s(N AIC BIC HQIC)/// b(%6.3f) wide
nogap compress replace
```

表 4 - 12   4 变量回归检验结果

Respoase of	Response to			
	SKB $(t-1)$	CFKB $(t-1)$	IKB $(t-1)$	TOBINQ $(t-1)$
Panel A：Low financial development sample				
SKB (t)	0.589 (6.04)***	0.363 (-1.470)	-1.610 (-6.82)***	0.208 (2.26)
CFKB (t)	0.023 (2.70)	0.275 (8.03)***	-0.111 (-4.47)***	0.024 (1.56)
IKB (t)	-0.012 (-2.12)	0.123 (4.98)***	0.118 (5.49)***	0.041 (2.77)
TOBINQ (t)	-0.0005 (-0.08)	0.039 (1.27)	-0.020 (-0.96)	0.449 (12.97)***
N obs	5813			
N firms	1381			
Panel B：High financial development sample				
SKB (t)	0.447 (11.93)***	0.578 (3.89)***	-1.442 (-10.25)***	0.330 (6.10)***
CFKB (t)	0.009 (2.9)**	0.329 (18.31)***	-0.097 (-6.89)***	0.070 (8.37)***
IKB (t)	0.005 (2.04)	0.065 (5.21)***	0.122 (9.33)***	0.055 (7.63)***
TOBINQ (t)	-0.004 (-1.75)	0.071 (4.36)***	-0.029 (-2.00)	0.464 (24.61)***
N obs	24253			
N firms	5032			

注： ***、 **、 *分别表示估计系数在 1%、5%、10% 的统计水平上显著，圆括号内数值为 t 值。

接下来我们为了简化列示结果，仅仅展示 4 变量的脉冲响应图解和方差分解结果。

做脉冲响应函数图时，一定要设置种子值，方便以后重新再现同样的图形结果（这里仅列出论文中 4 变量脉冲响应图，有兴趣同学可以对照原文参看详细内容）。使用命令如下：

pvar2 SKB CFKB IKB TOBINQ if High_FD == 1,reps(600) irf(6) seed(1578)

graph export Fig02_4IRF_high. wmf,replace

pvar2 SKB CFKB IKB TOBINQ if High_FD == 0,reps(600) irf(6) seed(1578)

graph export Fig02_4IRF_low. wmf,replace

方差分解采用表 4 - 13 呈现。乔列斯基分解将每个变量的冲击对其他变量产生的影响效应，以数据方式呈现，方便清晰解读结果（见图 4 - 14）。

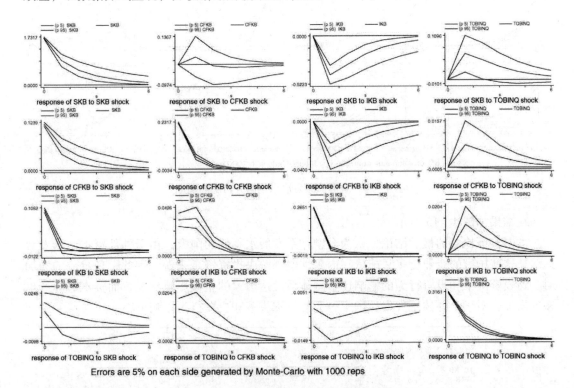

图 4 - 13　金融体系发展水平低分组脉冲响应

方差分解，使用命令如下：

Panel A：3 变量 金融发展低水平

pvar2 SKB CFKB IKB if High_FD == 0,irf(10) nograph decomp(10)

Panel B：3 变量 金融发展高水平

pvar2 SKB CFKB IKB if High_FD == 1,irf(10) nograph decomp(10)

Panel C:4 变量 金融发展低水平

pvar2 SKB CFKB IKB TOBINQ if High_FD == 0,irf(10) nograph decomp(10)

Panel D:4 变量 金融发展高水平

pvar2 SKB CFKB IKB TOBINQ if High_FD == 0,irf(10) nograph decomp(10)

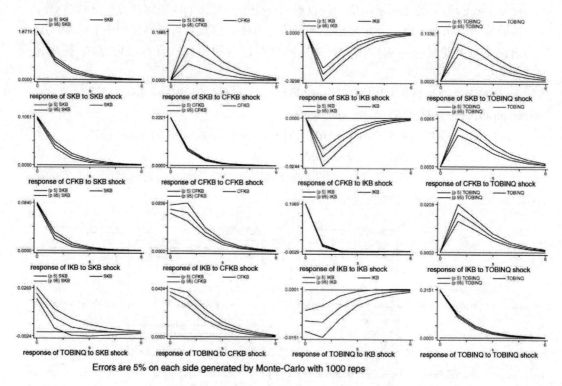

图 4 – 14　金融体系发展水平高分组脉冲响应

//结果如图 4 – 15 所示。

　　本书实证检验的最后结论,认为金融体系发展水平低的国家,由于外部资本市场发展迟缓,这些国家的企业更多只能依靠内源性融资解决投资资金来源。因此,现金流的增加对公司投资决策和投资行为的影响比金融体系发达国家的企业影响更大;而资本边际产出率的增加,对于金融体系欠发达国家企业的投资决策和投资行为影响更小。

	SKB	CFKB	IKB	
Panel A: Low financial development sample				
SKB	0.940	0.000	0.061	
CFKB	0.263	0.713	0.024	
IKB	0.131	0.029	0.840	
Panel B: High financial development sample				
SKB	0.959	0.006	0.035	
CFKB	0.194	0.796	0.010	
IKB	0.162	0.024	0.814	
	SKB	CFKB	IKB	TOBINQ
Panel C: Low financial development sample				
SKB	0.923	0.0	0.075	0.002
CFKB	0.260	0.718	0.021	0.001
IKB	0.123	0.027	0.847	0.003
TOBINQ	0.004	0.006	0.001	0.989
Panel D: High financial development sample				
SKB	0.963	0.005	0.028	0.005
CFKB	0.188	0.791	0.008	0.013
IKB	0.158	0.019	0.813	0.010
TOBINQ	0.005	0.025	0.002	0.968

图 4 – 15　方差分解结果

第五章

自回归条件异方差模型

第一节　条件异方差模型的例子

通常认为，横截面数据容易存在异方差；而时间序列数据常存在自相关。然而，恩格尔（Engle，1982）指出，时间序列数据也常存在一种特殊的异方差，即"自回归条件异方差"（autoregressive conditional heteroskedasticity，ARCH）。波勒斯勒夫（Bollerslev，1986）对 ARCH 进行了推广，称为"Generalized ARCH"，简记 GARCH。

考察美国道琼斯股指 1953~1990 年日收益率的波动，见图 5-1。

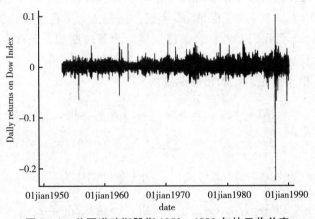

图 5-1　美国道琼斯股指 1953~1990 年的日收益率

从图 5-1 可以看出，股指日收益率在某一段时间内剧烈波动；而在另一段时间内风平浪静。从理论上，这可以抽象为，当本期或过去若干期的波动（方差）较大时，未来几期的波动（方差）很可能也较大；反之亦然。换言之，方差大的观测值似乎集聚在一起；而方差小的观测值似乎也集聚在一起。这被称为"波动性集聚"（volatility clustering）或"扎堆"。

在恩格尔（Engle，1982）的论文发表之前，由于缺乏更好的度量，经济学家一直假设时间序列的方差是恒定的。由于 $ARCH$ 模型考虑了方差的波动性，故可以更好地预测方差（varianceforecast），在金融领域有着重要的应用价值。比如，金融学中使用"VaR 方法"（Value-at-Risk）来度量金融资产所面临的风险，就依赖于对未来收益率方差的预测。因此，$Engle$ 的贡献是一个重要突破。

第二节　ARCH 模型的性质和估计

考虑一般的线性回归模型：

$$y_t = x_t' \beta + \varepsilon_1 \tag{5-1}$$

记扰动项 ε_t 的条件方差为 $\sigma_t^2 \equiv Var(\varepsilon_t \mid \varepsilon_{t-1}, \cdots)$。其中，$\sigma_t^2$ 的下标 t 表示条件方差可以随时间而变。受到波动性集聚现象的启发，假设 σ_t^2 取决于上一期扰动项之平方：

$$\sigma_t^2 = \alpha_0 + \alpha_1 \varepsilon_{t-1}^2 \tag{5-2}$$

这就是"$ARCH(1)$ 扰动项"。更一般地，假设 σ_1^2 依赖于前 p 期扰动项之平方：

$$\sigma_t^2 = \alpha_0 + \alpha_1 \varepsilon_{t-1}^2 + \cdots + \alpha_p \varepsilon_{t-p}^2 \tag{5-3}$$

这就是"$ARCH(p)$"扰动项。不失一般性，以 $ARCH(1)$ 为例来考察 $ARCH$ 扰动项的性质。假设 扰动项 ε 的生成过程为：

$$\varepsilon_t = v_t \sqrt{\alpha_0 + \alpha_1 \varepsilon_{t-1}^2} \tag{5-4}$$

其中，v_t 为白噪声，并将其方差标准化为 1。即 $Var(v_t) = E(v_t^2) = 1$。假定 v_t 与 ε_{t-1} 相互独立，而且 $\alpha_0 > 0$，$0 < \alpha_1 < 1$（为了保证 σ_t^2 为正，且 $\{\varepsilon_t\}$ 为平稳过程，见下文）。序列 $\{\varepsilon_t\}$ 具有怎样的性质呢？下面我们来考察其条件期望、无条件期望、条件方差、无条件方差及序列相关。

由于 v_t 与 ε_{t-1} 相互独立，ε_t 的条件期望为：

$$E(\varepsilon_t \mid \varepsilon_{t-1}) = E\{v_t \sqrt{\alpha_0 + \alpha_1 \varepsilon_{t-1}^2} \mid \varepsilon_{t-1}\}$$
$$= \underbrace{E(v_t)}_{=0} \cdot E\{\sqrt{\alpha_0 + \alpha_1 \varepsilon_{t-1}^2} \mid \varepsilon_{t-1}\} = 0 \tag{5-5}$$

其中，$E(v_t) = 0$（v_t 为白噪声）。类似地，ε_t 的无条件期望为：

$$E(\varepsilon_t) = E\{v_t \sqrt{\alpha_0 + \alpha_1 \varepsilon_{t-1}^2}\} = \underbrace{E(v_t)}_{=0} \cdot E\{\sqrt{\alpha_0 + \alpha_1 \varepsilon_{t-1}^2}\} = 0 \tag{5-6}$$

同样地，根据 v_t 与 ε_{t-1} 独立性，ε_t 的条件方差为：

$$Var(\varepsilon_t \mid \varepsilon_{t-1}) = E(\varepsilon_t^2 \mid \varepsilon_{t-1}) = \underbrace{E(v_t^2)}_{=1} \cdot E(\alpha_0 + \alpha_1 \varepsilon_{t-1}^2 \mid \varepsilon_{t-1})$$
$$= \alpha_0 + \alpha_1 E(\varepsilon_{t-1}^2 \mid \varepsilon_{t-1}) = \alpha_0 + \alpha_1 \varepsilon_{t-1}^2 \tag{5-7}$$

其中，$E(v_t^2) = 1$。上式就是 $ARCH(1)$ 的定义式"$\sigma_t^2 = \alpha_0 + \alpha_1 \varepsilon_{t-1}^2$"。$\alpha_1$ 越大，则说明上一

期扰动项之平方对条件方差 σ_t^2 的冲击越大。进一步考察 ε_t 的无条件方差：

$$Var(\varepsilon_t) = E(\varepsilon_t^2) = E[v_t^2(\alpha_0 + \alpha_1\varepsilon_{t-1}^2)]$$
$$= \underbrace{E(v_t^2)}_{=1} \cdot E(\alpha_0 + \alpha_1\varepsilon_{t-1}^2) = \alpha_0 + \alpha_1 E(\varepsilon_{t-1}^2) \qquad (5-8)$$

对于差分方程 " $E(\varepsilon_1^2) = \alpha_0 + \alpha_1 E(\varepsilon_{t-1}^2)$ "，由于 $0 < \alpha_1 < 1$，故该差分方程有稳定解。令 $E(\varepsilon_t^2) = E(\varepsilon_{t-1}^2)$，可得 $E(\varepsilon_t^2) = \dfrac{\alpha_0}{1-\alpha_1}$。因此，ARCH 扰动项的无条件方差为常数，不随时间而变化。再来看 ε_t 与 $\varepsilon_{t-i}(i\neq0)$ 的序列相关：

$$E(\varepsilon_t\varepsilon_{t-i}) = E\{v_tv_{t-i}\sqrt{(\alpha_0 + \alpha_1\varepsilon_{t-1}^2)(\alpha_0 + \alpha_1\varepsilon_{t-i}^2)}\}$$
$$= \underbrace{E(v_tv_{t-i})}_{=0} \cdot E\{\sqrt{(\alpha_0 + \alpha_1\varepsilon_{t-1}^2)(\alpha_0 + \alpha_1\varepsilon_{t-i}^2)}\} = 0 \qquad (5-9)$$

其中，由于 v_t 为白噪声，故 $E(v_tv_{t-i}) = 0$。从上面的推导可以看出，扰动项 $\{\varepsilon_t\}$ 完全满足古典模型关于"同方差"与"无自相关"的假定。事实上，虽然 $\{\varepsilon_t\}$ 存在条件异方差，却是白噪声。因此，高斯—马尔可夫定理成立，OLS 是最佳线性无偏估计（BLUE）。然而，OLS 显然忽略了条件异方差这一重要信息。如果我们跳出线性估计的范围，则可以找到更优的非线性估计，即最大似然估计。

对于 ARCH(1) 模型，为了保证条件方差 $\sigma_t^2 = \alpha_0 + \alpha_1\varepsilon_{t-1}^2$ 始终为非负，必须限制参数 α_0，α_1 均为正数。如果 $\alpha_0 < 0$ 或 $\alpha_1 < 0$，则可能出现" $\sigma_t^2 < 0$ "的情形，见图 5-2。另外，$\alpha_1 < 1$ 是为了保证 $\{\varepsilon_t\}$ 为平稳过程。如果 $\alpha_1 > 1$，则 $Var(\varepsilon_t)$ 将随时间而增大，不是平稳过程。假设样本容量为 T。显然，在 ARCH(1) 模型中，$\{\varepsilon_t\}$ 并非独立同分布的，因为相邻的扰动项通过公式" $\varepsilon_t = v_t\sqrt{\alpha_0 + \alpha_1\varepsilon_{t-1}^2}$ "而联系在一起。此时，如何计算样本的似然函数呢？由于 ε_t 仅依赖于 ε_{t-1}，而不依赖于 $\{\varepsilon_{t-2}, \varepsilon_{t-3}, \cdots\}$，故可以将 $\{\varepsilon_1, \varepsilon_2, \cdots, \varepsilon_r\}$ 的联合密度函数分解如下：

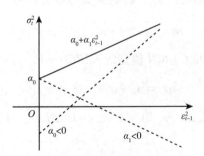

图 5-2　对 ARCH(1) 参数的正约束

$$f(\varepsilon_1, \varepsilon_2, \cdots, \varepsilon_T) = f(\varepsilon_1)f(\varepsilon_2|\varepsilon_1)f(\varepsilon_3|\varepsilon_2, \varepsilon_1)\cdots f(\varepsilon_T|\varepsilon_{T-1}, \cdots)$$
$$= f(\varepsilon_1)f(\varepsilon_2|\varepsilon_1)f(\varepsilon_3|\varepsilon_2)\cdots f(\varepsilon_T|\varepsilon_{T-1}) \qquad (5-10)$$

由于无条件密度函数 $f(\varepsilon_1)$ 不易计算（要用到 ε_1 的无条件方差的表达式，导致在似然函数中出现非线性项），常将 $f(\varepsilon_1)$ 忽略不计。即考虑在 ε_1 给定情况下的条件最大似然估计法。假设 $\varepsilon_t \sim N(0, \sigma_t^2)$，而 $\sigma_t^2 = \alpha_0 + \alpha_1\varepsilon_{t-1}^2$，可得似然函数：

$$L = \prod_{t=2}^{T} \frac{1}{\sqrt{2\pi(\alpha_0 + \alpha_1 \varepsilon_{t-1}^2)}} exp\left\{-\frac{\varepsilon_t^2}{2(\alpha_0 + \alpha_1 \varepsilon_{t-1}^2)}\right\} \qquad (5-11)$$

$$\ln L = -\frac{T-1}{2}\ln 2\pi - \frac{1}{2}\sum_{t=2}^{T}\ln(\alpha_0 + \alpha_1 \varepsilon_{t-1}^2) - \frac{1}{2}\sum_{t=2}^{T}\frac{\varepsilon_t^2}{\alpha_0 + \alpha_1 \varepsilon_{t-1}^2} \qquad (5-12)$$

根据式（5-11），将"$\varepsilon_t = y_t - x_t\beta$"代入上式，则对数似然函数 $\ln L$ 成为参数（α_0，α_1，β_0，β_1）的函数。可以对（α_0，α_1，β_0，β_1）求偏导得到 $\ln L$ 的最大值，通常由计算机数值计算来进行。因此，对 ARCH 模型进行 MLE 估计的特点是，对原方程（$y_t = x_t'\beta + \varepsilon_t$）与条件方差方程（$\sigma_t^2 = \alpha_0 + \alpha_1 \varepsilon_{t-1}^2$）同时进行估计。

类似地，如果要估计 ARCH（p），则将 $\{\varepsilon_1, \varepsilon_2, \cdots, \varepsilon_p\}$（即前 p 个观测值）视为给定，然后使用条件 MLE。即使扰动项不服从正态分布，作为准最大似然估计量（QMLE），仍可能是一致的。

第三节　GARCH 模型

在 ARCH（p）模型中，如果 p 很大，则要估计很多参数，会损失样本容量 GARCH 模型，使得待估计参数减少，而对未来条件方差的预测更加准确（Bollerslev, 1986）。其基本思想是，在 ARCH 模型的基础上，再加上 σ_t^2 的自回归部分，即 σ_t^2 还是 $\{\sigma_{t-1}^2, \cdots, \sigma_{t-p}^2\}$ 的函数。GARCH（p, q）的模型设定为：

$$\sigma_t^2 = \alpha_0 + \alpha_1 \varepsilon_{t-1}^2 + \cdots + \alpha_q \varepsilon_{t-\eta}^2 + \gamma_1 \sigma_{t-1}^2 + \cdots + \gamma_p \sigma_{t-p}^2 \qquad (5-13)$$

其中，p 为 σ_t^2 的自回归阶数；而 q 为 ε_t^2 的滞后阶数。在 Stata 中，称 ε_{t-i}^2 为"ARCH 项"；而称 σ_{t-i}^2 为"GARCH 项"。假定扰动项 ε_t 的生成过程为：

$$\varepsilon_t = v_t \sqrt{\alpha_0 + \alpha_1 \varepsilon_{t-1}^2 + \cdots + \alpha_q \varepsilon_{t-q}^2 + \gamma_1 \sigma_{t-1}^2 + \cdots + \gamma_p \sigma_{t-p}^2} \qquad (5-14)$$

其中，v_t 为白噪声。最常用的 GARCH 模型为 GARCH（1，1）：

$$\sigma_t^2 = \alpha_0 + \alpha_1 \varepsilon_{t-1}^2 + \gamma_1 \sigma_{t-1}^2 \qquad (5-15)$$

其中，为了保证 σ_t^2 为正，α_0，α_1，γ_1 均为正数。GARCH（1，1）扰动项 ε_t 的生成过程为：

$$\varepsilon_t = v_t \sqrt{\alpha_0 + \alpha_1 \varepsilon_{t-1}^2 + \gamma_1 \sigma_{t-1}^2} \qquad (5-16)$$

将式（5-16）两边平方，再取（无条件）期望可得：

$$E(\varepsilon_t^2) = \underbrace{E(v_t^2)}_{=1} \cdot E(\alpha_0 + \alpha_1 \varepsilon_{t-1}^2 + \gamma_1 \sigma_{t-1}^2)$$
$$= \alpha_0 + \alpha_1 E(\varepsilon_{t-1}^2) + \gamma_1 E(\sigma_{t-1}^2) (\sigma_{t-1}^2 \equiv E(\varepsilon_{t-1}^2 | \varepsilon_{t-2}))$$
$$= \alpha_0 + \alpha_1 E(\varepsilon_{t-1}^2) + \gamma_1 E[E(\varepsilon_{t-1}^2 | \varepsilon_{t-2})] (迭代期望定律)$$
$$= \alpha_0 + \alpha_1 E(\varepsilon_{t-1}^2) + \gamma_1 E(\varepsilon_{t-1}^2)$$
$$= \alpha_0 + (\alpha_1 + \gamma_1) E(\varepsilon_{t-1}^2) \qquad (5-17)$$

在式（5–17）的推导中使用了迭代期望定律。由此可知，为了保证 $\{\varepsilon_t\}$ 为平稳过程（无条件方差不发散），必须要求 $\alpha_1 + \gamma_1 < 1$。

为何使用 GARCH 模型能减少待估参数？直观来说，因为 σ_{t-1}^2 中已经包含了 $\{\varepsilon_{t-2}^2, \cdots, \varepsilon_{t-p-1}^2\}$ 的信息。比如，对 GARCH（1，1）使用迭代法可得：

$$
\begin{aligned}
\sigma_t^2 &= \alpha_0 + \alpha_1 \varepsilon_{t-1}^2 + \gamma_1 \sigma_{t-1}^2 \\
&= \alpha_0 + \alpha_1 \varepsilon_{t-1}^2 + \gamma_1 (\alpha_0 + \alpha_1 \varepsilon_{t-2}^2 + \gamma_1 \sigma_{t-2}^2) \\
&= \alpha_0 + \alpha_0 \gamma_1 + \alpha_1 \varepsilon_{t-1}^2 + \alpha_1 \gamma_1 \varepsilon_{t-2}^2 + \gamma_1^2 \sigma_{t-2}^2 \\
&= \cdots \\
&= \alpha_0 (1 + \gamma_1 + \gamma_1^2 + \cdots) + \alpha_1 (\varepsilon_{t-1}^2 + \gamma_1 \varepsilon_{t-2}^2 + \gamma_1^2 \varepsilon_{t-3}^2 + \cdots) \\
&= \frac{\alpha_0}{1 - \gamma_1} + \alpha_1 (\varepsilon_{t-1}^2 + \gamma_1 \varepsilon_{t-2}^2 + \gamma_1^2 \varepsilon_{t-3}^2 + \cdots) \quad (5-18)
\end{aligned}
$$

由此可见，在某种意义上，GARCH（1，1）等价于无穷阶 ARCH 模型。因此，如果将 σ_{t-1}^2 作为解释变量引入，常可把高阶 ARCH（p）模型简化为 GARCH（1，1）。对 GARCH 模型可同样使用 MLE 估计。

只有在扰动项存在条件异方差时，才需要使用 ARCH 或 GARCH 模型。那么，如何判断扰动项是否存在条件异方差呢？初步的方法可以观察时间序列图，看看是否存在"波动性集聚"。

严格的统计检验包括以下 3 种方法。

方法一：首先，用 OLS 估计原方程 "$y_t = x_t' \beta + \varepsilon_t$"，得到残差序列 $\{e_t\}$；其次，用 OLS 估计辅助回归，$e_t^2 = \alpha_0 + \alpha_1 e_{t-1}^2 + \cdots + \alpha_p e_{t-p}^2 + error_t$，并检验原假设 "$H_0 : \alpha_1 = \alpha_2 = \cdots = \alpha_p = 0$"（不存在条件异方差）。恩格尔（1982）提出进行 LM 检验，其检验统计量为 $TR^2 \xrightarrow{d} \chi^2(p)$。其中 T 为样本容量；R^2 为上述辅助回归的可决系数。如果拒绝 H_0，则认为应使用 ARCH 或 GARCH 模型。

在 Stata 中，此 LM 检验可通过命令 reg 的后估计命令（postestimation command）estat archlm 来实现。

方法二：可以对残差平方序列 $\{e_t^2\}$ 进行 Q 检验，检验其序列相关性。如果 $\{e_t^2\}$ 存在自相关，则认为 ε_t 存在条件异方差。

方法三：最为直接的方法是，在估计 ARCH 模型或 GARCH 模型之后，看条件方差方程中的系数（即所有 α 与 γ）是否显著。

第四节　ARCH 模型与 GRACH 模型的拓展

一、ARCH-M 模型

金融理论认为，金融资产的风险越高，其期望收益率也应该越高，这样才会有人愿意持有它。超出正常期望收益率的部分，称为风险溢价（risk premium）。但在标准的 ARCH 模型中，变量的均值与条件方差却没有关系。恩格尔等（1987）提出了如下 ARCH-in-

Mean 模型（简记 *ARCH-M*）。

假设金融资产的超额收益率满足以下方程式：

$$y_t = \underbrace{\beta + \delta\sigma_t^2}_{\text{risk premium}} + \varepsilon_t \qquad (5-19)$$

其中，y_t 为超额收益率（excess return）。即超出无风险的国库券收益率的部分；ε_t 为对超额收益率不可预见的冲击；而 $(\beta + \delta\sigma_t^2)$ 为风险溢价，是条件方差 σ_t^2 的增函数。即 $\delta > 0$。假设 ε_t 服从 *ARCH*(p) 过程，$\sigma_t^2 = \alpha_0 + \alpha_1\varepsilon_{t-1}^2 + \cdots + \alpha_p\varepsilon_{t-p}^2$。可以使用 *MLE* 对式（5-19）与条件方差方程同时进行估计。由于超额收益率 y_t 的期望（mean）中包含一个条件方差项 $(\delta\sigma_t^2)$，故名 "*ARCH*-in-Mean"。

二、*TARCH* 模型

"坏消息"对资产价格波动性的影响可能大于"好消息"的影响。格洛斯顿等（Glosten, Jagannathan and Runkle, 1993）提出了非对称（asymmetric）的"门限 *GARCH*"模型。

假设条件方差方程为：

$$\sigma_t^2 = \alpha_0 + \alpha_1\varepsilon_{t-1}^2 + \lambda_1 \underbrace{\varepsilon_{t-1}^2 \cdot 1(\varepsilon_{t-1} > 0)}_{\text{TARCH}} + \beta_1\sigma_{t-1}^2 \qquad (5-20)$$

其中，$1(\cdot)$ 为示性函数。即当 $\varepsilon_{t-1} > 0$ 时，取值为 1；反之，则为 0。Stata 称 "$\varepsilon_{t-1}^2 \cdot 1(\varepsilon_{t-1} > 0)$" 为 "*TARCH*" 项。

三、*EGARCH* 模型

在标准的 *GARCH* 模型中，对参数的取值有所限制，给 MLE 估计带来不便。为此，考虑以下对数形式的条件方差方程：

$$\ln\sigma_t^2 = \alpha_0 + \alpha_1 \underbrace{(\varepsilon_{t-1}/\sigma_{t-1})}_{\text{EARCH}} + \lambda_1 \underbrace{|\varepsilon_{t-1}/\sigma_{t-1}|}_{\text{EARCH\_a}} + \beta_1 \underbrace{\ln\sigma_{t-1}^2}_{\text{EGARCH}} \qquad (5-21)$$

其中，$(\varepsilon_{t-1}/\sigma_{t-1})$ 为 ε_{t-1} 的标准化（除以自身的标准差）。Stata 称为 "*EARCH*" 项。只要 $\alpha_1 \neq 0$，则这个模型也包括非对称效应（类似于 *TARCH*）。$|\varepsilon_{t-1}/\sigma_{t-1}|$ 表示对称效应。Stata 称为 "*EARCH*_a" 项（a 表示 "absolute value"，即绝对值）。由于 σ_t^2 为指数形式，故称为 "指数 *GARCH*"（*Exponential GARCH*，*EGARCH*）。Stata 称 $\ln\sigma_{t-1}^2$ 为 "*EGARCH*" 项。*EGARCH* 的优点在于，无论 $\ln\sigma_t^2$ 取何值，都有 $\sigma_t^2 = \exp(\ln\sigma_t^2) > 0$。故对式（5-21）中的所有参数都没有任何限制。

四、带 *ARMA* 的 *GARCH* 模型

考虑如下线性回归模型：

$$y_t = x_i'\beta + u_t \qquad (5-22)$$

其中，扰动项 u_t 为 *ARMA*（p, q）过程：

$$u_t = \sum_{i=1}^{p} \rho_i u_{t-i} + \sum_{j=1}^{q} \theta_j \varepsilon_{t-j} + \varepsilon_i \qquad (5-23)$$

其中，ε_t 为 GARCH（或 ARCH）扰动项。将式（5-23）代入式（5-22）可得：

$$y_t = x_t'\beta + \sum_{i=1}^{p} \rho_i (y_{t-i} - x_{t-i}'\beta) + \sum_{j=1}^{q} \theta_j \varepsilon_{t-j} + \varepsilon_t \qquad (5-24)$$

式（5-24）被称为"带 ARMA 的 GARCH"（GARCH with ARMA terms）。

五、在条件方差方程中引入解释变量

例如，为了考虑在"9·11"恐怖袭击事件后是否波动性增大了，可以引入虚拟变量：

$$D_t = \begin{cases} 1, t\ 2001/09/11 \\ 0, t < 2001/09/11 \end{cases} \qquad (5-25)$$

然后考虑以下 GARCH（1，1）模型：

$$\sigma_t^2 = \alpha_0 + \alpha_1 \varepsilon_{t-1}^2 + \beta_1 \sigma_{t-1}^2 + \gamma D_t \qquad (5-26)$$

六、使用非正态扰动项

如果被解释变量（比如，某些金融变量）的分布函数存在厚尾，则小概率事件比在正态分布情况下更容易发生。此时，可以选择让扰动项服从 $t(k)$ 分布而非正态分布来估计 ARCH 或 GARCH 模型。在进行 MLE 估计时，将 t 分布的自由度 k 也作为待估参数。

第五节　GARCH 模型的实操与应用

有关 ARCH 与 GARCH 的 Stata 命令包括：

arch y x1 x2,arch(1/3)　　（ARCH(3)）

arch y x1 x2,arch(1)garch(1)　　（GARCH(1,1)）

arch y x1 x2,ar(1)ma(1)arch(1)garch(1)　　（带 ARMA(1,1)的 GARCH(1,1)）

arch y x1 x2,arch(1)dist(t)　　（ARCH(1)，扰动项服从 t 的分布）

arch y x1 x2,arch(1)het(z1 z2)　　（ARCH(1)，将 z1,z2 加入条件方差方程）

arch y x1 x2,arch(1)garch(1)teach(1)　　（GARCH(1,1)加上 TARCH(1)）

arch y x1 x2,earch(1)egarch(1)　　（EGARCH(1,1)）

arch y x1 x2,arch(1/3)archm　　（AECH(3)加上 ARCH(1)）

Stata 允许对 ARCH 或 GARCH 的模型设定进行更多的变化，详见"help arch"。Stata 手册提示，对 GARCH 模型进行 MLE 估计，通常需花费较长时间进行迭代计算，甚至会出现不收敛的情形。

下面以数据集 sp500. dta 为例,对 1981 年 1 月至 1991 年 4 月美国标准普尔股指 (S&P500)的日收益率进行 *ARCH/GARCH* 分析。该数据集包含以下变量:r(股指日收益率);t(日期,$1t2783$)。

首先,看日收益率的时间趋势图。结果如图 5 – 3 所示:

. use sp500 dta,clear

. line r t

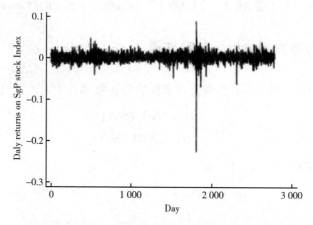

图 5 – 3 股指日收益率的时间趋势

从图 5 – 3 可以比较明显地看出,存在波动性集聚。作为对照,先考虑一个自回归模型。为此,用信息准则来确定自回归模型的阶数。将 $AR(p)$ 视为 1 维 $VAR(p)$,则可使用 VAR 系列的命令:

varsoc r,maxlag(8)

图 5 – 4 显示,大多数准则均选择 $AR(5)$ 模型。因此,用 *OLS* 估计 $AR(5)$ 模型:

. reg r L(1/5). r   (其中,"$L(1/5)$"表示 1~5 阶滞后。)

Selection−oder criteria
Sampl:9 −2783   Number of obs =2775

lag	LL	LR	df	p	FPE	AIC	HQIC	BIC
0	8,612.3				0.000118	−6.20634	−6.20557	−6.2042
1	8,616.31	8.0317	1	0.005	0.000118	−6.20851	−6.20697	−6.20424
2	8,619.54	6.443	1	0.011	0.000118	−6.21012	−6.2078	−6.20371
3	8,620.26	1.4422	1	0.230	0.000118	−6.20991	−6.202683	−6.20137
4	8,622.07	3.6252	1	0.057	0.000118	−6.2105	−6.20664	−6.19982
5	8,625.86	7.5913*	1	0.006	0.000117*	−6.21251*	−6.20789*	−6.1997
6	8,625.9	0.0624	1	0.803	0.000117	−6.21182	−6.20642	−6.19686
7	8,626.13	0.46369	1	0.496	0.000117	−6.21126	−6.20509	−6.19417
8	8,626.62	0.986	1	0.321	0.000118	−6.211.9	−6.20395	−6.19167

Endogenous:r
Exogenous:cons

图 5 – 4 滞后阶数筛选不同信息准则比较

图 5 - 5 显示，5 阶滞后的系数依然显著不为 0。下面，对 OLS 残差是否存在 $ARCH$ 效应进行 LM 检验。

. estat archlm, lags(1/5)

Source	ss	df	MS	Number of obs=2778	
				F（5，2772）	=5.49
Model	0.00321088	5	0.000642176	Prob > F	=0.0000
Residual	0.324428204	2772	0.000117038	R-squared	=0.0098
				Adj R-squared	=0.0080
Total	0.327639084	2777	0.000117983	Root MSE	=0.01082

r	rCoef.	Std. Err.	t	P>|t|	[95% Conf.	Interval]
r						
L1.	0.0562165	0.0189661	2.96	0.003	0.0190273	0.0934056
L2.	−0.047366	0.0189723	−2.50	0.013	−0.0845672	−0.0101647
L3.	−0.0191588	0.0189899	−1.01	0.313	−0.0563945	0.0180769
L4.	−0.0389725	0.0189717	−2.05	0.040	−0.0761726	−0.0017723
L5.	0.0524083	0.018952	2.77	0.006	0.0152468	0.0895697
_cons	0.0004126	0.000206	2.00	0.045	8.66e-0 6	0.0008166

图 5 - 5　序列自相关检验结果

其中，选择项 "$lags(1/5)$" 表示检验 1 ~ 5 阶的残差平方滞后项。即 e_{t-1}^2，$\cdots$，e_{t-5}^2。

图 5 - 6 显示，对 $ARCH(1) \sim ARCH(5)$ 的检验结果均表明，存在显著的 $ARCH$ 效应。下面，通过画图更直观地考察 OLS 的残差平方是否存在自相关。程序如下：

- predict e1, res

（5 missing values generated）

. g e2 = e1 2

LM test for autoregressive conditional heteroskedasticity （ARCH）			
lags（p）	chi2	df	Prob>chi2
1	45.415	1	0.0000
2	72.001	2	0.0000
3	80.514	3	0.0000
4	80.693	4	0.0000
5	103.418	5	0.0000
H0：no ARCH effectsvs. Hl：ARCH（p）disturbance			

图 5 - 6　自回归条件异方差检验结果

ac e2　　　　（画残差平方的自相关图，结果如图 5 - 7 所示）

. pac e2　　　　（画残差平方的偏自相关图，结果如图 5 - 8 所示）

orrgram e2, lags（10）　　　//结果如图 5 - 9 所示。

从以上结果可以看出，无论是自相关图、偏自相关图，还是 Q 检验，均显示 OLS 残差之平方序列 $|e_t^2|$ 存在自相关。故扰动项存在条件异方差，即波动性集聚。此结论与 LM

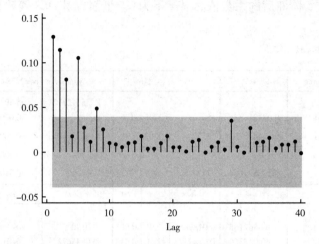

图 5 – 7　残差平方的自相关检验结果

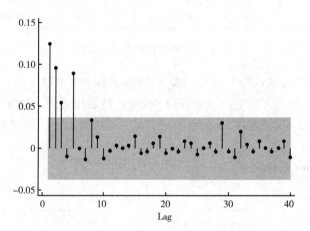

图 5 – 8　残差平方的偏自相关检验结果

LAG	AC	PAC	Q	Prob>Q（Autocorrelation）	［Partial Autocor］	
1	0.1279	0.1279	45.48	0.0000	—	—
2	0.1134	0.0987	81.28	0.0000		
3	0.0804	0.0562	99.291	0.0000		
4	0.0179	−0.0088	100.18	0.0000		
5	0.1041	0.0919	130.35	0.0000		
6	0.0273	0.0007	132.42	0.0000		
7	0.0113	−0.0111	132.77	0.0000		
8	0.0486	0.0353	139.36	0.0000		
9	0.0250	0.0155	141.11	0.0000		
10	0.0107	−0.0107	141.43	0.0000		

图 5 – 9　自相关与偏自相关检验结果

检验的结果相一致。为此，考察 $ARCH(p)$ 模型。为了确定 p，估计序列 $\{e_t^2\}$ 的自回归阶数：

. varsoc e2　　　//结果如图 5 -10 所示。

Selection-order criteria
Sample：10 -2783　　　　　　　　　　　　　　　　Number of obs　　　=2774

lag	LL	LR	df	P	FPE	AIC	HQIC	BIC
0	15,210.3				1.0e-06	-10.9656	-10.9649	-10.9635
1	15,233.2	45.742	1	0.000	1.0e-06	-10.9814	-10.9798	-10.9771
2	15,246.8	27.155	1	0.000	9.9e-07	-10.9905	-10.9881	-10.984
3	15,251.2	8.7769*	1	0.003	9.8e-07*	-10.9929*	-10.9898*	-10.9844*
4	15,251.3	0.21651	1	0.642	9.9e-07	-10.9923	-10.9884	-10.9816

Endogenous：e2
Exogenous：cons

图 5 -10　滞后阶筛选不同信息准则

所有的准则均显示（图 5 -10 中打星号者）。应考虑 $ARCH(3)$ 模型：

arch r L(1/5). x,arch(1) nolog　　　//结果如图 5 -11 所示。

ARCH family regression
Sample：6 -2783　　　　　　　　　　Number of obs =　　　　2778
Distribution：Gaussian　　　　　　　Wald chi2（5）=　　　　12.72
Log　　　likelihood = 8947.899　　　Prob>chi2=　　　　　　0.0261

r	Coef.	OPG Std. Err.	z	P>|z|	[95% Conf.	Interval]
r						
r Ll.	0.0522458	0.0228176	2.29	0.022	0.0075241	0.0969676
L2.	-0.0094867	0.0181812	-0.52	0.602	-0.0451213	0.0261478
L3.	-0.0311578	0.0176172	-1.77	0.077	-0.0656869	0.0033713
L4.	-0.0320676	0.0170775	-1.88	0.060	-0.065539	0.0014037
L5.	-0.0103408	0.0149861	-0.69	0.490	-0.0397131	0.0190314
_cons	0.0005433	0.0001832	2.97	0.003	0.0001843	0.0009023
ARCH						
arch						
Ll.	0.1606503	0.0104934	15.31	0.000	0.1400837	0.1812169
L2.	0.0359253	0.0150815	2.38	0.017	0.006366	0.0654845
L3.	0.118723	0.0192852	6.16	0.000	0.0809247	0.1565214
cons —	0.0000687	1.67e-06	41.10	0.000	0.0000654	0.000072

图 5 -11　ARCH 不同滞后阶回归检验结果

图 5 -11 显示，所有 $ARCH$ 项均很显著。下面估计更为简洁的 $GARCH(1,1)$ 模型：
. arch r L(1/5). r,arch(1) garch(1) nolog　　　　//结果如图 5 -12 所示。

图 5 -12 显示，$ARCH(1)$ 与 $GARCH(1)$ 项均很显著。

考虑到股市中"坏消息"与"好消息"的效应可能不对称，下面在 $GARCH(1,1)$ 模型中加入一个 $TARCH$ 项：

arch r L(1/5). r,arch(1)garch(1) tarch(1) nolog　　　//结果如图 5 - 13 所示。

ARCH　family regression
Sample：6 -2783　　　　　　　　　　　　　Number of obs =　　　2778
Distribution：　　Gaussian　　　　　　　Wald　chi2（5）=　　13.94
Log　　likelihood = 8999.049　　　　　　Prob　>chi2　　=　　0.0160

r	Coef.	OPG Std. Err.	z	P>|z|	[95% Conf.	Interval]
r						
r						
LI.	0.0666247	0.0231129	2.88	0.004	0.0213243	0.1119252
L2.	−0.0153185	0.0226133	−0.68	0.498	−0.0596398	0.0290027
L3.	−0.0119301	0.0212921	−0.56	0.575	−0.0536618	0.0298016
L4.	−0.0434335	0.0208996	−2.08	0.038	−0.0843959	−0.0024711
L5.	−0.0011428	0.019924	−0.06	0.954	−0.0401931	0.0379075
_cons	0.0005794	0.0001715	3.38	0.001	0.0002433	0.0009155
ARCH						
arch						
LI.	0.0893397	0.0033301	26.83	0.000	0.0828128	0.0958666
garch						
LI.	0.8642674	0.0084824	101.89	0.000	0.8476422	0.8808925
_cons	4.94e−06	5.10e−07	9.69	0.000	3.94e−06	5.94e−06

图 5 -12　ARCH 模型回归检验结果

ARCH family regression
Sample：6 -2783　　　　　　　　　　　　Number of obs =　　　2778
Distribution：Gaussian　　　　　　　　Wald chi2(5)　=　　　12.30
Log likelihood = 9016.976　　　　　　Prob > chi2　　=　　　0.0309

r	Coef.	OPG Std. Err.	z	P> |z|	[95% Conf.	Interval]
r						
rLI.	0.06502	0.0226963	2.86	0.004	0.0205361	0.109504
L2.	−0.006217	0.0223478	−0.28	0.781	−0.0500179	0.0375839
L3.	−0.0101253	0.0206436	−0.49	0.624	−0.0505861	0.0303354
L4.	−0.0373281	0.0200826	−1.86	0.063	−0.0766892	0.0020329
L5.	0.0001177	0.0194354	0.01	0.995	−0.0379749	0.0382103
_cons	0.0003849	0.0001735	2.22	0.027	0.0000448	0.000725
ARCH						
arch						
LI.	0.126726	0.0049348	25.68	0.000	0.117054	0.136398
tarch						
LI.	0.915795	0.008728	−10.49	0.000	−0.108686	−0.074473
garch						
LI.	0.8681879	0.0094734	91.65	0.000	0.8496205	0.8867554
cons	5.20e−06	4.86e−07	10.70	0.000	4.25e−06	6.15e−06

图 5 -13　T-GARCH 模型回归检验结果

表 5 - 13 显示，TARCH 项很显著。即存在不对称效应。而且，不对称效应的规模（ - 0.09）几乎接近对称效应（0.13）。TARCH 项的色号表明，"好消息"对资产价格波动性的影响小于"坏消息"。

考虑到收益率中可能包含风险溢价，下面估计"*ARCH-in-Mean*"模型。

. arch*r*L(1/5). r, arch(1) archm nolog　　　//结果如图 5 - 14 所示。

ARCH family regression
Sample：6 -2783　　　　　　　　　　Number of obs =　　　　2778
Distribution：Gaussian　　　　　　　Wald chi2（6）=　　　　452.49
Log likelihooc　　　1 = 8897.475　　Prob>chi2　　=　　　　0.0000

r	Coef.	OPG Std. Err.	z	P>|z|	[95% Conf.	Interval]
r						
r						
Ll.	0.0387874	0.0241306	1.61	0.108	−0.0085077	0.0860825
L2.	0.0078756	0.0158632	0.50	0.620	−0.0232156	0.0389668
L3.	−0.0193001	0.0122494	−1.58	0.115	−0.0433085	0.0047082
L4.	−0.1074494	0.0089398	−12.02	0.000	−0.1249712	−0.0899277
L5.	0.0043577	0.0148722	0.29	0.770	−0.0247913	0.0335068
_cons	0.0006864	0.0002508	2.74	0.006	0.0001949	0.001178
ARCHM						
sigma2	−1.18805	1.739309	−0.68	0.495	−4.597033	2.220933
ARCH						
arch						
Ll.	0.2360421	0.0095681	24.67	0.000	0.217289	0.2547952
_cons	0.0000794	1.56e−06	50.75	0.000	0.0000763	0.0000825

图 5 - 14　*ARCH-in-Mean* 模型回归检验结果

图 5 - 14 显示，*ARCHM* 项并不显著，且符号为负（风险越高，则收益率越低）。之所以出现这种反常现象，可能因为这里考察的是股指（S&P 500），而非个股。

下面考虑 *EGARCH*(1,1)模型。但输入命令 arch r L(1/5). r, earch(1) egarch(1) nolog 却无法得到收敛的结果。为了演示目的，转而使用以下命令：

. arch r L(1 / 3). r, earch(1) egarch(1) nolog　　　//结果如图 5 - 15 所示。

ARCH family regression
Sample：4 - 2783　　　　　　　　　　Number of obs =　　　　2780
Distribution：Gaussian　　　　　　　Wald chi2(3) =　　　　8.40
Log　likelihood = 9011.402　　　　　Prob > chi2　　=　　　　0.0385

r	Coef.	OPG Std. Err.	z	P>|z|	[95% Conf.	Interval]
R r						
Ll.	0.059919	0.0217624	2.75	0.006	0.0172654	0.1025726
L2.	0.0068176	0.0209431	0.33	0.745	−0.0342302	0.0478653
L3.	−0.0165195	0.0201316	−0.82	0.412	−0.0559768	0.0229378
_cons	0.000252	0.0001718	1.47	0.142	−0.0000848	0.0005889
AR earch						
CH Ll.	−0.0781144	0.0070599	−11.06	0.000	−0.0919515	−0.0642773
earch a						
Ll.	0.1558427	0.0117046	13.31	0.000	0.1329021	0.1787834
egarch						
Ll.	0.9635746	0.0042339	227.58	0.000	0.9552763	0.971873
_cons	−0.3295685	0.0393753	−8.37	0.000	−0.4067427	−0.2523942

图 5 - 15　*EGARCH*(1,1)模型回归检验结果

图 5 - 15 显示，非对称效应（earch）与对称效应（earch. a）均十分显著。而且，前者的规模约为后者的一半。非对称效应的符号为负，表明"坏消息"的作用更大。

在以上的 *ARCH*，*GARCH*，*TARCH*，*ARCHM*，*EGARCH* 估计中，均假设扰动项服从正态分布，但股指收益率可能存在厚尾。为此，将日收益率的核密度图与正态分布对比：

. kdensity r, normopt(lpattern(" - "))

其中，选择项" *normopt*(*lpattern*(" - "))"表示以虚线作为比较的正态密度。

日收益率的核密度图显示很可能存在厚尾，尤其在分布的左端。下面对扰动项的正态性进行严格的统计检验：

· quietly var r, lags(1 /5)

· varnorm   //结果如图 5 - 16 所示。

Jarque–Bera test

Equation		chi2	df	Prob>chi2
r		6.le+05	2	0.00000
ALL		6.1e+05	2	0.00000

Skewness   test

Equation	Skewness	chi2	df	Prob>chi2
r	–3.4412	5482.932	1	0.00000
ALL		5482.932	1	0.00000

Kurtosis   test

Equation	Kurtosis	chi2	df	Prob>chi2
r	75.047	6.0e+05	1	0.00000
ALL		6.0e+05	1	0.00000

图 5 - 16   正态分布检验

以上各检验均强烈拒绝"扰动项服从正态分布"的原假设。为此，假设扰动项服从 t 分布，重新用 *GARCH* （1, 1）进行估计：

. arch r L(1 /5). r, arch(1) garch(1) dist(t) nolog   //结果如图 5 - 17 所示。

最后，对 *GARCH* （1, 1）模型的条件方差进行预测：

. quietly arch r L(1 /5). r, arch(1) garch(1) nolog

. predict h, variance （提取残差，列图展示）（见图 5 - 18）

王鹏吾 （2020）在《基于非对称 GARCH 类模型的中国股价波动研究》一文中，选择上证综指和深证综指的日收盘价数据，时间跨度从 2008 年 10 月 8 日 ~ 2018 年 10 月 24 日，对非对称 *GARCH* 族模型的模拟效果进行验证。

该书在引言部分，首先对 *GARCH* 族模型的诞生和演变，以及在实际应用中的各项结论，按照时间先后顺序进行了梳理总结；然后结合中国沪市和深市股票市场的实际表现，提出对 *GJR* 和 *EGARCH* 模型进行验证。因为，股市的交易价格和成交量额变化，受交易人情绪和主观意识的操控影响，所以证券收益指数的分布不会是一个纯自然的物理现象，偏离经典的正态分布是大概率事件。改变经典正态分布的假设前提下，收益率指数是否表现出更为明显的丛聚特征，以及是否存在杠杆效应，值得深入探讨和验证。

ARCH family regression
Sample：6 –2783
Distribution：t
Log likelihood = 9135.102

Number of obs = 2778
Wald chi2（5）= 12.82
Prob>chi2 = 0.0251

r	Coef.	OPG Std. Err.	z	P>|z|	[95% Conf.	Interval]
r						
r						
LI.	0.0487162	0.0188628	2.58	0.010	0.0117457	0.0856866
L2.	−0.0194403	0.0188372	−1.03	0.302	−0.0563606	0.01748
L3.	−0.027825	0.0184064	−1.51	0.131	−0.0639009	0.008251
L4.	−0.0263707	0.0183287	−1.44	0.150	−0.0622943	0.0095528
L5.	−0.0080478	0.0179622	−0.45	0.654	−0.0432531	0.0271576
_cons	0.0005129	0.0001579	3.25	0.001	0.0002035	0.0008224
ARCH						
arch						
LI.	0.0354574	0.0070274	5.05	0.000	0.021684	0.0492308
garch						
LI.	0.9391238	0.0107548	87.32	0.000	0.9180448	0.9602028
_cons	2.21e−06	5.67e−07	3.90	0.000	1.10e−06	3.32e−06
/lndfm2	1.35163	0.1309665	10.32	0.000	1.094941	1.60832
df	5.86372	0.506018			4.989006	6.994414

图 5 – 17　*GARCH*(1,1)模型回归检验结果

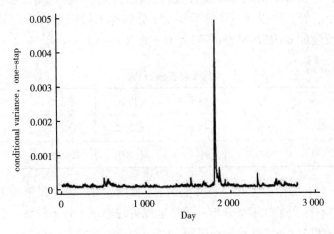

图 5 – 18　条件异方差

　　本书提出了两个待验证的 *GARCH* 类模型：条件方差与残差呈指数关系的 *EGRACH* 模型和收益率指数呈 *T* 分布的 *TGARCH* 模型。

　　基础模型设定如下：

$$\begin{cases} R_t = u_t + \theta_t z_t \\ \sigma_t^2 = w + \sum_{i=1}^{p} \alpha_i \sigma_{t-i}^2 z_{t-i}^2 + \sum_{j=1}^{q} \beta_j \sigma_{t-j}^2 \end{cases} \tag{5-27}$$

在 *GARCH* 模型基本方程设定后，对条件方差的不同设定产生不同模型变化。方差 σ_t^2 与随机误差项 z_t 呈指数关系，可以得到 *EGARCH* 模型：

$$\log\sigma_t^2 = w + \sum_{i=1}^{p} (\sigma_i \times (|z_{t-i}| - E[|z_{t-i}|] + \delta_i z_{t-i}) + \sum_{j}^{q} \beta_j \log\sigma_{t-j}^2 \qquad (5-28)$$

上式变换可以成为：

$$\sigma_t^2 = e^{\wedge}(w + \sum_{i=1}^{p} (\sigma_i \times (|z_{t-i}| - E[|z_{t-i}|] + \delta_i z_{t-i}) + \sum_{j}^{q} \beta_j \log\sigma_{t-j}^2) \qquad (5-29)$$

当股市有正向利好冲击的情况下，$z_{t-i} > 0$；有负面不好消息冲击的情况下，$z_{t-i} < 0$。可以看到利好消息下的 σ_t^2 取值更大。因此，*EGARCH* 模型可以突出股市受到利好消息的冲击，大于受到负面消息冲击的影响效果。

如果条件方差带有虚拟变量 I，条件方差等式如下：

$$\sigma_t^2 = w + \sum_{i=1}^{p} \alpha_i \sigma_{t-i}^2 z_{t-i}^2 + \sum_{j=1}^{q} \beta_j \sigma_{t-j}^2 + \delta I_{t-1} \sigma_{t-1}^2 z_{t-1}^2 \qquad (5-30)$$

当 $z_{t-i} < 0$ 时，$I_{t-1} = 1$；当 $z_{t-i} > 0$ 时，$I_{t-1} = 0$。上式中方差和随机扰动项的平方都是非负数。只有当受到"坏消息"的冲击时，条件方差才表现出第 4 项取值。即突出股市受到"坏消息"的冲击影响。其次，$\delta > 0$，σ_t^2 数值就越大，则杠杆效应会加强股票价格波动；若 $\delta < 0$，σ_t^2 数值就越小，则杠杆效应削弱了股票价格波动。

回归检验前，对收益率指数分布特征进行检验，是为了确定属于标准正态分布还是 t 分布特征。如果是后者，可以通过命令后缀对 t 分布样本做回归检验。并将两种分布样本结果做对比，以便验证 *GARCH* 模型的有效性（见表 5 - 1）。

表 5 - 1　　　　　　　　　　　　　样本特征统计描述

指标	样本量	最大值	最小值	均值	标准差	偏度	峰度
上证收益率	2 445	0.0392	-0.0385	0.0002	0.0076	-0.5746	6.9663
深证收益率	2 445	0.037	-0.0374	0.0001	0.0086	-0.7203	5.4775

按照标准正态分布的特征参数——峰值为 3、偏度为 0，表中列出的上证收益率和深证收益率指数分布都不符合标准正态分布，而是呈现尖峰厚尾 t 分布特征。为确保不存在伪回归，对所有样本序列进行平稳性检验，采用 *ADF*—曾广迪基富勒命令检验。本章不重复此命令，在本书其他章节有相关 Stata 命令（见表 5 - 2）。

表 5 - 2　　　　　　　　　　　　　样本数据 ARCH 效应检验结果

指标	F 统计量	P 值	结论
上证收益率	3.5757	0.0032 ***	存在 ARCH 效应
深证收益率	6.1247	0.0000 ***	存在 ARCH 效应

注：*** 、** 、* 分别表示估计系数在 1%、5%、10% 的统计水平上显著。

首先，r_hu，r_shen 分别代表上证收益率和深证收益率指数变量。对样本数据的描述性统计和 *ARCH* 效应检验的命令如下：

regress r_hu

archlm, lag(1/15)滞后阶数从 1 阶到 15 阶，这里根据实际情况可以自由设定

regress r_shen

archlm, lag(1/15)

或者：

archqq, r_hu

archqq, r_shen

运行命令完毕，将呈现表 5 – 1 和表 5 – 2 的结果，确定存在 *ARCH* 效应。采用 *GARCH* 模型以后，为分别呈现默认正态分布和确定 *t* 分布两种回归结果进行对比，我们运行以下命令：

arch r_hu, nolog arch(1)garch(1)tarch(1)

est store GARCH01_hu

arch r_hu, nolog arch(1)garch(1)tarch(1)distribution(t)

est store GARCH01_hu_t

arch r_shen, nolog arch(1)garch(1)tarch(1)

est store GARCH01_shen

arch r_shen, nolog arch(1)garch(1)tarch(1)distribution(t)

est store GARCH01_shen_t

local mm "GARCH01_hu GARCH01_hu_t GARCH01_shen GARCH01_shen_t"

esttab ′mm′, mtitle(′mm′)nogap scalar(01 aic sc)

以上命令是针对 *TGARCH* 模型，将默认正态分布和 *t* 分布的检验结果对比列出。后缀命令是增加了 *t* 分布的约束：*distribution* (*t*)。为了存储检验结果，在存储命令中都有一个 *GARCH*01，再增加后缀符号对应存储不同的模型回归结果。

arch r_hu, nolog earch(1)egarch(1)

est store GARCH02_hu

arch r_hu, nolog earch(1)egarch(1)distribution(t)

est store GARCH02_hu_t

arch r_shen, nolog earch(1)egarch(1)

est store GARCH02_shen

arch r_shen, nolog earch(1)egarch(1)distribution(t)

est store GARCH02_shen_t

local mm "GARCH02_hu GARCH02_hu_t GARCH02_shen GARCH02_shen_t"

esttab ′mm′, mtitle(′mm′)nogap scalar(02 aic sc)

这一部分命令是针对 *EGARCH* 模型将沪深股市，在不同分布特征下的回归检验结果对应存储下来，并以对比方式列表。一共有 8 个模型的回归结果列入表 5 – 3 中。

表 5 – 3   样本 *TGARCH* 模型和 *EGARCH* 模型估计结果

样本	模型	分布假设	参数值			
			ω	α	β	δ
上证收益率	*GJR-GARCH*	正态分布	0.0001 (0.9024)	0.0451 *** (2.9726)	0.9215 ** (1.7522)	0.0502 *** (2.4189)
		t 分布	0.0430 *** (254.898)	0.0949 *** (663.096)	0.9441 *** (133.55)	0.0953 *** (424.546)
	EGARCH	正态分布	0.0496 *** (8.8356)	0.1196 *** (14.7955)	0.8488 *** (4.3261)	− 0.0218 *** (− 7.5169)
		t 分布	0.0076 * (1.3018)	0.1398 *** (2.0585)	0.8105 ** (1.8403)	− 0.0571 *** (− 3.3644)
深证收益率	*GJR-GARCH*	正态分布	0.0328 ** (1.7458)	0.0931 *** (5.5801)	0.9375 ** (1.8386)	0.0862 *** (2.6544)
		t 分布	0.0414 *** (213.896)	0.0901 *** (583.0290)	0.9298 *** (100.49)	0.0991 *** (299.0440)
	EGARCH	正态分布	0.0400 *** (5.5774)	0.1130 *** (11.9165)	0.8489 *** (3.2418)	− 0.0567 *** (− 7.3772)
		t 分布	0.0183 ** (2.1767)	0.1253 *** (4.2700)	0.8270 ** (1.6646)	− 0.0632 *** (− 3.0964)

注：***、**、* 分别表示估计系数在 1%、5%、10% 的统计水平上显著，圆括号内数值为 *t* 值。

表 5 – 4 中对比列出结果的意义在于，通过信息准则的比较，说明当沪深两市股票收益率指数分布为 *t* 分布时，采用 *t* 分布模型更加合理。

表 5 – 4   模型估计结果对比

样本	模型	分布假设	赤池信息准则	施瓦茨信息准则
上证收益率	*GJR-GARCH*	正态分布	− 7.3459	− 7.2574
		t 分布	− 7.3526	− 7.2630
	EGARCH	正态分布	− 7.3317	− 7.2483
		t 分布	− 7.3480	− 7.2496
深证收益率	*GJR-GARCH*	正态分布	− 6.6196	− 6.5583
		t 分布	− 6.6264	− 6.5669
	EGARCH	正态分布	− 6.6218	− 6.5674
		t 分布	− 6.6340	− 6.5738

经过验证和分析，证明沪深两市的走势对于"利好"和"利空"消息都会有相应的反应；也间接说明沪深两市并非强有效市场。仍然需要完善各项制度，并加强执行机制的监督。

王沼锡（2022）在《基于 GARCH 族模型的沪深 300 指数波动性模拟研究》一文中，运用沪深 300 指数，对不同分布特征下的 *EGARCH* 模型进行了验证分析。

本书按照学术规范，首先简单回顾了 *GARCH* 模型在学术研究中的应用，与上文采用的指数有所区别。因此本书集中探讨 *EGARCH* 模型的验证。为了剔除极端经济背景的影响，将中国股权分置改革、人民币汇率改革、全球金融危机以及疫情冲击影响，在样本数据的时间跨度选择方面，选取 2009 年 1 月 5 日至 2019 年 12 月 31 日的日交易收盘价，变量命名为 *sp*，数据来源于 Wind 数据库。

规范严谨的学术论文，与上文一样要做原始数据样本的平稳性检验、自相关检验和 *ARCH* 效应检验。从论文呈现的研究步骤和结果可以看出，原始样本数据显然存在非平稳现象。因此对日收盘价数据对数化处理，并且将对数差分作为日收益率 r_t 的统计数据。这个公式分解如下：

$$r_t = \mathrm{dlog}(sp_t) = \log \frac{sp_t}{sp_{t-1}} = \log sp_t - \log sp_{t-1} \tag{5-31}$$

一阶差分后的数据平稳。该数据时间序列刚好作为日收盘价的波动变量。*GARCH* 族模型在实际运用中，大多数都采用 *GARCH*（1，1）模型已经足够。当然，在具体的学术研究中，也可以采用上文命令中增加滞后阶数，比如 *GARCH*（1，2），*GARCH*（2，2）等模型。但是都必须经过 *AIC*，*BIC*，*SC* 等准则的检验。*GED* 分布假设下 *GARCH* 模型设定如下：

$$r_t = 0.0004 - 0.8372 r_{t-1} + 0.8633 u_{t-1}$$
$$\sigma_t^2 = 7.2 \times 10^{-7} + 0.053 u_{t-1}^2 + 0.9445 \sigma_{t-1}^2 \tag{5-32}$$

广义指数分布 *GED* 下的 *EGARCH* 模型如下：

$$r_t = 0.0004 + 0.9960 r_{t-1} - 0.9913 u_{t-1}$$
$$\ln \sigma_t^2 = -0.1657 + 0.1273 \left| \frac{u_{t-1}}{\sigma_{t-1}} \right| - 0.0177 \frac{u_{t-1}}{\sigma_{t-1}} + 0.9917 \ln \sigma_{t-1}^2 \tag{5-33}$$

这里关键是 $\gamma = -0.0177$。当 $u_{t-1} > 0$ 时，$\ln \sigma_t^2$ 变小；而当 $u_{t-1} < 0$ 时，$\ln \sigma_t^2$ 取值会更大。这说明股市受到"利差"消息冲击带来的影响大于"利好"消息的冲击效应。

将 *GARCH*、*EGARCH* 模型的信息准则检验结果（筛选模型）和回归结果分列为两个表（表 5-5、表 5-6）。实际回归检验中，一套命令同时呈现两个表中的结果。为了行文分析的方便，原作者拆分成两个表列出。这里将回归命令列出如下。读者可以在整理数据以后，运行这些命令：

```
arch r_hu300,nolog arch(1)garch(1)
est store GARCH03_hu300
arch r_hu300,nolog arch(1)garch(1)distribution(t)
est store GARCH03_hu300_t
arch r_hu300,nolog arch(1)garch(1)distribution(ged)
est store GARCH03_hu300_GED
local mm "GARCH03_hu300 GARCH03_hu300_t GARCH03_GED"
esttab 'mm',mtitle('mm')nogap scalar(03 aic sc)
```

表 5－5		信息准则下 *GARCH* 族模型对比	
模型		AIC	SC
GARCH（1，1）	Normal	－5.7859	－5.7727
	t	－5.8482	－5.8328
	GED	－5.8591	－5.8437
EGARCH（1，1）	Normal	－5.7869	－5.7715
	t	－5.8491	－5.8315
	GED	－5.8624	－5.8448

表 5－6		非对称效应系数	
模型		α	γ
EGARCH（1，1）	Normal	0.1251 ***	－0.0012
	t	0.1241 ***	－0.0106 **
	GED	0.1273 ***	－0.0177 *

注：***、**、* 分别表示估计系数在 1%、5%、10% 的统计水平上显著。

上述回归命令分别对应 *GARCH* 模型中正态分布、t 分布和 *GED* 分布三种情况。以下的程序命令，对应 *EGARCH* 模型中三种不同分布状态的回归检验：

arch r_hu300,nolog earch(1)egarch(1)

est store GARCH04_hu300

arch r_hu300,nolog earch(1)egarch(1)distribution(t)

est store GARCH04_hu300_t

arch r_hu300,nolog earch(1)egarch(1)distribution(ged)

est store GARCH04_hu300_t_GED

local mm " GARCH04_hu300 GARCH04_hu300_t GARCH04_hu300_GED"

esttab ′mm′,mtitle(′mm′)nogap scalar(04 aic sc)

作者偏好使用 *sc*（施瓦茨准则）。在命令后缀中也可以增加 *bic*，结果会展示 *bic* 准则的数值。

基于以上回归检验结果，作者目的重点在于对第二日的沪深 300 收盘指数进行预测。并与第二日的实际沪深 300 收盘指数进行对比，用来验证 *GED-GARCH* 模型对未来一期样本外预测的准确程度。那么：

$$r_{tf} = \mathrm{dlog}(sp_{tf}) = \log sp_{tf} - \log sp_{tf-1} \qquad (5-34)$$

此处 r_{tf} 为预测值。根据公式：

$$r_t = 0.0004 + 0.9960 r_{t-1} - 0.9913 u_{t-1}$$

$$\ln\sigma_t^2 = -0.1657 + 0.1273 \left| \frac{u_{t-1}}{\sigma_{t-1}} \right| - 0.0177 \frac{u_{t-1}}{\sigma_{t-1}} + 0.9917 \ln\sigma_{t-1}^2 \qquad (5-35)$$

计算出未来一日沪深 300 指数收盘均值和方差，与第二日沪深 300 指数实际收盘数据进行对比，计算偏误程度。

至此，有关 *GARCH* 族模型在学术研究中的具体运用和 Stata 命令程序均已解说完毕。

第六章

线性概率模型

两个除种族外都相同的人到银行申请房屋抵押贷款，即一大笔可用于购买相同房屋的贷款。银行对待他们的方式相同吗？他们抵押贷款申请批准的可能性相同吗？根据法律，他们一定能得到同等的对待。但实际上是否如此，是银行管理者们最关心的事情。

由于正当理由，有些贷款被批准而有些被拒绝。例如，若要申请的贷款还款额占了申请者大部分或全部的月收入，则信贷员有理由拒绝该贷款。信贷员也会无意犯下过错，因此拒绝一个少数民族申请者并不能证明存在任何的歧视。因此许多关于歧视的研究都在寻求歧视的统计证据。即大批数据中包含的表明白种人和少数民族待遇不同的证据。

但如何准确检验房屋抵押贷款市场中歧视的统计证据呢？出发点是比较少数民族和白种人申请者中被拒的比例。本章研究的数据来自马萨诸塞州波士顿地区 1990 年的房屋抵押贷款申请。其中黑种人申请者中有 28% 被拒；而白种人申请者中只有 9% 被拒。但由于黑种人和白种人申请者不一定"除了种族以外都相同"，因此这个比较实际上并没有回答我们一开始提出的问题。相反我们需要的是在固定申请者其他特征的情况下，比较被拒比率的方法。

这听起来有点像多元回归分析的问题，确实是这样但又有新花样。即申请者是否被拒的因变量是二元的。在第二章中，我们经常利用二元变量作回归变量，也没造成任何问题。但当因变量为二元时，情况要复杂些：即用一条直线去拟合只能取两个值 0 和 1 的因变量是什么意思？

回答是将回归函数理解为概率预测。有关这个解释的讨论可以使我们能够将第二章的多元回归模型运用到二元因变量的情形中。但概率预测的解释也表明用其他非线性回归模型来模拟这些概率会更好。这些称为"Probit"和"Tobit"回归的方法，Probit 和 Logit 回归系数的估计方法和最大似然估计方法。可以运用到波士顿房屋抵押贷款数据中，检验了抵押贷款中是否存在种族歧视的假设。

本章研究的二元因变量是因变量取值有限，也就是受限因变量（limited dependent variable）的例子。

第一节　二元因变量和线性概率模型

房屋抵押贷款申请批准与否就是二元变量的一个实例。许多其他的重要问题也常常涉及二元结果。如学费补助对个人上大学的决定有什么影响？青少年是否吸烟取决于什么因素？一国是否接受外国资助取决于什么因素？一个求职者是否成功取决于什么因素？在所有这些例子中，感兴趣的结果都是二元的：即学生上大学或不上大学；青少年吸烟或不吸烟；一国接受或不接受外国资助；申请者得到或没有得到工作。

本节讨论了二元因变量回归和连续因变量回归的区别，以及二元因变量的一种最简单模型，即线性概率模型。

一、二元因变量

本章要研究的应用是：种族是否为房屋抵押贷款申请被拒的因素。其中的二元变量为抵押贷款申请是否被拒绝。数据是由波士顿联邦储备银行（Federal Reserve Bank of Boston）的研究员们在房屋抵押公开法（HMDA）下，编辑得到的关于马萨诸塞州波士顿地区 1990 年抵押贷款申请数据中的一部分。

抵押贷款申请是很复杂的。因此银行信贷员作决定的过程也是很复杂的。信贷员必须预测申请者能否按时还款。其中一个重要数据是要求的还款额相对于申请者收入的大小。每个借钱的人都知道还 10% 要比还 50% 容易得多。因此我们先考虑以下两个变量之间的关系。即抵押贷款申请被拒时取 1，批准时取 0 的二元因变量 dep；申请者预期月总还款额与其月收入之比的连续变量 P/I ratio。

还款/收入比（P/I ratio）高的抵押贷款申请者的申请更可能被拒（若拒绝 deny $=1$；批准则 deny $=0$）。其中线性概率模型用一条直线模拟了给定 P/I ratio 条件下申请被拒的概率。回答这个问题或更一般地理解二元因变量回归的关键是将回归解释为因变量取 1 的概率模型。于是，预测值 0.20 可以解释为：当 P/I ratio 为 0.3 时，被拒的概率估计为 20%。换言之，如果有许多申请者的 P/I ratio 为 0.3，则其中有 20% 的申请会被拒。

这种解释来源于以下两个事实：第一，由第二章可知，总体回归函数为给定回归变量时 Y 的期望值 $E(Y \mid X_1, X_2, \cdots, X_k)$；第二，由第二节知，若 Y 为 0~1 的二元变量，则其期望值（或均值）为 $Y=1$ 的概率。即 $E(Y)=Pr(Y=1)$。在回归背景下，期望值是给定回归变量条件下的期望值。因此，概率是在条件 X 下的概率。所以对二元变量来说，$E(Y \mid X_1, X_2, \cdots, X_k)=Pr(Y=1 \mid X_1, X_2, \cdots, X_k)$。简言之，对二元变量来说，由总体回归得到的预测值为给定 X 时 $Y=1$ 的概率。

应用于二元因变量的多元线性回归模型，称为线性概率模型：说"线性"是因为它是一条直线；说"概率模型"是因为它模拟了因变量取 1 的概率。在我们的实例中，即为贷款申请被拒的概率。

二、线性概率模型

线性概率模型（linear probability model）是第二章中多元回归模型的因变量为二元而不是连续时的称呼。由于因变量是二元的，因此总体回归函数对应于给定 X 时因变量等于 1 的概率。而回归变量 X 的总体系数表示 X 变化一个单位引起的 $Y=1$ 的概率变化。同理，由回归函数估计计算得到的 OLS 预测值 $\hat{Y}$ 为因变量等于 1 的概率预测值；而 OLS 估计量估

计了 X 变化一个单位引起的 $Y=1$ 的概率变化。

线性概率模型的系数可由 OLS 估计。95% 的置信区间为 ±1.96 标准误；关于几个系数的假设可用 F 统计量进行检验。由于线性概率模型的误差通常是异方差的，因此有必要用异方差稳健标准误进行推断。

其中一个不能照搬的工具是 R^2。当因变量连续时，很容易想象 $R^2=1$ 的情形：即所有的数据恰好落在回归线上。但当因变量为二元时，除非回归变量也是二元的，否则这是不可能的。因此这里 R 不是一个特别有用的统计量。

（一）在 HMDA 数据中的应用

利用数据集中所有 2,380 个观测值估计的二元因变量 *deny* 对还款/收入比 *P/I ratio* 的 OLS 回归为：

$$deny = -0.080 + 0.604P/Iratio \tag{6-1}$$

可见 *P/I ratio* 的系数估计值为正，且在 1% 水平下总体系数统计上显著异于零（t 统计量为 6.13）。说明还款额占收入比例越高的申请者的申请越可能被拒。这个系数可用于计算给定回归变量时被拒概率的预测值变化。例如，根据式（6-1），若 *P/I ratio* 增加 0.1，则被拒概率上升 $0.604 \times 0.1 \approx 0.060$，即 6.0 个百分点。式（6-1）中的线性概率模型估计还可用于计算作为 *P/l ratio* 函数的被拒概率预测值。例如，若计划还款额为申请者收入的 30%，则 *P/I ratio* 为 0.3，且由式（6-1）得预测值为 $-0.080 + 0.604 \times 0.3 = 0.101$。即根据线性概率模型，计划还款额为 30% 收入的申请者申请被拒的概率为 10.1%。

重要概念 6.1：线性概率模型

线性概率模型是多元线性回归模型：

$$Y_i = \beta_0 + \beta_1 X_{1i} + \beta_2 X_{2i} + \cdots + \beta_k X_{ki} + u_i \tag{6-2}$$

其中，Y_i 为二元变量，因此：

$$Pr(Y=1 \mid X_1, X_2, \cdots, X_k) = \beta_0 + \beta_1 X_1 + \beta_2 X_2 + \cdots + \beta_k X_k \tag{6-3}$$

回归系数 β_1 为固定其他回归变量的情况下，X_i 变化一个单位引起的 $Y=1$ 的概率变化。有关 $\beta_2, \beta_3, \cdots, \beta_k$ 的理解以此类推。回归系数可由 OLS 估计得到；而置信区间和假设检验可由常用的（异方差稳健）OLS 标准误求得。

则固定 *P/I ratio* 情况下，种族对被拒概率的效应是多少？为了简化问题，此处只集中讨论黑种人和白种人申请者之间的差异。为了在 *P/I ratio* 固定情况下估计出种族的效应，我们在式（6-1）中加入一个当申请者为黑种人时等于 1，而申请者为白种人时等于 0 的二元变量。则线性概率模型估计为：

$$deny = -0.091 + 0.559 \, P/I \, ratio + 0.177 \, black \tag{6-4}$$

可见 *black* 的系数为 0.177。表明在固定还款/收入比的情况下，美籍黑种人申请者抵押贷款申请被拒的概率比白种人高 17.7%，且该系数在 1% 水平下显著（t 统计量为 7.6）。

字面上讲，这个估计表明在抵押贷款决策中可能存在着种族歧视。但下这样的结论过于草率。这是因为虽然在信贷员的决定中还款收入比起了作用，但其他许多因素也起了作用。如申请者的潜在收入和个人信用历史。如果这些变量中的任何一个与回归变量况 *black* 或 *P/I ratio* 相关，则在式（6-3）中漏掉这些变量会引起遗漏变量偏差。因此只有当我们完成了第三节中更全面的分析后，才能得出有关抵押贷款中歧视问题的结论。

（二）线性概率模型的缺点

使线性模型易于使用的线性关系，同时也是该模型的主要缺点。再观察图6-1，我们发现当 *P/I ratio* 取值非常低时，代表概率预测值的直线估计小于0；而当 *P/I ratio* 取值较大时，又超过1。因为概率不能小于0或大于1，所以这种估计显然是没有意义的。这一荒诞的特点是线性回归不可避免的结果。为了解决这个问题，我们引入了新的特别为二元因变量设计的非线性模型。即 *Probit* 和 *Logit* 回归模型。

第二节　Probit 回归和 Logit 回归

Probit 和 *Logit* 回归是特别为二元因变量设计的非线性回归模型。由于二元因变量 *y* 的回归建立了 *y* = 1 的概率模型，因此采用使预测值落在0到1之间的非线性形式才有意义。由于累积概率分布函数（*c*, *d*, *f*.）产生的概率位于0到1之间，因此我们把它们应用到 *logit* 和 *probit* 回归中。其中 *probit* 回归利用了标准正态 *c. d. f.*；而 *logit* 回归，也称为 *logistic* 回归，利用了"*Togistic*" *c. d. f.*。

一、Probit 回归

（一）一元 Probit 回归

包含一个回归变量 *X* 的 *Probit* 回归模型为：

$$Pr(Y = 1 \mid X) = \varphi(\beta_0 + \beta_1 X) \tag{6-5}$$

其中，φ 为累积标准正态分布函数。

例如，假设 *Y* 表示二元抵押贷款申请被拒的变量 *deny*；*X* 表示还款/收入比（*P/I ratio*）；$\beta_0 = -2$；$\beta_1 = 3$。则如果 *P/I ratio* = 0.4，那么被拒概率为多少？根据式（6-5）得这个概率为 $\varphi(\beta_0 + \beta_1(P/I\ ratio)) = \varphi(-2 + 3P/I\ ratio) = (-2 + 3 \times 0.4) = \varphi(-0.8)$。于是由累积正态分布表得：$\varphi(-0.8) = Pr(Z \leqslant -0.8) = 21.2\%$。即当 *P/I ratio* 为 0.4 时，在系数 $\beta_0 = -2$ 和 $\beta_1 = 3$ 的 *Probit* 模型中，申请被拒的概率预测值为21.2%。

项 $\beta_0 + \beta_1 X$ 在 *Probit* 模型中扮演了累积标准正态分布表 "z" 的角色。因此前段中的计算也可如下等价进行。首先计算 "z" 值，得 $z = \beta_0 + \beta_1 X = -2 + 3 \times 0.4 = -0.8$；然后查找正态分布尾部 $z = -0.8$ 左边的概率，得21.2%。

若式（6-5）中的 β_1 为正，则 *X* 增加使 *Y* = 1 的概率增加；若 β_1 为负，则 *X* 增加使 *Y* = 1 的概率减少。但除此以外不容易直接解释 *Probit* 的系数。相反最好用概率或概率的变化来间接解释其系数。当只有一个回归变量时，最容易解释 *Probit* 回归的方法是画出概率图。

如图 6-1 画出了利用散点图中 127 个观测值，计算得到的 *deny* 关于 *P/I ratio* 的 *Probit* 回归函数估计。可见 *Probit* 回归函数估计形如伸长的 "*S*"，当 *P/I ratio*，取值较小时，接近于 0 且较为平坦；当取值中等时，呈弯曲上升；而当取值较大时，又变得较为平坦且接近于 1。即当还款/收入比较低时，被拒概率较小。如当 *P/I ratio* = 0.2 时，基于图 6-1 中 *Probit* 函数的被拒概率估计为 $Pr(deny = 1 \mid P/I\ ratio = 0.2) = 2.1\%$；当 *P/I ratio* 为 0.3 时，被拒概率估计为 16.1%；当 *P/l ratio* 为 0.4 时，被拒概率急剧上升到 51.9%；而当 *P/I ratio* 为 0.6 时，被拒概率升至 98.3%。根据这个 *Probit* 模型估计，高还款/收入比的申请者被拒的概率接近于 1。

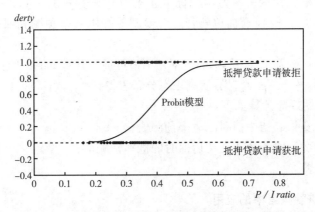

图 6-1 给定 *P/I ratio* 时被拒概率的 *Probit* 模型

注：*Probit* 模型利用累积正态分布函数，模拟了给定还款/收入比时的被拒概率；或更一般地，模拟了 $Pr(Y = 1 \mid X)$。不同于线性概率模型，*Probit* 条件概率始终落在 0~1 之间。

（二）多元 *Probit* 回归

截至目前，我们研究的所有回归问题中，若漏掉与回归变量有关的 *V* 的决定因素，则会导致遗漏变量偏差。*Probit* 模型也不例外。在线性回归中解决这一问题的方法，是把这个变量作为回归变量加入到回归中。这也是 *Probit* 模型解决遗漏变量偏差的一种方法。

多元 *Probit* 模型是一元 *Probit* 模型的推广。它加入了其他用于计算 *z* 值的回归变量。如包含两个回归变量 X_1 和 X_2 的 *Probit* 总体回归模型为：

$$Pr(Y = 1 \mid X_1, X_2) = \varphi(\beta_0 + \beta_1 X_1 + \beta_2 X_2) \tag{6-6}$$

若设 $\beta_0 = -1.6$，$\beta_1 = 2$，$\beta_2 = 0.5$，则当 $X_1 = 0.4$，$X_2 = 1$ 时，*z* 值为 $z = -1.6 + 2 \times 0.4 + 0.5 \times 1 = -0.3$。于是给定 $X_1 = 0.4$，$X_2 = 1$ 下，$Y = 1$ 的概率为 $Pr(Y = 1 \mid X_1 = 0.4, X_2 = 1) = \varphi(-0.3) = 38\%$。

（三）*X* 变化的效应

一般地，*X* 的变化对 *Y* 的效应可理解为由 *X* 变化引起的 *Y* 的期望变化。当 *Y* 为二元时，其条件期望为取 1 的条件概率。因此由 *X* 变化引起的 *Y* 的期望变化，即为 *Y* = 1 的概率。

由以往所学得知，当总体回归函数是 X 的非线性函数时，可由下面 3 步计算期望变化的估计：首先利用回归函数估计计算 X 取初始值时的预测值；接下来，计算 X 变化后的取值 $X + \Delta X$ 处的预测值；最后计算这两个预测值之差。无论非线性模型如何复杂，利用这种方法总能计算出 X 变化的效应预测值。当运用到 *Probit* 模型中时，利用上述方法可得 X 变化对 $Y = 1$ 概率的效应估计。

重要概念 6.2：*Probit* 模型、概率预测和效应估计

多元总体 *Probit* 模型为：

$$Pr(Y = 1 \mid X_1, X_2, \cdots, X_k) = \varphi(\beta_0 + \beta_1 X_1 + \beta_2 X_2 + \cdots + \beta_k X_k) \qquad (6-7)$$

其中因变量 Y 是二元的；φ 为累积标准正态分布函数；X_1，X_2，$\cdots$ 为回归变量。而 *probit* 系数 β_0，β_1，$\cdots$，β_k 没有简单解释。该模型最好用概率预测和回归变量变化的效应来解释。

给定 X_1，X_2，$\cdots$，X_k 时，$Y = 1$ 的概率预测值可通过计算 z 值，即：$\beta_0 + \beta_1 X_1 + \beta_2 X_2 + \cdots + \beta_k X_k$，然后查正态分布表得到。

回归变量变化的效应计算如下：

（1）计算回归变量取初始值时的概率预测值；

（2）计算回归变量取新值或变化后值时的概率预测值；

（3）求两者之差。

（四）在抵押贷款数据中的应用

为了举例说明，我们用 *Probit* 模型拟合抵押贷款申请被拒（deny）和还款/收入比（*P/I ratio*）的 2,380 个观测值，得：

$$Pr(deny = 1 \mid P/I\ ratio) = \varphi(-2.19 + 2.97 P/I\ ratio)$$
$$(0.16) \quad (0.47) \qquad (6-8)$$

由于系数估计值 -2.19 和 2.97 通过 z 值影响被拒概率，因此很难解释它们。我们从 *Probit* 回归估计式（6-8）中能直接得到的结论，只是 *P/I ratio* 与被拒概率正相关（*P/I ratio* 的系数为正），且这个正相关关系统计显著（$t = 2.97/0.47 = 6.32$）。

当还款/收入比从 0.3 上升到 0.4 后，申请被拒的概率预测值将会有怎样的变化？为了回答这个问题，我们按照重要概念 6.1 中的步骤：即先计算 *P/I ratio* = 0.3 时的被拒概率；然后计算 *P/I ratio* = 0.4 时的被拒概率；最后计算两者之差。当 *P/I ratio* = 0.3 时，被拒概率为 $\varphi(-2.19 + 2.97 \times 0.3) = \varphi(-1.30) = 0.097$；而 *P/I ratio* = 0.4 时，被拒概率为 $\varphi(-2.19 + 2.97 \times 0.4) = \varphi(-1.00) = 0.159$。于是被拒概率变化的估计为 $0.159 - 0.097 = 0.062$。即还款/收入比从 0.3 上升到 0.4，引起被拒概率从 9.7% 上升到 15.9%，增加了 6.2 个百分点。

由于 *Probit* 回归函数是非线性的，因此 X 的变化效应依赖于 X 的初始取值。例如当 *P/I ratio* = 0.5 时，基于式（6-8）的被拒概率预测值为 $\varphi(-2.19 + 2.97 \times 0.5) = \varphi(-0.71) = 0.239$。因此 *P/I ratio* 从 0.4 上升到 0.5 引起的概率预测值变动为 $0.239 - 0.159$，或 8.0 个百分点，大于 *P/I ratio* 从 0.3 上升到 0.4 时引起的 6.2 个百分点的增加率。

则固定还款/收入比的情况下，种族对抵押贷款被拒的概率效应是多少？为了估计这一效应，我们估计了如下包含回归变量 *P/I ratio* 和 *black* 的 *Probit* 模型：

$$Pr(deny = 1 \mid P/1\ ratio, black) = \varphi(-2.26 + 2.74P/I\ ratio + 0.71black) \quad (6-9)$$

可见系数值同样很难解释。但符号和统计显著性并不难解释。*black* 的系数为正，表明在固定还款/收入比的情况下，美籍黑种人申请者的申请被拒概率高于白种人申请者，且这个系数在 1% 水平下统计显著（关于 *black* 的 *t* 统计最为 8.55）。对 *P/I ratio* = 0.3 的白种人申请者而言，预计被拒的概率为 7.5%；而对 *P/I ratio* = 0.3 的黑种人申请者而言，预计被拒的概率为 23.3%。故这两个假想申请者之间的被拒概率之差为 15.8 个百分点。

（五）*probit* 系数的估计

以上给出的 *probit* 系数估计是用最大似然法得到的。在包括二元因变量回归在内的许多应用中，利用这种估计方法得到的估计量都是有效的（方差最小）。此外最大似然估计量是一致的且大样本下服从正态分布，所以可用常用方法构造系数的统计量和置信区间。

又估计 *Probit* 模型的回归软件通常采用最大似然估计，所以这种方法在实际应用中很简单，且这种软件给出的标准误的使用同回归系数的标准误一样。如 *probit* 系数真值的 95% 置信区间，为系数估计值 ±1.96 标准误。同理，利用最大似然估计量得到的 *F* 统计量可用于检验联合假设。

二、Logit 回归

（一）Logit 回归模型

除了式（6-7）中的累积标准正态分布函数 0 用记为 *F* 的累积标准 *Logistic* 分布函数取代之外，*Logit* 回归模型同 *Probit* 回归模型类似。*Logit* 回归概括见重要概念 6.3 *logistic* 累积分布函数有用指数函数定义的具体函数形式，见式（6-9）中的最后一个表达式。

重要概念 6.3：*Logit* 回归

二元因变量 *Y* 的包含多个回归变量的总体 *Logit* 模型为：

$$\begin{aligned} Pr(Y = 1 \mid X_1, X_2, \cdots, X_k) &= F(\beta_0 + \beta_1 X_1 + \beta_2 X_2 + \cdots + \beta_k X_k) \\ &= \frac{1}{1 + e^{-(\beta_0 + \beta_1 X_1 + \beta_2 X_2 + \cdots + \beta_k X_k)}} \end{aligned} \quad (6-10)$$

除了累积分布函数不同外，*Logit* 回归和 *Probit* 回归类似。

同 *probit* 一样，最好用概率预测值及其差异解释 *logit* 系数。

Logit 模型的系数也可用最大似然方法进行估计。因为最大似然估计量是一致的，且大样本下服从正态分布，所以可通过常用方法构造 *t* 统计量和置信区间。

logit 和 *probit* 回归函数类似，如图 6-2 所示。图中画出了利用与图 6-1 中相同的 127 个观测值，并由最大似然估计出的因变量 *deny* 和回归变量 *P/1 ratio* 的 *probit* 和 *logit* 回归函数。由此可见，两者的差异很小。

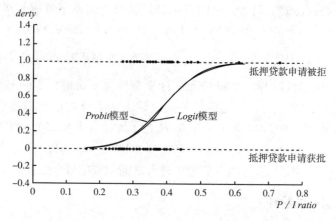

图 6 – 2　给定 *P/I ratio* 时被拒概率的 *Probit* 模型和 *Logit* 模型

注：可见由 *Probit* 和 *Logit* 模型计算得到的给定还款/收入比下，抵押贷款申请被拒的概率估计几乎相同。

过去，采用 *logit* 回归的主要动因是 *logistic* 累积分布函数的计算速度，比正态累计分布函数要快。但随着计算机效率的提高，这种区别就不再重要了。

（二）在波士顿 *HMDA* 数据中的应用

基于数据集中 2, 380 个数据估计，得到的 *deny* 对 *P/I ratio* 和 *black* 的 *logit* 回归函数为：

$$Pr(\,deny = 1 \mid P/I\ ratio, black\,) = F(\,-4.13 + 5.37 P/I\ ratio + 1.27 black\,) \qquad (6-11)$$

可见 *black* 的系数为正，且在 1% 水平下显著（*t* 统计量为 8.47）。*P/I ratio* = 0.3 的白种人申请者，申请被拒的概率预测值为 $1/[\,1 + e^{-(\,-4.13 + 5.37 \times 0. + 1.27 \times 0)}\,] = 1/[\,1 + e^{2.52}\,] = 0.074$ 或 7.4%；而 *P/I ratio* = 0.3 的美籍黑种人申请者，申请被拒的概率预测值为 $1/[\,1 + e^{2.52}\,] = 0.222$ 或 22.2%。可见两概率相差 14.8 个百分点。

三、线性概率、Probit 和 Logit 模型的比较

线性概率、*Probit* 和 *Logit* 这 3 个模型，都只是未知总体回归函数 $E(Y \mid X) = Pr(Y = 1 \mid X)$ 的近似。其中线性概率模型最易使用也最容易解释。但它无法"抓住"真实总体回归函数的非线性性质；而 *Probit* 和 *Logit* 回归模型能模拟概率中的这种非线性。但它们的回归系数较难解释。那么在实践中你选用哪种呢？

不存在一种固定的正确答案。不同的研究员会使用不同的模型。一般由 *probit* 和 *logit* 回归得到的结果类似。例如，根据式（6 – 8）中的 *Probit* 模型估计，*Ratio* = 0.3 的黑种人申请者和白种人申请者的被拒概率差额估计为 15.8 个百分点；而基于式（6 – 10）的 *Logit* 模型给出的估计为 14.9 个百分点。就实践应用而言，这两个估计值非常相似。选择 *Logit* 还是 *Probit*，一种方法是选择你统计软件最容易实现的模型。

线性概率模型对非线性总体回归函数的近似最不合理。即使如此，线性概率模型对某些回归变量鲜有极端值的数据集给出的近似还是充分的。如在式（6 – 3）的被拒概率模型

中，由线性概率模型得出的黑种人/白种人被拒概率之差的估计值为 17.7 个百分点。虽然大于 *probit* 和 *logit* 的估计值，但还是很接近的。要了解这一点的唯一方法是分别计算出线性和非线性模型的估计，并比较其概率预测值。

第三节 Logit 模型和 Probit 模型的估计和推断

相关计量著作中研究的非线性模型是自变量的非线性函数，但却是未知系数（"参数"）的线性函数。因此可用 *OLS* 估计这些非线性回归函数中的未知系数。相反，*probit* 和 *logit* 回归函数是系数的非线性函数。也就是式（6 – 7）中的 *probit* 系数 $\beta_0, \beta_1, \cdots, \beta_k$ 出现在累积标准正态分布函数中；而式（6 – 10）中的 *logit* 系数出现在累积标准 *logistic* 分布 F 中。由于总体回归函数是系数 $\beta_0, \beta_1, \cdots, \beta_k$ 的非线性函数，所以不能用 *OLS* 估计这些系数。

本节介绍了 *probit* 和 *logit* 系数估计的标准方法，即最大似然方法。其他数学推导细节见附录。由于在现代统计软件中编入了这种方法，因此实践中很容易得到 *probit* 系数的最大似然估计。但最大似然估计的理论要比最小二乘理论复杂。因此在讨论最大似然方法之前，我们先讨论其他估计方法，即非线性最小二乘。

一、非线性最小二乘估计

当总体回归函数中的参数为非线性时，如 *probit* 系数，非线性最小二乘方法是估计这类未知参数的一般方法。非线性最小二乘估计量，将 *OLS* 估计量推广到了参数非线性的回归函数中。同 *OLS*，非线性最小二乘也要找到使模型预测误差平方和最小的参数值。具体考虑 *probit* 模型参数的非线性最小二乘估计量。给定 X 时 Y 的条件期望为：

$$E(Y \mid X_1, X_2, \cdots, X_k) = 1 \times Pr(Y \mid X_1, X_2, \cdots, X_k) + 0 \times Pr(Y \mid X_1, X_2, \cdots, X_k)$$

$$= Pr(Y = 1 \mid X_1, \cdots, X_k) = \varphi(\beta_0 + \beta_1 X_1 + \beta_2 X_2 + \cdots + \beta_k X_k) \quad (6 – 12)$$

非线性最小二乘估计量要用该参数的非线性函数表示的条件期望函数，拟合因变量。也就是 *probit* 系数的非线性最小二乘估计量，为使下列预测误差平方和达到最小时 $b_0, b_1, \cdots, b_k$ 的取值：

$$\sum_{i=1}^{n} \left[Y_i - \varphi(b_0 + b_1 X_1 + \cdots + b_k X_K) \right]^2 \quad (6 – 13)$$

非线性最小二乘估计量也具有线性回归中 *OLS* 估计量的两个重要性质：即一致性（当样本容量增大时，它接近真值的概率趋于 1）和大样本下服从正态分布。但存在其他比非线性最小二乘估计量方差小的估计量。也就是说，非线性最小二乘估计量不是有效的。由于这个原因，实践中很少采用 *probit* 系数的非线性最小二乘估计量，而利用最大似然方法估计其参数。

二、最大似然估计

似然函数（likelihood function）是数据的联合概率分布，被视为未知系数的函数。而未知系数的最大似然估计量：（maximum likelihood estimator，MLE）是由使似然函数最大化的系数取值组成的。由于 MLE 选择使似然函数也就是联合概率分布最大的未知系数，所以 MLE 事实上选择了使实际观测到的数据被抽到的概率最大的参数值。在这种意义下，MLE 是那些"最可能"产生这些数据的参数值。

为了举例说明最大似然估计，考虑两个 *i. i. d.* 的不含回归变量的二元因变量观测 Y_1 和 Y_2。因此，Y 为 *Bernoulli* 随机变量。其唯一待估参数为 $Y = 1$ 的概率 p，也就是 Y 的均值。

为了得到最大似然估计量，我们需要建立似然函数的表达式，也就是需要数据的联合概率分布表达式。而两个观测 Y_1 和 Y_2 的联合概率分布为 $Pr(Y_1 = y_1, Y_2 = y_2)$。因为 Y_1 和 Y_2 独立，故联合分布为单个分布的乘积[式（2－23）]，于是 $Pr(Y_1 = y_1, Y_2 = y_2)$。而 *Bernoulli* 分布函数为 $Pr(Y = y) = p^y(1-p)^{1-y}$。即当 $y = 1$ 时，$Pr(Y = 1) = p^1(1-p)^0$；当 $y = 0$ 时，$Pr(Y = 0) = p^0(1-p)^1$。因此，Y_1 和 Y_2 的联合概率分布为 $Pr(Y_1 = y_1, Y_2 = y_2) = [p_1^{y_1}(1-p)^{1-y_i}] \times [p^{y_2}(1-p)^{1-y_2}] = p_1^{y_1+y_2}(1-p)^{2-(y_1+y_2)}$。

似然函数为联合概率分布，被视为未知系数的函数。对 *Bernoulli* 随机变量的 $n = 2$ 个 i. i. d. 观测的似然函数为：

$$F(p; Y_1, Y_2) = p_1^{Y_1+Y_2}(1-p)^{2-Y_1+Y_2} \qquad (6-14)$$

故 P 的最大似然估计量是使似然函数式（6－12）最大的 P 值。对所有的最大化和最小化问题而言，我们都可采用反复尝试修正法；即可以尝试用不同的 P 值计算其似然函数值 $F(p; Y_1, Y_2)$，直到对这个函数的最大化满意为止。但在这个例子中，利用微积分最大化似然函数能得到 *MLE* 的简单公式：即 *MLE* 为 $\hat{p} = \frac{1}{2}(Y_1 + Y_2)$。换言之，$P$ 的 *MLE* 恰好是样本均值。事实上，对一般的 *Bernoulli* 概率的 *MLE* 3 就是样本均值。即 $\hat{p} = \bar{Y}$。在上述例子中，*MLE* 是 P 的常用估计量。即样本中 $Y_i = 1$ 出现的比例。

这个例子与 *Probit* 和 *Logit* 回归模型中未知系数的估计问题类似。但在这些模型中，成功概率 P 依赖于 X 不为常数。即它是给定 X 时的成功概率。其中 *Probit* 模型的成功概率见式（6－6）；而 *Logit* 模型的成功概率见式（6－9）。因此，除了不同观测间的成功概率不同（因为依赖于 X_i）。以外，*probit* 和 *logit* 的似然函数类似于式（6－12）中的似然函数。

同非线性最小二乘估计量一样，*MLE* 是一致的且大样本下服从正态分布。由于回归软件通常计算的是 *probit* 系数的 *MLE*，所以这种估计量在实践中易于使用。本章给出的所有 *probit* 和 *logit* 系数估计都是 *MLE*。

基于 *MLE* 的统计推断。

因为 *MLE* 在大样本下服从正态分布，所以基于 *MLE* 的 *probit* 和 *logit* 系数统计推断，同基于 *OLS* 估计量的线性回归系数推断一样。即，假设检验用 1 统计量而 95% 置信区间形

成 ±1.96 标准误。而多个系数的联合假设检验用 F 统计量，与线性回归模型的方法类似。可见所有这些都与线性回归模型中的统计推断完全类似。

在实践应用中需要重点注意的是，某些统计软件给出的是基于 F 统计量的联合假设；而其他软件使用的是卡方统计量。卡方统计量为 $Q×F$，其中 q 为待检验的约束个数。由于大样本下 F 统计量在原假设下服从 χ_q^2/q 分布，因此 $Q×F$ 大样本下服从 χ_q^2/q 分布。因为这两种方法的差异只是有没有除以 q，故由它们得到的推断是相同的。但你必须了解你的软件使用的是哪种方法，以便查找正确的临界值。

三、拟合优度

第一节曾提到 R^2 不是度量线性概率模型拟合程度好坏的指标。对 Probit 和 Logit 模型而言也是如此。二元因变量模型拟合状况的两种度量是"正确预测的比例"和"R^2"。其中正确预测的比例（fraction correctly predicted）采用如下准则：即若 $Y_i = 1$ 且其概率预测值超过50%，或者若 $Y_i = 0$ 并且概率预测值小于50%，则称对 Y_i 的预测正确；否则称对它的预测不正确。"正确预测的比例"就是 n 个观测 $Y_1, Y_2, \cdots, Y_n$ 中预测正确的比例。

这种拟合优度的优点在于易于理解。缺点是它没有反映出预测的质量：如若 $Y_i = 1$，则当概率预测值为51%或90%时，都认为预测是正确的。

伪 R^2（pseudo-R^2）度量了基于似然函数的模型拟合状况。由于 MLE 最大化了似然函数，因此在 Probit 或 Logit 模型中加入其他回归变量，将使似然函数的最大值增加。这同线性模型中加入其他回归变量，必定使基于 OLS 的残差平方和减少的道理一样。这就指出，可通过比较包含所有回归变量的似然函数的最大值和不包含任何回归变量的似然函数的最大值，度量 Probit 模型的拟合质量。这就是伪 R^2 的功能。

四、在波士顿 HMDA 数据中的应用

回归结果表明在固定还款/收入比的情况下，黑种人申请者的被拒率高于白种人。但信贷员在决定抵押贷款申请时，需要合理权衡很多因素。如果这些其他因素中的任何因素在种族间呈现系统性差异，则前面考虑的估计量中存在遗漏变量偏差。

本节将详细考查波士顿 HMDA 数据中是否存在歧视的统计证据。具体讲，我们的目标是在固定信贷员确定抵押贷款申请时合法考虑的申请者特征的情况下，估计种族对被拒概率的效应。

在波士顿 HMDA 数据集中，信贷员在抵押贷款申请过程中能得到的最重要变量列如表 6–1 所示。这些是我们在贷款决策实证模型中需要考虑的变量。前两个变量直接度量了申请的贷款额度对申请者的财务负担，用他（她）的收入衡量。其中第一个为 P/I ratio；第二个为房屋相关花费与收入之比。下一个变量为相对房屋评估价的贷款额。若贷款价值比接近1，则当申请者拖欠贷款且银行取消抵押品赎回权时，银行难以重获贷款全额。最后3个财务变量概括了申请者的信用历史。如果申请者过去有过不良还贷记录，则信贷员有理由担心他（她）未来支付抵押还款的能力或者意愿。这3个变量衡量了不同类型的信用历史。信贷员对此的考查可能有所不同。其中第一个关注的是消费者信用。如信用卡还

贷；第二个为过去的抵押还款历史；第三个度量严重到出现在合法公共记录上的信用问题。如申请破产。

表 6 – 1 　　　　　　　　　　*L1* 抵押贷款决策回归模型中包含的变量

变量	定义	样本均值
财务变量		
P/I ratio	月还款总额与月总收入之比	0.331
房屋花费与收入比	房屋月花费与月总收入之比	0.255
贷款价值比	贷款额与资产评估价之比	0.738
消费者信用得分	(1) 若没有"延迟"还款或拖欠还款	2.1
	(2) 若有一次或两次"延迟"还款或拖欠贷款	
	(3) 若有两次以上"延迟"还款	
	(4) 若没有足够的信用历史作决策	
	(5) 若有超过 60 天拖欠还款的信用历史	
	(6) 若有超过 90 天拖欠还款的信用历史	
抵押还款信用得分	(1) 若没有晚缴抵押还款	1.7
	(2) 若没有抵押还款历史	
	(3) 若有一次或两次晚缴抵押还款	
不良公共信用记录	(1) 若存在任何公共信用问题记录（破产、撤诉案、追款）	0.074
	(0) 其余	
申请者其他特征		
抵押贷款的保险被拒	如果申请者申请抵押贷款的保险被拒取 1，否则取 0	0.020
自主创业	自主创业取 1，否则取 0	0.66
单身	如果申请者是单身取 1，否则取 0	0.393
高中文凭	如果申请者高中毕业取 1，否则取 0	0.984
失业率	马萨诸塞州内申请者所处行业在 1989 年的失业率	3.8
公寓	如果房屋是公寓取 1，否则取 0	0.288
黑种人（*black*）	如果申请者是黑种人取 1，白种人取 0	0.142
被拒	如果按揭贷款申请被拒取 1，否则取 0	0.120

表 6 – 1 中同时还列出了一些与信贷员决策相关的其他变量。按要求申请者有时必须申请私人抵押贷款保险。如果信贷员知道贷款保险申请被拒，则对信贷员的放贷权衡有反面影响。接下来的 3 个变量分别涉及申请者雇佣状况、婚姻状况和教育程度。这些都与申请者预期还款的能力有关。而在丧失抵押品赎回权的情况下，是否接受申请与房产的特征也有关。因此接下来的变量为房产是否为公寓。表 6 – 1 中最后两个变量为申请者是黑种人还是白种人，以及申请被拒还是获批。在这些数据中，14.2% 的申请者是黑种人；12.0% 的申请被拒。

表 6 – 2 给出了基于这些变量的回归结果。其中列（1）～列（3）中的基本形式包含了表 6 – 1 中的财务变量和表示私人抵押贷款保险是否被拒，以及申请者是否自主创业的变

量。信贷员通常会采用贷款价值比的门限值或分界值。因此在基本形式中，这个变量采用了贷款价值比是高（≥0.95），中等（0.8～0.95）还是低（＜0.8）。为了避免完全多重共线性这种情况采取省略的二元变量。前3列中的回归变量与波士顿联邦储备银行研究员们所作的初始数据分析基本形式中考虑的变量类似。列(1)～列(3)中回归之间的唯一区别只是被拒概率的模型不同而已。分别采用了线性概率模型、基 *Logit* 模型和 *Probit* 模型。

表 6 – 2　　　　　基于波士顿 *HMDA* 数据的抵押贷款被拒的回归

因变量：*deny* =1 若抵押贷款申请被拒，=0 者批准；2,380 个观测值

回归模型	*LPM*	*Logit*	*Probit*	*Probit*	*Probit*	*Probit*
回归变量	(1)	(2)	(3)	(4)	(5)	(6)
black	0.084	0.688	0.389	0.371	0.363	0.246
	(0.023)	(0.182)	(0.098)	(0.099)	(0.100)	(0.448)

① 抵押贷款保险是一种保单。当借款人不履行还款职责时，由保险公司向银行支付月还款。在该研究进行期间，若贷款价值比超过80%时，一般要求申请者购买抵押贷款保险。

② 表 6 – 3 中列(1)～列(3)中的回归变量不包含未公开的有关住宅位置和贷款人身份的其他指示变量（表示多家庭住宅的指示变量）。由于我们的数据子集只集中在单一家庭住宅上，因此是无关的；还有净财产。由于这个变量有一些非常大的正值和负值，会使结果对这些特定的"异常"观测值敏感。因此我们也略去了。

表 6 – 3　　　　　基于波士顿 *HMDA* 数据抵押贷款被拒绝的回归

因变量：*deny* =1 若抵押贷款申请被拒，=0 若批准；2,380 个观测值

回归模型	*LPM*	*Logit*	*Probit*	*Probit*	*Probit*	*Probit*
回归变量	(1)	(2)	(3)	(4)	(5)	(6)
P/I ratio	0.449 **	4.76 **	2.44 **	2.46 **	2.62 **	2.57 **
	(0.64)	(1.33)	(0.61)	(0.60)	(0.61)	(0.66)
房屋花费与收入比	− 0.048	− 0.6	− 0.18	− 0.30	− 0.50	− 0.54
	(0.60)	(1.29)	(0.68)	(0.68)	(0.70)	(0.74)
中等贷款价值比 (0.80≤贷款价值比≤0.95)	0.031 *	0.46 **	0.21 **	0.22 **	0.22 **	0.22 **
	(0.013)	(0.16)	(0.08)	(0.08)	(0.08)	(0.08)
高贷款价值比 (贷款价值比≥0.95)	0.189 **	1.49 **	0.79 **	0.79 **	0.84 **	0.79 **
	(0.050)	(0.32)	(0.18)	(0.18)	(0.18)	(0.18)
消费者信用得分	0.031 **	0.29 **	0.15 **	0.16 **	0.34 **	0.16 **
	(0.005)	(0.04)	(0.02)	(0.02)	(0.6)	(0.02)
抵押贷款信用得分	0.021	0.28 *	0.15 *	0.6	0.16	0.6
	(0.06)	(0.14)	(0.07)	(0.08)	(0.10)	(0.08)
不良公共信用记录	0.197 **	1.23 **	0.70 **	0.70 **	0.72 **	0.70 **
	(0.035)	(0.20)	(0.12)	(0.12)	(0.12)	(0.12)

因变量：$deny = 1$ 若抵押贷款申请被拒，$= 0$ 若批准；$2,380$ 个观测值

回归模型	LPM	Logit	Probit	Probit	Probit	Probit
回归变量	(1)	(2)	(3)	(4)	(5)	(6)
抵押贷款保险申请被拒	0.702** (0.045)	4.55** (0.57)	2.56** (0.30)	2.59** (0.29)	2.59** (0.30)	2.59** (0.29)
自主创业	0.060** (0.021)	0.67** (0.21)	0.36** (0.6)	0.35** (0.6)	0.34** (0.6)	0.35** (0.6)
单身				0.23** (0.08)	0.23** (0.08)	0.23** (0.08)
高中文凭				-0.61** (0.23)	-0.60** (0.24)	-0.62** (0.23)
失业率				0.03 (0.02)	0.03 (0.02)	0.03 (0.02)
公寓					-0.05 (0.09)	
$black \times P/I\ ratio$						-0.58 (1.47)
$bluck \times$ 房屋花费/收入比						1.23 (1.69)
其他信用等级指示变量	no	no	no	no	yes	no
常数	-0.183** (0.028)	-5.71** (0.48)	-3.04** (0.23)	-2.57** (0.34)	-2.90** (0.39)	-2.54** (0.35)
检验不包含某些变量的 F 统计量及其 p 值（1）	(1)	(2)	(3)	(4)	(5)	(6)
申请者单身；高中文凭；行业 失业率				5.85 (<0.001)	5.2 (0.001)	5.79 (<0.001)
其他信用等级指示变量					1.22 (0.291)	
种族交互作用和 $black$						4.96 (0.002)
种族交互作用						0.27 (0.766)
白种人和黑种人被拒概率的预测值之差（%）	8.4	6.0	7.1	6.6	6.3	6.5

注：这些回归是利用波士顿 HMDA 数据集中，以 $= 2,380$ 个观测值估计得到的。其中线性概率模型是由 OLS 估计得到的；probit 和 logit 回归是由最大似然方法估计得到的。系数下方的括号内为其标准误；F 统计量下方的括号内为其 p 值。最后一行的概率预测值变化是指除了种族以外，回归变量都取样本均值的假想申请者的概率预测值的变化。

***、**、* 分别表示估计系数在 1%、5%、10% 的统计水平上显著，圆括号内数值为标准误。

因为列（1）中的回归为线性概率模型，所以其系数表示自变量变化一个单位引起的概率预测值变化估计。由此得 *P/I ratio* 上升 0.1，则估计被拒绝概率上升 4.5 个百分点。列（1）中 *P/I ratio* 的系数为 0.449，则 $0.449 \times 0.1 \approx 0.045$。类似地，高贷款价值比提高了被拒概率。例如在固定列（1）中其他变量的情况下，超过 95% 的贷款价值比与贷款价值比小于 80% 的省略情形相比，被拒概率高出 18.9 个百分点（系数为 0.189）。有趣的是，虽然消费者信用系数统计显著，但抵押贷款信用系数却不显著。尽管如此，如果其余条件都相同，但信用等级差的申请者更难申请到贷款。而有诸如申请破产等公共信用问题记录的申请者，更难申请到贷款。例如在其他条件都一样的情况下，不良公共信用记录估计将使被拒概率上升 0.197（或 19.7 个百分点）。私人抵押贷款保险申请被拒，则估计起到决定性作用。系数估计值 0.702，意味着在其他同等条件下，若抵押贷款保险申请被拒，则贷款申请被拒的概率上升 70.2 个百分点。回归中的 9 个变量（除了种族），除两个外，其余都在 5% 水平下显著。这与信贷员作决定时要考虑的诸多因素相一致。

回归（1）中，成 *ad*（黑种人）的系数为 0.084。表明在固定回归中其他变量的情况下，黑种人和白种人申请者被拒的概率之差为 8.4 个百分点。这在 1% 显著水平上统计显著（$t = 3.65$）。

列（2）和列（3）中的 *logit* 和 *probit* 估计也得到了类似结果。在 *logit* 和 *probit* 回归中，除了种族以外的 9 个系数中，有 8 个分别在 5% 水平上显著异于零；而 *black*（黑种人）系数在 1% 水平下显著。正如第二节中的讨论，由于这些模型是非线性的，因此必须选择所有回归变量的特定值，来计算白种人和黑种人申请者的概率预测值之差。常用的选择方法是考虑除了种族以外，所有回归变量都取样本均值的"平均"申请者。表 6-2 中最后 1 行即给出了这个平均申请者的概率估计值之差。可见利用不同模型得到的种族差异估计值类似。如线性概率模型为 4 个百分点 [列（1）]；*Logit* 模型为 6.0 个百分点 [列（2）]；*Probit* 模型为 7.1 个百分点 [列（3）]。这些种族效应和 *black* 系数估计值，小于上一节中只有回归变量 *P/I ratio* 和 *black* 的回归中的估计值。因此表明早先的这些估计值中存在遗漏变量偏差。

列（4）~列（6）中的回归，研究了列（3）中的结果对基本形式变化的敏感性。其中列（4）在列（3）的基础上加入了申请者的其他特征。这些变量有助于预测贷款申请是否被拒。例如申请者至少拥有高中文凭，降低了被拒的概率（该估计值为负且系数在 1% 水平下显著）。但控制这些个人特征后，并没有很大程度地改变 *black* 的系数估计值或被拒概率之差的估计（6.6%）。

列（5）通过分离出消费者 6 个信用等级和抵押贷款 4 个信用等级，以检验这两个变量为线性的原假设。同时该回归中还加入了表示房产是否为公寓的变量。结果表明，不能拒绝信用等级变量以线性形式包含在 z 值表达式中的原假设，且公寓指示变量在 5% 水平下也不显著。最重要的是，被拒概率的种族之差估计值，本质上与列（3）、列（4）的一样。

列（6）检验了是否存在交互作用。评价白种人和黑种人申请者的还款/收入比和房屋花费收入比的标准不同吗？答案似乎是标准没有不同。因为这些交互项在 5% 水平下都不显著。但由于种族指示变量和交互项的联合假设在 5% 水平下统计显著，因此种族仍然具有重要影响。而且被拒概率的种族之差估计（6.5%），本质上同其他 *probit* 回归的结果一样。

由此可见，在所有 6 个模型中，在固定申请者其他特征的情况下，种族对被拒概率的效应在 1% 水平下显著，且黑种人和白种人申请者的被拒概率之差估计值在 6.0 个百分点到 8.4 个百分点之间。

评估这种差异是大还是小的一种方法是回到本章开头提出的对感兴趣问题的另一种问法。假设有 1 个白种人和 1 个黑种人都要申请抵押贷款，他们在回归（3）中的其他自变量取值都相同。具体指除了种族外，回归（3）中其他变量的值为 HMDA 数据集中的样本均值。则白种人申请者面临被拒的可能性为 7.4%；而黑种人申请者面临被拒的可能性为 14.5%。被拒概率的种族差异估计值为 7.1 个百分点，表明黑种人申请者被拒的可能性几乎是白种人申请者的 2 倍。

表 6 - 2 中的结果（和波士顿联邦最初的研究）提供了抵押贷款申请被拒中，根据法律不应存在的种族歧视的统计证据。这一证据在督促银行管理者改变政策方面起了重要作用。由于贷款中存在（或曾经存在）种族歧视的提议遭到了指责，因此我们简要回顾一下这一争论的某些观点。考虑表 6 - 2 中代表波士顿 HMDA 数据分析结果的内部和外部有效性。许多关于波士顿联邦储备银行初步研究的质疑都涉及内部有效性。如数据中可能出现的误差；可选的非线性泛函形式；其他交互作用等。原始数据经过仔细核对后发现某些错误，这里给出的结果（和波士顿联邦最后发表的研究）是基于"清除后"的数据集。而由其他不同函数形式和/或其他回归变量的模型估计，也得出了与表 6 - 2 类似的种族差异估计值。内部有效性一个潜在的更难解决的问题是，是否存在没有被记录在贷款申请中，而在个人贷款面试中获得的与种族相关的非种族财务信息。如果是这样的话，在表 6 - 2 的回归中还是可能存在着遗漏变量偏差。最后，某些人怀疑其外部有效性。即使波士顿在 1990 年存在种族歧视，但由此推得今天其他地方的贷款过程中也存在歧视是不对的。因此解决外部有效性问题的唯一方法是研究来自其他地区和年份的数据。

五、总结

当因变量 Y 为二元时，总体回归函数为给定回归变量条件下 $Y=1$ 的概率。这种总体回归函数的估计需要找到适宜的概率解释、函数未知参数估计和结果解释的函数形式。得到的预测值为概率预测值；而回归变量 X 变化的效应估计为由 x 变化引起的 $y=1$ 的概率变化估计。

给定回归变量时，模拟 $Y=1$ 概率的一种自然方法是利用累积分布函数。其中 c. d. f. 的自变量依赖于回归变量。probit 回归的回归函数为正态 c. d. f.；而 Logit 模型的回归函数为 logistic c. d. f.。由于这些模型是未知参数的非线性函数，所以它们的估计要比线性回归系数的估计复杂。其标准估计方法为最大似然估计方法。实践中，基于最大似然估计的统计推断与多元线性回归的统计推断相同。如系数的 95% 置信区间为系数估计值 ±1.96 标准误。

尽管总体回归函数的内在非线性，但有时我们也可用线性概率模型，即用多元线性回归得到的直线充分近似它。当将线性概率模型，probit 回归和 logit 回归应用于波士顿 HMDA 数据中时，它们都给出了相似的"关键"答案。即所有三种方法都估计出其他方面都类似的黑种人和白种人申请者的抵押贷款被拒率，有本质差异。

第四节　Probit 模型和 Logit 模型在学术研究中的应用

一、有序 *Probit* 模型的应用

万建香、王正、严淑梅（2021）在《基于 Probit 模型〈计量经济学〉MOOC 教学满意度研究》一文中，应用 *Probit* 模型对《计量经济学》这门课程的网课教学满意度做了实证分析。

《计量经济学》课程本身数学理论性很强，而且非常抽象。如果不是通过线下教学面对面运行数据，学生往往很难快速熟练运用软件与数学模型相结合，做经济问题学术研究。作者也正是看到了这一点，对网络课堂讲解《计量经济学》进行调查与分析，得出一些有启发的结论。本书选择这篇论文，也是期望同学们在学习金融计量分析课程时，对学习方法、态度有所思考。怎样有效率地学好一门有难度的课程，对于今后从事金融行业工作、具备数据分析的核心能力是有帮助的。

作者采用调查问卷形式对江西财经大学的《计量经济学》慕课做了调查。问卷发放对象有大专生、本科生、硕士和博士研究生；专业包含经济学、社会学、管理学，争取回收的问卷具有较普遍的代表性。由于对慕课教学效果的反馈意见有不满意、一般、满意三种不同结果，因此被解释变量就不是简单的二值变量，而是有区别的排序选择。在此首先简单介绍排序模型。

$$y^* = x'\beta + \varepsilon \tag{6-15}$$

y^* 表示对课程的满意接受度，不可直接观察。作为被解释变量，其取值按如下规则：

$$y \begin{cases} 0, & y^* \leqslant r_0 \\ 1, & r_0 < y^* \leqslant r_1 \\ 2, & r_1 < y^* \leqslant r_2 \\ \cdots \\ J, & r_{J-1} \leqslant y^* \end{cases} \tag{6-16}$$

假设 $\varepsilon \sim N(0,1)$，则：

$$
\begin{aligned}
P(y=0 \mid x) &= P(y^* \leqslant r_0 \mid x) = P(x'\beta + \varepsilon \leqslant r_0 \mid x) \\
&= P(\varepsilon \leqslant r_0 - x'\beta \mid x) = \Phi(r_0 - x'\beta) \\
P(y=1 \mid x) &= P(r_0 < y^* \leqslant r_0 \mid x) \\
&= P(y^* \leqslant r_1 \mid x) - P(y^* < r_0 \mid x) \\
&= \Phi(r_1 - x'\beta) - \Phi(r_0 - x'\beta) \\
P(y=2 \mid x) &= \Phi(r_2 - x'\beta) - \Phi(r_1 - x'\beta) \\
&\cdots \\
P(y=J \mid x) &= 1 - \Phi(r_{J-1} - x'\beta)
\end{aligned} \tag{6-17}
$$

y^* 是被解释变量；x' 是解释变量。$r_0 < r_1 < r_2$，表示被访者对课程心理满意程度的分界。对于课程的满意接受度，分别对应 2 是非常满意和满意；1 是一般；0 是不认同、不接受。解释变量采用了 6 个维度测度，每个维度有 2 个评价指标，被访者回答问卷的问题也采用 0、1、2 赋值对应不认同、一般、满意 3 种评价（原论文把被解释变量和解释变量说反了，而且被解释变量和解释变量都是取 3 种排序赋值）。显然样本数据采用了面板综列数据结构。表 6 - 4 列出被解释变量和解释变量的意义；表 6 - 5 列出回归检验结果。对于有序 Probit 模型的回归命令列出如下：

```
oprobit y stu1 stu2 tea1 tea2 cur1 cur2 use1 use2    ///
              exp1 exp2 env1 env2 sex edu pro sch,nolog
margins,dydx(*)     // *对所有变量求边际影响*       //
```

表 6 - 4　　　　　　　　　　　　　变量类别、变量定义与赋值

变量类别	变量符号		变量定义说明
因变量	Y		对慕课在线学习满意度评价
自变量			
学习者感知价值维度	自我满足感	STU1	对该课程的学习，能使你获得情感和心理上的满足
	学习计划自我调整	STU2	学生能够参考教学周计划调整学习进度
授课方维度	教学者态度	TEA1	授课老师注意仪容仪表，治学严谨，教风端正
	助教团工作完成度	TEA2	助教团会及时上传、更新学习资源
在线课程维度	课程理念	CUR1	该课程的教学体现了"以学生为中心"的理念
	课程计划弹性	CUR2	重视学生自主学习和研究性学习能力的培养
			授课老师会根据学生的学习情况对教学计划进行适当的调整（如提前发布教学视频、一次性发布完剩余教学视频）
感知易用性维度	平台便捷性	USE1	MOOC 平台开放注册，无门槛限制，操作简单便捷
	设备支持程度	USE2	在任何时间、任何地点都能用多种设备进行 MOOC 学习
课堂实验维度	实验内容达成性	EXP1	课程实验数据获取后，能按步骤做出老师演示的实验结果
	实验讲解启发性	EXP2	该课程老师对实验要点讲解得当，具有启发性
学习环境维度	资源获取简便度	ENV1	该课程的课件（包括 PPT、实验数据、应用软件、案例文献）容易获取
	课程交互性	ENV2	讨论区的设置能够促进师生间交流互动、拉近师生关系
调查对象个体特征	SEX		性别 1 = 男、1 = 女
	EDU		教育背景 1 = 专科生、2 = 本科生、3 = 硕士生、4 = 博士生
	PRO		专业类别 1 = 经济类、2 = 社会学类、3 = 管理类、4 = 其他
	SCH		学校类别 1 = 985、2 = 211、3 = 一般院校、4 = 高职院校

表 6 – 5 多元有序 *Probi* 回归结果

变量	(1)	(2)	(3)	(4)	(5)	(6)	模型 6 中变量的边际效应（%）		
	y	y	y	y	y	y	0	1	2
STU_1	1.575 ***	1.379 ***	1.061 ***	1.072 ***	1.050 ***	1.025 ***	−2.22	−6.97	9.20
STU_2	1.343 ***	0.921 ***	0.765 **	0.695 **	0.688 **	0.660 *	−1.43	−4.48	5.92
TEA_1		1.235 ***	1.224 ***	1.395 ***	1.308 ***	1.379 ***	−2.99	−9.38	12.38
TEA_2		0.228	0.075	0.075	0.037	0.088	−0.19	−0.59	0.78
CUR_1			0.980 ***	1.018 ***	1.002 ***	1.037 ***	−2.25	−7.05	9.30
CUR_2			−0.208	−0.304	−0.426	−0.327	0.71	2.22	−2.93
USE_1				1.030 ***	0.959 **	0.993 **	−2.10	−6.76	8.92
USE_2				0.868 *	0.945 *	0.977 **	−2.12	−6.64	8.77
EXP_1					0.299	0.303	−0.65	−2.06	2.72
EXP_2					0.280	0.338	−0.73	−2.30	3.03
ENV_1						−0.069	0.15	0.46	−0.60
ENV_2						−0.205	0.44	1.39	−1.83
SEX	−0.133	−0.221	−0.114	−0.117	−0.055	−0.069	0.14	0.46	−0.61
EDU	1.260 ***	1.350 ***	1.335 ***	1.306 ***	1.279 ***	1.255 ***	−2.72	−8.53	11.26
SCH	0.224	0.630	0.711 *	0.878 **	0.808 *	0.790 *	−1.71	−5.37	7.09
PRO	−0.026	−0.054	−0.055	−0.044	−0.037	−0.043	0.09	0.28	−0.38
$cut1$	4.248 **	6.608 ***	7.078 ***	7.726 ***	7.751 ***	7.624 ***			
$cut2$	6.841 **	9.490 ***	10.149 ***	10.982 ***	11.058	10.913 ***			
N	309	309	309	309	309	309			

注：*** 、** 、* 分别表示估计系数在 1%、5%、10% 的统计水平上显著。

完成回归检验以后，为了对课程满意度影响因素分层分析，继续采用 *ISM* 方法。首先，咨询专家，分别对课程理念（S_1）、教学者态度（S_2）、学校类别（S_3）、平台便捷性（S_4）、教育背景（S_5）、设备支持程度（S_6）、自我满足感（S_7）、学习计划自我调整（S_8）相互影响关系做出评价。S_0 表示对慕课课程的满意度；其余 8 个因素既有相互影响，同时又都对慕课满意度评价 S_0 产生直接影响。这些关系列入表 6 – 5 中。表中变量的边际效应是在第 6 个模型基础上增加的边际回归命令；前 5 个模型是在前一个模型基础上，依次增加 1 个维度的变量回归得到结果。我们看到，在前 4 个回归模型中，增加到第 4 个维度的解释变量，都表现出显著性影响；从第 5 个模型开始，增加的第 5、第 6 维度解释变量，影响都变得不显著。变量的边际效应中，每递增 1 个维度的考量，学生对该维度的测评作用认知改善；对慕课的 3 种态度大部分会得到改善。不认可 – 0；一般型接受 – 1；认同满意 – 2，大部分都发生了改进。也就是说，对课程的不认可和一般型接受比例减少；对课程的认同满意程度得到提升。

H 表示列因素 $S1 \sim S8$ 对行因素的影响——对水平因素的影响；V 表示行因素对列因素的影响——看作对纵向因素的影响；X 表示行因素与列因素的相互交叉影响；O 表示行与列因素之间没有影响。依据图 6 – 3 逻辑关系，做出邻接矩阵 R（见图 6 – 4）。

S_0	H	H	H	H	H	H	H	H
	S_1	O	O	O	O	O	O	O
		S_2	O	O	O	O	O	O
			S_3	O	V	O	O	O
				S_4	O	X	O	V
					S_5	O	V	O
						S_6	O	O
							S_7	H
								S_8

图 6-3　慕课课程满意度与相关影响因素关系

$$R=\begin{array}{c} \\ S_0\\ S_1\\ S_2\\ S_3\\ S_4\\ S_5\\ S_6\\ S_7\\ S_8 \end{array}\begin{array}{c} \begin{array}{ccccccccc} S_0 & S_1 & S_2 & S_3 & S_4 & S_5 & S_6 & S_7 & S_8 \end{array}\\ \begin{bmatrix} 0&0&0&0&0&0&0&0&0\\ 1&0&0&0&0&0&0&0&0\\ 1&0&0&0&0&0&0&0&0\\ 1&0&0&0&0&1&0&0&0\\ 1&0&0&0&0&0&1&0&1\\ 1&0&0&0&0&0&0&1&0\\ 1&0&0&0&1&0&0&0&0\\ 1&0&0&0&0&0&0&0&0\\ 1&0&0&0&0&0&0&1&0 \end{bmatrix}\end{array}$$

图 6-4　影响因素构成的邻接矩阵 R

计算可达矩阵 M 的公式：

$$M=(R+I)^{\lambda+1}=(R+I)^{\lambda}\neq(R+I)^{\lambda-1}\neq\cdots\neq(R+I)^{2}\neq(R+I)^{1} \qquad (6-18)$$

1. 可达矩阵求解过程

R：邻接矩阵

$E=zeros\ (R)$

通过布尔运算求出 $R\hat{}_2$，$R\hat{}_3$，…直至 $R\hat{}_n=R\hat{}_n-1$，停止运算。此时的 $R\hat{}_n$ 便是要求的可达矩阵。

具体实施：

通过将上次循环得出的 R 赋给 E，并判断新一轮循环得出的 R 是否与 E 相等，以决定是否终止循环。循环终止意味着此时的 R 就是最终的可达矩阵。为了与原来的邻接矩阵 R 区别，本书中给可达矩阵命名为 M。

具体程序如下［在 Matlab 程序中，输入如下命令格式（空格键位置都有严格要求，不能错位）。本书中的矩阵维度 n=9］：

```
n = input('请输入矩阵维数:');
R = input('请输入邻接矩阵:');
E = zeros(n);
B = R;
while(norm(R - E) >0)
```

```
    E = R;
for i = 1:n
    for j = 1:n
        for k = 1:n
            if R(i,k)&B(k,j)
                R(i,j) = 1;
            end
        end
    end
end
end
R
```

可达矩阵 M 实际上就是邻接矩阵 R 各个元素与单位对角矩阵 I 的元素相加得到图 $6-5$。

$$M=\begin{bmatrix} 1 & 0 & 0 & 0 & 0 & 0 & 0 & 0 & 0 \\ 1 & 1 & 0 & 0 & 0 & 0 & 0 & 0 & 0 \\ 1 & 0 & 1 & 0 & 0 & 0 & 0 & 0 & 0 \\ 1 & 0 & 0 & 1 & 0 & 1 & 0 & 1 & 0 \\ 1 & 0 & 0 & 0 & 1 & 0 & 1 & 1 & 1 \\ 1 & 0 & 0 & 0 & 0 & 1 & 0 & 1 & 0 \\ 1 & 0 & 0 & 0 & 1 & 0 & 1 & 1 & 1 \\ 1 & 0 & 0 & 0 & 0 & 0 & 0 & 1 & 0 \\ 1 & 0 & 0 & 0 & 0 & 0 & 0 & 1 & 1 \end{bmatrix}$$

图 6 - 5 可达矩阵

2. 区域划分

找出各个元素相对应的可达集 P、先行集 Q 以及两者的交集 S。

求解 P：找出每一行中元素为 1 对应的列。

求解 Q：找出每一列中元素为 1 对应的行。

求解 S：套用 *Matlab* 本身自带的函数 $S = intersect$（P, Q）。

或者编写 M 文件函数，具体程序如下所示：

```
for i = 1:n
P = find(R(i,:));
Q = find(R(:,i));
S = intersect(P,Q);
P;
Q;
S;
```

3. 级别划分

因为 S 是 P 与 Q 的交集，所以只需判断 P 与 S 的长度是否相等，便可进行级别划分。

$M = zeros(n)$；

$r = 1$；r 为第几级

求出每个元素的 P, Q, S，再将相应的对角线元素 $R(i,i)$ 赋予 0。通过查找对角线为

0 的元素位置，将所对应的行列均赋值 0。每次循环 r 自增 1，再进行循环，求出每一级的元素，直至 $R=M$。

具体程序如下：

```
r = 1;
M = zeros(n);
while( ~isequal(R,M))
for i = 1:n
P = find(R(i,:));
Q = find(R(:,i));
S = intersect(P,Q);
P;
Q;
S;
if( ~isempty(P)& ~isempty(Q)&(length(P) == length(S)))
    disp('第 r 级：')
    r
    disp('元素为')
    i
    R(i,i) = 0;
    end
end
for i = 1:n
if R(i,i) == 0
R(i,:) = 0;
R(:,i) = 0;
end
end
    r = r + 1;
end
```

经过以上程序运行，最后得到图 6-6，清晰地揭示出各个影响因素的不同重要程度。

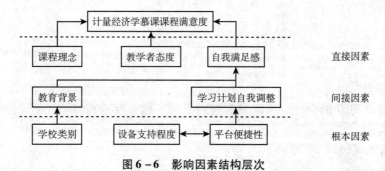

图 6-6 影响因素结构层次

从图 6 - 6 中，得到各个影响因素的所处地位与影响程度。为《计量经济学》这门慕课在教学中收到更好的教学效果，如何进行相应的改进提供了直观有益的参考。而作者也是从三个层次提出了课程改良建议。

二、有序 *Logit* 模型的应用

黄亚冰、林同智（2021）在《基于 Logit 模型的广西高校大学生创业意愿影响因素实证研究》一文中，运用有序 *Logit* 模型，对大学生创业的影响因素做了较为深入的分析。

大学生创业，受到诸多因素的影响和制约。比如专业技能、社会锻炼的阅历、经济条件、家庭和个人积累的人脉关系、个人面对困难的意志决心、在困境中学习、调整的能力等方面，都影响大学生创业的初始意愿，甚至决定了创业成败。由此，作者提出了与大学生创业活动相关的有待验证的 6 个假设：

假设 1. 性别、以往的学生干部经历、社团活动、生源地域类别与大学生创业意愿呈正相关；

假设 2. 父母和亲友的创业经历与大学生创业意愿呈正相关；

假设 3. 创业教育中的个人因素与大学生创业意愿呈正相关；

假设 4. 创业教育中的学校因素与大学生创业意愿呈正相关；

假设 5. 创业扶持政策对大学生创业意愿有显著正向影响；

假设 6. 创业者的个人特质对大学生创业意愿有显著正向影响；

假设 7. 创业自我效能感对创业意愿有显著的正向影响。

基于以上假设，为了更好地揭示大学生创业意愿的影响因素，课题组专门设计调查问卷，向桂林、南宁、柳州 10 余所院校的创业管理中心、创业孵化基地、大学生创客园、大学科技园、创新创业学院、众创空间等部门发放调查问卷 465 份，收回 461 份。剔除无效问卷，最后保留 443 份有效问卷。

从假设 1 ～ 假设 6 条件出发，被调查者性别为男，代理变量取 1；女性取 0。其他符合假设条件的被调查者对应代理变量取 1；否则取 0。例如，生源地为城市赋值为 1，农村生源赋值为 0；在读研究生以上学历为 1，在读本科和职高学生赋值为 0；有社团任职经历、学生干部任职经历的赋值为 1，没有相关经历为 0；父母在公职单位、国有企业、事业单位任职的赋值为 1，其他为 0；父母正在创业的为 1，否则为 0（当然这一变量赋值值得探讨，往往家庭出身于工商企业或者家族企业的，更具有创业意愿和创业能力；在公职部门任职家庭只是有相关的信息渠道）。其中创业环境、创业教育、个体特质根据被调查者的主观感知赋值，有为 1，没有为 0；自我效能感按照里克特量表进行编码，从 1 到 5 依次递增。

排序模型的基础函数：

$$\gamma^* = \beta' x + \varepsilon \tag{6-19}$$

式（6 - 19）中，γ^* 是不可观测的变量，代表个人的主观感受和评价；$F(x)$ 分布函数服从极值分布。形式上 X 的取值影响 $F(x)$ 的分布密度，进一步导致 y^* 的取值区间概率不

同，最终影响到 γ^* 的不同取值概率。也就是 X 的取值不同，最终影响到了创业意愿 Y 从 1 ～5 取值不同的概率。

$$P(y_i = 1 \mid x, \beta, \gamma) = F(\gamma^* - x'\beta),$$
$$P(y_i = 2 \mid x, \beta, \gamma) = F(\gamma_2^* - x'\beta) - F(\gamma_1^* - x'\beta),$$
$$P(y_i = 3 \mid x, \beta, \gamma) = F(\gamma_3^* - x'\beta) - F(\gamma_2^* - x'\beta),$$
$$P(y_i = 4 \mid x, \beta, \gamma) = F(\gamma_4^* - x'\beta) - F(\gamma_3^* - x'\beta),$$
$$P(y_i = 5 \mid x, \beta, \gamma) = F(\gamma_5^* - x'\beta) - F(\gamma_4^* - x'\beta) \tag{6-20}$$

y_i 对应大学生创业意愿的不同取值。1 是完全没兴趣；2 是没兴趣；3 是不确定；4 是感兴趣；5 是十分感兴趣。受到 x 不同取值的影响，γ_i^* 的分布密度不同。由分布函数在不同区间取得的概率也不同。下式最大似然函数估计，求出 β，γ 值，

$$L(\beta, \gamma) = \sum_{i=1}^{N} \sum_{j=1}^{5} \ln(P(y_i = j \mid x, \beta, \gamma)) . 1 . (y_i = j) \tag{6-21}$$

按照表 6－6 中的变量顺序，我们需要依次给定英文变量名称：

sex, age, ori(origin), class(classification), lead, exper(experience),

folk, parents, con(condition), race

被解释变量确定为 y，对应不同的创业意愿。

表 6－6 被调查者特征描述

基本特征	特征说明	最小值	最大值	均值	标准差
性别	男 =1，女 =0	0	1	0.42	0.49
年龄		17	32	25	4.39
生源地	城镇 =1；农村 =0	0	1	0.62	0.49
在读类别	研究生 =1；专本 =0	0	1	0.41	0.53
干部经历	有 =1；无 =0	0	1	0.52	0.51
社团经验	有 =1；无 =0	0	1	0.56	0.53
亲友创业	有 =1；无 =0	0	1	0.47	0.48
父母类别	公职 =1；其他 =0	0	1	0.36	0.67
创业状态	正在创业 =1；其他 =0	0	1	0.17	0.90
创业比赛	参加过 =1；未参加 =0	0	1	0.70	0.71

完成变量命名以后，输入一下有序 Logit 回归命令：

ologit y sex ori class lead exper folk parents con mnrace, nolog

margins, dydx(＊)   // ＊ 对所有变量求边际影响 ＊   //

最后呈现在表 6－7 中。

表 6 – 7   回归检验结果

一级指标	解释变量 X	系数	Z 统计量
基本特征	性别	0.2687 *	2.91
	年龄	-0.3412 *	-3.82
	生源地	0.4215 *	3.12
	在读类别	0.2467 *	-2.43
	干部经历	0.5321	-2.18
	社团经验	0.3471 *	1.37
	亲友创业	0.2569 **	1.67
	父母类别	0.3251	1.87
	创业状态	0.4023 **	2.32
	创业比赛	0.1932 *	1.98
创业教育	学校会经常邀请企业家来开展创业讲座	0.3617 *	2.37
	学校会定期安排学生到企业参加创业培训	0.4452 *	1.11
	学校设置创业教育课程体系	0.5213 *	3.13
	学校会经常举办创业设计大赛等创业演练活动	0.3215 *	2.56
	我认为创业教育对创业意向强化的效果	0.1321 *	2.23
	我主动选修关于创业教育的课程并参加创业讲座	0.3471 *	1.37
	我经常主动参加学校组织的创业技能培训或模拟演习	0.1519 **	1.36
	我经常主动参与创业大赛活动	0.5251 *	1.92
创业环境	学校领导、院系领导都很重视学生创业和创业教育	0.2023 **	2.21
	目前的经济发展形势与趋势有利于创业	0.1782 *	2.21
	创业政策给高校毕业生自主创业带来红利	0.24317 *	3.91
	政府政策支持是实际创业行为发生的关键因素	0.3412 *	1.37
	社会氛围的认同实际创业行为发生的关键因素	0.3518 *	2.52
个性特征	我总是努力不断地提高和突破自己	0.4216 *	2.98
	我希望获得一定的金钱和社会地位	0.4216 *	2.47
	我喜欢不确定性和风险带来的刺激	0.2146 *	1.37
	对于同一件事，我经常能够提出独到的见解	0.6142 *	1.67
	如果可能的报酬足够高，我愿意接受更大的风险	0.3321 *	1.87
自我效能感	我善于从外界环境中识别出机会和存在的潜在问题	0.3753 *	4.12
	我能够为创业项目找到新的市场	0.4512 *	3.17
	我对供给侧结构性改革有独到的思考与创新	0.2315 *	3.25
	我可以有效降低创业过程中的风险和不确定性	0.3156 *	2.46
	我相信我能建立并管理好一个高效的团队效能	0.2164 *	3.26
	路演以及竞赛等方式找到风险投资人或合伙人	0.2132 *	1.82

注：(1) ***、**、* 分别表示估计系数在 1%、5%、10% 的统计水平上显著。(2) Y 在 $Logit$ 模型中表示创业意愿 (1 = 完全没兴趣，2 = 没兴趣，3 = 不确定，4 = 感兴趣，5 = 十分感兴趣)。

从回归检验结果来看，先天的家庭因素是不可改变的；学校教育能够从后天的教育培养方面，加强对大学生创业能力和阅历相关的活动参与程度。这也是本书切合当代大学生切身利益的一篇研究论文。当然，创业能否最后成功，还受到很多因素的影响。

第七章

面板数据模型

第一节　固定效应模型

一、面板数据

时间序列数据或截面数据都是一维数据；而面板数据（panel data or longitudinal data）是同时在时间和截面上取得的二维数据。是指 N 个不同个体在 T 个不同时期上的观测数据，也称为纵向数据、综列数据、时空数据。个体可以是个人、企业、行业或者国家；时间可以是小时、日、月、季度或者年。面板数据计量经济学模型是近些年计量经济学理论方法的重要发展之一，已经形成了与截面数据模型相对应的完整的模型体系，具有较高的应用价值。

（一）面板数据特点

（1）有助于解决遗漏变量问题。虽然可以用工具变量法解决遗漏变量问题，但是通常很难找到有效的工具变量。所以，如果不可观测的个体差异"不随时间而改变"（time invariant），则面板数据提供了解决这一问题的一种方法。

（2）提供更多个体动态行为的信息。面板数据可以解决单独的截面数据或时间序列数据所不能解决的问题。例如，分析银行业结构对我国各个地区经济增长的影响。它既与各地区金融深化程度、对外开放程度、教育水平等因素有关，也与国家在各个时期的总体经济发展水平和宏观政策有关，同时地区之间还存在互相影响。只利用截面数据，即选择同一时间上不同地区的数据作为样本观测值，可以在同时考虑各地区金融深化程度、对外开放程度、教育水平等因素的情况下，分析银行业结构对各个地区经济增长的影响。但是无法考虑国家总体经济发展水平和宏观政策的影响，因为它们对于不同地区来说是相同的。只利用各个地区的时间序列数据，可以在考虑国家的总体经济发展水平、宏观政策的情况下，分别研究每个地区银行业结构对经济增长的影响。但是却无法考虑不同地区之间的相关性。如果采用面板数据，即在不同的时间上选择不同地区的数据作为样本观测值，则可以既考虑各地区的金融深化程度、对外开放程度、教育水平等因素，也考虑国家的总体经济发展水平和宏观政策等因素，同时还考虑到不同地区之间的相关性。这样才能客观、准确地分析银行业结构对各个地区经济增长的影响。

（3）样本容量较大。由于同时包含截面维度与时间维度，所以面板数据的样本容量更大，能提高估计的精确度。当然，面板数据也会带来一些问题。比如，面板数据通常不满足独立同分布假定。因为同一个体在不同时期的扰动项一般存在自相关。

（二）面板数据分类

1. 短面板与长面板

在微观层面的研究中，面板数据的横截面维度（N 个个体）比较大；时间维度（T 个时期）比较小。这样的面板数据被称为"短面板"。例如，经济普查的对象为我国所有从事第二产业、第三产业的法人单位、产业活动单位和个体工商户。但每 5 年跟踪调查 1 次，50 年数据的 T 也只有 10。反之，N 很小，T 很大，则被称为"长面板"。另外，有些数据的 T 比较大，N 也比较大，则被称为"大面板"数据。例如上市公司财务数据。

2. 平衡面板与非平衡面板

如果对于每个个体，它们都有相同时间 T 的观测点，称为"平衡面板"；反之，则被称为"非平衡面板"。如表 7-1 所示，每个个体都有 3 年的数据，是平衡面板。表 7-2 中个体 1 缺少 2014 年的数据，因此是非平衡面板。

表 7-1　　　　　　　　　　　　　　　平衡面板数据

ID	Year	HHI	RD	Size	Age	ROA	Lev	FAR	CapEx
1	2013	0.072	0	19.14	3.09	0.09	0.95	0	0.04
1	2014	0.068	0	19.14	3.13	0.11	0.73	0.02	001
1	2015	0.064	0	19.14	3.17	0	0.71	0.02	0
2	2013	0.11	0.023	21.11	2.77	0.02	0.54	0.41	0.09
2	2014	0.11	0.023	20.96	2.83	-0.04	0.58	0.48	0.04
2	2015	0.10	0.032	20.50	2.89	0.05	0.38	0.27	0.02

表 7-2　　　　　　　　　　　　　　　非平衡面板数据

ID	Year	HHI	RD	Size	Age	ROA	Lev	FAR	CapEx
1	2013	0.072	0	19.14	3.09	0.09	0.95	0	0.04
1	2015	0.064	0	19.14	3.17	0	0.71	0.02	0
2	2013	0.11	0.023	21.11	2.77	0.02	0.54	0.41	0.09
2	2014	0.11	0.023	20.96	2.83	-0.04	0.58	0.48	0.04
2	2015	0.10	0.032	20.50	2.89	0.05	0.38	0.27	0.02

如果非平衡面板数据缺失是由于随机原因造成的，那么处理方法和平衡面板相同；如果数据缺失是由于非随机原因造成的，则必须考虑缺失原因。例如，在薪资跟踪调查数据中，通过跟踪 N 个个体 T 年的受教育程度和薪资水平来研究受教育程度对薪资的影响。懒惰的人更容易选择退出调查。而懒惰又会同时影响受教育程度和薪资水平，造成样本选择偏差。因此，在使用这个非平衡面板数据时，必须考虑这类非随机因素造成的样本选择偏差。本章我们不考虑非随机原因造成的非平衡面板数据，所讲方法同时适用于平衡面板数据和非平衡面板数据。

3. 静态面板与动态面板

在面板数据模型中，如果解释变量包含被解释变量的滞后值，则称为动态面板；反之，则为静态面板。

（三）面板数据的信息来源

如表 7 – 1 所示，HHI 变量值的来源包含不同个体间银行业竞争程度的差异和同一个体在不同年份银行业竞争程度的差异。总方差可以分解为个体间方差和个体内方差。即组间方差与组内方差：

$$TotalVariation(总方差) = BetweenVariation(组间方差) + WithinVariation(组内方差)$$

$$s_T^2 = \frac{1}{NT-1} \sum_{t=1}^{N} \sum_{t=1}^{T} (X_{it} - \bar{X})^2$$

$$s_B^2 = \frac{1}{N-1} \sum_{i=1}^{N} (\overline{X_i} - \bar{X})^2$$

$$s_W^2 = \frac{1}{NT-1} \sum_{t=1}^{N} \sum_{t=1}^{T} (X_{it} - \overline{X_i})^2$$

其中，组间方差 s_B^2 是个体平均值的方差；组内方差 s_W^2 是相同个体在不同时间值的方差。由于是计算样本的方差，做了 $NT-1$ 和 $N-1$ 的调整。因此，样本总方差 s_T^2 只是近似等于二者之和。

（四）面板数据模型因果关系分析

以受教育程度对薪资的影响为例。模型如下：

$$WAGE_{it} = \beta_0 + \beta \underbrace{EDU_{it}}_{\substack{可观测\\随时间变化}} + \gamma \underbrace{GENDER_i}_{\substack{可观测\\不随时间变化}} + \theta \underbrace{ABILITY_i}_{\substack{不可观测\\不随时间变化}} + \varphi \underbrace{LUCK}_{\substack{不可观测\\随时间变化}}{}_{it} \tag{7-1}$$

$WAGE_{it}$ 为 i 个体在 t 时期的薪资水平；β_0 为常数项。影响薪资水平的因素除可观测到的随时间变化的个体特征即教育程度 EDU_{it} 外，还包括不随时间变化的个体特征。如性别 $GENDER_i$；不可观测的不随时间变化的个体上的差异，如个人天赋能力 $ABILITY_i$，以及不可观测到的但是会随时间变化的变量，如运气 $LUCK_{it}$。

我们将所有不可观测的因素均归于干扰项 $e_{it} = \theta ABILITY_i + \varphi LUCK_{it}$。$e_{it}$ 被称为"复合扰动项"。上式可简化为：

$$WAGE_{it} = \beta_0 + \beta EDU_{it} + \gamma GENDER_i + e_{it} \tag{7-2}$$

如果要得到 β 的正确估计，则需要教育程度 EDU_{it} 与干扰项 e_{it} 不相关。即受教育程度与个人天赋能力以及运气都不相关。显然，这是个很强的假设条件。

面板数据允许我们将干扰项中不可观测且不随时间变化的因素从干扰项中分离出来，$e_{it}=\alpha_i+\mu_{it}$。其中 α_i 是个体不可观测且不随时间变化的因素 $\theta ABILITY_{it}$（个体效应）；μ_{it} 是个体不可观测且随时间变化的因素 $\varphi LUCK_{it}$。因此式（7-2）可改进为：

$$WAGE_{it}=\beta_0+\beta\underbrace{EDU_{it}}_{\substack{\text{可观测}\\\text{随时间变化}}}+\gamma\underbrace{GENDER_i}_{\substack{\text{可观测}\\\text{不随时间变化}}}+\underbrace{\alpha_i}_{\substack{\text{不可观测}\\\text{不随时间变化}}}+\underbrace{\mu_{it}}_{\substack{\text{不可观测}\\\text{随时间变化}}}\qquad(7-3)$$

虽然我们无法观测和估计个体的天赋能力 $ABILITY_i$ 及其影响系数 θ，但是式（7-3）通过 α_i 将不可观测的不随时间变化的天赋能力因素给"控制"掉了。此时，干扰项 μ_{it} 只剩下不可观测且不随时间变化的运气 $\varphi LUCK_{it}$。此时，要正确估计出 β，只需要满足教育与运气不相关即可。显然，这个假设条件要比式（7-2）中教育与个人天赋能力、运气都不相关要更合理。

（五）面板数据的估计策略

面板数据的三种模型都需要假设不可观测的随时间变化的 μ_{it} 与可观测解释变量不相关。这三种模型的关键区别：对个体不可观测且不随时间变化的变量 α_i 的假设。根据对 α_i 的不同假设，把面板数据模型分为三种：混合截面数据模型、随机效应模型、固定效应模型。

第一，混合截面数据模型。该模型认为 α_i 不存在。则式（7-3）可写作：

$$WAGE_{it}=\beta_0+\beta EDU_{it}+\gamma GENDER_i+\mu_{it}\qquad(7-4)$$

如果 α_i 不存在，且 $E(\mu_{it})=0$，那么我们就可以将面板数据当作截面数据进行混合回归，使用简单的 OLS 即可得到 β 的无偏和一致估计值。由于该模型仅将其作为横截面数据在时间上的叠加，没有利用面板数据的二维特征，因此也称为混合截面数据模型。缺点在于忽视了个体中不可观测的异质性。该异质性可能与解释变量相关，导致估计不一致。

第二，随机效应模型。该模型认为 α_i 存在，但与可观测解释变量 EDU_{it}，$GENDER_i$ 不相关。此时，扰动项由 $e_{it}=\alpha_i+\mu_{it}$ 组成。在随机效应模型中，由于同一个体的干扰项在不同时间上包含了相同的 α_i，因此扰动项存在自相关问题。

假定第 t 期和第 s 期的复合扰动项分别为相关系数 e_{it} 和 e_{is}，且 $Var(\alpha_i)=\sigma_\alpha^2$，$Var(\mu_{it})=\sigma_\mu^2$。在随机效应模型下，可以得到第 t 期和第 s 期的复合扰动项的相关系数如下：

$$\rho_{it}\equiv Corr(\alpha_i+\mu_{it},\alpha_i+\mu_{is})=\frac{\sigma_\alpha^2}{\sigma_\alpha^2+\sigma_\mu^2},t\neq s\qquad(7-5)$$

显然，同一个体不同时期的扰动项之间的自相关系数 ρ 不随时间距离（$t-s$）而改变。故随机效应模型也被称为"等相关模型"（equicorrelated model）或"可交换扰动项模型"（exchangeable errors model）。ρ 越大表示复合扰动项（$\alpha_i+\mu_{it}$）中个体效应（α_i）部分越重要。

为解决误差项的序列相关问题，采用广义最小二乘法（Generalized Least Square，GLS）来进行估计。

先将式（7-2）减去时间均值的 θ 倍转换为：

$$WAGE_{it}^* = \beta_0^* + \beta EDU_{it}^* + \gamma GENDER_i^* + e_{it}^* \qquad (7-6)$$

其中，$\theta = 1 - \dfrac{\sigma_\alpha}{\sqrt{\sigma_\alpha^2 + T\sigma_\mu^2}}$；$WAGE_{it}^* = WAGE_{it} - \theta\overline{WAGE_i}$；$e_{it}^* = e_{it} - \theta\overline{e_i}$。转换后的 e_{it}^* 为同方差。接着用 OLS 对转换后的模型进行估计，得到随机效应模型估计量（random effects estimator），记为 $\hat{\beta}_{RE}$。$\hat{\beta}_{RE}$ 为 β 的无偏、一致且有效的估计量。

第三，固定效应模型。该模型认为 α_i 存在，且与可观测解释变量相关。即假定个体的回归方程拥有相同的斜率。但是可有不同的截距项，以捕捉异质性。在实际运用中，固定效应模型是最常见的面板数据模型。因为个体不可观测且不随时间变化的部分 α_i 通常是存在的，而且与可观测解释变量相关。因此，本章将重点介绍固定效应模型。

二、固定效应模型概述

固定效应模型（fixed effects model，FEM），是一种面板数据分析方法。它是指实验结果只想比较每一自变项之特定类目或类别间的差异，及其与其他自变项之特定类目或类别间交互作用的效果，而不想依此推论到同一自变项未包含在内的其他类目或类别的实验设计。固定效应模型包含个体、时间和个体时间双固定效应模型 3 种。

固定效应模型有 n 个不同的截距。其中一个截距对应一个个体。可以用一系列二值变量来表示这些截距。

固定效应模型一般形式可以写成：

$$Y_{it} = \underset{\substack{\text{可观测}\\\text{随时间变化}}}{X_{it}'}\ \beta + \underset{\substack{\text{可观测}\\\text{不随时间变化}}}{Z_i'}\ \gamma + \underset{\substack{\text{不可观测}\\\text{不随时间变化}}}{\alpha_i} + \underset{\substack{\text{不可观测}\\\text{随时间变化}}}{\mu_{it}} \qquad (7-7)$$

其中，Y_{it} 为被解释变量，X_{it} 是包含可观测的随时间变化变量的向量；Z_i 是包含可观测且不随时间变化变量的向量；α_i 是个体固定效应，包含不可观测且不随时间变化的变量；μ_{it} 是回归方程的干扰项，包含不可观测且随时间变化的变量。模型的假设条件是 $E(\alpha_i | X_{it}, Z_i) \neq 0$；$E(\mu_{it} | X_{it}, Z_i, \alpha_i) = 0$。模型中的个体固定效应意味着每个个体都有个单独的截距项。因此不需再加入共同截距项。

固定效应模型有几种估计方法，包括个体内差分估计法、最小二乘虚拟变量估计方法和一阶差分估计方法。本质相差不大，但各有优缺点。下面我们对这些方法分别展开讨论。

三、固定效应模型估计方法

（一）个体内差分估计法

个体内差分估计法又叫组内估计法。原理是先将面板数据中每个个体的观测值变换为对其平均数的离差观测值，然后利用离差变换数据，用 OLS 法估计模型回归系数 β。步骤如下：

第一步，对每个个体的变量$(Y_{it},X_{it},Z_i,\alpha_i,\mu_{it})$取个体平均值。则有：

$$\overline{Y_i} = \frac{1}{T}\sum_{t=1}^{T} Y_{it}$$

$$\overline{X_{it}} = \frac{1}{T}\sum_{t=1}^{T} X_{it}$$

$$\overline{Z_i} = \frac{1}{T}\sum_{t=1}^{T} Z_i$$

$$\overline{\alpha_i} = \frac{1}{T}\sum_{t=1}^{T} \alpha_i$$

$$\overline{\mu_i} = \frac{1}{T}\sum_{t=1}^{T} \mu_{it}$$

可得：
$$\overline{Y}_{it} = \overline{X}'_i\beta + \overline{Z}'_i\gamma + \alpha_i + \overline{\mu}_i \tag{7-8}$$

第二步，式（7-7）减去式（7-8）：

$$Y_{it} - \overline{Y}_i = (X_{it} - \overline{X}_i)'\beta + (Z_i - \overline{Z}_i)'\gamma - (\alpha_i - \overline{\alpha}_i) + (\mu_{it} - \overline{\mu_i})$$
$$= (X_{it} - \overline{X}_i)'\beta + (\mu_{it} - \overline{\mu_i})$$
$$\tilde{Y}_{it} = \tilde{X}_{it}'\beta + \tilde{\mu}_{it} \tag{7-9}$$

其中，$\tilde{Y}_{it} = Y_{it} - \overline{Y}_i$，$\tilde{X}_{it}' = X_{it} - \overline{X}_i$，$\tilde{\mu}_{it} = \mu_{it} - \overline{\mu_i}$为个体内差值。即去除个体均值后的值。

第三步，进行 OLS 估计。因为式（7-9）中不存在造成与解释变量相关的固定效应，即 $\mathrm{Cov}(\tilde{X}_{it}', \tilde{\mu}_{it}) = 0$，所以可以用 OLS 来对式（7-9）进行估计：

$$\hat{\beta}^{within} = (\tilde{X}'\tilde{X})^{-1}(\tilde{X}'\tilde{Y}) = (\sum_{i=1}^{N}\sum_{t=1}^{T} \tilde{X}_{it}\tilde{X}_{it}')^{-1}(\sum_{i=1}^{N}\sum_{t=1}^{T} \tilde{X}_{it}\tilde{Y}_{it})$$

$$= (\sum_{i=1}^{N}\sum_{t=1}^{T}(X_{it} - \overline{X}_i)(X_{it} - \overline{X}_i)')^{-1}(\sum_{i=1}^{N}\sum_{t=1}^{T}(X_{it} - \overline{X}_i)(Y_{it} - \overline{Y}_i)) \tag{7-10}$$

$\hat{\beta}^{within}$被称为个体内差分估计量、固定效应估计量。

这个方法依赖于X_{it}和Y_{it}在个体内变化的信息，来估计它们的因果关系。对面板数据去除个体内均值的方法，称为"个体内转换"。经过个体内转换的数据不包含个体固定效应。

个体内差分估计法的代价是，通过个体内转换，不仅去除了不可观测的固定效应α_i，同时去除了可观测且不随时间变化的变量Z_i。这也意味着，在估计固定效应模型中，可观测且不随时间变化的变量Z_i因为不存在个体内变化，其系数无法被估计。

（二）最小二乘虚拟变量估计方法（LSDV 法）

个体固定效应α_i传统上被视为是个体i的待估参数。即个体i的截距项。对于N个个体的N个不同截距项，可在方程中引入N个虚拟变量来估计固定效应模型。其中，对于个体i，虚拟变量D_i为：如果是个体i，那么$D_i=1$；如果是其他个体，那么$D_i=0$。包含虚拟变量的固定效应模型如下：

$$Y_{it} = X_{it}'\beta + Z_i'\gamma + \alpha_1 D_1 + \alpha_2 D_2 + \alpha_i D_i + \cdots + \alpha_N D_N + \mu_{it} \tag{7-11}$$

可简化为：

$$Y_{it} = X'_{it}\beta + Z'_i\gamma + \sum_{i=1}^{N}\alpha_i D_i + \mu_{it} \qquad (7-12)$$

式（7-12）与 $Y_{it} = X'_{it}\beta + Z'_i\gamma + \alpha_i + \mu_{it}$ 本质相同。个体固定效应 α_i 就是虚拟变量 D_i 的系数。直接用 *OLS* 估计虚拟变量模型（7-12）就是"最小二乘虚拟变量估计法"（least square dummy variable estimator，LSDV）。如果模型是正确设定的，且符合模型全部假定条件，则回归系数估计量是无偏、有效、一致的估计量。

LSDV 法的估计结果与个体内差分估计法得到的结果完全相同。LSDV 的优点在于能得到对个体异质性 α_i 的估计；缺点在于如果 N 很大，则需要在回归方程中引入许多虚拟变量，可能会超出 Stata 所允许的变量个数。

（三）一阶差分估计方法

一阶差分估计法（first difference estimator）也可以用来估计固定效应模型。与个体内差分估计法的原理类似，一阶差分估计法通过对每个个体前后两期做差分，达到消去个体固定效应 α_i 的目的。具体步骤如下：

$$Y_{it} = X'_{it}\beta + \alpha_i + \mu_{it} \qquad (7-13)$$
$$Y_{it-1} = X'_{it-1}\beta + \alpha_i + \mu_{it-1} \qquad (7-14)$$

式（7-13）减去式（7-14）得到一阶差分模型：

$$Y_{it} - Y_{it-1} = (X'_{it}\beta - X'_{it-1}\beta) + (\mu_{it} - \mu_{it-1})$$
$$\Delta Y_{it} = \Delta X'_{it}\beta + \Delta\mu_{it} \qquad (7-15)$$

由于 $\Delta X'_{it}$ 与 $\Delta\mu_{it}$ 不相关，可以用 *OLS* 估计 β，得到 β 的一阶差分估计公式：

$$\hat{\beta}_{FD} = \frac{\sum_{i=1}^{N}\sum_{t=2}^{T}\Delta X_{it}\Delta Y_{it}}{\sum_{i=1}^{N}\sum_{t=2}^{T}\Delta X_{it}\Delta X'_{it}} \qquad (7-16)$$

$\hat{\beta}_{FD}$ 是 β 的一致估计量；*FD* 是一阶差分的英文缩写。若 $T=2$，一阶差分估计法与个体内差分估计法的结果完全相同；若 $T>2$，一阶差分估计法与个体内差分估计法的结果不相同，二者会因为采样误差而有所差异。在实际情况中，较多用个体内差分估计法，较少用一阶差分估计法。

四、时间固定效应模型

个体固定效应模型解决了不随时间而变（time invariant）但随个体而异的遗漏变量问题。还可能存在不随个体而变（individual invariant），但随时间而变（time varying）的遗漏变量问题。比如企业经营所处的宏观经济环境，不随个体而变但随时间而变。引入时间固定效应模型，则可以解决这个问题。

在个体固定效应模型中加入时间固定效应（λ_t）：

$$Y_{it} = X'_{it}\beta + \alpha_i + \lambda_t + \mu_{it} \qquad (7-17)$$

式（7-17）中，可将 λ_t 看作第 t 期独有的截距项，并将其解释为第 t 期对被解释变量 Y 的效应。因此，这些 $\lambda_1, \cdots, \lambda_t$ 称为时间固定效应（time fixed effects）。

对于式（7-17），显然可以使用 LSDV 法来进行估计。对每个时期定义一个虚拟变量，可以引入（$T-1$）个时间虚拟变量，在回归方程中控制时间固定效应（用 $T-1$ 个而非 T 个虚拟变量是为了避免共线性）。模型为：

$$Y_{it} = X'_{it}\beta + \alpha_i + \sum_{t=2}^{T} \gamma_t D_t + \mu_{it} \qquad (7-18)$$

如果 $t=2$，则时间虚拟变量 $D_2 = 1$；否则 $D_2 = 0$。以此类推。式（7-17）既考虑了个体固定效应，又考虑了时间固定效应。故称为"双向固定效应"（two-way FE）。可以通过检验这些时间虚拟变量的联合显著性，来判断是否应使用双向固定效应模型。如果仅考虑个体固定效应，则称为单向固定效应（one-way FE）。

在 Stata 中，面板数据模型的实现命令如下：

混合截面数据模型：reg y x,r

不存在时间效应的随机效应模型：xtreg y x,re

存在时间效应的随机效应模型：xi:reg y x i.year,re

不存在时间效应的固定效应模型：xtreg y x,fe

存在时间效应的双向固定效应模型：xi:xtreg y x i.year,fe

五、面板数据模型的设定与检验

面板数据的检验包含两种情况。一是检验某组面板数据应建立哪种模型类型。是混合截面数据模型、固定效应模型还是随机效应模型；二是检验面板数据模型中，回归系数或回归系数之间是否存在某种约束。

第一类检验主要介绍 F 统计量和 H（Hausman）统计量。F 统计量用来检验应当建立混合截面数据模型还是固定效应模型；H 统计量用于检验应当建立随机效应模型还是固定效应模型。第二类检验主要介绍 Wald，F 和 LR 统计量。3 个统计量都是用来决定解释变量的取舍，或者回归系数之间的某种约束。

（一）F 检验

F 统计量用来检验对于一组面板数据到底是建立混合截面数据模型还是固定效应模型。

通常定义为：

$$F = \frac{(RSS_r - RSS_u)/m}{RSS_r/(T-k)} \qquad (7-19)$$

其中，RSS_r 表示估计的约束模型的残差平方和；RSS_u 表示估计的非约束模型的残差平方和；m 表示约束条件个数；T 表示样本容量；k 表示非约束模型中被估回归系数的个数。

在原假设"约束条件成立"条件下，F 统计量服从自由度为 $(m, T-k)$ 的 F 分布。

$$F \sim F(m, T-k)$$

以检验建立混合截面数据模型还是个体固定效应模型为例。这里，混合截面数据模型是约束模型（约束 N 个 α_i 相等）；个体固定效应模型是非约束模型（α_i 可以随个体不同）。从而建立假设：

H_0：$\alpha_i = \alpha, i = 1, 2, \cdots, N$。模型中不同个体的截距项 α_i 相同（即混合截面数据模型）。

H_1：模型中不同个体的截距项 α_i 不同（即个体固定效应模型）。

F 统计量定义为：

$$F = \frac{(RSS_r - RSS_u)/(N-1)}{RSS_r/(NT-N-k)} \tag{7-20}$$

其中，RSS_r 表示其中估计的约束模型。即混合截面数据模型的残差平方和；RSS_u 表示估计的非约束模型。即个体固定效应模型的残差平方和。分子对应的自由度，即约束条件个数为 $N-1$；分母对应的自由度为 $NT-N-k$。其中 N 表示个体数；k 表示个体固定效应模型中解释变量对应的回归系数的个数。F 统计量在 H_0 成立条件下，服从自由度为 $(N-1, NT-N-k)$ 的 F 分布。判别规则为：

如果样本计算的 $F \leq F_\alpha(N-1, NT-N-k)$，则接受原假设，建立混合截面数据模型；如果用样本计算的 $F > F_\alpha(N-1, NT-N-k)$，则拒绝原假设，建立固定效应模型。

在 Stata 中，首先进行固定效应回归，回归结果末端会显示 F 检验结果。如果确实存在个体异质性，那就应当进行 H（豪斯曼）检验，从固定效应或者随机效应中进行选择。

（二）H（豪斯曼）检验

H（豪斯曼）检验由豪斯曼（Hausman）1978 年提出。是用于检验一个参数的两种估计量差异的显著性。检验原理如下：

比如，在检验单一回归方程中某个解释变量的内生性问题时，得到相应回归系数的两个估计量。一个是 OLS 估计量；一个是 $2SLS$（两阶段最小二乘）估计量。其中 $2SLS$ 估计量用来克服解释变量可能存在的内生性。如果模型的解释变量中不存在内生性变量，那么 OLS 估计量和 $2SLS$ 估计量都具有一致性，都有相同的概率极限分布；如果模型的解释变量中存在内生性变量，那么回归系数的 OLS 估计量是不一致的，而 $2SLS$ 估计量仍具有一致性。两个估计量将有不同的概率极限分布。

更一般地，假定用两种方法得到 m 个回归系数的两组估计量 $\hat{\theta}$ 和 $\tilde{\theta}$（都是 $m \times 1$ 阶的）。则 H 检验的零假设和备择假设如下：

$$H_0 : plim(\hat{\theta} - \tilde{\theta}) = 0$$
$$H_1 : plim(\hat{\theta} - \tilde{\theta}) \neq 0$$

假定相应两个估计量的差作为一个统计量也具有一致性。在 H_0 成立条件下，统计量 $\sqrt{N}(\hat{\theta} - \tilde{\theta})$ 渐近服从多元正态分布。

$$\sqrt{N}(\hat{\theta} - \tilde{\theta}) \xrightarrow{d} N(0, Var(\hat{\theta} - \tilde{\theta}))$$

其中，$Var(\hat{\theta} - \tilde{\theta})$ 是 $\sqrt{N}(\hat{\theta} - \tilde{\theta})$ 的极限分布方差协方差矩阵。则 H 统计量定义为：

$$H = (\hat{\theta} - \tilde{\theta})'[\hat{Var}(\hat{\theta} - \tilde{\theta})]^{-1}(\hat{\theta} - \tilde{\theta}) \rightarrow \chi^2(m) \qquad (7-21)$$

其中，$\hat{Var}(\hat{\theta} - \tilde{\theta})$ 是 $(\hat{\theta} - \tilde{\theta})$ 的估计的方差协方差矩阵。在 H_0 成立条件下，H 统计量渐近服从 $\chi^2(m)$ 分布。其中 m 表示零假设中回归系数个数。

H 检验原理很简单。但实际中得到 $Var(\hat{\theta} - \tilde{\theta})$ 的一致估计量 $\hat{Var}(\hat{\theta} - \tilde{\theta})$ 却并不容易。一般来说：

$$\hat{Var}(\hat{\theta} - \tilde{\theta}) = Var(\hat{\theta}) + Var(\tilde{\theta}) - 2Cov(\hat{\theta}, \tilde{\theta}) \qquad (7-22)$$

其中，$Var(\hat{\theta})$ 和 $Var(\tilde{\theta})$ 在一般软件计算中都能给出。但 $Cov(\hat{\theta}, \tilde{\theta})$ 不能给出，致使 H 统计量式（7-22）中的 $\hat{Var}(\hat{\theta} - \tilde{\theta})$ 在实际应用中无法计算。

实际中也常进行如下检验：

H_0：模型中所有解释变量都是外生的。

H_1：模型中某些解释变量是内生的。

在原假设成立条件下，解释变量回归系数的 OLS 估计量 $\hat{\theta}$ 是有效估计量。

则有 $Cov(\hat{\theta}, \tilde{\theta}) = Var(\hat{\theta})$。于是式（7-22）变为：

$$\hat{Var}(\hat{\theta} - \tilde{\theta}) = Var(\hat{\theta}) + Var(\tilde{\theta}) - 2Cov(\hat{\theta}, \tilde{\theta}) = Var(\tilde{\theta}) - Var(\hat{\theta}) \qquad (7-23)$$

把式（7-23）结果代入式（7-21）式得到：

$$H = (\hat{\theta} - \tilde{\theta})'[\hat{Var}(\tilde{\theta}) - \hat{Var}(\hat{\theta})]^{-1}(\hat{\theta} - \tilde{\theta}) \qquad (7-24)$$

其中，$\hat{Var}(\tilde{\theta})$ 和 $\hat{Var}(\hat{\theta})$ 是对 $Var(\tilde{\theta})$ 和 $Var(\hat{\theta})$ 的估计。与式（7-21）相比，这个结果只要求计算 $Var(\tilde{\theta})$ 和 $Var(\hat{\theta})$。H 统计量式（7-24）具有实用性。原假设成立条件下，式（7-24）定义的 H 统计量渐近服从 $\chi^2(m)$ 分布。

当 θ 是标量，即只表示一个参数时，式（7-24）定义的 H 统计量退化为标量形式：

$$H = \frac{(\hat{\theta} - \tilde{\theta})^2}{\hat{Var}(\hat{\theta} - \tilde{\theta})} = \frac{(\hat{\theta} - \tilde{\theta})^2}{\hat{Var}(\tilde{\theta}) - \hat{Var}(\hat{\theta})} \sim \chi^2(1) \qquad (7-25)$$

其中，$\hat{Var}(\hat{\theta} - \tilde{\theta})$ 表示 $\hat{\theta} - \tilde{\theta}$ 的样本方差；$\hat{Var}(\tilde{\theta})$ 和 $\hat{Var}(\hat{\theta})$ 分别表示 $\tilde{\theta}$ 和 $\hat{\theta}$ 的样本方差。

H 检验用途很广。可用来做模型丢失变量的检验、变量内生性检验、模型形式设定检验、模型嵌套检验、建模顺序检验等。

下面以检验模型是个体随机效应模型还是个体固定效应模型为例，介绍面板数据中利用 H 统计量确定模型形式的检验。

假定面板数据模型的误差项 μ_{it} 满足通常的假定条件。如果真实的模型是随机效应模型，那么 β 的组内估计量 $\hat{\beta}_W$ 与可行 GLS 估计量 $\hat{\beta}_W$ 和 $\tilde{\beta}_{RE}$ 都具有一致性。

如果真实的模型是个体固定效应模型，则参数 β 的组内估计量 $\hat{\beta}_W$ 是一致估计量。但可行 GLS 估计量 $\tilde{\beta}_{RE}$ 是非一致估计量。那么，当对一个面板数据模型同时进行组内估计和可行 GLS 估计时，如果回归系数的两种估计结果差别小，则说明应当建立随机效应模型；如果回归系数的两种估计结果差别大，说明应当建立个体固定效应模型。可以通过 H 统计量检验（$\tilde{\beta}_{RE} - \hat{\beta}_W$）的非零显著性，从而检验面板数据模型中是否存在个体固定效应。H 检验原理如表 7 – 3 所示。

表 7 – 3   两类不同模型组内估计量与可行 *GLS* 估计量性质比较

	组内估计	可行 *GLS* 估计	$\lvert (\hat{\beta}_W - \tilde{\beta}_{RE}) \rvert$
个体随机效应模型	估计量 $\hat{\beta}_W$ 具有一致性	估计量 $\tilde{\beta}_{RE}$ 具有一致性	小
个体固定效应模型	估计量 $\hat{\beta}_W$ 具有一致性	估计量 $\tilde{\beta}_{RE}$ 不具有一致性	大

原假设与备择假设为：

H_0：个体效应 α_i 与解释变量 X_{it} 无关（个体随机效应模型）。

H_1：个体效应 α_i 与解释变量 X_{it} 相关（个体固定效应模型）。

对于面板数据多元回归模型，H 统计量用式（7 – 24）计算；对于一元回归模型，H 统计量用式（7 – 25）计算。判别规则为：

如果样本计算的 $H \leqslant \chi^2_\alpha(m)$，则接受原假设，应当建立个体随机效应模型；如果样本计算的 $H > \chi^2_\alpha(m)$，则拒绝原假设，应当建立个体固定效应模型。

$\chi^2_\alpha(m)$ 中的 α 表示检验水平；m 表示被检验的回归系数个数。

在 Stata 中，H 检验的实现命令为：

xtreg y x,fe

est store fe

xtreg y x,re

est store re

hausman fe re

（三）*Wald* 检验

面板数据模型中可以利用 *Wald* 统计量，对部分回归系数的约束条件是否成立进行检验。*Wald* 统计量的定义是：

$$W = f(\hat{\beta})'_{1 \times m} Var(f(\hat{\beta}))^{-1}_{m \times m} f(\hat{\beta})_{m \times 1} \qquad (7 – 26)$$

其中，$f(\beta)$ 表示由约束条件改写成 $f(\beta) = 0$ 所组成的 $f(\beta)$ 形式的列向量；m 表示被检验的约束条件的个数。$Var(f(\hat{\beta})) = \left[\dfrac{\partial f(\hat{\beta})}{\partial \hat{\beta}}\right]_{(m \times k)} \left[Var(\hat{\beta})\right]_{(k \times k)} \left[\dfrac{\partial f(\hat{\beta})}{\partial \hat{\beta}}\right]'_{(k \times m)}$。其中，$k$ 表示面板数据模型中解释变量个数。在原假设 $f(\beta) = 0$ 成立条件下，*Wald* 统计量渐近服从 m 个自由度的 $\chi^2(m)$ 分布。检验规则为：

如果样本计算的 $W \leqslant \chi^2_\alpha(m)$，则约束条件成立；如果样本计算的 $W > \chi^2_\alpha(m)$，则约束条件不成立。

在 Stata 中用代码 testnl 来做 *Wald* 检验。具体可在 Stata 中输入 help testnl 来了解。

（四）*F* 检验和 *LR* 检验

面板数据模型中同样可以利用 *F* 和 *LR* 统计量，检验部分回归系数的约束条件是否成立。约束条件下的 *F* 检验是传统 *F* 检验的特例。*F* 统计量的定义为：

$$F = \frac{(RSS_r - RSS_u)/m}{RSS_r/(NT-k)} \qquad (7-27)$$

其中，RSS_r 表示估计的约束模型的残差平方和；RSS_u 表示估计的无约束模型的残差平方和；m 表示约束条件个数；T 表示面板数据的时期数；N 表示面板数据的个体数；k 表示无约束模型中被估回归系数的个数。在约束成立条件下，$F \sim F(m, NT-k)$。判别规则为：

如果样本计算的 $F \leqslant F_\alpha(m, NT-k)$，则约束条件成立；如果样本计算的 $F > F_\alpha(m, NT-k)$，则约束条件不成立。其中，α 指检验水平；NT 指面板数据中观测值个数。

LR 统计量的定义为：

$$LR \leqslant -2\left[logL(\tilde{\beta}, \tilde{\delta^2}) - logL(\tilde{\beta}, \hat{\delta^2})\right] \qquad (7-28)$$

其中，$logL(\tilde{\beta}, \tilde{\delta^2})$ 表示估计约束模型的对数极大似然函数值；$logL(\tilde{\beta}, \hat{\delta^2})$ 表示估计非约束模型的对数极大似然函数值；m 表示要检验的约束条件个数。在约束成立条件下，$LR \sim \chi^2(m)$。判别规则为：

如果样本计算的 $LR \leqslant \chi^2_\alpha(m)$，则约束条件成立；如果样本计算的 $LR > \chi^2_\alpha(m)$，则约束条件不成立。

$\chi^2_\alpha(m)$ 中的 α 指检验水平。

在 Stata 中分别用代码 test，lrtest 来做 F 检验、LR 检验。具体可在 Stata 中输入 help test，help lrtest 来了解。

六、固定效应模型案例应用——银行业竞争、融资约束与企业创新

"十四五"规划明确提出，要坚持创新驱动发展，全面塑造发展新优势。要从强化国家战略科技力量、提升企业技术创新能力、激发人才创新活力等方面来提升我国科技创新水平，引领经济高质量发展。但企业研发创新活动具有周期长、资金需求量大、风险高等特征。创新项目回报的不确定性难以完全满足银行信贷定期还本付息的要求。长期以来，银行信贷卖方强势的存在使得金融资源配置不平衡，融资难、融资贵成为摆在企业面前的一道难题。随着银行业市场结构改革的推进，中小银行持续发展；国有银行的垄断地位受到冲击；银行业市场竞争程度显著增强。这是否能缓解企业的融资约束，从而激发企业参与研发创新的积极性呢？鉴于此，张璇等将 1998~2007 年中国工业企业数据、专利申请数据与银监会公布的金融许可证数据相匹配，运用固定效应模型，深入考察了银行业竞争对企业创新的影响及其内在机制。

（一）样本数据

以 1998~2007 年中国工业企业为研究对象。企业财务数据来源于工业企业数据库；企业专利数据来源于中国国家知识产权局；商业银行分支机构数据来源于中国银保监会官网。根据中国银保监会提供的银行分支机构数据，计算出各年份各地级市的银行分支机构的数量，并据此构造银行业竞争指标，然后按照年份和地区与工企数据以及专利数据进行匹配。

（二）研究变量

（1）被解释变量：企业创新。用发明专利、实用新型专利和外观设计专利三种专利之和来衡量企业总体的创新水平（Patent）；用发明专利的数量来衡量企业实质性创新（Invention）；用实用新型专利和外观设计专利数量之和来衡量企业策略性创新（Strategic）。Patent，Invention 和 Strategic 的具体衡量方法分别为 ln(专利总数 +1)、ln(发明专利数 +1)、ln(策略性专利数 +1)。

（2）解释变量：银行业竞争（HHI）。用赫芬达尔指数来衡量银行业的竞争程度。计算公式如下：

$$HHI = \sum_{i=1}^{N} \left(Branch_{im} / \sum_{i=1}^{N} Branch_{im} \right)^2 \tag{7-29}$$

其中，$Branch_{rm}$ 表示第 i 家银行在城市 m 中的分支机构数量；N 是城市内所有银行的数量。HHI 的取值范围在 0 和 1 之间。数值越接近 1，说明该城市银行垄断程度越高，竞争程度越低；反之，数值越接近 0，则表示银行业结构越分散，竞争程度越高。

（3）中介变量：融资约束（FC）。用 SA 指数衡量公司的融资约束（FC）。SA 指数绝对值越大，表明企业面临的融资约束越强。另外，在交互项模型中，融资约束的虚拟变量 FCD。如果企业的融资约束高于全部企业的平均值，则取值为 1；否则为 0。

SA 指数的计算公式如下：

$$SA = 0.043 \times Size^2 - 0.04 \times Age - 0.737 \times Size \tag{7-30}$$

$Size$ 为企业规模的自然对数；Age 为企业年龄。

（4）控制变量：企业规模（Size）。用年末总资产的自然对数来衡量；企业年龄（Age）。用样本观测年份减去企业成立年份后，加 1 取自然对数来衡量；资产负债率（Lev）。用企业年末负债与总资产的比值来衡量；固定资产占比（PPE）。用企业年末固定资产总额与总资产的比值来衡量；资产收益率（ROA）。用企业年末的利润总额除以总资产来衡量；市场势力（H-MKT）。行业内企业产值的赫芬达尔指数。用样本中同行业每个企业销售份额的平方和来衡量。该指标越大，表明该行业垄断势力越强；国内生产总值（GDP）。用城市 GDP 的对数来衡量。

（三）模型构建

为了研究银行业竞争是否通过缓解企业面临的融资约束来促进企业创新，构建了中介效应模型：

$$Patent_{i,t} = \alpha_0 + \alpha_1 HHI_{i,t-1} + \alpha_2 Control_{i,t-1} + \varphi_i + y_t + \varepsilon_{i,t} \tag{7-31}$$

$$FC_{i,t} = \beta_0 + \beta_1 HHI_{i,t-1} + \beta_2 Control_{i,t-1} + \varphi_i + y_t + \varepsilon_{i,t} \tag{7-32}$$

$$Patent_{i,t} = \alpha_0 + \alpha_1 HHI_{i,t-1} + \alpha_2 FC_{i,t} + \alpha_3 Control_{i,t-1} + \varphi_i + y_t + \varepsilon_{i,t} \tag{7-33}$$

$Patent_{i,t}$ 表示 i 企业在第 t 年的创新产出；$FC_{i,t}$ 表示融资约束；$HHI_{i,t-1}$ 表示 i 企业的注册地在第 t 年的银行业竞争水平；$Control_{i,t-1}$ 为企业层面和地区层面的控制变量。因创新投入与专利申请之间存在滞后性，且银行业竞争对企业行为的影响也存在滞后性，所以以上模型的解释变量均滞后一期。φ_i，y_t 分别表示企业、年份固定效应。考虑到企业有总部迁移和变更主营业务行业的情况，模型中还控制了城市与行业固定效应。同时使用城市层面的聚类效应对回归估计的标准误进行修正。

在式（7-31）~式（7-33）中，融资约束的中介效应主要通过两方面体现。一方面，式（7-32）中银行业竞争对融资约束的影响；另一方面，在式（7-31）加入融资约束变量后，考察式（7-31）和式（7-33）的估计结果中银行业竞争系数的变化。

此外，还在式（7-33）的基础上加入银行业竞争与融资约束的交互项，构造式（7-34），以刻画竞争对融资约束创新效应的影响。由于融资约束（FC）是连续变量，为了更加清晰地刻画融资约束的传导机制，构造了虚拟变量 FCD。对于高融资约束的企业，FCD 取值为 1；否则为 0。

$$Patent_{i,t} = \alpha_0 + \alpha_1 HHI_{i,t-1} + \alpha_2 FCD_{i,t} + \alpha_3 HHI_{i,t-1} \times FCD_{i,t}$$
$$+ \alpha_4 Control_{i,t-1} + \varphi_i + y_t + \varepsilon_{i,t} \tag{7-34}$$

（四）回归结果

因 HHI 衡量的是银行业集中程度，因此由表 7-4 报告结果可知，在控制企业、年份、城市和行业固定效应后，银行业竞争与企业创新显著正相关；银行业竞争与融资约束显著负相关。即银行业竞争削弱了信贷市场卖方的势力，降低了企业的融资成本，提升了企业的融资能力。第 3 列结果表明，融资约束与企业创新显著负相关。且 HHI 的系数由 -0.074 变为 -0.069，表明融资约束在银行业竞争对企业创新的影响中发挥了部分中介效应。中介效应的 Sobel 检验显示中介效应是显著的。后 3 列报告了带有交互项的回归结果。交互项的系数也表明，银行业集中程度的加深，会使得融资约束对企业创新的抑制作用更为显著。也就是银行业竞争程度的提高，能够缓解企业创新面临的融资约束。

表 7-4　　　　　　　　　　　不同模型回归结果

变量	专利总量	融资约束	专利总量	专利总量	发明专利	策略性专利
HHI	-0.074 *** (-5.129)	0.084 *** (12.266)	-0.069 *** (-3.062)	-0.060 *** (-5.013)	-0.026 *** (-3.430)	-0.031 *** (-3.186)
FC			-0.048 *** (-9.451)			
FCD				-0.090 *** (-9.285)	-0.059 *** (-11.767)	-0.063 *** (-7.245)
HHI * FCD				-0.127 *** (-10.869)	-0.082 *** (-13.492)	-0.089 *** (-8.518)
ROA	0.019 *** (8.633)	-0.050 *** (-39.617)	0.012 *** (2.673)	0.019 *** (8.699)	0.005 *** (4.127)	0.017 *** (8.652)
Size	0.025 *** (33.610)	-0.105 *** (-18.637)	0.021 *** (10.919)	0.023 *** (30.863)	0.008 *** (21.484)	0.018 *** (27.249)
Age	-0.008 *** (-11.343)	0.310 *** (28.236)	0.002 (1.487)	-0.004 *** (-4.292)	-0.002 *** (-3.600)	-0.003 *** (-4.052)

变量	专利总量	融资约束	专利总量	专利总量	发明专利	策略性专利
Lev	−0.005 *** (−3.475)	0.006 *** (−6.388)	−0.004 ** (−2.561)	−0.005 *** (−3.945)	−0.002 *** (−2.642)	−0.004 *** (−2.929)
PPE	0.006 *** (3.100)	0.019 *** (15.503)	0.005 ** (1.984)	0.006 *** (3.092)	0.003 *** (3.416)	0.004 ** (2.301)
H-MKT	−0.480 *** (−6.633)	0.064 * (1.657)	−0.483 *** (−5.515)	−0.403 *** (−4.031)	−0.249 *** (−4.201)	−0.229 *** (−2.643)
GDP	0.004 *** (10.497)	0.002 *** (10.355)	0.004 (1.965)	0.004 *** (9.348)	0.003 *** (12.537)	0.002 *** (6.782)
常数项	0.158 *** (−13.133)	3.911 *** (50.124)	0.029 * (1.814)	−0.122 * (−1.858)	0.026 (0.823)	−0.170 *** (−2.785)
企业、年份、城市和行业	Y	Y	Y	Y	Y	Y
观测值	1,322,285	1,322,285	1,322,285	1,322,285	1,322,285	1,322,285
$Adj. R^2$	0.010	0.239	0.010	0.014	0.016	0.010
Sobel 中介效应检验	$Z = 3.13 > 0.97$，中介效应显著					

注：*** 、** 、* 分别表示估计系数在 1%、5%、10% 的统计水平上显著，圆括号内数值为 t 值。

第二节 GMM 模型

一、GMM 估计的概念

广义矩估计又称 GMM（generalized method of moments）估计。是基于模型实际参数满足一定矩条件而形成的一种参数估计方法，是矩估计方法的一般化。只要模型设定正确，则总能找到该模型实际参数满足的若干矩条件而采用 GMM 估计。传统的计量经济学估计方法，例如普通最小二乘法、工具变量法和极大似然法等都存在自身的局限性。即其参数估计 yi 可靠的估计量。而 GMM 不需要知道随机误差项的准确分布信息，允许随机误差项存在异方差和序列相关。因而所得到的参数估计量比其他参数估计方法更有效。因此，GMM 方法在模型参数估计中得到广泛应用。

二、动态面板数据模型的 GMM 估计

在动态面板数据模型中，由于以因变量滞后项作为解释变量，从而有可能导致解释变量与随机扰动项相关，且模型具有横截面相依性。因而，传统估计方法进行估计时必将产生参数估计的有偏性和非一致性，从而使得根据参数而推断的经济学含义发生扭曲。针对

以上情况阿雷拉诺等（Arellano and Bond，1991；Blundell and Bond，1998）提出 *GMM* 估计很好地解决了上述问题。以下列形式的动态面板数据模型为例，简要说明 *GMM* 估计的基本原理。

$$Y_{it} = \beta_1 Y_{it-1} + \sum_{i=2}^{n} \beta_i X_{kit-1} + \alpha_i + \mu_{it} \qquad (7-35)$$

其中，Y_{it} 为因变量；X_i 为自变量；β_i 为系数；α_i 为个体效应；μ_{it} 为随机误差项。

GMM 估计的首要条件是运用工具变量产生相应的矩条件方程。为此，首先对式（7-35）进行一阶差分得到式（7-36）：

$$\Delta Y_{it} = \beta_1 \Delta Y_{it-1} + \sum_{i=2}^{n} \beta_i \Delta X_{kit-1} + \Delta \mu_{it} \qquad (7-36)$$

对式（7-35）进行一阶差分的主要目的在于选取合适的工具变量和产生相应的矩条件方程。由于式（7-36）中解释变量 ΔY_{it} 和随机项 $\Delta \mu_{it}$ 相关。为了避免产生误差甚至错误，我们通常把 Y_{it-2}，ΔY_{it-2} 作为工具变量。这是因为它们 ΔY_{it-1} 高度相关，而与 $\Delta \mu_{it}$ 不相关。

在此基础上，采用下列矩条件：

$$f(\beta) = \sum_{i=1}^{n} f_i(\beta) = \sum_{i=1}^{n} z_i \mu_i(\beta) \qquad (7-37)$$

在式（7-37）中，z_i 即为所选取的工具变量向量。残差项的表达式为：

$$\mu_i(\beta) = \Delta Y_{it} - \beta_1 \Delta Y_{it-1} - \sum_{i=1}^{n} \beta_i \Delta X_{kit-1} \qquad (7-38)$$

GMM 估计的基本思想是选择使样本矩之间的加权距离最小。也就是极小化下列目标函数：

$$S(\beta) = \left[\sum_{i=1}^{n} z_i' \mu_i(\beta) \right]' H \left[\sum_{i=1}^{n} z_i' \mu_i(\beta) \right] = f(\beta)' H f(\beta) \qquad (7-39)$$

其中，权重矩阵 H 为某一正定矩阵。其选取是 *GMM* 估计的关键问题。

GMM 估计量是目标函数极小化时的参数估计量。因此，*GMM* 估计量和其方差分别为：

$$\hat{\beta} = [M_{ZX}' H M_{ZX}]^{-1} [M_{ZX}' H M_{ZY}] \qquad (7-40)$$

$$Var(\hat{\beta}) = [M_{ZX}' H M_{ZX}]^{-1} [M_{ZX}' H A H M_{ZX}] [M_{ZX}' H M_{ZX}]^{-1} \qquad (7-41)$$

其中，X 为式（7-35）的解释变量向量。并且有：

$$M_{ZX} = N^{-1} \left(\sum_{i=1}^{N} Z_i' X_i' \right) \qquad (7-42)$$

$$\Lambda = T^{-1} \left(\sum_{i=1}^{T} Z_i' \Delta \alpha_i \Delta \alpha_i' z_i \right) \qquad (7-43)$$

由以上过程可以看出，利用 *GMM* 方法对动态面板数据模型进行参数估计包括以下三个步骤：（1）确定工具变量 Z 和矩条件方程；（2）选择合适的权重矩阵 H；（3）确定 Λ 的估计量。并且对于上述 *GMM* 估计，由于加权矩阵 H 出现在目标函数中，从而导致对目标函数进行反复迭代求解，使其收敛到极小值。因而 *GMM* 估计一般不定义经典的拟合优度 R^2 和 F 统计量，也不定义诸如 *AIC* 等信息准则。取而代之的是用 J 统计量值即目标函数迭代收敛达到的极小值，来评价模型估计的优劣。

$$J_N = \left(\frac{1}{N} \sum_{i=1}^{N} Z_i' \Delta \alpha_i \right) W_N^{-1} \left(\frac{1}{N} \sum_{i=1}^{N} Z_i' \Delta \alpha_i \right) \tag{7-44}$$

其中，W_N 为选取的权重矩阵。当权重矩阵 H 和 Λ 取不同形式时，*GMM* 估计就转化为其他估计。

$H = (\hat{\sigma}^2 M_{ZZ})^{-1}$，$\Lambda = (\hat{\sigma}^2 M_{ZZ})^{-1}$ 时，成为 $2SLS$ 估计；

$\Lambda = T^{-1} \left[\sum_{i=1}^{N} Z_i' \hat{\mu}_t \hat{\mu}_t Z_t \right]$，$H$ 不变时，为怀特截面稳健协方差估计……

实际上，可以证明普通最小二乘法、广义最小二乘法、工具变量法和极大似然法都是广义矩估计的特例。

三、*GMM* 模型案例应用——货币政策、银行价格竞争与企业金融化

近些年，受经济环境与市场不确定性的影响，各国货币政策持续宽松。但充裕的流动性并未得到实体产业的充分利用，反而促进了金融资产的膨胀。非金融企业的金融资产增速远大于实体经济投资。表明企业在面对宽松的流动性时，选择更多地配置金融资产，而不是将资金投入经营生产。与此同时可能推动了企业金融化的进程。另外，商业银行在货币政策信贷渠道传导的过程中扮演着关键角色。银行竞争会促进银行调整信贷结构，进而促使银行信贷规模的扩张。因此银行竞争可能在宽松货币政策对企业金融化的影响当中，存在调节作用。基于此，朱顺和等利用 2008~2019 年沪深上市公司的数据，运用 *GMM* 估计方法研究了货币政策对企业金融化的影响，以及探讨银行价格竞争是否对宽松货币政策与企业金融化之间有促进作用。

（一）样本数据

自 2008 年次贷危机以来，企业经历了一系列宏观经济政策转变和重大经济事件。因此，朱顺和等选取了 4009 家 2008~2019 年沪深非金融上市公司的数据作为样本，来研究货币政策对企业金融化的影响。数据来源于 Wind 数据库与中国人民银行。

（二）研究变量

（1）被解释变量：金融资产化（FIN）。

按照最新的中国企业会计准则分类要求，金融资产包括的主要会计科目有三类：一是库存现金、银行存款、应收账款、应收票据、其他应收款项；二是股权投资；三是债权投资和衍生金融工具形成的资产等。因此，作者把 Wind 数据库中得到的有关企业财务数据

整理后，将流动性较高的货币类金融资产归于第一类，权益类金融资产归于第二类，债权类金融资产和其他可供出售金融资产归于第三类，三类资产总和占企业总资产的比重，用于衡量企业的金融资产化程度。

（2）解释变量：货币政策（NL）。用全国存款性金融机构贷款总额的自然对数来衡量货币宽松或紧缩的程度。

（3）调节变量：银行价格竞争程度（LA 和 LC）。用企业贷款的可得性和贷款成本两个指标来衡量银行价格竞争程度。其中贷款可得性（LA）用企业借款合计余额增长率来衡量；贷款成本（LC）用企业利息支出的自然对数来衡量。

（4）控制变量：营业现金流量（CF）。用营业现金流入与营业收入之比来衡量；财务杠杆（FL）。用总负债与总资产之比来衡量；固定资产占比（FIX）。用企业固定资产与企业总资产之比来衡量；成长性（CG）。用营业净利润增长率来衡量；营业成本（OC）。用企业的主营业务成本与营业收入之比来衡量。

（三）模型构建

由于企业的金融资产存量具有延续性，上期的金融资产对当期金融资产占总资产的比重会产生影响。因此引入滞后因变量更符合理论与事实。然而一旦将滞后因变量引入方程，原本的静态模型将会转变为动态模型；原来的估计方法将会失效；结论的准确性也无法保证。只有采用动态面板数据模型才能进行较为有效的估计。因此为了验证宽松的货币政策对企业金融化的正向影响，作者引入因变量的滞后一期，建立动态面板数据模型式（7 – 45）。并采用 *GMM* 方法对模型进行估计：

$$FIN_{i,t} = \beta_0 + \beta_1 FIN_{i,t-1} + \beta_2 NL_t + \beta_3 CF_{i,t} + \beta_4 FL_{i,t} + \beta_5 FIX_{i,t} + \beta_6 CG_{i,t}$$
$$+ \beta_7 OC_{i,t} + \mu_{i,t} \tag{7 – 45}$$

同时，为检验银行价格竞争对宽松货币政策与企业金融化之间的正向调节作用，作者建立了式（7 – 46）和式（7 – 47），分别代表银行价格竞争调节作用的两个调节路径。即贷款可得性和贷款成本：

$$FIN_{i,t} = \gamma_0 + \gamma_1 FIN_{i,t-1} + \gamma_2 NL_t + \gamma_3 LA_{i,t} + \gamma_4 NL_t \times LA_{i,t} + \gamma_5 CF_{i,t} + \gamma_6 FL_{i,t}$$
$$+ \gamma_7 FIX_{i,t} + \gamma_8 CG_{i,t} + \gamma_9 OC_{i,t} + \mu_{i,t} \tag{7 – 46}$$
$$FIN_{i,t} = \theta_0 + \theta_1 FIN_{i,t-1} + \theta_2 NL_t + \theta_3 LC_{i,t} + \theta_4 NL_t \times LC_{i,t} + \theta_5 CF_{i,t} + \theta_6 FL_{i,t}$$
$$+ \theta_7 FIX_{i,t} + \theta_8 CG_{i,t} + \theta_9 OC_{i,t} + \mu_{i,t} \tag{7 – 47}$$

（四）回归结果

从表 7 – 5 和表 7 – 6 中 *L. FIN* 估计参数结果可以看出，上年的企业金融资产对当年的企业金融化影响显著。上年金融资产每增加 1%，当年企业金融化程度也将增加 0.4% 左右，且在 1% 的水平下显著。货币宽松政策带来的企业金融化程度的提升，与上一期金融资产占比密切相关，属于动态调整过程，因此，应用动态面板数据模型比其他模型更能精确刻画这一现象。

表 7 - 5 宽松货币政策背景下回归检验结果

变量	（10）固定效应			（11）GMM		
	全部样本	国有企业	民营企业	全部样本	国有企业	民营企业
L. FIN				0.441 ***	0.454 ***	0.420 ***
				(0.034)	(0.044)	(0.049)
NL	0.018 ***	0.016 ***	0.019 ***	0.029 ***	0.020 ***	0.050 ***
	(0.002)	(0.003)	(0.005)	(0.008)	(0.007)	(0.017)
CF	0.035 ***	0.027 ***	0.043 ***	-0.081 ***	-0.071 **	-0.078
	(0.004)	(0.006)	(0.008)	(0.030)	(0.034)	(0.055)
FL	-0.208 ***	-0.166 ***	-0.235 ***	0.156 ***	0.249 ***	0.068
	(0.012)	(0.017)	(0.017)	(0.044)	(0.056)	(0.075)
FIX	-0.349 ***	-0.347 ***	-0.386 ***	-0.030	-0.152	0.069
	(0.016)	(0.021)	(0.025)	(0.079)	(0.096)	(0.139)
CG	-0.001 *	0.000	-0.002 ***	0.008	0.012	0.012
	(0.000)	(0.000)	(0.001)	(0.010)	(0.011)	(0.020)
OC	-0.026 *	-0.033 *	-0.024	0.042	-0.003	0.153
	(0.013)	(0.018)	(0.020)	(0.091)	(0.104)	(0.160)
Cons	-0.066	-0.030	-0.095			
	(0.063)	(0.076)	(0.126)			
Year	Y	Y	Y	Y	Y	Y
Obs	19,071	9,685	9,386	12,680	6,934	5,746
F-stal	80.26 ***	39.63 ***	51.18 ***	698.73 ***	416.63 ***	357.38 ***
R^2	0.203	0.215	0.222			
AR (2)				0.122	0.924	0.124
Sargan				0.195	0.181	0.676
Hansen				0.264	0.169	0.722

注：*** 、 ** 、 * 分别表示估计系数在1%、5%、10%的统计水平上显著，圆括号内数值为标准误。

表 7 - 6 银行竞争调节效应回归检验结果

变量	（12）GMM			（13）GMM		
	全部样本	国有企业	民营企业	全部样本	国有企业	民营企业
L. FIN	0.440 ***	0.451 ***	0.420 ***	0.443 ***	0.438 ***	0.419 ***
	(0.034)	(0.043)	(0.049)	(0.032)	(0.045)	(0.045)
NL	0.029 ***	0.020 ***	0.047 ***	0.032 ***	0.019 **	0.040 ***
	(0.008)	(0.007)	(0.017)	(0.009)	(0.008)	(0.014)

续表

变量	(12) GMM			(13) GMM		
	全部样本	国有企业	民营企业	全部样本	国有企业	民营企业
LA	-0.003 *** (0.001)	-0.003 *** (0.001)	-0.003 ** (0.001)			
$NL \times LA$	0.002 (0.002)	-0.001 (0.002)	0.007 * (0.004)			
LC				0.276 *** (0.097)	0.086 (0.090)	0.562 ** (0.223)
$NL \times LC$				-0.011 *** (0.004)	-0.003 (0.004)	-0.022 ** (0.009)
CF	-0.082 *** (0.030)	-0.076 ** (0.035)	-0.075 (0.055)	-0.073 ** (0.029)	-0.049 (0.033)	-0.084 * (0.051)
FL	0.142 *** (0.043)	0.236 *** (0.054)	0.054 (0.071)	0.060 (0.047)	0.230 *** (0.064)	-0.074 (0.071)
FIX	-0.028 (0.079)	-0.143 (0.096)	0.056 (0.137)	-0.048 (0.072)	-0.189 ** (0.089)	0.076 (0.128)
CG	0.008 (0.010)	0.013 (0.011)	0.012 (0.020)	0.006 (0.010)	0.005 (0.009)	0.001 (0.013)
OC	0.044 (0.091)	-0.003 (0.102)	0.154 (0.160)	0.010 (0.083)	-0.084 (0.092)	0.025 (0.122)
Year	Y	Y	Y	Y	Y	Y
Obs	12,680	6,934	5,746	12,680	6,934	5,746
F-stal	702.99 ***	419.87 ***	362.75 ***	744.57 ***	432.57 ***	407.26 ***
AR (2)	0.110	0.899	0.130	0.102	0.579	0.104
Sargan	0.175	0.219	0.761	0.417	0.131	0.957
Hansen	0.251	0.209	0.797	0.481	0.125	0.973

注: ***、**、* 分别表示估计系数在1%、5%、10%的统计水平上显著,圆括号内数值为标准误。

1. 货币宽松政策对企业金融化的影响

首先,对于国有企业与民营企业而言,贷款规模的上升带来企业金融资产占比的整体上升。表明宽松的货币环境会推动企业加深金融化;其次,对比模型中 NL 的国有企业和民营企业的系数可知,货币宽松对民营企业金融化的影响显著大于国有企业。原因可能是无论货币政策如何,国有企业的外部融资能力均强于民营企业,受到货币政策变化的冲击也相对较小。

2. 银行价格竞争对货币政策与企业金融化之间的调节效应

对于式(7-46)而言,全部样本和国有企业的交叉项系数并不显著,但民营企业的

$NL \times LA$ 系数在 10% 的水平下显著为正。表明对于民营企业而言，银行业竞争水平上升导致贷款可得性上升，对货币政策与企业金融化之间具有显著的正向调节作用；国有企业由于外部融资能力较强，这一现象并不显著。式（7－47）结果表明，贷款成本具有显著的负向调节作用。贷款成本越低，货币政策对企业金融化的促进作用越强。此外，民营企业交叉项系数的绝对值显著大于国有企业。表明民营企业对贷款成本更加敏感。正是由于民营企业对股东财富最大化的追求，当银行间竞争程度的增加降低贷款利率时，货币宽松会鼓励民营企业配置更多的金融资产。综上，银行竞争在宽松货币政策对企业金融化的影响当中，存在调节作用。

第三节　面板数据模型学术研究运用

对于不同地区，由于经济发展不平衡，统计数据调查的结果无法做到从始至终完整、不变。随着时间年代的推移，很多统计数据逐渐变得完整；不同地区的经济调查数据也逐步完善；各地区的统计指标和口径也保持一致了。但是，如果仅仅采用时间序列数据，各个地区统计数据的起止年限和统计口径不一致，无法加总。而时间周期太短导致样本数据不够，也无法做出满意的计量检验结果。因此有的研究采用面板数据模型。虽然时间周期相对不长，可如果把地级市、省级作为一个独立的单位，每个单位具有同样的起止年限数据。那么，有多少个独立的单位，就能够扩展多少倍的观测样本，可以有效增加样本数量；此外，不同地区、不同单位具有各自独特的不随时间改变的特征，还能方便研究者将样本分组对比检验，可能发现中观和微观层面的机制与机理。

针对中国经济发展取得巨大成就，同时存在大量污染的事实，西南财经大学的刘锡良、文书洋（2019）在《中国的金融机构应当承担环境责任吗？—基本事实、理论模型与实证检验》一文中，对中国信贷机构的经营行为对环境污染是否有一定的选择性影响效果，做了较为深入的分析探讨。

作者认为，金属冶炼、煤炭、重化工和发电行业，由于有大量的资产设备可以作为抵押品向银行申请贷款，而银行为了降低违约风险，也更加愿意向提供资产抵押的单位优先提供贷款。于是在信贷市场上，当我们进入后工业化时代，科技创新和设计变得更为重要时，恰恰由于这些行业的企业属于轻资产、重回报的企业，缺乏足够的重型资产作为抵押物，银行不愿意提供足够的信贷支持，形成信贷市场上信贷资源配置扭曲的现象：落后产能和过剩产能需要淘汰的高能耗、高污染企业偏偏得到银行的青睐，优先得到贷款支持，进一步导致国家产业结构调整滞后。这些企业对环境的污染和破坏得不到有效治理。围绕这样一个基于现实的理论推演，作者搜集各个省的高能耗、高污染企业样本，以省份为样本参考单位，将各省的数据整理形成面板数据模型，实证检验理论推演结论。

表7－7将样本中的各个行业信贷余额、"三废"每万元产值的排放量、国家行业划分标准全部列示。

表 7 – 7 总体行业样本情况

信贷获得排序	年平均借款额（亿元）	行业分类	固定资产比例（%）	平均单位产值工业排污			对应 GB/T 4754—2011
				废气（m³/万元）	废水（t/万元）	废物（t/万元）	
1	6,054.56	电力、热力、水和燃气的生产和供应业	54.67	17,729.82	13.77	7.84	电力、热力的生产和供应业；燃气生产和供应业；水的生产和供应业
2	3,644.48	石油和天然气开采及石油化工（石油石化）	37.01	7,285.59	8.41	12.39	石油和天然气开采业；石油加工、炼焦及核燃料加工业；化学纤维制造业
3	3,403.21	房地产业	1.80	—	—	—	（国标一级目录）
4	3,032.84	交通运输	46.67	—	—	—	（国标一级目录）
5	3,029.95	黑色金属开采、冶炼及压延加工（钢铁）	46.53	15,698.02	5.80	431.01	黑色金属矿采选业；黑色金属冶炼及压延加工业
6	1,521.79	色金属开采、冶炼及压延加工（有色）	30.94	7,303.87	10.00	291.04	有色金属矿采选业；有色金属冶炼及压延加工
7	1,377.50	基础化工	36.56	7,167.66	12.02	17.17	化学原料及化学制品制造
8	1,364.71	建筑	6.74	—	—	—	（国标一级目录）
9	1,343.65	煤炭	40.37	2,036.28	5.94	343.21	煤炭开采和洗选业
10	1,191.94	通信	38.55	822.43	0.69	0.01	通信设备、计算机及其他
11	1,084.83	机械、设备和其他金属制品	18.32	1,023.97	1.25	3.19	通用设备制造业；专用设备制造业；金属制品业；交通运输设备制造业
12	716.33	电气机械及器材制造	44.00	344.25	0.39	0.24	电气机械及器材制造业
13	710.94	非金属矿物制品	44.00	37,994.74	2.66	70.12	非金属矿物制品业
14	673.25	汽车	16.70	—	—	—	汽车制造业
15	658.48	零售批发业	16.41	—	—	—	（国标一级目录）
16	533.08	医药	17.62	1,957.02	6.66	4.03	医药制造业
17	495.06	轻工制造	33.85	2,390.17	15.31	3.18	造纸及纸制品业；文教体育用品制造业；工艺品及其他制造业；印刷业和记录媒介的复制
18	406.71	农林牧渔	27.57	—	—	—	（国标一级目录）
19	330.31	纺织服饰	17.69	379.25	1.48	0.78	纺织服装、鞋、帽制造业
20	330.01	其他	16.79	—	—	—	（国标一级目录）包括教育、科学研究和技术服务、社会工作、公共管理
21	248.83	食品饮料	25.86	2,118.32	6.45	8.92	食品制造业；饮料制造业；烟草制品业

续表

信贷获得排序	年平均借款额（亿元）	行业分类	固定资产比例（%）	平均单位产值工业排污			对应 GB/T 4754—2011
				废气（m³/万元）	废水（t/万元）	废物（t/万元）	
22	141.79	信息传输、软件和信息技术服务业	8.71	—	—	—	（国标一级目录）
23	123.38	文化、体育和娱乐业	12.50	—	—	—	（国标一级目录）
24	79.01	住宿、餐饮和旅游业	23.81	—	—	—	（国标一级目录）
—	6,054.56	金融机构	0.82	—	—	—	（国标一级目录）

1. 生产部门

假设经济中有两类企业提供中间产品用于生产：H 企业和 L 企业。H 企业需要消耗自然资源 N 和资本 K_h，普遍具备重资产和重污染的性质。比如煤炭、冶金、化工行业；L 企业不消耗自然不可再生资源，只消耗资本 K_l。比如影视传媒与广告设计等行业。两类企业的生产函数分别是：$h = N^{\beta_1} K_h^{\beta_2}$；$l = K_l^{\gamma}$。

最终产品企业是加工和组装部门。利用 H 和 L 两类企业的中间产品进行生产，组装成最终产品销售给消费者。其最终产品生产函数：$F = Y = F(h, l) = A h^{\alpha_1} l^{\alpha_2}$。

以上精简假设生产制造部门，是为了通过区分 3 类企业使用的资源和资本的区别。把对自然环境产生污染破坏的企业限制在使用自然资源的行业当中；其余企业不使用自然不可再生资源，因此可以忽略对环境产生的污染破坏。

2. 金融部门与信贷歧视

作者在此做出强假设：整个经济社会获取资本贷款的渠道只有银行；生产企业的资本 K_h、K_l 只能通过银行获取。于是，银行信贷的审核标准和实际放贷对重型工业的支持，就与银行信贷选择性偏好造成重化工、冶金、发电、制造行业的突出污染结果客观上联系起来，成为本书需要通过实证检验验证的问题。

通过一系列的数学假设和模型推导，支持得出以下回归检验方程：

$$g_{P_{it}} = \varphi_0 + \varphi_1 CR_{it} + \varphi_2 X_{it} + \mu_i + \varepsilon_{it} \tag{7-48}$$

$g_{P_{it}}$ 表示单位 GDP 的污染排放增速：$g_{P_{it}} = \dfrac{Pollution_{i,t} - Polution_{i,t-1}}{Polution_{i,t-1}}$。

式（7-48）右边的 CR_{it} 表示信贷配置比例（credit ratio 的缩写）。等于污染行业信贷占总信贷的比例，与理论模型中的 ξ 定义完全一致；X_{it} 表示控制变量。

回归检验采用了 3 种被解释变量废气、废水、废渣的单位 GDP 排放量，分别进入 3 个回归模型。

表 7-8 中列出了所有被解释变量和解释变量，而且对每个变量名称和具体意义作出了详细解释。接下来，我们首先把作者在这篇文章中实证检验的步骤，按照逻辑内涵作出解释和说明；然后再按照规范的实证检验步骤，展示 Stata 程序命令。

表 7 – 8   变量名称

变量类型	子项目	缩写	指标说明	数据来源
被解变量	空气污染	*Gas*	工业废气排放总量	国家环境保护部公开数据
	水污染	*Water*	工业废水排放总量	国家环境保护部公开数据
	固体废弃污染	*Solid*	工业固体废物产生量	国家环境保护部公开数据
解释变量	污染部门信贷	*CreditH*	重污染企业获得的借款总额	根据上市公司历年资产负债表，按行业划分后整理
	信贷资源配置	*CR*	重污染企业获得的借款除以总借款	根据上市公司历年资产负债表，按行业划分后整理
	环境意识虚拟变量	*Law*	虚拟变量：用立法比例表示的环境意识，比例高于平均水平的地区和时间为1，低于平均水平的地区为0	历年各省政府公布的涉及环境保护类地方性法规、地方政府规章和规范性文件总和除以该地区所有类型地方性立法总和（借助"人大法宝"网站数据整理）
控制变量	环保监督	*EPA*	环保机构数（environmental protection agent 的缩写）	国家环境保护部公开数据
	污染治理	*LINVST*	污染治理投资总额	国家统计局公布数据
	清洁技术	*PEC*	建设项目环保投资占比	国家环境保护部公开数据
		WT	废水治理设施治理能力	国家环境保护部公开数据
		GT	废气治理设施数	国家环境保护部公开数据
		ST	固体废物综合利用率	国家环境保护部公开数据
		IR	重污染企业平均借款利率	根据上市公司历年现金流量表，按行业划分后整理
	产出和收入	*GDP*	实际 *GDP*	以国家统计局公布数据测算
		GDPPC	人均实际 *GDP*	以国家统计局公布数据测算
	其他	*LOAN*	银行人民币贷款总额	中国人民银行公布数据
		LG	对重污染部门的信贷增长速度	根据上市公司历年资产负债表，按行业划分后整理计算
		LEDU	教育经费投入除以 *GDP*，回归中使用该数值的双曲正弦变换（Burbidge et al.，1988；Arcand et al.，2015）	以国家统计局公布数据计算

注：（1）表中和后文中变量名称前有字母"L"代表取自然对数；（2）文中使用省级面板数据，表中的被解释变量和解释变量采用的统计数据，都是一省的加总数据。如 *GDP* 就是一省的省内生产总值。

表 7 – 9 集中列示出所有模型的回归结果。从以下回归结果，结合论文中的说明，首先分析作者实证检验方法的逻辑顺序。核心解释变量是银行信贷配置 *CR*（一省之内对重污染企业提供贷款总额占该省银行信贷总额的比率）。由于存在无法用统计数据度量的因素，而这些未知因素（被称为遗漏变量）的影响效应和解释能力被并入到残差项中，在当期都有可能对银行信贷配置产生冲击影响，因此核心解释变量与残差项之间的相关系数不为0。由此存在内生性问题，导致系数估计结果有偏。为了避免内生性问题，这里采用了两种回归方法：（1）采用解释变量的滞后一阶作为代理变量，去除内生性问题；（2）除

信贷配置 CR 采用当期数值，其他解释变量采用滞后 1~4 期作为工具变量进行回归检验。然后对所有工具变量做检验，以确保不存在识别不足、弱工具变量和过度识别。

表 7-9　　　　　　　　　　　　　　　　　回归结果

变量	空气污染模型		水污染模型		固体污染模型	
	G1	G2	W1	W2	S1	S2
CR ($t-1$)	0.450 ** (0.218)		0.125 * (0.0659)		0.391 (0.263)	
CR		0.435 ** (0.159)		0.111 * (0.0605)		0.557 * (0.315)
C	8.597 ** (3.558)	8.397 ** (3.512)	1.651 ** (0.734)	1.539 * (0.766)	5.543 * (2.766)	5.646 * (2.795)
N	295	295	295	295	295	295
R^2	0.358	0.358	0.189	0.187	0.195	0.198
Prov	30	30	30	30	30	30
F	34.64	47.70	14.61	13.58	23.98	32.80
p	0.0000	0.0000	0.0000	0.0000	0.0000	0.0000
Model	FE	FE	FE	FE	FE	FE
Year effect	√	√	√	√	√	√
F for ui p	0.0001	0.0001	0.0458	0.0479	0.0090	0.0078
Hausman	67.47	67.49	50.16	49.65	45.85	46.17
HausmanP	0.0000	0.0000	0.0001	0.0001	0.0005	0.0005

注：***、**、* 分别表示估计系数在 1%、5%、10% 的统计水平上显著，圆括号内数值为标准误。

在完成以上回归检验以后，为了验证实证结果的稳健性，又分别采取了三种方法进行验证。（1）可行性广义最小二乘法（FGLS）。由于样本涉及 30 个省域和直辖市的企业数据，必然存在异方差现象。导致标准误增加回归结果有的省份不显著，估计结果不一致。为了消除异方差影响，采取 FGLS 估计方法，得到一致性估计结果。此结果与前结果比较没有差别；（2）增加人均 GDP、人均 GDP 的平方和对污染的治理投入作为控制变量。根据前文文献总结，中国经济增长是以牺牲环境作为代价，银行信贷投放刺激工业发展和经济增长，对环境污染治理投入会减轻银行的义务和责任。这三个新增变量从理论上与银行信贷配置（CR）存在一定的正相关关系（即使这种共线性是可以容忍的），那么在回归结果上也可能会削弱 CR 变量的显著性。但实际结果是银行信贷配置 CR 显著性不变，稳健性得到再次验证；（3）增加环境立法虚拟解释变量。环境立法和环保意识的增强，如果商业银行在信贷政策中依然没有严格执行"赤道"准则，与银行信贷配置 CR 之间也是存在正向关系，从而削弱了银行对环境保护的主动意识和责任，有可能使得 CR 不显著。但是实证结果还是证明了 CR 的显著性。以上 3 个稳健性检验，都说明了商业银行对重污染企业的信贷偏好支持，的确对于环境污染起到了推波助澜的作用。进一步说明本论文的理论推演和模型设定都是合理的，结论可靠。

论文中采用的是平衡面板数据。下面按照规范、完整的检验步骤展示论文中的 Stata 程序，供同学们学习和参考使用。

（1）所有序列经单位根检验，平稳的数据再进行实证检验。

```
xtunitroot llc gas,trend noconstant demean        ///
lags(2)lags(aic 10)lags(bic 10)lags(hqic 10)
        xtunitroot llc water,trend noconstant demean        ///
lags(2)lags(aic 10)lags(bic 10)lags(hqic 10)
xtunitroot llc solid,trend noconstant demean        ///
lags(2)lags(aic 10)lags(bic 10)lags(hqic 10)
        xtunitroot llc cr,trend noconstant demean        ///
lags(2)lags(aic 10)lags(bic 10)lags(hqic 10)
        xtunitroot llc linvst,trend noconstant demean        ///
lags(2)lags(aic 10)lags(bic 10)lags(hqic 10)
        xtunitroot llc pec,trend noconstant demean        ///
lags(2)lags(aic 10)lags(bic 10)lags(hqic 10)
xtunitroot llc wt,trend noconstant demean        ///
lags(2)lags(aic 10)lags(bic 10)lags(hqic 10)
        xtunitroot llc gt,trend noconstant demean        ///
lags(2)lags(aic 10)lags(bic 10)lags(hqic 10)
xtunitroot llc st,trend noconstant demean        ///
lags(2)lags(aic 10)lags(bic 10)lags(hqic 10)
        xtunitroot llc ir,trend noconstant demean        ///
lags(2)lags(aic 10)lags(bic 10)lags(hqic 10)
xtunitroot llc gdp,trend noconstant demean        ///
lags(2)lags(aic 10)lags(bic 10)lags(hqic 10)
        xtunitroot llc gdppc,trend noconstant demean        ///
lags(2)lags(aic 10)lags(bic 10)lags(hqic 10)
xtunitroot llc lg,trend noconstant demean        ///
lags(2)lags(aic 10)lags(bic 10)lags(hqic 10)
        xtunitroot llc ledu,trend noconstant demean        ///
lags(2)lags(aic 10)lags(bic 10)lags(hqic 10)
```

（2）对面板数据模型进行豪斯曼检验，以确定采用固定效应还是随即效用模型。

```
xtreg gas cr linvst pec wt gt ir gdp gdppc ledu lg,fe
est store fe
xtreg gas cr linvst pec wt gt ir lg,re
est store re
hausman fe re
```

```
xtregwater cr   linvst pec wt gt ir lg,fe
est store fe
xtregwater cr   linvst pec wt gt ir lg,re
est store re
hausman fe re


xtregsolid cr   linvst pec wt gt ir lg,fe
est store fe
xtreg solid cr   linvst pec wt gt ir lg,re
est store re
hausman fe re
```

（3）经豪斯曼检验，确定优先使用固定效应模型。正如前文已作说明，为了减少遗漏变量对核心解释变量的干扰，尽量增加合理的控制变量。同时为了展示控制变量的统计显著性，在固定效应模型基础上，采用面板豪斯曼—泰勒回归检验命令，能够防止将其他个体效应变量被自动删除。为了体现年度效应，还需要加入时间虚拟变量。

```
    tab year,gen(year)    // 加入时间虚拟变量
```

①所有解释变量均采用一阶滞后项作为代理变量,进行回归检验。

```
xtreg gas L. (cr   linvst pec wt gt ir lg) ,fe
xtreg water L. (cr   linvst pec wt gt ir lg) ,fe
xtreg solid L. (cr   linvst pec wt gt ir lg) ,fe
```

②工具变量 *IV-GMM* 估计方法。

```
xtivreg2 gas cr year(epa = L(1/4). epa   pec = L(1/4). pec   wt = L(1/4). wt gt = L(1/4)
. gt ir = L(1/4). gt lg = L(1/4). lg) ,fe robust
    xtivreg2 water cr year(epa = L(1/4). epa   pec = L(1/4). pec   wt = L(1/4). wt gt = L(1/
4). gt ir = L(1/4). gt lg = L(1/4). lg) ,fe robust
    xtivreg2 solid cr year(epa = L(1/4). epa   pec = L(1/4). pec   wt = L(1/4). wt gt = L(1/
4). gt ir = L(1/4). gt lg = L(1/4). lg) ,fe robust
```

xtivreg2 命令优于 xtivreg 命令。因为可以同时展示弱工具变量、识别不足和过度识别 3 种针对工具变量的检验结果。同时，针对异方差现象，增加 robust 命令就可以完成检验。

（4）稳健性分析。

①增加控制变量,检验回归结果中核心解释变量的显著性。

```
xtivreg2 gas cr year gdp gdppc ledu     ///
(epa = L(1/4). epa   pec = L(1/4). pec   wt = L(1/4). wt gt = L(1/4). gt ir = L(1/4). gt
lg = L(1/4). lg) ,fe robust
    xtivreg2 water cr year gdp gdppc ledu    ///
(epa = L(1/4). epa   pec = L(1/4). pec   wt = L(1/4). wt gt = L(1/4). gt ir = L(1/4). gt
lg = L(1/4). lg) ,fe robust
    xtivreg2 solid cr year gdp gdppc ledu    ///
(epa = L(1/4). epa   pec = L(1/4). pec   wt = L(1/4). wt gt = L(1/4). gt ir = L(1/4). gt
```

lg = L(1/4). lg) ,fe robust

②以环境立法保护 Law 变量作为分组依据,对所有样本分为两组进行回归检验

xtivreg2 gas cr year(epa = L(1/4). epa   pec = L(1/4). pec   wt = L(1/4). wt gt = L(1/4). gt ir = L(1/4). gt lg = L(1/4). lg) ,fe robust

xtivreg2 water cr year(epa = L(1/4). epa   pec = L(1/4). pec   wt = L(1/4). wt gt = L(1/4). gt ir = L(1/4). gt lg = L(1/4). lg) ,fe robust

xtivreg2 solid cr year(epa = L(1/4). epa   pec = L(1/4). pec   wt = L(1/4). wt gt = L(1/4). gt ir = L(1/4). gt lg = L(1/4). lg) ,fe robust

两组样本完成以上三个被解释变量的回归检验后,核心解释变量 *CR* 仍然显著。再次说明商业银行在信贷执行上,对高能耗、重污染的工业制造业企业选择性偏好,的确助长了废气、废水、废渣的排放。

第八章

工具变量法

根据本书第二章的内容，我们知道 OLS 能够成立的最重要条件是解释变量与扰动项不相关；否则 OLS 估计结果不一致。无论样本容量多大，OLS 估计量也不会收敛于真实的总体参数。事实上，解释变量与扰动项相关的情况较为常见。因为我们很难将与解释变量相关的所有变量都作为控制变量一一加入回归模型。此时，主要的解决方法之一就是本章将要介绍的工具变量法。工具变量（instumental variable，IV）回归是在解释变量与扰动项相关的情况下，获得总体回归方程未知参数一致估计量的一般方法。它在研究实证中有着重要的价值。本章前两节描述了内生性和工具变量法，即工具变量回归的机制与假设；第三节介绍了最常见的工具变量估计方法，即两阶段最小二乘法；第四节则结合 Stata 举例，说明如何进行工具变量回归。

第一节 内生性介绍

一、外生性和内生性

在讨论内生性问题之前，先来看看外生性假定。外生性是指当所有时期的解释变量 X 给定时，每一期的随机扰动项均值都为 0。一个经典多元回归模型：

$$y_i = \beta_0 + \beta_1 x_{1i} + \beta_2 x_{2i} + \cdots + \beta_k x_{ki} + \varepsilon_i$$

其中，ε_i 是随机扰动项。我们知道，OLS 的基本假设之一是解释变量 X 与随机扰动项 ε 不相关（即外生性）。如果 X 和 ε 满足同期外生性和跨期外生性，则为严格外生性。但是，要求解释变量 X 和与过去、现在、未来的扰动项 ε 不相关，通常难以实现。因此学者们退而求其次，只要求同期外生性。这便是弱外生性假定。我们给出这个假定的条件均值形式：

$$E(\varepsilon_t \mid X_t) = 0$$

满足其他假定和弱外生性假定后，能够证明 OLS 估计量一致。那么渐进正态分布、T

检验、F 检验以及 $Wald$ 检验等常用检验都近似有效。但扰动项与解释变量同期不相关，在现实中也常常不能被满足。外生性假定不满足，这便产生了内生性问题。若扰动项与解释变量不满足弱外生性假定，我们称模型存在内生性问题。与扰动项相关的解释变量被称为内生变量（endougenous variable）；与扰动项不相关的解释变量被称为外生变量（exogenous variable）。

二、内生性的来源

（一）联立性偏差（simultaneity bias）

联立性问题（simultaneity）是内生性的一个重要来源，其实质是两个变量互为因果关系。其中任何一个变量都可以作为对方的解释变量，也就是双向因果关系。我们用一个简单的农产品市场均衡模型说明。

$$\begin{cases} q_t^d = \alpha + \beta p_t + u_t \,(\text{需求}) \\ q_t^s = \gamma + \delta p_t + v_t \,(\text{供给}) \\ q_t^d = q_t^s \,(\text{均衡}) \end{cases}$$

q_t^d 为农产品需求；q_t^s 为农产品供给；p_t 为农产品价格。市场出清的均衡条件要求 $q_t^d = q_t^s$。令 $q_t^d = q_t^s$，可得：

$$\begin{cases} q_t = \alpha_0 + \alpha_1 p_t + u_t \\ q_t = \beta_0 + \beta_1 p_t + v_t \end{cases}$$

两个方程的解释变量与被解释变量完全一致。如果直接作回归 $q_t \xrightarrow{OLS} p_t$，那么估计的究竟是需求函数还是供给函数呢？两者都不是。如图 8 - 1。

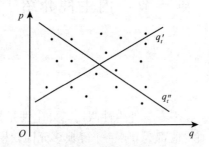

图 8 - 1 联立性偏差：农产品市场均衡模型

如果把线性方程组中的 (p_t, q_t) 看成是未知数（内生变量），而把 (u_t, v_t) 看成是已知，可求解 (p_t, q_t) 为 (u_t, v_t) 的函数：

$$\begin{cases} p_t = p_t(u_t, v_t) = \dfrac{\beta_0 - \alpha_0}{\alpha_1 - \beta_1} + \dfrac{v_t - u_t}{\alpha_1 - \beta_1} \\ q_t = q_t(u_t, v_t) = \dfrac{\alpha_1 \beta_0 - \alpha_0 \beta_1}{\alpha_1 - \beta_1} + \dfrac{\alpha_1 v_t - \beta_1 u_t}{\alpha_1 - \beta_1} \end{cases}$$

　　显然，由于 p_t 为 (u_t, v_t) 的函数，所以 $Cov(p_t, u_t) \neq 0$；$Cov(p_t, v_t) \neq 0$。OLS 估计量不一致。这种情况称为联立性偏差（simultaneity bias）或内生性偏差（endogeneity bias）。

　　再比如考察宏观经济模型中的消费函数：

$$\begin{cases} C_t = \alpha + \beta Y_t + \varepsilon_t \\ Y_t = C_t + I_t + G_t + X_t \end{cases}$$

　　Y，C，I，G，X 分别为国民收入、总消费、总投资、政府净支出与净出口。第 1 个方程为消费方程；第 2 个方程为国民收入恒等式。总消费 C_t 和国民收入 Y_t 互为因果关系。如单独对消费方程进行 OLS 回归，存在联立方程偏差，得不到一致估计。

（二）测量误差偏差（measurement error）

　　内生性的另一来源是解释变量的测量误差。假设真实模型为：

$$y = \alpha + \beta x^* + \varepsilon \tag{8-1}$$

　　其中，$\beta \neq 0$；$Cov(x^*, \varepsilon) = 0$。$x^*$ 无法观测，只能观测到 x。二者满足如下关系：

$$x = x^* + u, Cov(x^*, u) = 0, Cov(u, \varepsilon) = 0 \tag{8-2}$$

　　其中，测量误差 u 与被测量变量 x^* 不相关；也与随机扰动项 ε 不相关。将式（8-2）代入式（8-1）可得：

$$y = \alpha + \beta x + (\varepsilon - \beta u)$$

　　可以证明新扰动项 $(\varepsilon - \beta u)$ 与解释变量 x 存在相关性：

$$\begin{aligned} Cov(x, \varepsilon - \beta u) &= Cov(x^* + u, \varepsilon - \beta u) \\ &= \underbrace{Co(x^*, \varepsilon)}_{=0} - \beta \underbrace{Cov(x^*, \varepsilon)}_{=0} + \underbrace{Cov(u, \varepsilon)}_{=0} - \beta Cov(u, u) \\ &= -\beta Var(u) \neq 0 \end{aligned}$$

　　故 OLS 不一致，称为测量误差偏差（measurement error bias）。另外，如果被解释变量存在误差，后果可能并不严重。

　　值得注意的是，当被解释变量存在测量误差时，并不会影响 OLS 估计的一致性。假设真实模型为：

$$y^* = \beta x + \varepsilon, Cov(x, \varepsilon) = 0, \beta \neq 0 \tag{8-3}$$

　　y^* 无法观测到，只能观测到 y。并且两者之间关系如下：

$$y^* = y + v \tag{8-4}$$

其中，v 为测量误差。将式（8-4）代入式（8-3）中，得：

$$y = \beta x + (\varepsilon + v)$$

　　因此，只要被解释变量的测量误差与解释变量不相关，$Cov(x, v) = 0$，则 OLS 依然一致。

(三) 遗漏变量偏差 (omitted variable bias)

遗漏变量偏差是指模型设定中遗漏了某个或某些变量。遗漏变量会通过解释变量影响被解释变量。未将其控制，落入扰动项中，那么扰动项将与解释变量相关。同时也将导致解释变量估计系数包括遗漏变量的影响效应。这样就无法区分是解释变量还是遗漏变量的影响效应。现实问题总是复杂的，很难找全所有能影响被解释变量的变量。遗漏解释变量几乎不可避免。

我们假设 x_1, x_2, y 的关系如下：

$$y = \alpha + \beta_1 x_1 + \beta_2 x_2 + \varepsilon$$

其中，$Cov(x_1, \varepsilon) = 0$；$Cov(x_2, \varepsilon) = 0$。并且 $x_2 = \varphi x_1 + \varepsilon$。此时将上式中的 x_1 遗漏，那么：

$$Cov(x_2, \varepsilon) = Cov(\varphi x_1 + \varepsilon, \varepsilon) \neq 0$$

遗漏变量导致内生性问题的一个经典例子是收入与受教育程度的关系研究。收入是被解释变量 y；受教育程度是解释变量 x。而个人能力可能同时影响收入和受教育程度，但却作为遗漏变量被包含在随机扰动项中，使得解释变量与扰动项相关。此时产生了内生性问题。直接使用 OLS 方法估计受教育程度对收入的影响，无法得到一致的估计结果。

第二节　工具变量法

一、工具变量定义

OLS 估计的不一致性是由内生变量和扰动项相关引起的。如果我们能将内生变量分成两部分，一部分与扰动项相关；另一部分与扰动项不相关，那么就能够用不相关的那部分得到一致估计。这实际上就是工具变量法所做的事情。

考虑最简单的一元线性回归模型：

$$y_i = \beta_0 + \beta_1 x_i + \varepsilon_i$$

我们想要找到 x 对 y 的因果影响，但有观测不到的干扰项 ε 与 x 和 y 同时相关。在这种情况下，x 到 y 的路径有两条：$x \rightarrow y$（因果路径）和 $x \leftarrow \varepsilon \rightarrow y$（混淆路径）。要找到 x 对 y 的因果影响，我们需要截断混淆路径 $x \leftarrow \varepsilon \rightarrow y$。

我们可以通过增加控制变量的方法，将干扰项 ε 与 x 相关的部分分离出来。这也是为何在进行回归的时候，一定要用多元线性回归模型的原因。但在实际研究中，有些控制变量往往是观测不到的。因此通过增加控制变量去"清理"扰动项是很困难的。工具变量法采取的是另一条途径：它先"清理"掉内生变量中与干扰项相关的变化（"坏"的变化）；再用与干扰项不相关的变化（"好"的变化）去估计对 y 的作用。工具变量的功能就是帮我们找到内生变量中与随机扰动无关的部分并分离出来，从而使回归系数的估计量具有一致性。

在前文农产品供求均衡模型中，假设存在某因素使农产品供给曲线经常移动，而需求曲线几乎不移动。此时就可以估计需求曲线，使得供给曲线移动的变量就是工具变量。见图 8 – 2。

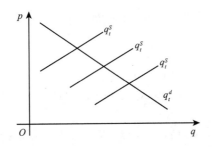

图 8 – 2 农产品供给曲线移动

假设影响供给方程扰动项的因素可分解为两部分。即可观测的气温 z_t 与不可观测的其他因素：

$$q_t^s = \gamma + \delta p_t + \eta z_t + v_t$$

假定气温 z_t 是前定变量，与需求方程的扰动项不相关。即 $Cov(z_t, u_t) = 0$。由于气温 z_t 的变化使得供给函数 q_t^s 沿着需求函数 q_t^d 移动，故可估计需求函数 q_t^d。此时称气温 z_t 为工具变量（instrumental variable，IV）。

二、工具变量有效的两个条件

在回归方程中，一个有效的工具变量应该满足以下两个条件：（1）相关性（relevance）。工具变量与内生解释变量相关，即 $Cov(z_t, x_t) \neq 0$。这个条件确保能通过工具变量 z 对内生变量 x 进行清理。如果二者不相关，z 就是"没用的"工具变量。它的变化信息没法帮助我们分离出 x 中"好"的变化；（2）外生性（exogeneity）。工具变量与扰动项不相关，即 z 本身必须是"干净"的，$Cov(z_t, \varepsilon_t) = 0$。

从图 8 – 3 可以看出，工具变量 z 会影响 x（相关性）。但 z 和误差项 ε 之间没有开放路径（外生性）。因此，z 到 y 的开放路径只有 $z \to x \to y$。由于 x 是对撞变量，x 同时受到 z 和 ε 影响，因此另一条路径 $z \to x \leftarrow \varepsilon \to y$ 是一条对撞路径，是死路径。换言之，z 影响 y 的途径只有通过 x，没有其他途径。因此外生性也称为"排他性"（exclusion）。这也意味着，z 对 y 的作用等于 z 对 x 的作用乘以 x 对 y 的作用。

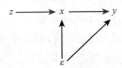

图 8 – 3 工具变量关系

显然，在农产品市场均衡模型中，气温 z_t 满足这两个条件：（1）相关性。从联立方

程组可解出 $p_t = p_t(z_t, u_t, v_t)$。故 $Cov(z_t, p_t) \neq 0$;（2）外生性。假设气温 z_t 是前定变量，$Cov(z_t, u_t) = 0$。

利用工具变量的这两个性质，可得到对需求方程回归系数 β 的一致估计。需求方程为：

$$q_t = \alpha + \beta p_t + u_t$$

两边同时求与 z_t 的协方差：

$$Cov(q_t, z_t) = Cov(\alpha + \beta p_t + u_t, z_t)$$
$$= \beta Cov(p_t, z_t) + \underbrace{Cov(u_t, z_t)}_{=0} = \beta Cov(p_t, z_t)$$

由于工具变量的外生性，故 $Cov(u_t, z_t) = 0$；根据工具变量的相关性，$Cov(p_t, z_t) \neq 0$。两边同时除 $Cov(p_t, z_t)$：

$$\beta = \frac{Cov(q_t, z_t)}{Cov(p_t, z_t)} \tag{8-5}$$

使用式（8-5）对应的样本值，就可以得到一致的"工具变量估计量"：

$$\hat{\beta}_{IV} = \frac{\widehat{Cov}(q_t, z_t)}{\widehat{Cov}(p_t, z_t)} = \frac{\sum_{t=1}^{n}(q_t - \bar{q})(z_t - \bar{z})}{\sum_{t=1}^{n}(p_t - \bar{p})(z_t - \bar{z})} \xrightarrow{p} \frac{Cov(q_t, z_t)}{Cov(p_t, z_t)} = \beta$$

$\bar{q}$，$\bar{p}$，$\bar{z}$ 分别为 q, p, z 的样本均值。从上式也可以看出，如果工具变量与内生变量无关，即 $Cov(p_t, z_t) = 0$，则无法定义工具变量法；如果工具变量与内生变量的相关性很弱，即 $Cov(p_t, z_t) \approx 0$，会导致估计量 $\hat{\beta}_{IV}$ 的方差变得很大，成为弱工具变量问题。

三、如何获取工具变量

使用工具变量法的前提是存在有效的工具变量，并且找到有效的工具变量。由于工具变量的两个要求（相关性与外生性）常自相矛盾，因此寻找合适的工具变量通常较困难，需要一定的创造性与想象力。寻找工具变量的步骤可以分为两步：（1）列出与内生解释变量 x 相关的尽可能多的变量清单（这一步比较简单）；（2）从这一清单中剔除与扰动项相关的变量（这一步较难）。

第 2 步操作有一定难度，因为扰动项不可观测。既然扰动项不可观测，那如何判断某候选变量 z 是否与扰动项相关？由于扰动项是被解释变量 y 的扰动项，可从 z 与 y 的相关性着手。显然 z 与 y 相关，因为 z 与内生变量 x 相关。重要的是，z 对 y 的作用仅仅通过 x 来起作用。因为如果 z 与 ε 相关，则 z 对 y 的影响必然还有除 x 以外的渠道。见图 8-3。

至于是否 z 对 y 的影响仅仅通过 x 来起作用的，有时可以通过定性的讨论来确定。即"排他性约束"（exclusion restriction）。

下面将对一些经典和较具说服力的工具变量分析案例进行分类总结。梳理这些工具变量，比一般性的文献综述更重要，因为合格的工具变量非常难以寻找。因此，前人对某一类工具变量的使用，在很大程度上对我们今后寻找工具变量能够带来重要启发甚至灵感。严密的逻辑和开阔的想象力，是寻找到好的工具变量的必要条件。

（一）使用更高层级的变量作为低层级变量的工具变量——集聚数据

经济学和社会学中一个非常热门的研究课题是同伴效应（peer effect）。其假说是，个人的经济社会结果，往往会受到所在集体某个特征要素的影响。比如，一个人的成绩、收入、社会地位等，会受到他所在学校、班级、邻里特征的影响。但要验证这一假说，我们就必须解决个人异质性导致的内生性问题。这是因为，很多无法观测到的个人、家庭因素，会同时和个人结果及我们关心的集体要素相关（特别是，个体往往根据自己的某项特质和偏好来选择学校、班级、邻居）。为解决这一内生性问题，经济学家和社会学家常常把州、县或大都会地区层面的集聚数据（aggregation data）作为学校、班级和邻里等层面解释变量的工具变量。

例如，埃文斯等（Evans et al.，1992）试图验证学校中的贫困生比例，对学生怀孕或辍学行为是否有显著影响。他们运用大都会地区的失业率、家庭收入中位数和贫困率，作为学校中贫困学生比例的工具变量。其理由是：以都会为单位的失业率和贫困率必然和辖区内学校的贫困生比例有关，但又不直接影响学生的怀孕或辍学等行为。李春涛等（2020）研究城市层面金融科技对企业创新的影响。地区金融科技发展水平作为一个宏观变量，其受到单个企业创新行为的影响较小。但是依然可能会因为遗漏变量或金融科技的测量误差而导致结果出现偏误，从而产生内生性问题。为了克服内生性，李春涛等（2020）选用相同年度该城市所有接壤城市金融科技发展水平的均值作为工具变量。

不过，使用集聚层数据作为工具变量，往往会引入噪音，甚至增加遗漏偏误。因为我们无法保证高级区划层面上的特征值是完全外生的（Grogger，1996；Hanushek et al，1996；Moffitt，1995；Rivkin，2001）。因此，这类工具变量的应用案例，在近年来的研究中有减少的趋势。

（二）自然界——物候天象

河流、地震、降雨、自然灾害等自然现象在一定地域范围内具有高度的随机、外生特性，因此可以被假设为与个人和群体的异质性无关。同时，它们又能够影响一些社会过程。例如，在一篇经典研究中，采用区域内河流数量作为该区域学校数量的工具变量，以此来验证学区内的学校竞争是否可以提高教学质量（Hoxby，2000）。区域内学校数量之所以是内生的，是因为它可能是该区域长期历史积累下的某种特征的结果。而使用河流数作为工具变量则具有很强的说服力。河流数量越多，就会因交通问题导致更多学校的设立；但河流数是天然形成的，本身和教学质量无直接关系。

除了河流，其他诸如地震、灾害、降雨量甚至化学污染等自然现象，都曾被具有社会科学想象力的研究者所使用。例如，在班级效应（class effect）研究中，罗索利亚和西波龙（Cipollone and Rosolia，2007）以地震导致的男性免征兵政策作为高中班级性别构成的工具变量，以分析意大利学生中班级性别构成对女生成绩的影响。地震作为一种天象，显然是随机和外生的。在社会资本和网络效应研究中，陈云松（2012）以中国农民工来源村庄的自然灾害强度，作为本村外出打工者数量的工具变量，证明了同村打工网的规模直接影响农民工在城市的收入。使用自然灾害作为工具变量的合法性在于：灾害越重，外出打工的村民就越多；而在控制了地区间应对灾害的能力和来源省份之后，发生在村庄领域内的自然灾害可以被认为是外生的。

（三）生理现象——生老病死

人类的生老病死既是社会现象，也是生理上的自然现象。出生日期、季度、性别、死亡率等，虽仅仅是有机体的自然历程，但既具有随机性，又往往和特定的经济社会过程相关。因此，无论在宏观还是微观社会科学层面，它们都曾被巧妙地作为工具变量运用在因果推断之中。比如，在制度经济学研究中，我们关心的是制度对一国的人均收入有无影响。但制度往往是内生的，或者说是选择性的（例如，好的制度也许总在人均收入高的国家或地区产生）。只有找到制度的工具变量，才能让人信服地证明制度的力量。阿西莫格鲁等（Acemoglu et al.，2001）在一项经典研究中，把殖民地时代一个国家的自然死亡率作为该国当今制度的工具变量。其理由非常巧妙：如果该地区当年的死亡率高，那么欧洲殖民者就相对不愿定居下来，从而在当地建立起更具掠夺性的"坏"制度。由于制度的"路径依赖"，殖民时代的制度显然和现在的制度关系密切。因此，历史上的死亡率作为工具变量，应当和当今制度紧密相关。而一百年前的死亡率作为一种自然生理现象，又和目前的人均收入没有直接关系。

在微观层面的研究中，个人的出生时段曾多次被作为工具变量使用。在教育回报研究中，安格里斯特和克鲁格（Angrist and Krueger，1991）把被访者出生的季度作为教育的工具变量。其理由是：上半年出生的孩子退学的可能性大于下半年出生的孩子（美国《义务教育法》规定不满 16 周岁不得退学），因此后者平均受教育时间更长。除了个体的"生日"，人类的生育结果也往往作为一种随机现象而被当作工具变量使用。例如，安格里斯特和埃文斯（Angrist and Evans，1998）试图分析家庭中的孩子数是否影响母亲的就业。由于生育孩子数量是可以被选择的，因此解释变量显然是内生的。为解决这一问题，他们巧妙地挖掘了人类生育行为中偏好有儿有女的特征，将子女"老大"和"老二"的性别组合情况作为工具变量。理由是：头两胎如果是双子或双女，那么生育第 3 胎的可能性大大增加，进而增加子女数。

第三节　两阶段最小二乘法

一、模型估计

（一）单个内生变量

工具变量法一般通过两阶段最小二乘法（two stage least square，2SLS or TSLS）来实现。正如其名称指出的，两阶段最小二乘估计量分两步计算：第 1 阶段将内生变量对工具变量和所有外生变量进行回归；第 2 阶段将前一阶段得到的拟合值替代原模型中的内生变量并进行回归。

当只有一个内生解释变量 x 和其他外生变量时，模型如下：

$$y_i = \alpha + \beta_1 x_i + \beta_2 w_{1i} + \beta_3 w_{2i} + \cdots + \beta_{1+r} w_{ri} + \varepsilon_i \qquad (8-6)$$

其中，x_i 是内生解释变量，$Cov(x_i, \varepsilon) \neq 0$；$w_{1i}, w_{2i}, \cdots w_{ri}$ 是其他外生变量，与扰动项不相关；x_i 的工具变量 z 满足相关性和外生性的两个条件。

$2SLS$ 的第 1 阶段将内生变量 x 对工具变量和所有外生变量进行回归：

$$x_i = \gamma_0 + \gamma_1 z_{1i} + \gamma_2 z_{2i} + \cdots + \gamma_m z_{mi} + \gamma_{m+1} w_{1i} + y_{m+2} w_{2i} + \cdots + y_{m+r} w_{ri} + v_i$$

其中，$z_{1i}, z_{2i}, \cdots z_{mi}$ 是 x 的工具变量；$\gamma_0, \gamma_1, \cdots \gamma_{m+r}$ 是待估计系数；v_i 是扰动项。上式也被称为简化（reduce form）方程。它把内生变量 x 和外生变量 w 以及工具变量 z 联系在一起。在 $2SLS$ 第 1 阶段中，利用 OLS 估计式中的未知系数 $(\hat{\gamma}_0, \hat{\gamma}_1, \cdots \hat{\gamma}_{m+r})$，并以此计算内生变量的预测值 $\hat{x}_i$。这个预测值 $\hat{x}_i$ 与 ε_i 不相关。

$2SLS$ 第 2 阶段将预测值 $\hat{x}_i$ 代替内生变量 x_i，并进行回归：

$$y_i = \alpha + \beta_1 \hat{x}_i + \beta_2 w_{1i} + \cdots + \beta_{1+r} w_{ri} + \delta_i$$

其中，$\hat{x}_i$ 的系数 $\hat{\beta}_1^{IV}$ 称为两阶段最小二乘法估计量。在第 2 阶段回归中，我们只使用了内生变量中与扰动项不相关的部分，因此得到的系数 $\hat{\beta}_1^{IV}$ 是 β_1 的一致估计量。即 $\mathrm{plim}\hat{\beta}_1^{IV} = \beta_1$。

（二）多个内生解释变量

$2SLS$ 可以很容易地处理多个内生变量和多个工具变量的情况。假设我们要估计的模型是：

$$y_i = \alpha + \beta_1 x_{1i} + \beta_2 x_{2i} + \beta_3 w_{1i} + \cdots + \beta_{2+r} w_{ri} + \varepsilon_i$$

其中，x_{1i} 和 x_{2i} 是两个内生变量；$w_{1i}, w_{2i}, \cdots w_{ri}$ 是外生变量；x_{1i} 有一个工具变量 z_{1i}；x_{2i} 有两个工具变量 z_{2i} 和 z_{2i}。$2SLS$ 步骤如下：第 1 阶段将每个内生变量对所有工具变量和所有外生变量进行回归，然后用得到的系数计算每个内生变量的预测值；第 2 阶段用内生变量的预测值代替模型中的内生变量并进行回归，得到 $2SLS$ 估计量。实践中，$2SLS$ 的两阶段是由现代计量经济学软件中的相关命令自动完成。

由于有两个内生变量，至少需要两个工具变量，才能进行 $2SLSv$ 估计。如果只有 1 个工具变量 z，由第 1 阶段回归可得：

$$\hat{x}_1 = \hat{\gamma}_0 + \hat{\gamma}_1 z, \hat{x}_2 = \hat{\varphi}_0 + \hat{\varphi}_1 z$$

代入原方程得：

$$y = \alpha + \beta_1 \hat{x}_1 + \beta_2 \hat{x}_2 + \beta_3 w + \varepsilon$$

$\hat{x}_1$ 与 $\hat{x}_2$ 都是 w 的线性函数，故存在严格多重共线性。由此可知工具变量与内生解释变量的数量关系：进行 $2SLS$ 估计的必要条件是工具变量个数不少于内生解释变量的个数。这被称为阶条件（order condition）。

根据阶条件是否满足可分为 3 种情况：（1）不可识别（unidentified）。工具变量个数小于内生解释变量个数；（2）恰好识别（just or exactly identified）。工具变量个数等于内生解释变量个数；（3）过度识别（overidentified）。工具变量个数大于内生解释变量个数。在恰好识别与过度识别的情况下，都可使用 $2SLS$；在不可识别的情况下，无法使用 $2SLS$。

此外，使用 $2SLS$ 要注意两点问题。首先，第 2 阶段回归所得到的残差是：$\delta_i = y - \hat{x}_i \hat{\beta}_{IV}$；而原方程残差却是：$\varepsilon_i = y_i - x\hat{\beta}_{IV}$。因此，执行 $2SLS$ 最好不要自己进行两次手工回归，而是直接使用 Stata 命令（Stata 会自动调整，使用正确的残差）。其次，误差 ε 通常是异方差的。因此应该使用异方差稳健的标准误。

二、工具变量的检验

工具变量法是否在特定应用中起作用取决于工具变量是否有效。利用无效的工具变量得到的结果是无意义的，因此有必要评估工具变量是否有效。

（一）内生性检验（是否需要使用工具变量）

使用工具变量法的前提是存在内生解释变量。那么如何从统计上检验解释变量是否内生？由于扰动项不可观测，我们无法直接检验解释变量与扰动项的相关性。但如果找到有效的工具变量，则可以借助工具变量来检验解释变量的内生性。

假设存在方程外的工具变量。如果所有解释变量都是外生变量，则 OLS 比工具变量法更有效。在这种情况下使用工具变量法，虽然估计量仍然是一致的，但相当于无病用药，反而会增大估计量的方差；反之，如果存在内生变量，则工具变量法是一致的。而 OLS 不一致。

豪斯曼检验（Hausman specification test）的原假设为 H_0：所有解释变量均为外生变量。如果 H_0 成立，则 OLS 与 IV 都一致。在大样本下 $\hat{\beta}_{IV}$ 与 $\hat{\beta}_{OLS}$ 都收敛于真实的参数值 β，故 $(\hat{\beta}_{IV} - \hat{\beta}_{OLS})$ 依概率收敛于 0；反之，如果 H_0 不成立，则 IV 一致而 OLS 不一致，故 $(\hat{\beta}_{IV} - \hat{\beta}_{OLS})$ 不会收敛于 0。豪斯曼检验正是基于这一思想进行检验。如果 $(\hat{\beta}_{IV} - \hat{\beta}_{OLS})$ 的距离很大，则倾向于拒绝原假设。

（二）相关性检验

1. 不可识别检验

当工具变量数小于内生解释变量数时，称为不可识别（unidentified）。使用的统计量是 *Anderson LM* 统计量或 *Kleibergen-Paap rk LM* 统计量。对应的 p 值不能大于 0.1。例如，p 值小于 0.01，说明在 1% 水平上显著拒绝"工具变量识别不足"的原假设。在同方差情况下，根据 *Anderson LM* 统计量检验；在异方差情况下，根据 *Kleibergen-Paap rk LM* 统计量检验。

2. 弱工具变量检验

工具变量相关性越强，工具变量 z 越能解释更多的内生变量 x 的变动，则工具变量回归中能用的信息就越多。因此利用相关性更强的工具变量得到的估计量也更精确。如果 z 与 x 相关性较弱，此时 z 被称为"弱工具变量"。这样进行的工具变量法估计就不准确。即使样本容量很大，也很难收敛到真实的参数值。

当只有 1 个内生回归变量时，检验弱工具变量的一种方法是利用 F 统计量检验 $2SLS$

第 1 阶段回归中工具变量系数都为零的假设。第 1 阶段 F 统计量（first-stage F-statistic）度量了工具变量中包含的信息：包含的信息越多，则 F 统计量的期望值越大。经验法则是，如果第 1 阶段 F 统计量超过 10，则认为工具变量的相关性条件得到了较好的满足；如果有很多工具变量，其中某些工具变量可能比另一些要弱；如果有少数强工具变量和许多弱工具变量，则在 2SLS 分析中最好是忽略最弱的工具变量，而选用相关性最强的工具变量子集。

但如果系数是恰好识别的，则不能略去弱工具变量；如果系数是过度识别的，却没有足够的强工具变量，此时略去一些弱工具变量也没有什么帮助。在这种情况下，有几种可以尝试的办法：一是寻找相关性更强的工具变量。这就需要我们深入了解待分析的问题，可能需要重新设计数据集和实证研究的性质；二是利用弱工具变量继续进行实证分析。但采用的方法不是 2SLS，而是使用受弱工具变量影响较小的有限信息极大似然法（Limited Information Maximum Likelihood Estimation，LIML）进行估计。在大样本下，$LIML$ 与 2SLS 是渐近等价的。但在存在弱工具变量的情况下，$LIML$ 的小样本性质可能优于 2SLS。

（三）外生性检验（过度识别约束检验）

工具变量的外生性是保证 2SLS 一致性的重要条件。如果工具变量与扰动项相关，可导致严重的偏差。本质上而言，我们是不可能检验这个条件的。因为我们无法观测到干扰项，也就无法检验干扰项是否与工具变量相关。但我们可以在一定程度上对外生条件进行检验，同时充分认识到外生性检验的局限性。

1. 恰好识别

首先考虑系数恰好识别的情况。即工具变量个数和内生回归变量个数一样多。此时无法建立工具变量实际是外生的假设的统计检验。即不能用经验证据证明这些工具变量是否满足外生性约束的问题。在这种情况下，评估工具变量外生的唯一方法是定性分析。定性讨论通常基于以下逻辑：如果工具变量是外生的，则其对被解释变量发生影响的唯一渠道就是通过内生变量。除此以外别无其他渠道。由于此唯一渠道（内生变量）已被包括在回归方程中，故工具变量不会再出现在被解释变量的扰动项中或对此扰动项有影响。此条件被称为排他性约束（exclusion restriction）。因为它排除了工具变量除通过内生变量而影响被解释变量的所有其他渠道。在实际操作中，则需要找出工具变量影响被解释变量的所有其他可能渠道，然后一一排除，才能比较信服地说明工具变量的外生性。

2. 过度识别

在过度识别的情况下，则可进行过度识别检验（overidentification test）。假设有 1 个内生变量和 2 个工具变量(z_1, z_2)，我们可以采用下面分步检验方法：

先假设第 1 个工具变量 z_1 满足外生条件，即 $Cov(z_1, \varepsilon) = 0$。并只用 z_1 作为工具变量得到估计系数 $\hat{\beta}_{z1}$。如果 z_1 满足外生性假设成立，则 $\hat{\beta}_{z1}$ 是 $\hat{\beta}_1$ 的一致估计量，那么，残差 $\hat{\varepsilon}_{z1}$ 也是 ε_i 的一致估计量。接着使用 $\hat{\varepsilon}_{z1}$ 对 z_1 进行外生性检验，即检验 $Cov(z_1, \hat{\varepsilon}_{z1}) = 0$ 是否成立。注意，这个检验是建立在第 1 个工具变量 z_1 满足外生性假设的前提下的。

类似的，我们也可以先假设第 2 个工具变量 z_2 满足外生条件，即 $Cov(z_2, \varepsilon) = 0$。并只用 z_2 作为工具变量得到估计系数 $\hat{\beta}_{z2}$。如果 z_2 满足外生性假设成立，则 $\hat{\beta}_{z2}$ 是 $\hat{\beta}_1$ 的一致估计量，那么，残差 $\hat{\varepsilon}_{z2}$ 也是 ε_i 的一致估计量。接着使用 $\hat{\varepsilon}_{z2}$ 对 z_2 进行外生性检验，即检验 $Cov(z_2,\hat{\varepsilon}_{z2})=0$ 是否成立。注意，这个检验是建立在第 2 个工具变量 z_2 满足外生性假设的前提下的。

在实际运用中，操作通常更简便但效果一样的步骤：

（1）过度识别检验的原假设为 H_0：所有工具变量都是外生的。如果拒绝该原假设，则认为至少某个变量不是外生的，与扰动项相关。

假设共有 k 个解释变量 $\{x_1,\cdots,x_k\}$。其中前 $(k-r)$ 个解释变量 $\{x_1,\cdots,x_{k-r}\}$ 为外生变量；而后 r 个解释变量 $\{x_{k-r+1},\cdots,x_r\}$ 为内生变量：

$$y=\underbrace{\beta_1 x_1+\cdots\beta_{k-r}x_{k-}}_{外生}+\underbrace{\beta_{k-r+1}x_{k-r+1}+\beta_k x_k}_{内生}+\varepsilon$$

假设共有 m 个工具变量 $\{z_1,\cdots,z_m\}$，其中 $m>r$。则过度识别的原假设为：

$$H_0:Cov(z_1,\varepsilon)=0,\cdots,Cov(z_m,\varepsilon)=0$$

（2）将所有工具变量用 $2SLS$ 法进行回归，得到 $2SLS$ 残差 ε_{IV}。如果所有工具变量都是外生的，则残差 ε_{IV} 就是扰动项 ε_i 的一致估计量。

（3）通过 $2SLS$ 的残差 ε_{IV}，考察工具变量与扰动项的相关性。把 ε_{IV} 对所有外生变量（所有外生变量与工具变量）进行回归，得到可决系数为 R^2。如果所有的工具变量都是外生的，那么它们与残差 ε_{IV} 是无关的，R^2 会较小。

（4）进行假设检验。在原假设下，统计量 $nR^2 \xrightarrow{d} \chi_q^2$。其中自由度 $q=(m-r)$ 是过度识别约束的个数。即方程外工具变量个数 (m)，减去内生变量个数 (r)。也就是"多余"的工具变量个数。如果 nR^2 超过了 χ_q^2 分布中的（例如）5% 临界值，则拒绝原假设 H_0，并推断出：不是所有的工具变量都是外生的。但我们并不知道哪些工具变量是外生的。

即使接受了过度识别的原假设，也并不能证明这些工具变量的外生性。因为过度识别检验成立的大前提是，该模型至少恰好识别。而这一大前提无法检验，只能假定成立。如果只有 1 个内生变量，则在进行过度识别检验时，需要隐含地假定至少有 1 个工具变量外生，然后检验所有其他工具变量的外生性。过度识别检验的直观思想是检验由不同工具变量组合而生成的 IV 估计量是否收敛到同一值。如果所有工具变量都不是外生的，则即使由它们生成的 IV 估计量差别很小，也只能说明这些 IV 估计量都收敛到了一个错误的值；反之，如果至少有一个工具变量是外生的，而且这些 IV 估计量都收敛到同一值，则可以认为所有工具变量都是外生的。

第四节　案例分析及 Stata 应用

一、工具变量法的应用

工具变量法是因果推断研究的基本方法之一，在金融学研究领域也得到了广泛的应用。下面用一些例子进行说明。

谢绚丽等（2018）将北京大学数字普惠金融指数省级数据与新增企业注册信息相匹配，研究了数字金融的发展和推广与企业创业之间的关系。地区数字金融的发展，可以通过弥补传统金融对不发达地区和小微企业服务的不足来促进创新的产生，进而推动创业。选取新注册企业数的对数以及新注册企业增速作为被解释变量，回归模型如下式所示：

$$lnent_{it} = \beta_0 + \alpha_i + \beta_1 lnent_{i(t-1)} + \beta_2 lnent_{it-1} + \beta_3 r_{t-1} + \beta_4 crd_{it-1} +$$
$$\beta_5 loan\_GDP_{it-1} + \beta_6 loan\_SF_{it-1} + \beta_7 CY_{it-1} + \varepsilon_{it}$$

其中，$lnent$ 表示新增企业数的对数；α 用于描述各省不随时间变化的一些会影响创业行为的不可观察因素；$index$ 代表数字普惠金融指数。要识别数字金融对创业的影响需要处理两类问题。第一是反向因果问题。即一个地区的创业活动本身可能会推动当地数字金融的发展状况，而不仅仅是数字金融促进了创业；第二是即便控制了当地的经济发展水平、企业创业的资金成本高低，以及当地对于小微企业的支持力度，还会存在其他因素导致企业创业趋势发生变化。但这一变化可能和数字金融的发展无关。

对于反向因果问题，我们采取以下策略。第一，对所有解释变量都使用一阶滞后项。即评估上年的数字金融、经济发展水平、资金成本等如何影响当期企业创业。这样在一定程度上可以减弱反向因果问题。第二，考虑采用省级互联网普及率作为数字普惠金融指数的工具变量。一方面，互联网普及率作为数字金融的基础设施，与数字金融的变化存在着紧密的联系；另一方面，在控制当地经济水平、资金获取成本以及正规金融对小微企业的支持力度后，互联网普及率与新增企业之间并不存在直接的关联渠道。这使得互联网普及率可能成为一个有效的工具变量。

首先将数字普惠金融指数对互联网普及率以及其他控制变量做一阶段回归，并检验工具变量是否为弱工具变量。在一些回归中，存在不能在 10% 显著性水准下排除工具变量为弱工具变量的情形。在这样的情况下，考虑对弱工具变量稳健的 AR 类检验。又由于 AR 检验要求工具变量完全满足排除条件，而这一点可能过于严格，我们采用贝尔科维奇等（Berkowitz et al.，2012）提出的 FAR 检验来考察工具变量的适用性。该方法容许工具变量可能是弱工具变量并且是几乎满足排除条件的情况下，给出稳健的估计量。表 8 - 1 首先报告工具变量对数字普惠金融总指数的一阶段回归结果。可以看到，上年数字普惠金融总指数对新增企业数以及对其增速都有统计上显著的效果。

表 8 - 1　　　　　　　　　　　　　工具变量一阶段结果

上年总指数	结果
上年网络普及率	317. 315 *** （109. 1778）
上年人均 GDP	322. 471 *** （62. 0267）
上年实际利率	6. 654 *** （2. 1786）

续表

上年总指数	结果
上年人均小贷余额	24. 296 (43. 3131)
上年信贷总量/GDP	- 9. 443 (11. 5604)
上年信贷总量/社会融资规模	- 0. 407 (0. 2441)
上年提到创业次数	- 0. 197 (0. 3161)
上年对数 VC 总额	1. 140 (1. 0271)
时间控制	是
样本量	121

注：***、**、*分别表示估计系数在1%、5%、10%的统计水平上显著，圆括号内数值为 t 值。

表 8 - 2 给出了分别以新注册企业数的对数以及新注册企业增长率为因变量的固定效应回归结果和工具变量回归模型，并给出了对弱工具变量和弱外生检验稳健的 *FAR* 检验结果。其中，第（1）、第（2）列为基准模型；第（3）、第（4）列为采用工具变量的模型。可以看到，对于新注册企业对数为因变量的工具变量回归，*FAR* 检验的 p 值为 0. 0413；对因变量为新注册企业增长率的回归，*FAR* 检验的 p 值为 0. 0343。因此可以在 5% 的显著性水准下，考察上年总指数对新增企业数的影响。

表 8 - 2 新增企业数与总指数的关系

变量	固定效应		固定效应 + *IV*	
	新增企业对数（1）	新增企业增速（2）	新增企业对数（3）	新增企业增速（4）
上年总指数	0. 00443 *** (0. 00133)	0. 00385 *** (0. 00136)	0. 0161 ** (0. 00638)	0. 0131 *** (0. 00488)
上年人均 GDP	2. 902 *** (0. 937)	1. 401 (1. 031)	- 2. 130 (2. 852)	- 2. 595 (2. 030)
上年实际利率	- 0. 112 *** (0. 0164)	- 0. 0572 *** (0. 0180)	- 0. 197 *** (0. 0552)	- 0. 125 ** (0. 0491)
上年人均小贷余额	- 0. 349 (0. 313)	- 0. 117 (0. 276)	- 0. 512 (0. 384)	- 0. 246 (0. 325)
上年信贷总量/GDP	0. 240 ** (0. 111)	0. 0402 (0. 112)	0. 244 (0. 252)	0. 0427 (0. 132)
上年提到创业次数	- 0. 00989 (0. 00691)	- 0. 0112 * (0. 00654)	- 0. 00809 (0. 00691)	- 0. 00979 (0. 00719)

变量	固定效应		固定效应 + *IV*	
	新增企业对数（1）	新增企业增速（2）	新增企业对数（3）	新增企业增速（4）
上年信贷总量/ 社会融资规模	0.000370 (0.00166)	0.000723 (0.00169)	0.00573 (0.00384)	0.00498 (0.00447)
上年对数 VC 总额	0.000346 (0.0139)	−0.00147 (0.0177)	−0.00733 (0.0259)	−0.0100 (0.0192)
时间控制	是	是	是	是
样本量	121	121	121	121
R^2	0.890	0.833	0.783	0.715
Wald-F 统计量			6.518	6.518
Far 检验 *P* 值			0.0413	0.0343

注：***、**、* 分别表示估计系数在 1%、5%、10% 的统计水平上显著，圆括号内数值为 *t* 值。

根据表 8 - 2，无论是基准模型还是采用工具变量模型，回归结果都显示，数字金融越发达的省份，新注册企业的数量也越多。该表也说明，企业创业意愿对资金成本的反应比较敏感。即实际利率较高的地区企业创业意愿较低；另外，从正规金融机构可以获取的小贷资金的额度，总体上对企业创业影响不显著。表明现有正规金融体系对于企业创业的支撑力度较弱。

就上述回归的经济显著性而言，如表 8 - 2 所示，指数增长 1 个单位，新增企业增长 0.44%（固定效应估计）和 1.61%（固定效应 + *IV* 估计）。考虑到各省数字普惠金融指数从 2012 年的平均 40.99 增加到 2014 年的平均 157.20，可以看出这是一个非常可观的促进作用。

近年来，科学技术助力金融市场发展，在以云计算和区块链主导的分布式计算技术、以物联网和移动互联主导的互联技术、以生物识别和数字加密技术主导的安全技术以及大数据与人工智能等新兴技术的驱动下，金融科技（finTech，financial technology）迎来了爆发式增长。金融科技催生出新的金融服务模式。这能否解决实体经济的融资难题从而促进企业创新呢？若是，它又是通过哪些渠道促进企业创新的呢？基于此，李春涛等（2020）利用 2011 ~ 2016 年新三板上市公司数据，考察了金融科技发展对企业创新的影响及其机制。该文构建如下回归模型来分析金融科技发展对企业创新产出的影响：

$$Innovation_{i,t} = \alpha + \beta Fintech_{m,t} + \gamma Controls + \delta_i + \theta_{t,j} + \varepsilon_{i,t}$$

其中，被解释变量 *Innovation*$_{i,t}$ 为公司 *i* 在第 *t* 年的创新产出。使用企业专利申请数量度量；解释变量 *Fintech*$_{m,t}$ 表示公司 *i* 所在的城市 *m* 在第 *t* 年的金融科技发展水平。使用百度新闻年度高级检索结果数量度量；*Controls* 是表示企业个体特征和城市层面特征的控制变量。金融科技发展运用网络爬虫技术，爬取百度新闻高级检索页面的网页源代码并提取出搜索的结果数量，并将同一地级市或直辖市层面的所有关键词搜索结果数量加总，得到总搜索量（*Fintech_R*）。并对这一指标做对数变换，作为衡量该地级市或直辖市层面金融科技发展水平（*Fintech*）的指标。

表 8 - 3 报告了金融科技发展对企业发明创新、非发明创新和创新总产出的固定效应

模型（1）的回归结果。每列回归均加入了企业和城市层面的控制变量，并控制了年份×行业固定效应。考虑到金融科技发展的指标是城市层面的，同一城市的企业之间相关性较高，因此回归模型中均使用城市聚类效应对标准误进行修正。实证结果显示，Fintech 的系数在 3 个回归中均显著为正。表明本文构建的金融科技发展指数与中国新三板上市公司的创新产出显著正相关。

表 8 - 3　　　　　　　　　金融科技与新三板上市企业创新基准回归结果

变量	(1) 专利总产出（Patent）	(2) 发明专利（Patent1）	(3) 非发明专利（Patent2）
Fintech	0.0543 *** (3.4610)	0.0159 * (1.8101)	0.0507 *** (3.2935)
Size	0.1208 *** (3.3079)	0.0828 *** (4.1984)	0.0794 *** (2.7349)
LEV	- 0.2607 *** (- 5.4733)	- 0.1116 *** (- 3.9656)	- 0.2092 *** (- 5.1101)
Growth	- 0.0065 (- 0.7763)	- 0.0108 (- 1.5650)	- 0.0012 (- 0.1437)
CapEx	- 0.1269 (- 1.3177)	- 0.1323 (- 1.6456)	- 0.0905 (- 1.0496)
PPE	0.2718 * (1.7544)	0.2217 ** (1.9851)	0.1363 (0.9758)
Indep	0.4477 ** (2.5414)	0.1877 (1.4355)	0.3664 ** (2.3266)
GDP	0.2183 (0.8375)	0.1074 (0.6657)	0.1938 (1.1867)
Population	- 0.1082 (- 0.2313)	0.0013 (0.0062)	- 0.1425 (- 0.2981)
截距项	- 5.0635 (- 0.9718)	- 3.5219 (- 1.1165)	- 3.5570 (- 0.9327)
企业个体	是	是	是
年份×行业	是	是	是
N	23,558	23,558	23,558
Within-R^2	0.1041	0.0744	0.0802

注：***、**、*分别表示估计系数在 1%、5%、10% 的统计水平上显著，圆括号内数值为 t 值。

地区金融科技发展水平作为一个宏观变量，其受到单个企业创新行为的影响较小。但是依然可能会因为遗漏变量或金融科技的测量误差而导致结果出现偏误，从而产生内生性问题。该文使用工具变量方法来弱化这一内生性问题。通过手工整理了所有城市的接壤城市，使用相同年度该城市所有接壤城市金融科技发展水平的均值作为工具变量。

该工具变量符合相关性和外生性两个约束条件：一方面，邻近的地级市通常具有相似的经济发展水平，金融科技发展程度相近；另一方面，由于信贷融资存在地域分割性，邻近地区的金融科技发展水平难以通过融资渠道影响本地企业创新。表8-4显示了工具变量的回归结果。在考虑金融科技与企业创新之间可能存在的内生性问题后，金融科技发展的系数依然为正，表明金融科技发展能够显著促进企业创新产出。这与前文结果完全一致。

表8-4　　　　　　　　　　金融科技与新三板上市企业创新工具变量回归结果

变量	(1)	(2)	(3)
	专利总产出（*Patent*）	发明专利（*Patent*1）	非发明专利（*Patent*2）
Fintech	0.6585* (1.6670)	0.6334** (2.1084)	0.2700 (0.7893)
控制变量	是	是	是
企业个体	是	是	是
年份×行业	是	是	是
N	23,484	23,484	23,484

注：***、**、*分别表示估计系数在1%、5%、10%的统计水平上显著，圆括号内数值为 *t* 值。

二、工具变量法的 Stata 操作

工具变量法的基本命令为 ivregress。其语法结构如下：

ivregress estimator depvar [*varlist*1] (*varlist*2 = *varlist_iv*) [*if*] [*in*] [*weight*] [*,options*]

estimator 表示估计方法。包括3种：两阶段最小二乘法（2*SLS*）、有限信息最大似然法（*LIML*）和广义矩方法（*GMM*）。*depvar* 为被解释变量；*varlist*1 为外生变量；*varlist*2 为内生变量；*varlist_iv* 为工具变量；*if*, *in*, *weight* 分别表示限定条件、范围和权重；*options* 为一系列选项。详细可参考 help ivregress。

IV-2SLS 的 Stata 命令格式是：

ivregress 2sls y x1 x2 （x3 = z1 z2），robust first

其中，*y* 为被解释变量；*x*1, *x*2 为外生解释变量；*x*3 为内生解释变量；而 *z*1, *z*2 为方程外的工具变量。选择项"*robust*"表示使用异方差稳健的标准误（默认为普通标准误）；选择项"*first*"表示显示第1阶段的回归结果。在球形扰动项的情况下，2*SLS* 是最有效率的工具变量法。在异方差的情况下，存在更有效率的工具变量法。即广义矩估计（generalized method of moments，GMM）。*GMM* 是数理统计"矩估计"（method of moments，MM）的推广。*GMM* 之与 2*SLS*，正如 *GLS* 与 *OLS* 的关系。在恰好识别或同方差的情况下，*GMM* 等价于 2*SLS*。

豪斯曼检验的 Stata 命令为：

reg y x1 x2

```
estimates store ols        //存储 OLS 回归结果,记为 ols
ivregress 2sls y x1( x2 = z1 z2)
estimates store iv         //存储 2SLS 的结果,记为 iv
hausman iv ols,constant sigmamore      //进行豪斯曼检验
```

选择项 *sigmamore* 表示统一使用更有效率的估计量所对应的残差来计算扰动项方差;选择项 *constant* 表示 $\hat{\beta}_{IV}$ 与 $\hat{\beta}_{OLS}$ 中都包括常数项(默认不含常数项)。传统豪斯曼检验的缺点是,假设在 H_0 成立的情况下,OLS 最有效率。故不适用异方差的情形(OLS 只在球形扰动项的情况下才最有效率)。

改进的杜宾 – 吴 – 豪斯曼检验(Durbin-Wu-Hausman Test,DWH)在异方差的情况下也适用。在 Stata 中作完 2SLS 估计后,可输入以下命令直接进行异方差稳健的 DWH 检验:

```
estat endogenous
```

当工具变量数小于内生解释变量数时,称为不可识别(unidentified)。使用的统计量是 *Anderson LM* 统计量或 *Kleibergen-Paap rk LM* 统计量。对应的 p 值小于 0.01,说明在 1% 水平上显著拒绝"工具变量识别不足"的原假设。也就是要求 p 值不能大于 0.1。加 *robust* 是 *Kleibergen-Paap rk LM* 统计量;不加 *robust* 是 *Anderson LM* 统计量。也就是说在 *iid* 情况下(不存在异方差)看 *Anderson LM* 统计量;在非 *iid* 情况下(允许存在异方差)看 *Kleibergen-Paap rk LM* 统计量。为了进行不可识别检验,可通过命令"ssc install ivreg2"下载非官方命令 ivreg2。

LIML 的 Stata 命令为:

```
ivregress liml depvar[ varlist 1 ]( varlist2 = instlist)
```

此命令在格式上与"ivregress 2sls"(2SLS)完全相同。

在 Stata 作完 2SLS 估计后,可用以下命令进行过度识别检验:"estat overid"。这个检验有很多变种和名称,有时容易引起混淆。Stata 的过度识别检验在不同情况下的检验统计值如下:

如果使用 2SLS 估计量,但使用同方差(没有使用选项 *robust VCE*),Stata 报告 χ_q^2 统计值,也称为 Z 的统计值(Sargan,1958;Basmann,1960)。

如果使用 2SLS 估计量,但考虑异方差和自相关(即选项 *robust VCE*),Stata 报告 *Wooldridge* 的稳健得分过度识别检验(robust score test of overidentifying restrictions)。

如果使用 *IV-GMM* 估计量,则报汉森(1982)的 J 统计值(χ^2 分布)。

接下来用一篇论文作为案例来具体看看 IV 估计的 Stata 操作。宋敏等(2021)使用金融科技公司数量构建地区金融科技发展指标。利用 2011 ~ 2018 年 A 股上市公司数据,考察了金融科技发展对企业全要素生产率的影响及其机制。研究发现,金融科技能显著促进企业全要素生产率提高。该文除了使用固定效应模型之外,还使用了工具变量法来解决内生性问题。计量实证模型设定如下:

$$TFP_{i,t} = \alpha + \beta Fintech_{m,t-1} + \gamma X_{i,t-1} + \delta_t + \varphi_i + \varepsilon_{i,t}$$

其中,$TFP_{i,t}$ 是企业 i 在 t 年的全要素生产率。同时采用 LP 法和 OP 法进行测算;$Fintech_{m,t-1}$ 表示地区 m 在第 $t-1$ 年的金融科技发展水平。用地区金融科技公司数量测度;$X_{i,t-1}$ 表示控制变量;φ_i 和 δ_t 分别是企业和年份固定效应。重点关注核心解释变量 *Finte-*

$ch_{m,t-1}$ 的系数。若 β 显著且为正，则表示地区金融科技发展能显著促进企业的全要素生产率。

虽然该文尽量去控制那些可能同时影响金融科技发展和企业全要素生产率的因素，但实证结果仍有可能受到一些不可观测因素的影响。这种遗漏变量问题会导致本文估计的金融科技（FintechN）系数有偏。除此之外，较高的生产率也可能会引致较大的金融科技需求。两者可能存在反向因果关系。为了缓解因遗漏变量、测量误差或反向因果导致的内生性问题，该文进一步采用工具变量估计方法。

本书使用企业所在省内 GDP 最接近其注册地的 3 个其他地级市的金融科技发展水平的均值，作为企业所在地金融科技发展的工具变量（IV）。（1）相关性。从金融机构选址的角度，张杰等（2017）指出，银行在设立分支机构时，省内 GDP 最为接近的地区往往也是银行进入概率相近和考虑的备选地区。从经济发展的角度，省内地级市都会受到相同省级政策的影响，GDP 相近也表示其有着相似的发展经历。除此之外，GDP 相近城市的金融业结构也存在相似性。而金融业结构是金融科技"赋能"的基础。因此，省内 GDP 相近地级市与目标地级市之间的金融科技发展必然具有高度的相关性；（2）外生性。省内 GDP 相近地级市的金融科技发展很难直接影响目标城市内企业的全要素生产率。虽然 GDP 相近的城市可能是相邻城市，但本文已经控制了周边城市的金融科技水平，且发现邻近城市金融科技发展对本地企业全要素生产率的溢出效应并不明显。因此，本书选取的 IV 满足工具变量的相关性和外生性假定。考虑到上市公司有很多子公司，本书进一步排除因上市公司子公司分布在省内其他城市所导致的工具变量外生性难以满足的问题。如果选取 GDP 相近的 3 个城市中至少有一个城市是上市公司子公司所在地，则删除这一上市公司本年度样本，并以此样本为基准进行工具变量回归。

首先对金融科技指标 FintechN 进行 Durbin—Wu—Hausman 检验。结果显示，以 TFP_LP，TFP_OP 作为被解释变量时，DWH 统计量分别为 22.94 和 17.88；P 值均为 0.00。表明本文模型中的 FintechN 指标存在内生性问题。表 8-5 汇报了工具变量的两阶段回归结果。其中第（1）列为第 1 阶段的回归结果；第（2）、第（3）列为第 2 阶段的回归结果。第 1 阶段回归结果显示，IV 的系数估计值在 5% 的水平上显著为正。表明同一省份中 GDP 相近三个城市的平均金融科技发展水平越高，该地区的金融科技水平也越高。验证了工具变量的相关性假定。第 2 阶段的回归结果显示，FintechN 的系数在 5% 的水平上显著为正。说明在缓解潜在内生性后，本书结论依然成立。即金融科技能够显著促进企业的全要素生产率。除此之外，本书还对弱工具变量问题进行了检验。结果表明不存在弱工具变量问题。

```
use Baseline,clear
global Control Size Roa Age Growth Cashflow Indep LEV FinDev EconoDev FinN200
merge m:1 city2 year using L1_IV
keep if _m ==3
drop _m
merge 1:1 stkcd year using Delete_IV
keep if _m ==1
drop _m
```

```
replace IV = ln(IV + 1)
winsor2 IV, cut(1 99) replace by(year)
xtset stkcd year
xtreg FintechN IV $Control year1 *, cluster(city) fe
est store m1
xtivreg TFP_LP(FintechN = IV) $Control year1 *, vce(cluster city) fe small
est store m2
xtivreg TFP_OP(FintechN = IV) $Control year1 *, vce(cluster city) fe small
est store m3
reg2docx m1 m2 m3 using 回归结果. docx, append indicate("Year Effect = year1 *") sca-
lars(N r2(%9.4f) r2_a(%9.4f)) b(%9.4f) t(%9.4f) order(FintechN IV) title(Table4: 工具
变量法_GDP 相近的三个城市的金融科技均值)
```

第 1 行命令为读入数据"*Baseline*"。注意数据的后缀". *dta*"允许不写完整；第 2 行命令表示设定全局宏。用 *Control* 代替 *Size-FinN*200 等一系列控制变量；第 3 行命令表示合并工具变量数据"*L1_IV*"。此处根据城市年度进行合并。数据"*Baseline*"是企业层面数据，数据"*L1_IV*"是城市层面数据。因此是多对一合并（*m*：1）；第 4 行命令表示仅保留匹配成功的样本。在数据横向合并后，会生成变量_merge。该变量等于 1，表示第 1 份数据的样本未能匹配成功。等于 2，表示第 2 份数据的样本未能匹配成功。等于 3，表示两份数据匹配成功的样本；第 5 行命令是删除_merge 变量。由于这份数据只有 1 个变量以"_m"开头，因此_merge 可以简写为_m；第 6 行命令合并另外一份需要删除样本的数据"*Delete_IV*"。该数据包括企业股票代码（*stkcd*）、年份（*year*）和指示变量（*num*）。*num*取值为 1，表示上市公司子公司至少分布在和母公司所在城市同省且 *GDP* 相近的 3 个城市的一个之中。为排除上市公司受到子公司所在城市金融科技发展的影响，因此需要删掉这些样本；第 7 行命令表示仅保留第 1 份数据未能匹配成功的样本。即删掉那些 *GDP* 相近的 3 个城市中至少有 1 个城市是上市公司子公司所在地的样本。注意这地方的保留样本为_merge 变量等于 1 的样本，而并非像多数情况下保留_merge 变量等于 3 的样本；第 8 行命令是删除_merge 变量；第 9 行命令是对工具变量取对数；第 10 行命令表示逐年对工具变量进行上下各 1% 的缩尾处理；第 11 行命令表示对面板数据进行设定；第 12 行命令表示使用固定效应模型将解释变量对工具变量进行回归。也就是两阶段回归的第 1 阶段回归；第 13 行表示存储结果为 *m1*；第 14 行命令为面板数据固定效应模型的两阶段最小二乘工具变量估计。选项"*vce*(*cluster city*)"表示标准误聚类于城市层面，选项"*fe*"表示使用固定效应模型，选项"*small*"表示报告 *t* 统计量和 *F* 统计量；第 15 行命令表示存储结果为 *m2*；第 16 行命令表示使用另外一个被解释变量"*TFP_OP*"进行工具变量估计；第 17 行命令表示存储结果为 *m3*；第 18 行命令表示将结果 *m1*，*m2*，*m3* 输出到 Word 表格。reg2docx 命令为非官方命令，由中南财经政法大学李春涛老师编写，需要用 ssc install reg2docx 进行安装。"using 回归结果. docx"表示将结果输出到 Word 文件"回归结果. docx"，选项 *append* 表示追加表格放在"回归结果. docx"中。如果输出结果的文件夹里有"回归结果. docx"文件，则使用 *append* 选项。如果没有"回归结果. docx"文件，则不需要加 *append* 选项。如果有"回归结果. docx"文件但是想替换该文件，则选项 *append* 可改为 *replace*。

表8-5		金融科技与企业全要素生产率：工具变量法估计结果	
变量	(1) *FintechN*	(2) *TFP_LP*	(3) *TFP_OP*
FintechN		0.2535 ** (1.9710)	0.2522 ** (1.9713)
IV	0.1512 ** (1.9875)		
控制变量	控制	控制	控制
企业/年份效应	控制	控制	控制
样本数	10,360	10,360	10,360

注：** 表示估计系数在5%的统计水平上显著，圆括号内数值为 *t* 值。

第九章

准自然实验

第一节　准自然实验介绍

在随机实验当中，我们通常需要模拟出一个场景，就是所有参加实验的个体参与某项实验并参与到"实验组"或者"控制组"是随机的、概率相等的。从这里就可以看出，任何一个外来情景的变化，例如个人主观以及实验者个人心理和体制等因素的差异，都可能导致该实验并不是完全随机的。因此，我们需要在随机实验开始之前，控制一系列因素，保证每个参与者的各项因素基本一致。但往往在该实验中这些因素无法被人们所控制，而且影响该实验的因素也无法穷尽。在计量经济学中，研究变量与变量之间的因果关系时，我们必须要控制其他因素的干扰；否则就无法得出正确的结论。

例如在评价一项药物的疗效之前，我们需要做一系列的预实验。如果该药企带有主观性色彩去做该实验，那么我们是不是就有理由怀疑该药企，只会寻找那些对该药物不敏感的个体去做实验。如果该药成功上市，请问你生病时敢用这种药物吗？当然，你不敢。这时候大家就会明白随机实验的重要性。在我们建模的过程中，要想研究该药物对个体的影响，就必须做到随机。只有通过随机所获得的数据才能使人信服。

然而，由于经济实践活动大多是非随机化的实验，我们利用计量经济学去研究经济活动就存在一系列问题。因此人们就找到了一种类似于"随机实验"的方法，去研究经济实践活动中的问题。这种方法就是"准自然实验"。

一、理想化的随机实验

理想化的随机实验就是实验个体进入实验组或者控制组是随机的，是通过"抛硬币"来决定的。只有这样，我们对个体的分组才是无差别的，分组变量与个体的特征以及其他因素才是独立的。在研究当中，我们通常利用二元变量来表示实验组和控制组。而研究的因变量通常是该事物所产生的效用（如药物对实验组产生的影响）。通过理想化的随机实验，才能够保证解释变量或者二元变量与随机干扰项之间是相互独立的，才能避免模型中存在的内生性问题或者遗漏变量等问题。

在研究药物对个体的效应时，理想化的随机实验模型如下：

$$y_i = \beta_0 + \beta_1 x_i + \varepsilon_i \tag{9-1}$$

式（9-1）中，y_i 表示药物所产生的效用；x_i 表示第 i 个个体被分在的组别。也称为处理水平；β_0 表示截距项；β_1 表示斜率；ε_i 表示随机干扰项。这里包括除 x_i 之外的所有影响 y_i 的其他因素。例如个人的体质和生活条件。无论在随机干扰项有多少被遗漏的解释变量，最终利用普通最小二乘法所估计的结果都是无偏的。由于 x_i 只有两种结果，即个体被随机分配在实验组或者控制组，其中我们就将 $x_i = 1$ 表示第 i 个个体被分在了处理组；$x_i = 0$ 表示该个体进入了控制组。

如果个体是被随机分配的，则 x_i 与 ε_i 就保持独立。根据式（9-1），就可以得到 $E(y_i | x_i) = \beta_0 + \beta_1 * x_i$。换言之，就是给定 x_i 时，$E(\varepsilon_i) = E(\varepsilon_i | x_i) = 0$。$\varepsilon_i$ 的条件均值不依赖于 x_i。因此我们的模型就符合了最小二乘法的 x_i 与 ε_i 保持独立的假设。此时 OLS 的估计是无偏的。

可以通过 OLS 对 y_i 和 x_i 做回归，来估计统计量 β_1 的估计值 $\hat{\beta}_1$。如果个体进入实验组和控制组是随机的，那么估计量 $\hat{\beta}_1$ 就是无偏的。

由以上的分析，我们可以得出下列式子：

$$E(y_i | x_i = 0) = \beta_0 \tag{9-2}$$
$$E(y_i | x_i = 1) = \beta_0 + \beta_1 \tag{9-3}$$

用式（9-3）减去式（9-2）可得：

$$E(y_i | x_i = 1) - E(y_i | x_i = 0) = \beta_1 \tag{9-4}$$

式（9-4）就表示 x_i 对 y_i 的因果效应为条件期望值之差。其中 $E(y_i | x_i = 1)$ 表示实验组的样本均值；而 $E(y_i | x_i = 0)$ 表示控制组 y_i 的样本均值。由于上述公式中所估计 β_1 等于实验组均值与控制组均值之差，因此也被称为"差分估计量"。在理想的随机实验中，x 对 y 的影响表现在两个条件期望的差别，即 $E(y_i | x_i = 1) - E(y_i | x_i = 0)$，也被称为"处理效应"。即 β_1 就是药物对实验组和控制组所造成的差异。这种差异可以评判药物所产生的效果。

如果整个随机实验过程满足理想化条件，我们通过回归和差分这两种方式估计的统计量都是无偏的、一致的。因此随机分配的理想化实验消除了 x_i 和 ε_i 的相关性。但在现实世界的实验往往偏离理想化的随机实验，即 x_i 和 ε_i 是相关的。

二、引入其他回归变量

在做一种药物疗效的随机实验时，我们可能并不仅仅去研究志愿者是否服药 x_i 对该药物疗效的处理效应，也可以将随机干扰项当中的其他信息纳入到我们的模型之中。在研究过程中，我们也能够获得志愿者的其他信息。例如年龄、体重、性别和药物是否过敏等情况。这些信息均可以变量 z 的形式引入到我们的模型当中。令这些个体的各种信息变量命

名为 z_{ij}。其中 i 表示第 i 个个体；j 表示该个体的第 j 个信息。通过引入这些额外的信息，尤其是引入遗漏变量，可以降低随机干扰项 ε_i 的波动程度，提高模型的显著性。通过该模型，我们也可以检验 x_i 与 z_{ij} 之间的相关性程度，看看 x_i 是否受到 z_{ij} 的影响，以观察 x_i 是否是随机的。因此可以对式（9–1）进行扩展，将 z_{ij} 纳入该模型当中。可以得到下面的回归模型：

$$y_i = \beta_0 + \beta_1 x_i + \sum_{i=1}^{n} \sum_{j=1}^{m} \beta_{ij} z_{ij} + \varepsilon_i$$

在理想化的随机实验中，我们提到 x_i 和 ε_i 是不相关的。如果 x_i 和 ε_i 不相关，那就表明 x_i 是完全随机的。因此，我们可以通过 x_i 与 z_{ij} 进行相关性检验和回归分析，看一下 z_{ij} 的显著性，观察 x_i 是否受到 z_{ij} 的影响。如果 z_{ij} 对 x_i 的影响并不显著，那我们就能够在一定程度上减少 x_i 非随机的可能性；反之如果影响是显著的，证明 x_i 是非随机的。对 x_i 和 z_{ij} 做回归模型如下：

$$x_i = \alpha_0 + \sum_{i=1}^{n} \sum_{j=1}^{m} \beta_{ij} z_{ij} + u_i$$

三、准自然实验的定义

何为准自然实验？就是某些事物的发生就是随机的。由于这些事物的发生，使得某些个体就像是参与了某种实验。例如，假设某地区通过了一项法律但其相邻的地区没有实施。如果将个体居住的地区看作"就像"随机分配的，则当法律通过时，"就像"某些人被随机分配要遵守这项法律（实验组）而其他人不需要（控制组）。因此法律的通过就产生了一个"准自然实验"，且许多通过实际实验得到的教训也适用于准自然实验。

在准自然实验当中，通常将式（9–1）中的 x_i 用 D 表示一项政策、行动或者措施。该变量 D 叫作处理变量；而研究的结果变量 y 就表示由于 D 在变化前后对所研究个体的影响。我们要研究的就是处理变量 D 与结果变量之间的因果关系。

由处理变量 D 的定义可知，D 是虚拟变量，对于每一个个体只能处于以下两种状态之一：

$$D_i = \begin{cases} 1 & \text{个体 } i \text{ 在实验组} \\ 0 & \text{个体 } i \text{ 在控制组} \end{cases}$$

对于任何一个个体，如果该个体处于实验组（$D_i = 1$），那么我们能观察到实验前该个体的潜在结果 y_{i1} 以及观察到该个体实验后的潜在最终结果是 y_{i1}；如果该个体处于控制组（$D_i = 0$），那么我们能观察到实验前该个体的潜在结果 y_{i0} 以及观察到该个体实验后的潜在最终结果是 y_{i0}。即：

$$y_i = \begin{cases} y_{i1} & D_i = 1 \\ y_{i0} & D_i = 0 \end{cases} \tag{9–5}$$

对于每个个体而言，如果该个体已经被处理，那么我们就只能得到实验组实验后的最

终结果 y_{i1}，而无法得到实验组没有进行试验的最终结果 y_{i0}。而这种未被观测到的最终结果就是反事实结果。

通过式（9-5），就可以得出在实验完成之后的处理效果为 $y_{i1} - y_{i0}$。但是这种基于反事实的假设根本无法获得最终的处理结果。在理想化的随机实验中，我们通过实验组和控制组之后的结果进行直接差分从而获得处理效应。但是在经济实践活动的准自然实验问题并不符合，这是因为经济实践活动并未考虑个体差异。另外，个体接受处理与否也是非随机的。

第二节 双重差分法

一、双重差分法的概念

在理想化的随机实验下，通过式（9-4）就可以直接得出处理效应。即仅通过一个差值就可以得出实验组和控制组在实验之后的差异。虽然准自然实验接近于随机实验，但仍存在差别。准自然实验无法完全克服因个体差异而造成实验组和控制组之间存在差异。因此，我们需要计算两次差值，从而克服个体差异，估计处理效应。这种方法就是双重差分法（difference-in-difference），也称倍差法。

双重差分的基本模型设定为：

$$y_{it} = \beta_0 + \beta_1 D_i + \beta_2 t + \beta_3 t \times D_i + \varepsilon_i \tag{9-6}$$

模型中的 t 表示实验期虚拟变量。其中实验前的时间 $t = 0$，实验后的时间 $t = 1$；D 表示实验组虚拟变量。实验组样本 $D = 0$，控制组样本 $D = 1$；$t \times D_i$ 是实验期虚拟变量和实验组虚拟变量的交乘项。如果个体处于实验期且处于实验组，那 $t \times D_i$ 就为 1。否则为 0。$t \times D_i$ 前的系数 β_3 就是我们所估计的处理效应。

控制组在实验发生前 y_{it} 的均值为：$E(y_{it} \mid t = 0, D_i = 0) = \beta_0$；在实验发生后 y_{it} 的均值为：$E(y_{it} \mid t = 1, D_i = 0) = \beta_0 + \beta_2$。实验组在实验发生前 y_{it} 的均值为：$E(y_{it} \mid t = 0, D_i = 1) = \beta_0 + \beta_1$；在实验发生后 y_{it} 的均值为：$E(y_{it} \mid t = 1, D_i = 1) = \beta_0 + \beta_1 + \beta_2 + \beta_3$。

（一）横向理解差分过程

（1）第一重差分。控制组实验前后 y_{it} 的均值差异是：

$$E(y_{it} \mid t = 1, D_i = 0) - E(y_{it} \mid t = 0, D_i = 0) = \beta_2$$

实验组实验前后 y_{it} 的均值差异是：

$$E(y_{it} \mid t = 1, D_i = 1) - E(y_{it} \mid t = 0, D_i = 1) = \beta_2 + \beta_3$$

（2）第二重差分。第二重差分就是实验组实验前后 y_{it} 的均值差异，与控制组实验前后 y_{it} 的均值差异之间再计算一次差分，得到的结果就是处理效应。

$$\left[E(y_{it} \mid t=1, D_i=1) - E(y_{it} \mid t=0, D_i=1) \right] - E(y_{it} \mid t=1, D_i=0)$$
$$- E(y_{it} \mid t=0, D_i=0) = \beta_3 = 处理效应$$

（3）横向差分平行趋势不变假设。通过上述对双重差分理论的分析过程，我们可以利用该方法正确估计出实验对实验组与控制组所造成的差异。但是该方法的使用是有条件的：其他因素造成的实验组和控制组在实验前的差异，必须等于其他因素造成的实验组和控制组在实验后的差异。这种条件就是平行趋势不变假设。也可以理解为实验组和控制组的结果变量，随着时间变化的趋势是相同的、平行的。这个假设就是除了我们所施加的因素对实验组和控制组所造成的差异在实验前后都是相同的，其他因素在实验前后对实验组和控制组所造成的差异均是相同的。这就暗含着即使不对实验组和控制组进行处理，其他因素对实验组和控制组所造成的差异是相同的。

横向差分是先通过一重差分处理组内差异；再通过二重差分处理组外差异。横向差分理解结合图 9-1，$A = E(y_{it} \mid t=1, D_i=1) - E(y_{it} \mid t=0, D_i=1) = \beta_2 + \beta_3$，就是其他因素和处理变量共同对实验组实验前后 y_{it} 造成的均值差异；而 $B = E(y_{it} \mid t=1, D_i=0) - E(y_{it} \mid t=0, D_i=0) = \beta_2$，就是其他因素对控制组实验前后 y_{it} 造成的均值差异；C 就是其他因素对实验组实验前后造成的均值差异。根据第二重差分 $A - B = \left[E(y_{it} \mid t=1, D_i=1) - E(y_{it} \mid t=0, D_i=1) \right] - \left[E(y_{it} \mid t=1, D_i=0) - E(y_{it} \mid t=0, D_i=0) \right] = \beta_3 = 处理效应$；而 $A - C = 处理效应$，所以 $B = C$。因此其他因素对实验组和控制组所造成的实验前后的差异必须是平行的、相等的。

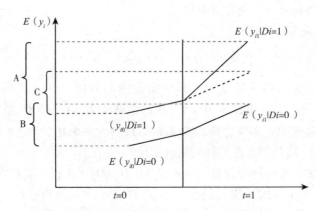

图 9-1　横向双重差分平行趋势

（二）纵向理解差分过程

1. 第一重差分

实验组实验前与控制组实验前 y_{it} 的均值差异是：

$$E(y_{it} \mid t=0, D_i=1) - E(y_{it} \mid t=0, D_i=0) = \beta_1$$

实验组实验后与控制组实验后 y_{it} 的均值差异是：

$$E(y_{it} \mid t=1, D_i=1) - E(y_{it} \mid t=1, D_i=0) = \beta_1 + \beta_3$$

2. 第二重差分

第二重差分就是实验组实验后与控制组实验后 y_{it} 的均值差异，与实验组实验前与控制组实验前 y_{it} 的均值差异之间再计算一次差分，得到的结果就是处理效应。

$$[E(y_{it} \mid t=1, D_i=1) - E(y_{it} \mid t=1, D_i=0)] - [E(y_{it} \mid t=0, D_i=1)$$
$$- E(y_{it} \mid t=0, D_i=0)] = \beta_3 = 处理效应$$

3. 纵向差分差异不变假设

通过上述对双重差分理论的分析过程，我们可以利用该方法正确估计出实验对实验组所造成的影响。但是该方法的使用是有条件的。其他因素造成的实验组在实验前后的差异，必须等于其他因素造成的控制组在实验前后的差异。这种条件就是纵向差分差异不变假设，也是平行趋势假设。这个假设就是除了我们所施加的因素对实验结果所造成的差异外，其他因素在试验前后对实验组和控制组所造成的差异均是相同的。这就暗含着即使不对实验组和控制组进行处理，在实验前后实验组和控制组结果变量的趋势是相同的。

从该理论过程可以得出，横向差分和纵向差分的原理和结果都是相同的。唯一不同的就是对组内差异和组外差异的处理顺序不同。纵向差分是先通过一重差分处理组外差异，再通过二重差分处理组内差异。纵向差分理解结合图 9 - 2，$A = E(y_{it} \mid t=0, D_i=1) - E(y_{it} \mid t=0, D_i=0) = \beta_1$，就是实验前其他因素对实验组和控制组所造成的结果变量的差异；而 $B = \beta_1$ 就是实验后其他因素对实验组和控制组所造成的结果变量的差异；$B + C = E(y_{it} \mid t=1, D_i=1) - E(y_{it} \mid t=1, D_i=0) = \beta_1 + \beta_3$，就是其他因素和处理变量对实验组和控制组所造成的差异。该指标减去其他因素所造成的差异就是处理变量对结果所造成的差异；实验后其他因素对实验组和控制组所造成的差异为 $B = \beta_1$，即 $A = B$；则 $C = \beta_3 = $ 处理效应。

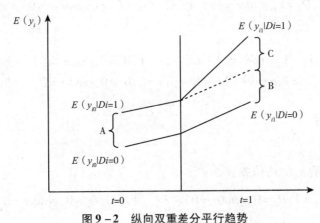

图 9 - 2　纵向双重差分平行趋势

二、模型中引入其他回归变量

进一步理解其他因素对实验组和控制组的影响，那么我们在该模型中引入其他回归变量—性别，看一下双重差分是如何将男女性别这一差异给处理掉。我们在模型中引入

性别变量 $gender$。其中 $gender=0$ 代表女性；$gender=1$ 代表男性。则双重差分的基本模型设定为：

$$y_{it} = \beta_0 + \beta_1 D_i + \beta_2 t + \beta_3 t * D_i + \beta_4 gender + \varepsilon_i$$

在下列的分析中，假设控制组 $gender=0$；实验组 $gender=1$。

控制组在实验发生前 y_{it} 的均值为：

$$E(y_{it} \mid t=0, D_i=0, gender=0) = \beta_0$$

控制组在实验发生后 y_{it} 的均值为：

$$E(y_{it} \mid t=1, D_i=0, gender=0) = \beta_0 + \beta_2$$

实验组在实验发生前 y_{it} 的均值为：

$$E(y_{it} \mid t=0, D_i=1, gender=1) = \beta_0 + \beta_1 + \beta_4$$

实验组在实验发生后 y_{it} 的均值为：

$$E(y_{it} \mid t=1, D_i=1, gender=1) = \beta_0 + \beta_1 + \beta_2 + \beta_3 + \beta_4$$

（一）横向差分

1. 第一重差分

实验组实验前与控制组实验前 y_{it} 的均值差异是：

$$(y_{it} \mid t=0, D_i=1, gender=1) - E(y_{it} \mid t=0, D_i=0, gender=0) = \beta_1 + \beta_4$$

实验组实验后与控制组实验后 y_{it} 的均值差异是：

$$E(y_{it} \mid t=1, D_i=1, gender=1) - E(y_{it} \mid t=1, D_i=0, gender=0) = \beta_1 + \beta_3 + \beta_4$$

2. 第二重差分

$$[E(y_{it} \mid t=1, D_i=1, gender=1) - E(y_{it} \mid t=1, D_i=0, gender=0)] - [(y_{it} \mid t=0, D_i=1, gender=1) - E(y_{it} \mid t=0, D_i=0, gender=0)] = \beta_3 = 处理效应$$

（二）纵向差分

1. 第一重差分

控制组实验前后 y_{it} 的均值差异是：

$$E(y_{it} \mid t=1, D_i=0, gender=0) - E(y_{it} \mid t=0, D_i=0, gender=0) = \beta_1$$

实验组实验前后 y_{it} 的均值差异是：

$$E(y_{it} \mid t=1, D_i=1, gender=1) - E(y_{it} \mid t=0, D_i=1, gender=1) = \beta_1 + \beta_3$$

2. 第二重差分

$$[E(y_{it} \mid t=1, D_i=1, gender=1) - E(y_{it} \mid t=0, D_i=1, gender=1)] - [E(y_{it} \mid t=1, D_i=0, gender=0) - E(y_{it} \mid t=0, D_i=0, gender=0)] = \beta_3 = 处理效应$$

根据所研究的内容，我们不仅可以在模型中引入性别变量，也可以在该模型中引入区域（例如，华南、华北、华中等）变量进行研究。这些引入的变量一般不随着时间的变化而变化。我们称这些变量为个体效应项，也就是这些个体独有的特征，或者说是与其他个体间的差异。这些个体效应项都可以通过差分的方式给处理掉。

在上述过程中，我们通过双重差分成功地处理掉了男女差异对实验结果的影响；成功地剥离出处理变量对结果变量的影响，获得了纯粹的处理效应。通过上述分析过程可以发现，我们都暗含着性别这一因素在实验前后对实验组和控制组所造成的影响是相同的。所以为了保证其他因素对我们的结果不造成影响，在使用该方法时就必须符合平行趋势假设或差异不变假设。

第三节　三重差分法

一、三重差分概念

先看一个具体的例子。我们想要研究 A 地区对 65 岁及以上老年人实行一项医疗保险政策的政策效应。如果我们利用上一节中的双重差分法就会有两个思路：在 A 地区内选择 65 岁以下的人作为对照组，而享受医疗保险政策的老年人作为实验组，获取实施医疗保险政策前后对照组和实验组的数据进行双重差分提取处理效应。但是，在这里使用双重差分进行处理时可能存在一些问题。那就是无论实验前还是实验后，其他因素对对照组和实验组的影响并非是平行的。因为随着年龄的增长，老年人患病并使用医疗保险的概率就会增大，而在 65 岁以下的人可能不容易患病。那么其他因素所造成的实验组和对照组的差异可能并非是平衡的。因此，如果我们直接利用双重差分估计该政策效应就会受到质疑。一般在这种情况下，我们会高估该政策效应；另外一种思路就是利用临近未实施医疗保险政策的 B 地区 65 岁及以上的老年人作为对照组，进行双重差分分析。这种方法是否可行呢？进一步进行分析可以发现，两个地区的经济水平以及个人财富水平的差异本身就可能导致两地区的健康状况水平出现系统性的区别；可能存在 A 地区施行医疗保险政策或者 B 地区不施行该政策，本身就是 A 地区老年人的身体状况比 B 地区的老年人要差。也就是说，就算没有医疗保险政策的存在，这两个地区老年人之间的差异本身就是非平行的。如果对这两个地区的老年人直接进行差分，就可能导致高估该医疗保险政策。如果单纯地利用一个思路去进行分析，显然结果并不稳健。但是进一步分析可以发现，这两种思路是互相弥补的。第 1 种思路不满足平行趋势假设的因素，来自 A 地区内部不同年龄段的人本身就存在健康水平差异。但是却克服了 B 地区因系统性差异而造成的差异；第 2 种思路不满足平行趋势假设的因素，来自两地区本身的系统性差异。但是却克服了 A 地区内部不同年龄段的人本身就存在健康水平差异。如果对这两种思路进行结合就能很好地弥补他们各自的缺陷。因此，需要通过在两地区双重差分的基础上，进一步进行差分，就能够很好地处理这些问题。这种操作方式或者方法就是三重差分。

二、三重差分理论模拟

通过上述的分析，三重差分需要两次双重差分。因此就需要两个处理变量，即地区虚拟变量和65岁及以上老年人虚拟变量；一个实验期虚拟变量。可以将式（9-6）扩展为下列回归模型：

$$y_{it} = \beta_0 + \beta_1 E_i + \beta_2 D_t + \beta_3 S_j + \beta_4 E_i * D_t + \beta_5 E_i * S_j + \beta_6 D_t * S_j + \beta_7 D_t * S_j * E_i + \varepsilon_i$$

其中，地区虚拟变量为 S_j：

$$S_j = \begin{cases} 1 & j \text{ 是 } A \text{ 地区} \\ 0 & j \text{ 是 } B \text{ 地区} \end{cases}$$

实验期虚拟变量为 D_t：

$$D_t = \begin{cases} 1 & \text{实验后} \\ 0 & \text{实验前} \end{cases}$$

老年人虚拟变量为 E_i：

$$E_i = \begin{cases} 1 & 65 \text{ 岁及以上} \\ 0 & 65 \text{ 岁以下} \end{cases}$$

事实上，B地区65岁及以上的老年人并非实验组，而是为了消除地区因素对老年人身体状况造成的不平行差异，作为A地区65岁及以上老年人的对照组；65岁以下的人也并非控制组，而是为了消除A地区65岁及以上老年人和65岁以下的人之间，因身体状况随时间变化趋势不相同的对照组。为了区分这两个组别，从而更好地模拟这两种人群之间的差异与A地区的差别，我们以下称A地区65岁以下的群体为A2组；B地区65岁及以上的老年人为B1组，而65岁以下的人为B2组，而这3个组都是控制组。

（一）A地区双重差分

A2组在实验发生前 y_{it} 的均值为：

$$E(y_{A2} \mid E_i = 0, D_t = 0, S_j = 1) = \beta_0 + \beta_3$$

A2组在实验发生后 y_{it} 的均值为：

$$E(y_{A2} \mid E_i = 0, D_t = 1, S_j = 1) = \beta_0 + \beta_2 + \beta_3 + \beta_6$$

实验组在实验发生前 y_{it} 的均值为：

$$E(y_{it} \mid E_i = 1, D_t = 0, S_j = 1) = \beta_0 + \beta_1 + \beta_3 + \beta_5$$

实验组在实验发生后 y_{it} 的均值为：

$$E(y_{it} \mid E_i = 1, D_t = 1, S_j = 1) = \beta_0 + \beta_1 + \beta_2 + \beta_3 + \beta_4 + \beta_5 + \beta_6 + \beta_7$$

1. 第一重差分

实验组实验前与 A2 组实验前 y_{it} 的均值差异是：

$$E(y_{it} \mid E_i = 1, D_t = 0, S_j = 1) - E(y_{A2} \mid E_i = 0, D_t = 0, S_j = 1) = \beta_1 + \beta_5$$

实验组实验后与 A2 组实验后 y_{it} 的均值差异是：

$$E(y_{it} \mid E_i = 1, D_t = 1, S_j = 1) - E(y_{A2} \mid E_i = 0, D_t = 1, S_j = 1) = \beta_1 + \beta_4 + \beta_5 + \beta_7$$

2. 第二重差分

$$[E(y_{it} \mid E_i = 1, D_t = 1, S_j = 1) - E(y_{A2} \mid E_i = 0, D_t = 1, S_j = 1)] - [E(y_{it} \mid E_i = 1, D_t = 0, S_j = 1) - E(y_{A2} \mid E_i = 0, D_t = 0, S_j = 1)] = \beta_4 + \beta_7 \tag{9-7}$$

从上边的推导过程就可以看出，我们还无法通过双重差分将 β_4 给处理掉，从而获得纯粹的处理效应 β_7。如果我们只通过一次双重差分，可能就会造成对该政策估计的偏误。如果 $\beta_4 = 0$，那一次双重差分的估计是无偏的；如果 $\beta_4 < 0$，利用一次双重差分就会低估该医疗保险政策对老年人身体状况的影响；如果 $\beta_4 = 0$，利用一次双重差分就会高估该医疗保险政策对老年人身体状况的影响。

（二）B 地区双重差分

B2 组在实验发生前 y_{it} 的均值为：

$$E(y_{B2} \mid E_i = 0, D_t = 0, S_j = 0) = \beta_0$$

B2 组在实验发生后 y_{it} 的均值为：

$$E(y_{B2} \mid E_i = 0, D_t = 1, S_j = 0) = \beta_0 + \beta_2$$

B1 组在实验发生前 y_{it} 的均值为：

$$E(y_{B1} \mid E_i = 1, D_t = 0, S_j = 0) = \beta_0 + \beta_1$$

B1 组在实验发生后 y_{it} 的均值为：

$$E(y_{B1} \mid E_i = 1, D_t = 1, S_j = 0) = \beta_0 + \beta_1 + \beta_2 + \beta_4$$

1. 第一重差分

B1 组实验前与 B2 组实验前 y_{it} 的均值差异是：

$$E(y_{B1} \mid E_i = 1, D_t = 0, S_j = 0) - E(y_{B2} \mid E_i = 0, D_t = 0, S_j = 0) = \beta_1$$

B1 组实验后与 B2 组实验后 y_{it} 的均值差异是：

$$E(y_{B1} \mid E_i = 1, D_t = 1, S_j = 0) - E(y_{B2} \mid E_i = 0, D_t = 1, S_j = 0) = \beta_1 + \beta_4$$

2. 第二重差分

$$[E(y_{B1} \mid E_i = 1, D_t = 1, S_j = 0) - E(y_{B2} \mid E_i = 0, D_t = 1, S_j = 0)] - [E(y_{B1} \mid E_i = 1, D_t = 0, S_j = 0) - E(y_{B2} \mid E_i = 0, D_t = 0, S_j = 0)] = \beta_4 \tag{9-8}$$

通过对 B 地区进行双重差分，我们最终获得了 β_4。β_4 就是仅由于时间的变化而造成

B1 组和 B2 组的差异。由于随着时间的变化，老年人每增长 1 岁可能受到的影响，比 65 岁以下的人受到的影响更大。因此，这种随着时间变化的差异可能在每个地区的内部是非平行的。

（三）第三重差分

式（9－8）减式（9－7）可得：

$$\{[E(y_{it}\mid E_i=1,D_t=1,S_j=1)-E(y_{A2}\mid E_i=0,D_t=1,S_j=1)]-[E(y_{it}\mid E_i=1,D_t=0,S_j=1)-E(y_{A2}\mid E_i=0,D_t=0,S_j=1)]\}-\{[E(y_{B1}\mid E_i=1,D_t=1,S_j=0)-E(y_{B2}\mid E_i=0,D_t=1,S_j=0)]-[E(y_{B1}\mid E_i=1,D_t=0,S_j=0)-E(y_{B2}\mid E_i=0,D_t=1,S_j=0)]\}=\beta_7$$

通过第三重差分，我们最终获得了纯粹的处理效应 β_7。如果三重差分所估计的 β_7 是 OLS 的无偏估计量，那么就必须要满足 β_4 在 A 和 B 地区是相等的。而在 A 地区内部或者 B 地区 β_4 是否相等，对我们的结果没有影响。当然，我们也可以在模型中添加其他变量，来防止遗漏变量对估计结果造成的偏误。如果是控制变量，也能够提高估计的精确度。但是这些其他变量都必须满足，在 A 地区和 B 地区对结果变量所产生的差异是平行的。

第四节　案例分析及 Stata 应用

一、双重差分模型的应用

双重差分法是因果推断的重要方法之一，在社会科学研究领域特别是政府政策评估中得到了广泛的应用。

苏冬蔚和连莉莉（2018）以 2012 年《绿色信贷指引》正式实施为事件构造准自然实验。以重污染行业上市公司为实验组，使用固定效应双重差分模型考察绿色信贷政策对重污染企业投融资行为的影响，计量实证模型设定如下：

$$Y_{it}=\beta_0+\beta_1 treated_i+\beta_2 after_t+\beta_3 treated_i\times after_t+\gamma X_{it-1}+\delta_i+\lambda_t+\varepsilon_{it}$$

其中，Y_{it} 为企业投融资指标；$treated_i$ 为组别虚拟变量。实验组企业取值为 1，对照组企业取值为 0；$after_t$ 为事件虚拟变量。2012 年及以后取值为 1，否则取值为 0；$treated_i\times after_t$ 为双重差分变量；X_{it} 包括一系列企业层面控制变量；δ_i 为个体固定效应；λ_t 为时间固定效应；ε_{it} 为随机扰动项；β_3 为双重差分系数，衡量事件对实验组的影响。

表 9－1 提供了绿色信贷影响企业融资行为的固定效应回归结果。由表 9－1 第（Ⅰ）列的结果可见，交互项 $treated\times after$ 的系数估计值为 -0.028，且在 1% 水平上统计显著。表明《指引》正式实施后，重污染比非重污染企业的有息债务融资水平显著下降；第（Ⅱ）和（Ⅲ）列分别提供了国有和非国有企业两个子样本的回归结果。交互项的系数估计值分别为 -0.035 和 -0.019，且前者在 1% 水平上统计显著。表明绿色信贷的融资惩罚效应仅影响国有重污染企业，而对非国有重污染企业则没有显著作用；第（Ⅳ）和（Ⅴ）

列分别提供了大型和小型企业两个子样本的回归结果。交互项的系数估计值分别为 -0.033 和 -0.021，且均在 10% 水平以上统计显著。表明《指引》正式实施后，大型和小型重污染企业的有息债务融资均显著下降，且大企业下降更多；第（Ⅵ）和（Ⅶ）列分别提供了高排放和低排放地区两个子样本的回归结果。交互项的系数估计值分别为 -0.031 和 -0.026，且均在 5% 水平以上统计显著。表明绿色信贷政策对高排放和低排放地区重污染企业的有息债务融资，均有显著的抑制效应，且高排放地区企业的降幅更大。

表 9 – 1　　　　　　　　　　　　　绿色信贷对融资行为的影响

Panel A	有息债务融资						
变量	全样本	国有	非国有	大型	小型	高排放	低排放
	（Ⅰ）	（Ⅱ）	（Ⅲ）	（Ⅳ）	（Ⅴ）	（Ⅵ）	（Ⅶ）
treated × after	-0.028***	-0.035***	-0.019	-0.033***	-0.021*	-0.031***	-0.026**
	(-3.616)	(-3.480)	(-1.626)	(-3.250)	(-1.844)	(-2.728)	(-2.512)
Controls	Yes	Yes	Yes	Yes	Yes	Yes	Yes
Constant	-0.422**	-0.388	-0.436*	-0.078	-0.636***	-0.300	-0.518**
	(-2.420)	(-1.631)	(-1.808)	(-0.302)	(-2.860)	(-1.067)	(-2.401)
N	6,935	3,871	3,064	3,463	3,472	3,295	3,640
R^2	0.056	0.086	0.038	0.098	0.043	0.041	0.077

注：***、**、* 分别表示估计系数在 1%、5%、10% 的统计水平上显著，圆括号内数值为 t 值。

表 9 – 2 提供了绿色信贷影响企业投资的固定效应回归结果。由第（Ⅰ）列的结果可见，交互项 *treated × after* 的系数估计值为负，但没有统计显著。表明绿色信贷政策总体上未影响企业投资。但是，由第（Ⅱ）和（Ⅳ）列的结果可见，*treated × after* 的系数估计值在 5% 水平上显著为负。表明《指引》正式实施后，国有、大型重污染企业的投资水平显著降低。

表 9 – 2　　　　　　　　　　　　　绿色信贷对企业投资的影响

变量	企业投资						
	全样本	国有	非国有	大型	小型	高排放	低排放
	（Ⅰ）	（Ⅱ）	（Ⅲ）	（Ⅳ）	（Ⅴ）	（Ⅵ）	（Ⅶ）
treated × after	-0.005	-0.012**	0.006	-0.010**	0.005	-0.005	-0.006
	(-1.270)	(-2.581)	(1.031)	(-2.004)	(0.966)	(-0.827)	(-1.198)
Controls	Yes	Yes	Yes	Yes	Yes	Yes	Yes
Constant	0.360***	0.391***	0.348***	0.622***	0.174**	0.525***	0.229***
	(5.353)	(3.592)	(3.965)	(4.647)	(2.439)	(4.451)	(2.893)
N	6,712	3,797	2,915	3,398	3,314	3,196	3,516
R^2	0.128	0.167	0.104	0.227	0.072	0.149	0.116

注：***、**、* 分别表示估计系数在 1%、5%、10% 的统计水平上显著，圆括号内数值为 t 值。

为了评估《指引》正式实施后的动态政策效应，该文使用组别虚拟变量与政策颁发后各年度虚拟变量的交叉项代替 treatedi × aftert，构建以下扩展后的双重差分模型：

$$Y_{it} = \beta_0 + \beta_1 treated_i + \sum \beta_t \times postYear_t + \sum \theta_t \times treated_i \times postYear_t$$
$$+ \gamma X_{it-1} + \delta_i + \lambda_t + \varepsilon_{it}$$

其中，$postYear_t$ 为《指引》正式实施后各年度虚拟变量；$treated_i \times postYear_t$ 为新的双重差分变量。记作 DID_year_{it}；θ_t 为双重差分系数。衡量绿色信贷政策的动态效应。

由表 9 – 3 提供的结果可见，因变量为有息债务和长期负债时，DID_2012 的系数估计值不显著，而 DID_2013、DID_2014、DID_2015 和 DID_2016 的系数估计值则均在 5% 水平以上显著为负，且双重差分系数估计值的绝对值呈上升趋势。表明有息债务和长期负债对绿色信贷政策的敏感度较大。《绿色信贷指引》于 2012 年 2 月 24 日正式实施后，2013 年该政策对重污染企业的有息债务和长期负债均产生显著的抑制作用，且效果逐年增强。但是，因变量为流动性负债时，双重差分系数仅 DID_2015 的系数估计值在 5% 水平上显著为负。表明流动性负债对绿色信贷政策的敏感度较弱。因变量为企业新增投资时，DID_2015 和 DID_2016 的系数估计值则分别在 1% 和 10% 水平上显著为负。表明《指引》实施三年后，绿色信贷政策开始产生显著的投资抑制效应。

表 9 – 3　　　　　　　　　　　　　绿色信贷对企业投融资行为影响的动态效应

变量	有息债务融资（Ⅰ）	流动性负债（Ⅱ）	长期负债（Ⅲ）	企业投资（Ⅳ）
DID_2012	− 0.007 （− 1.029）	0.020 ** （2.360）	− 0.009 （− 1.612）	0.003 （0.704）
DID_2013	− 0.020 ** （− 2.354）	0.001 （0.118）	− 0.012 ** （− 1.977）	− 0.002 （− 0.470）
DID_2014	− 0.030 *** （− 3.153）	− 0.012 （− 1.110）	− 0.014 ** （− 2.059）	− 0.003 （− 0.762）
DID_2015	− 0.044 ** （− 4.105）	− 0.028 ** （− 2.183）	− 0.029 *** （− 3.933）	− 0.013 *** （− 2.625）
DID_2016	− 0.040 ** （− 3.456）	− 0.018 （− 1.410）	− 0.026 *** （− 3.194）	− 0.009 * （− 1.773）
Controls	Yes	Yes	Yes	Yes
Constant	− 4.425 ** （− 2.450）	0.714 *** （3.823）	− 0.427 *** （− 3.567）	0.363 *** （5.401）
N	6,935	6,935	6,935	6,712
R^2	0.059	0.052	0.026	0.130

注：***、**、* 分别表示估计系数在 1%、5%、10% 的统计水平上显著，圆括号内数值为 t 值。

吕铁和王海成（2019）以 2007 年中国银监会准许股份制商业银行在县域设立分支机构作为准自然实验。基于手工整理的各县股份制商业银行进入时间数据、中国工业企业数据库和中国专利数据库的匹配数据，使用双重差分法就放松银行准入管制对企业创新的影响进行了实证研究。

$$y_{ijt} = \alpha + \beta \times D_{jt} + \delta \times X_{ijt} + \lambda_t + \gamma_i + \mu_{ijt}$$

其中，i 为企业，j 为县，t 为年份；y 为企业创新；D 是放松银行准入管制的度量。当某县在某一年有股份制商业银行进入时，则当年及之后的年份 D 都赋值为1，其他赋值为0；X_{ijt} 为县级层面和企业层面的控制变量。县级层面控制变量用于减少可能的遗漏偏误，企业层面控制变量则用于提高估计结果的精确度；λ_t 为年份固定效应。用于控制国家层面不同年份对企业创新激励政策的差异，以及经济周期等随时间变化的外部冲击；γ_i 为企业固定效应。用于控制企业、产业、地区等不随时间变化且无法观测的因素；回归系数 β 即度量了股份制商业银行进入，对企业创新的真实影响。

平行趋势检验主要有两种方法：第一种方法是通过处理组与对照组之间的对比图，来说明政策冲击前后的变化。这种情况适用于只有1个处理组和对照组的情况。即政策冲击只有1次；第二种方法则是使用事件研究法（event study）。通过加入处理组和年份虚拟变量的交叉项进行计量检验。适用于具有多个处理组和对照组的情况，即政策冲击多次发生。由于该文不存在自始至终完全一致的处理组和对照组，很难通过第1种方法进行画图比较。此外，我们还关心是否存在滞后效应。股份制商业银行从开始进入县域设立分支机构，到完成第1笔贷款发放，最终到企业申请专利需要一定的时间。为此，设定如下模型：

$$\begin{aligned} y_{it} = {} & \alpha + \beta_1 \times D_{jt}^{-8} + \beta_2 \times D_{jt}^{-7} + \cdots + \beta_8 \times D_{jt}^{-1} + \\ & \beta_9 \times D_{jt}^{1} + \beta_{10} \times D_{jt}^{2} + \delta \times X_{ijt} + \gamma_i + \lambda_t + \mu_{ijt} \end{aligned}$$

模型 $D_{jt}^{\pm s}$ 为一系列虚拟变量。当处于股份制商业银行进入前 s 年时，D_{jt}^{-s} 取值为1；当处于股份制商业银行进入开始后 s 年时，D_{jt}^{s} 取值为1；除此之外 $D_{jt}^{\pm s}$ 均取值为0。在这一检验中，我们需要关注的是 $D_{jt}^{\pm s}$ 的回归系数 β。由于我们以股份制商业银行进入的当年作为对照组，回归结果中的 β 就表示与此对照组相比。在股份制商业银行进入的第 s 年，处理组企业的创新与对照组企业相比有无显著差异。为了更加直观地表现估计结果，我们在图9－3中画出了 $D_{jt}^{\pm s}$ 的系数走势。横轴表示距离股份制商业银行进入的时间；纵轴是估计值的大小。

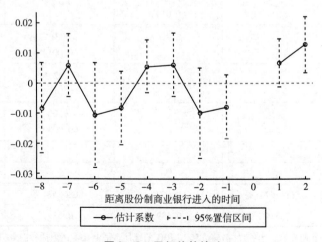

图9－3　平行趋势检验

当 $s = -8$，-7，-6，…，-1 时，D 的回归系数不显著。也就是说在股份制商业银行进入前，处理组与对照组企业的创新趋势并无显著差异。因此，我们不能拒绝平行趋势假设成立的可能。当 $s = 1$ 时，D 的回归系数虽然为正，但在 10% 的水平下并不显著；当 $s = 2$ 时，D 的回归系数变大，并在 1% 的水平下显著为正。说明存在约 2 年的滞后期。

表 9-4 给出了基于全样本的回归结果，各列均控制了年份、企业固定效应。第（1）列中，我们没有添加任何控制变量，D 的回归系数在 1% 的水平下显著为正；第（2）、第（3）列中则分别加入了企业和县域层面的控制变量。此时 D 的回归系数和显著性没有变化；第（4）列同时控制了企业和县域层面的变量，D 的回归系数仍在 1% 的水平下显著为正。总之，以上估计结果表明，当其他因素不变时，相比本地没有股份制商业银行进入的县，有股份制商业银行进入的县企业的专利新增申请数量有了明显提高。基本上证明股份制商业银行进入可以有效促进企业创新。

表 9-4　　股份制商业银行放松管制与企业创新：DID 估计结果

变量	(1)	(2)	(3)	(4)
D	0.011 *** (0.004)	0.011 *** (0.004)	0.011 *** (0.004)	0.011 *** (0.004)
age		-0.007 *** (0.001)		-0.007 *** (0.001)
capital		0.003 *** (0.001)		0.003 *** (0.001)
export		0.012 *** (0.002)		0.012 *** (0.002)
foreign		0.013 (0.010)		0.013 (0.010)
size		0.013 *** (0.001)		0.013 *** (0.001)
hhi		-0.056 *** (0.019)		-0.056 *** (0.019)
pgdp			0.003 *** (0.001)	0.002 * (0.001)
urban			0.022 ** (0.011)	0.023 ** (0.011)
num			-0.000 (0.003)	-0.000 (0.003)
年份固定效应	是	是	是	是
企业固定效应	是	是	是	是
观测值	686,574	686,574	686,574	686,574
R^2	0.539	0.539	0.539	0.539

注：***、**、* 分别表示估计系数在 1%、5%、10% 的统计水平上显著，圆括号内数值为 t 值。

胡珺等（2020）基于中国 2013 年开始试点实施的碳排放权交易机制，考察了市场激励型的环境规制对中国企业技术创新的影响。碳排放权交易制度的试点实施提供了一个可以克服内生性的准自然实验机会。为更好地识别碳排放权交易制度与企业技术创新的关系，设定双重差分模型如下：

$$Innovation = \alpha_0 + \alpha_1 Treat + \alpha_2 Treat * After + \alpha_3 After + \alpha X' + \varepsilon$$

在该模型中，Innovation 为被解释变量。表示企业技术创新，采用企业研发支出和专利申请数量衡量。解释变量 Treat 表示双重差分方法中的实验变量。作者从各碳市场手工收集和整理了纳入碳排放权交易试点的上市公司名单，把参与碳排放权交易的企业定义为处理组，对 Treat 赋值为 1；其他企业则归入对照组，对 Treat 赋值为 0。After 表示双重差分方法中衡量碳交易制度外生冲击的一个时间虚拟变量。由于 7 个碳市场的建立集中在 2013 年下半年和 2014 年上半年，故以 2014 年为基准。若在 2014 年及之后，则对 After 取值为 1；以前年份则赋值为 0。解释变量 X 表示一组控制变量；ε 表示随机干扰项。

表 9-5 报告了碳排放权交易机制实施对企业技术创新的回归结果。其中，在列（1）和（4）的模型中，仅加入了公司层面的控制变量，没有控制行业、年度和省份固定效应。可以发现在这两列中，Treat * After 的估计系数分别为 0.0023 和 0.1867，且都在 1% 的水平上显著；在第（2）和（5）列中，加入了年度和行业交互项的固定效应。Treat * After 的估计系数分别为 0.0031 和 0.2324，仍在 1% 的水平上显著；在其余两列中，进一步控制了年度和省份交互项的固定效应影响。发现 Treat * After 的估计系数与前两列保持一致，仍在 1% 水平上显著为正。需要说明的是，控制年度的固定效应后，After 的影响被年度效应吸收。其系数由于共线而缺失。整体来讲，表 9-5 的结果表明，在碳排放权交易机制实施后，纳入强制参与排放权交易的企业的技术创新水平都得到了显著提升，且这种显著关系不会受到控制变量选择的影响。表 9-5 的回归结果也说明，碳排放权交易机制能够显著推动企业的技术创新行为。

表 9-5　　　　　　　　　碳排放权交易机制与企业技术创新：基准回归

变量	(1) R&D	(2) R&D	(3) R&D	(4) Patent	(5) Patent	(6) Patent
Treat	0.0021 ** (2.27)	0.0013 (1.13)	-0.0014 (-0.97)	0.4608 *** (3.19)	0.2593 ** (2.22)	0.1358 (1.12)
Treat * After	0.0023 *** (3.21)	0.0031 *** (4.27)	0.0024 *** (3.23)	0.1867 ** (2.44)	0.2324 *** (3.17)	0.2221 *** (2.90)
After	0.0039 *** (13.10)	— —	— —	0.2367 *** (8.16)	— —	— —

注：***、**、* 分别表示估计系数在 1%、5%、10% 的统计水平上显著，圆括号内数值为 t 值。

近年来，环境问题一直是世界各国关注和讨论的重点问题之一。其不仅影响着人民的生活质量，而且关系到全球经济和人类社会的可持续发展（蔡伊和格林斯通，1999；杨继生等，2013；祁毓和卢洪友，2015）。在诸多环境问题中，温室气体特别是二氧化碳（CO_2）的排放所引起的全球气候变暖问题，更得到各国政府的广泛关注。如何有效降低二氧化碳排放，自然成为了当今世界各国环境政策的重点。其中，碳排放交易（以下简称"碳交易"）制度被认为是减少 CO_2 排放、缓解气候变幻的重要工具之一。

刘晔和张训常（2017）对碳排放交易制度对企业创新行为的影响，从政策实施前和实施后进行了分析。该文以 2008~2015 年中国所有 A 股上市公司作为初始样本。鉴于碳交易试点政策只涉及试点省份中试点行业的企业，因此该文选取试点地区中石化、化工、建材、钢铁、有色、造纸、电力和航空这 8 大试点行业的上市公司作为处理组。其中对应的上市公司证监会新行业分类名称，通过剔除在样本期间内数据缺失的样本，以及 2008 年以后上市的企业，最终选取 1,006 家上市公司作为该文的研究样本，共 8,048 个有效观测值。

为了准确估计碳排放交易制度对企业研发创新的影响，该文构建如下模型：

$$Y_{ijkt} = \alpha_{ijkt} + \delta \cdot Cprov_{ij} \cdot Cindus_{ik} \cdot Post_t + \beta_1 \cdot Cprov_{ij} \cdot Post_t$$
$$+ \beta_2 \cdot Cindus_{ik} \cdot Post_t + \beta_3 \cdot Cprov_{ij} \cdot Cindus_{ik} + \beta_4 \cdot Post_t$$
$$+ \beta_5 \cdot Cprov_{ij} + \beta_6 \cdot Cindus_{ik} + \gamma \cdot Z_{ijkt} + \mu_k + Prov_j + \varepsilon_{ijkt}$$

其中，下标 i，j，k，t 分别表示企业、省份、行业（采用证监会新行业分类标准三级行业代码）和年份；Y_{ijkt} 为被解释变量；$Prov$ 代表省份固定效应；ε 为扰动项。

$$Cprov_{ij} = \begin{cases} 1 & \text{企业 } i \text{ 位于试点省市} \\ 0 & \text{企业 } i \text{ 位于非试点省市} \end{cases}$$

$$Cindus_{ik} = \begin{cases} 1 & \text{企业 } i \text{ 属于受影响行业} \\ 0 & \text{企业 } i \text{ 不受影响行业} \end{cases}$$

$$Post_t = \begin{cases} 1 & \text{试点后时期}, year >= 2012 \\ 0 & \text{试点前时期}, year < 2012 \end{cases}$$

从模型可以看出，经过三重差分后得到的估计量反映的是碳排放权交易试点对于处理组企业研发投资强度的净影响。根据表 9-6，交乘项 $Cprov \times Cindus \times Post$ 的估计系数至少在 5% 的显著性水平下显著为正。说明碳排放权交易试点政策的实施，能够促进企业进行更多的研发投资活动，鼓励企业技术创新。所有实证结果表明，我国碳排放交易试点政策对企业的研发创新具有显著的正向作用。所以，从长远来看，碳排放交易制度的实施将有利于企业通过技术革新降低二氧化碳的排放。这符合我国发展低碳经济的政策取向。

表 9-6　　　碳排放权交易制度与企业创新：三重差分模型回归结果

变量	(1)	(2)	(3)	(4)	(5)	(6)
	R&D_level	R&D_level	R&D_standard	R&D_standard	R&D_dummy	R&D_dummy
$Cprov \times Cindus \times Post$	0.7801 *** (0.2594)	0.6981 ** (0.2720)	0.0305 ** (0.0122)	0.0278 ** (0.0121)	1.0414 *** (0.3371)	0.9208 ** (0.3710)
$Cindus \times Post$	-0.7036 *** (0.2105)	-0.6945 *** (0.2070)	-0.0030 (0.0064)	-0.0038 (0.0064)	-0.6610 *** (0.2250)	-0.6629 *** (0.2284)
$Cprov \times Post$	-0.1182 (0.2401)	-0.1251 (0.2300)	-0.0124 * (0.0065)	-0.0130 ** (0.0064)	-0.2628 (0.2394)	-0.2415 (0.2497)

续表

变量	(1) R&D_level	(2) R&D_level	(3) R&D_standard	(4) R&D_standard	(5) R&D_dummy	(6) R&D_dummy
$Cprov \times Cindus$	− 0. 5683 (0. 3460)	− 0. 6882 ** (0. 2974)	− 0. 0299 *** (0. 0087)	− 0. 0319 *** (0. 0087)	− 0. 1860 (0. 2578)	− 0. 2521 (0. 2406)
$Cindus$	− 0. 7802 (0. 2098)	− 0. 6066 *** (0. 2090)	− 0. 0296 *** (0. 0047)	− 0. 0205 *** (0. 0047)	− 0. 3069 ** (0. 1369)	− 0. 3329 ** (0. 1616)
$Post$	2. 2463 *** (0. 1633)	2. 3020 *** (0. 1734)	− 0. 0051 (0. 0038)	0. 0007 (0. 0039)	2. 1396 *** (0. 1428)	2. 1324 *** (0. 1485)
$Cprov$	− 0. 4881 *** (0. 1732)	− 0. 3457 ** (0. 1745)	0. 0016 (0. 0123)	0. 0053 (0. 0122)	− 0. 5602 *** (0. 0785)	− 0. 4826 *** (0. 0804)
$Constant$	− 2. 2152 *** (0. 2860)	− 406. 6412 *** (140. 2402)	0. 0689 *** (0. 0084)	− 10. 2151 *** (2. 3112)	− 1. 3885 *** (0. 2630)	− 252. 6085 *** (81. 6652)
控制变量	否	是	否	是	否	是
$Province$	是	是	是	是	是	是
$Industry$	是	是	是	是	是	是
$Observations$	8, 048	8, 048	8, 048	8, 048	8, 048	8, 048

注：***、**、* 分别表示估计系数在 1%、5%、10% 的统计水平上显著，圆括号内数值为 t 值。

二、双重差分模型的 Stata 操作

在 Stata 中估计双重差分估计量，可手工进行；也可下载非官方命令 diff。

ssc install diff

该命令的基本格式为：

diff y, treat(varname) period(varname) cov(z1 z2) robust report test

其中，"y" 为结果变量（outcome variable）；必选项 "treat（varname）" 用来指定处理变量；必选项 "period（varname）" 用来指定实验期虚拟变量；选择项 "robust" 表示汇报稳健标准误；选择项 "cov（z1 z2）" 用来指定其他解释变量。其中 "cov" 表示协变量（covariate）；选择项 "report" 表示汇报对协变量系数的估计结果；选择项 "test" 表示检验在基期时，各变量在实验组与控制组的均值是否相等。

以余明桂等（2016）一文来说明 DID 方法的具体 Stata 操作。如本书第二章所述，该文利用中央 "五年规划" 对一般鼓励和重点鼓励产业规划的信息，检验了中国产业政策对企业技术创新的影响。为了解决产业政策和企业创新之间的内生性问题，该文利用 "十一五" 规划对制造业中鼓励行业的调整，选取实验组和控制组，构建了如下的 DID 估计模型：

$$\ln Pantent_{i,t+1} = \alpha + \beta_1 Ingroup \times Inyear + \beta_2 Ingroup + \beta_3 Inyear + \beta_4 Control_{i,t} + \varepsilon_{it}$$

其中，*Ingroup* 等于 1 为实验组，代表"十五"计划和"十一五"规划中都被产业政策鼓励的行业；*Ingroup* 等于 0 为控制组，代表"十五"计划中被产业政策鼓励，但是"十一五"规划中不被产业政策鼓励的行业。事件冲击的时间为"十一五"规划实施的年度即 2006 年。其中 *Inyear* 等于 1 为 2006 年之后，等于 0 为 2006 年之前。在这个模型中，该文主要关注的系数是 β_1。它衡量了鼓励性产业政策对企业创新的影响。$Control_{i,t}$ 表示其他控制变量向量。

先用外部命令 diff 估计不考虑控制变量的双重差分效应：

diff lnpat110,p(ingroup)t(inyear)

结果如图 9 - 4 所示。

```
DIFFERENCE-IN-DIFFERENCES ESTIMATION RESULTS
Number of observations in the DIFF-IN-DIFF: 5045
              Baseline        Follow-up
   Control: 798            1515          2313
   Treated: 937            1795          2732
            1735           3310
```

Outcome var.	lnpat110	S. Err.	t	P>|t|
Baseline				
Control	0.318			
Treated	0.679			
Diff (T-C)	0.360	0.047	7.60	0.000***
Follow-up				
Control	0.519			
Treated	1.111			
Diff (T-C)	0.592	0.034	17.25	0.000***
Diff-in-Diff	0.232	0.059	3.96	0.000***

图 9 - 4 *diff* 估计不考虑控制变量的双重差分效应

其中，*Baseline* 表示政策调整前；*Follow-up* 表示政策调整后；*Control* 表示控制组；*Treated* 表示实验组。图 9 - 4 上半部分显示，政策调整前控制组和实验组的样本数分别为 798 和 937；政策调整后控制组和实验组的样本数分别为 1,515 和 1,795。下半部分估计了双重差分效应。政策调整前实验组和控制组的差异为 0.360，t 值为 7.60，p 值为 0.000，差异在 1% 的统计水平上显著；政策调整后实验组和控制组的差异为 0.592，t 值为 17.25，p 值为 0.000，差异显著；最后 1 行计算了政策调整后和政策调整前的差分，大小为 0.232，t 值为 3.96，p 值为 0.000，差异显著。以上结果初步说明，产业政策能够促进企业技术创新。

双重差分估计有效性的前提之一，就是实验组和控制组在接受处理之前满足平行趋势假设。因此，为了验证 DID 模型的适当性，对实验组和控制组的发明专利进行了平行趋势检验：

egen meanp2 = mean(fpat110),by(year ingroup)

sort year

twoway(connect meanp2 year if ingroup = = 1 & year < = 2010&year > = 2003,lpattern

(longdash)lwidth(thick))(connect meanp2 year if ingroup == 0 & year < = 2010&year > =
2003,lwidth(thick))if year < = 2010&year > = 2003,xline(2006,lpattern(longdash)lwidth
(medium thick))title("发明专利平均增长趋势")ytitle("发明专利数量")xtitle("年度")
legend(label(1 "实验组")label(2 "控制组"))xscale(range(2003 2010))xlabel(2003(1)
2010)

第 1 行命令为按年度 – 组别生成发明专利（*fpat*110）的均值（*meanp*2）。即计算实验
组和控制组每一年发明专利的均值。第 2 行命令为按年度排序。第 3 行命令表示画连线
图。基本命令为 twoway connect。此处画了两条连线图，第 1 条为实验组（*ingroup* == 1）
发明专利均值 2003 ~ 2010 年连线图；第 2 条为控制组（*ingroup* == 0）发明专利均值
2003 ~ 2010 年连线图。选项 *lpattern* 表示线型；*longdash* 表示长虚线线型代码；选项 *lwidth*
表示线宽；*thick* 表示标准宽线宽代码；*medium thick* 表示中等宽线宽代码；选项 *xline* 表示
画一条垂直线；选项 *title* 表示为整幅图加标题；选项 *ytitle* 表示为 *y* 轴加标题；选项 *xtitle*
表示为 *x* 轴加标题；选项 *legend* 表示加入图例；选项 *xscale* 表示设定 *x* 轴范围；*xlabel* 表示
为 *x* 轴加刻度及标签。执行上述 3 行命令后，得到图 9 - 5。该图显示，在产业政策调整
前，控制组和实验组的发明专利大致保持相同增长趋势；而在产业政策调整后，实验组和
控制组发明专利和专利总量的增长趋势出现明显的变化。因此，使用 *DID* 模型来检验产业
政策对企业发明专利数量的影响，符合平行趋势假设的前提条件。

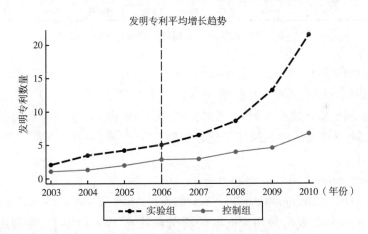

图 9 - 5 双重差分平行趋势检验

接下来进行 *DID* 估计：
global var "Size Lev Roa PPE Capital Cash Age Gdpr"
xi:reg flnpat110 c. ingroup##c. inyear $var i. year i. indc,robust

第 1 行命令表示设定全局宏。用 *var* 代表一系列控制变量；第 2 行命令表示使用
OLS 方法进行 *DID* 估计。加入前缀 "*xi*:" 作用是为了加入年度效应（*i. year*）和行业效
应（*i. indc*）。*c. ingroup##c. inyear* 表示 *ingroup*，*inyear* 及二者的交互项。*DID* 估计结果如
图 9 - 6 所示。

结果发现，*Ingroup* 和 *Inyear* 交互项系数显著为正。其中相对于没有受到产业政策鼓励
企业，受到产业政策鼓励企业的发明专利大约要高出 $e^{0.17}$。即 1.18。

flnpat110	Coef.	Robust Std. Err.	t	P>|t|	[95% Conf. Interval]	
ingroup	-0.089	0.037	-2.40	0.016	-0.162	-0.016
inyear	1.014	0.077	13.13	0.000	0.863	1.165
c.ingroup#c.inyear	0.167	0.051	3.28	0.001	0.067	0.268
Size	0.417	0.018	22.81	0.000	0.382	0.453
Lev	-0.037	0.090	-0.41	0.680	-0.214	0.139
Roa	4.821	0.529	9.12	0.000	3.785	5.857
PPE	0.332	0.224	1.48	0.138	-0.107	0.770
Capital	-0.817	0.230	-3.55	0.000	-1.268	-0.366
Cash	-0.092	0.125	-0.73	0.462	-0.337	0.153
Age	-0.021	0.004	-5.17	0.000	-0.029	-0.013
Gdpr	-0.609	0.283	-2.16	0.031	-1.164	-0.055
_Iyear_2002	0.137	0.045	3.08	0.002	0.050	0.225
_Iyear_2003	0.189	0.047	4.03	0.000	0.097	0.281
_Iyear_2004	0.335	0.054	6.18	0.000	0.229	0.441
_Iyear_2005	0.473	0.053	8.91	0.000	0.369	0.577
_Iyear_2006	-0.566	0.069	-8.24	0.000	-0.700	-0.431
_Iyear_2007	-0.487	0.067	-7.27	0.000	-0.618	-0.355
_Iyear_2008	-0.265	0.067	-3.94	0.000	-0.398	-0.133
_Iyear_2009	-0.198	0.075	-2.64	0.008	-0.346	-0.051
_Iyear_2010	0.000	(omitted)				
_Iindc_2	-0.539	0.062	-8.70	0.000	-0.660	-0.417
_Iindc_3	0.000	(omitted)				
_Iindc_4	-0.749	0.078	-9.65	0.000	-0.902	-0.597
_Iindc_5	-0.455	0.047	-9.66	0.000	-0.547	-0.363
_Iindc_6	0.216	0.087	2.47	0.014	0.044	0.387
_Iindc_7	-0.498	0.057	-8.80	0.000	-0.609	-0.387
_Iindc_8	-0.284	0.044	-6.39	0.000	-0.371	-0.197
_Iindc_9	0.000	(omitted)				
_Iindc_10	0.000	(omitted)				
_cons	-7.943	0.368	-21.57	0.000	-8.665	-7.221

图 9 - 6　产业政策与企业创新：双重差分估计结果

进一步使用倾向匹配得分法（propensity score matching）对实验组和控制组进行匹配。首先以企业规模（Size）、资产负债率（Lev）、资产收益率（Roa）、企业资本性支出（Capital）、企业固定资产规模（PPE）作为企业特征变量，对实验组和控制组进行 Probit 回归，以预测值作为得分；然后采用最近邻匹配的方法进行一对一匹配；最后使用 OLS 方法进行 DID 估计。

psmatch2 ingroup Size Lev Roa PPE Capital

xi:reg flnpat110 c. ingroup##c. inyear $var i. year i. indc if _weight ~ =. ,robust

外部命令 psmatch2 表示使用倾向匹配得分法进行 Probit 回归。得到结果如图 9 - 7 所示。

```
Probit regression                          Number of obs   =      5,045
                                           LR chi2(5)      =     302.57
                                           Prob > chi2     =     0.0000
Log likelihood = -3095.6333                Pseudo R2       =     0.0466
```

ingroup	Coef.	Std. Err.	z	P>|z|	[95% Conf. Interval]	
Size	0.138	0.020	6.78	0.000	0.098	0.178
Lev	-0.094	0.123	-0.76	0.447	-0.336	0.148
Roa	4.510	0.698	6.46	0.000	3.141	5.879
PPE	-1.695	0.293	-5.78	0.000	-2.269	-1.121
Capital	-0.070	0.294	-0.24	0.813	-0.647	0.507
_cons	-2.045	0.416	-4.91	0.000	-2.861	-1.229

图 9 - 7　倾向匹配估计结果

执行 psmatch2 后，会得到变量 *_weight*。该变量为缺失值，表示没有匹配成功的样本。因此 *if _weight ~ = .* 表示仅使用 *_weight* 不等于缺失值的样本，也就是匹配成功的样本，进行 *DID* 估计。得到结果如下，*Ingroup* 和 *Inyear* 交互项系数为 0.18，在 1% 的统计水平上显著。和 *DID* 结果保持一致（见图 9 – 8）。

flnpat110	Coef.	Robust Std. Err.	t	P>|t|	[95% Conf. Interval]	
ingroup	-0.106	0.042	-2.53	0.012	-0.189	-0.024
inyear	1.050	0.086	12.13	0.000	0.880	1.219
c.ingroup#c.inyear	0.180	0.059	3.04	0.002	0.064	0.295
Size	0.428	0.019	22.20	0.000	0.390	0.466
Lev	-0.013	0.097	-0.13	0.894	-0.204	0.178
Roa	4.553	0.553	8.23	0.000	3.469	5.638
PPE	0.417	0.246	1.70	0.090	-0.065	0.899
Capital	-0.853	0.255	-3.34	0.001	-1.353	-0.353
Cash	-0.078	0.133	-0.59	0.557	-0.338	0.182
Age	-0.025	0.004	-5.79	0.000	-0.034	-0.017
Gdpr	-0.726	0.301	-2.41	0.016	-1.316	-0.135
_Iyear_2002	0.166	0.049	3.41	0.001	0.071	0.261
_Iyear_2003	0.209	0.051	4.10	0.000	0.109	0.308
_Iyear_2004	0.360	0.059	6.15	0.000	0.245	0.474
_Iyear_2005	0.518	0.058	8.87	0.000	0.404	0.633
_Iyear_2006	-0.585	0.073	-8.03	0.000	-0.728	-0.442
_Iyear_2007	-0.498	0.072	-6.92	0.000	-0.639	-0.357
_Iyear_2008	-0.262	0.072	-3.64	0.000	-0.403	-0.121
_Iyear_2009	-0.209	0.080	-2.60	0.009	-0.367	-0.052
_Iyear_2010	0.000	(omitted)				
_Iindc_2	-0.556	0.070	-7.90	0.000	-0.694	-0.418
_Iindc_3	0.000	(omitted)				
_Iindc_4	-0.780	0.091	-8.62	0.000	-0.958	-0.603
_Iindc_5	-0.481	0.048	-10.00	0.000	-0.575	-0.386
_Iindc_6	0.205	0.087	2.37	0.018	0.035	0.376
_Iindc_7	-0.489	0.060	-8.10	0.000	-0.608	-0.371
_Iindc_8	-0.285	0.045	-6.37	0.000	-0.373	-0.197
_Iindc_9	0.000	(omitted)				
_Iindc_10	0.000	(omitted)				
_cons	-8.147	0.389	-20.96	0.000	-8.909	-7.385

图 9 – 8　*PSM + DID* 估计结果

任胜钢等（2019）利用中国首次大规模的市场型环境规制 "2007 年二氧化硫排放权交易试点政策" 作为准自然实验，研究排污权交易制度对企业全要素生产率的影响，以检验 "波特假说" 在中国是否成立。

2007 年中央政府正式启动了二氧化硫排污权有偿使用和交易试点政策。在 2002 年初步探索的基础上，财政部和环境保护部于 2007 年先后批复了江苏、天津、浙江、河北、山西、重庆、湖北、陕西、内蒙古、湖南、河南等 11 个二氧化硫排污权交易试点省份，涉及钢铁、水泥、玻璃、化工、采矿等多个行业。2008 年，浙江省挂牌成立第一个市级排污权储备和交易中心。省政府成立了相应的监督机构，出台了排污权交易管理办法和指导方针。随后其他试点地区纷纷成立了排污权交易中心，并构建了完备的排污权交易市场和规范的操作流程。2014 年国务院办公厅印发《关于进一步推进排污权有偿使用和交易试点工作的指导意见》，确定二氧化硫排污权交易试点将于 2017 年在全国铺开。

排污权交易试点的实施也取得了明显成效。截至 2012 年，所有试点地区完成建立省级或市级排放交易中心，同时各试点地区纷纷出台了排污权交易管理办法。从实际的交易情况看，截至 2013 年底，2007 年试点政策交易金额累计已达 40 多亿元。根据《中国环境统计年鉴》数据整理，试点省份二氧化硫排放量有明显下降。11 个试点省份的年平均排放量由试点前（2004～2007 年）的 975.723 万吨，减少到试点后（2008～2015 年）的 396.075 万吨。

首先检验作为市场型环境政策的排污权交易制度是否有效减少二氧化硫排放。构建以二氧化硫排放为因变量的双重差分模型：

$$S_{it} = \theta_0 + \theta_1 time \times treat_1 + \theta_2 X + \gamma_t + \mu_i + \varepsilon_{it}$$

该文在回归模型中全面检验了该政策对省份或地级市二氧化硫排放量的影响。其中，试点地区有 11 个省份，下辖 82 个地级市；非试点地区有 19 个省份，下辖 192 个地级市。下标 i 表示省份或地级市；t 为年份。如果一个省份或地级市位于试点地区，$treat1$ 等于 1；否则等于 0。$time$ 在 2008 年及以后等于 1；否则等于 0。$time \times treat1$ 的系数捕获的是，试点地区在政策期间相对于非试点地区二氧化硫排放的平均变化。X 是一组控制变量向量。地区固定效应 μ_i 控制的是各省份不随时间变化的特征。如气候、地理特征和自然禀赋等；年份固定效应 γ_t 控制的是所有省份共有的时间因素。如宏观经济冲击、商业周期、财政政策和货币政策等。该文感兴趣的参数是 θ_1。如果 θ_1 显著为负值，可以推断 2007 年试点政策在减少二氧化硫排放方面是有效的。

OLS 双重差分程序如下：

```
use 省份政策有效性数据. dta, clear
gen tt = time * treat
reg so2 tt labour kx xf fdi gdzc i. year i. province, cluster(province)
est store m1
reg gygdp tt labour kx xf fdi gdzc i. year i. province, cluster(province)
est store m2
outreg2 [m1 m2] using 省级结果, word tstat e(N r2_a) bdec(4) tdec(4) adjr2 dec(4)
use 地级市政策有效性数据. dta, clear
gen tt = time * treat
reg so2 tt labour kx xf fdi gdzc i. year i. city, cluster(city)
est store m1
reg gygdp tt labour kx xf fdi gdzc i. year i. city, cluster(city)
est store m2
outreg2 [m1 m2] using 市级结果, word tstat e(N r2_a) bdec(4) tdec(4) adjr2 dec(4)
```

表 9 -7 列出了 2007 年试点政策对二氧化硫排放影响的 DID 估计值。第（1）列提供了省级层面的估计结果。相对于非试点省份，试点省份的二氧化硫排放量下降了 5.91 万吨；第（2）列报告了地级市层面的估计结果。从地级市层面来说，试点地区比非试点地区的二氧化硫排放量下降了 0.61 万吨。此外，本书还检验了 2007 年试点政策对工业 GDP 的影响结果，如第（3）、第（4）列所示。相对于非试点地区，这一政策显著提高了试点地区的工业 GDP。省份层面和地级市层面的 GDP 分别增加 7.30 亿元和 0.47 亿元。总体而言，不管是省份还是地级市的实证证据都表明，基于市场的排污权交易试点制度可以在经

济增长和环境保护方面实现双赢。

表 9 – 7 排污权交易政策对二氧化硫排放和工业 GDP 的影响

变量	二氧化硫排放		工业 GDP	
	(1)	(2)	(3)	(4)
$time \times treat_1$	− 5. 9136 *	− 0. 6093 **	7. 2982 **	0. 4686 **
	(3. 2138)	(0. 2973)	(3. 1257)	(0. 2247)
_cons	7. 5204 **	18. 4969 ***	− 21. 1589 ***	0. 8080
	(3. 3739)	(0. 5565)	(3. 9827)	(0. 7691)
控制变量	是	是	是	是
地区固定效应	是	是	是	是
年份固定效应	是	是	是	是
Observations	360	3, 348	360	3, 348
R-squared	0. 9612	0. 8396	0. 9866	0. 9772

为了检验二氧化硫排污权交易试点政策对企业全要素生产率的影响，该文构建 DID 模型：

$$Y_{ijt} = \beta_0 + \beta_1 time \times treat_2 + \lambda X + \gamma_t + \mu_i + \eta_j + \varepsilon_{ijt} \qquad (9-9)$$

其中，Y_{ijt} 表示位于省份 i 行业 j 的企业在 t 年的全要素生产率；$time$ 是取值为 0 和 1 的虚拟变量。前者在排污权交易试点前取 0，排污权交易试点后取 1；$treat_2$ 表示当企业位于试点地区时取值为 1，位于非试点地区取值为 0；系数 β_1 即该文所关心的排污权交易试点政策对全要素生产率的影响；X 是一组控制变量向量。包括企业年龄、企业规模、企业所有制、技术创新、资产收益率、市场占有率、环境立法和环境执法力度；η_j 为行业固定效应，捕捉所有不随时间变化的行业特征；γ_t 为年份固定效应；μ_i 为地区固定效应；ε_{ijt} 为随机误差项。

式 (9-9) 的估计命令如下：

```
use 基准回归数据 . dta , clear
xtset company year
gen lnzjz = ln( zjz + 1)
gen lnlabor = ln( labor + 1)
gen lnzjtr = ln( zjtr + 1)
gen lncapital = ln( capital1 + 1)
levpet lnzjz , free( lnlabor) proxy( lnzjtr) capital( lncapital)
predict tfp , omega
gen lntfp = ln( tfp)
gen tt = time * treat
gen lnzc = ln( zc + 1)
gen lnzlb = ln( zlb + 1)
```

```
gen lnaj = ln( aj + 1 )
gen ttt = tt * so2
gen times = time * so2
gen treats = treat * so2
gen tf1 = tf * time
gen tf2 = tf1 * tf1
gen lnrev = ln( revenue + 1 )
gen tt1 = treat * year04
gen tt2 = treat * year05
gen tt3 = treat * year06
gen tt5 = treat * year08
gen tt6 = treat * year09
gen tt7 = treat * year10
gen tt8 = treat * year11
gen tt9 = treat * year12
gen tt10 = treat * year13
gen tt11 = treat * year14
gen tt12 = treat * year15
reg lntfp tt i. year i. area i. ind if so2 == 1, cluster( area)
est store m1
reg lntfp tt zcsy lf age owner sczy lnaj lnlabor lnzlb i. year i. area i. ind if so2 == 1, cluster
( area)
est store m2
xtreg lntfp tt i. year i. company if so2 == 1, cluster( area)
est store m3
xtreg lntfp tt zcsy lf age owner sczy lnaj lnlabor lnzlb i. year i. company if so2 == 1, cluster
( area)
est store m4
outreg2 [ m1 m2 m3 m4] using 表 9 - 8 结果, word tstat e( N r2_a) bdec(4) sdec(4) dec(4)
```

2007 年试点政策对企业全要素生产率的回归结果见表 9 - 8。第（1）列表示控制了行业、地区、时间固定效应后，排污权交易制度对全要素生产率的平均影响。结果显示，排污权交易制度对全要素生产率的回归系数为 0.2522（在 1% 水平上显著）。说明中国二氧化硫排污权交易试点政策显著提高了上市企业全要素生产率；第（2）列在第（1）列的基础上加入控制变量，回归结果基本不变。回归系数为 0.2708（在 1% 水平上显著）；第（3）和（4）列中更细致地考虑了不随时间变化的个体特征。在控制个体特征因素后的固定效应模型（*FE*）回归结果，与第（1）和（2）列基本保持一致。2007 年排污权交易试点政策显著提高了企业全要素生产率。两个模型结果基本一致，表明回归结果具有一定的稳健性。

表 9 – 8　　　　　二氧化硫排污权交易试点对全要素生产率的影响：双重差分

变量	OLS		FE	
	(1)	(2)	(3)	(4)
$time \times treat_1$	0. 2522 ***	0. 2708 ***	0. 2522 ***	0. 2786 ***
	(0. 0757)	(0. 0661)	(0. 0784)	(0. 0708)
_cons	6. 6778 ***	4. 4875 ***	6. 5724 ***	4. 5446 ***
	(0. 2285)	(0. 4179)	(0. 0511)	(0. 4164)
控制变量	否	是	否	是
时间固定效应	是	是	是	是
地区固定效应	是	是	否	否
行业固定效应	是	是	否	否
个体固定效应	否	否	是	是
Observations	3, 480	3, 480	3, 480	3, 480
R-squared	0. 2284	0. 3707	0. 1214	0. 1375

注：***、**、*分别表示估计系数在 1%、5%、10% 的统计水平上显著，圆括号内数值为 t 值。

　　上述双重差分估计策略可能存在的问题是，除二氧化硫排放权交易试点政策之外，可能存在其他政策对试点地区和非试点地区全要素生产率产生不一致的影响，从而使估计结果出现偏差。例如，2011 年开始在北京、上海、天津、重庆、深圳、湖北、广东等 7 个省份的碳排污权交易试点政策；以及 2014 年开始在宁夏、江西、湖北、内蒙古、河南、甘肃、广东等 7 个省份的水权交易试点政策。该文使用三重差分法来克服这一问题。运用三重差分需要找到另外 1 对不受二氧化硫排污权交易试点政策影响的"处理组"和"对照组"。该文选择制造业和采矿业中属于非二氧化硫排放行业的企业，作为三重差分的另外 1 对处理组和对照组。因为非二氧化硫排放行业的企业不受二氧化硫排污权交易政策影响。此时第 2 对处理组和对照组的差异只会来源于其他政策的影响。将第 1 对处理组和对照组的差异（包含二氧化硫排污权交易政策和其他政策的差异）减去第 2 对处理组和对照组的其他政策差异，就得到了二氧化硫排污权交易政策的净效应。

　　该文构建三重差分的基准模型如下：

$$Y_{ijt} = \beta_0 + \beta_1 time \times treat_2 \times group + \beta_2 time \times treat_2 + \beta_3 time \times group$$
$$+ \beta_4 treat_2 \times group + \lambda X + \gamma_t + \mu_i + \eta_j + \varepsilon_{ijt}$$

其中，$group$ 为虚拟变量。当样本企业属于 SO_2 排放行业时赋值为 1；属于非 SO_2 排放行业赋值为 0。其他变量的定义同式（9 – 9）。该文感兴趣的是 $time \times treat_2 \times group$ 的估计系数 β_1。三重差分的 Stata 估计命令如下：

```
reg lntfp ttt tt treats times so2 i. year i. area i. ind,cluster(area)

est store m1

reg lntfp ttt tt treats times so2 zcsy lf owner age sczy lnaj lnlabor lnzlb i. year i. area i. ind,
cluster(area)

est store m2

xtreg lntfp ttt tt treats times so2 i. year i. company,cluster(area)
```

est store m3

xtreg lntfp ttt tt treats times so2 zcsy lf owner age sczy lnaj lnlabor lnzlb i. year i. company, cluster(area)

est store m4

outreg2 [m1 m2 m3 m4] using 表 9 – 9 结果, word tstat e(N r2_a) bdec(4) sdec(4) dec(4)

表 9 – 9 报告了三重差分估计的平均处理效果。其结果与双重差分结果基本一致,说明二氧化硫排污权交易试点政策显著促进了企业全要素生产率的提升。至此,该文实证证明了中国的二氧化硫排污权交易试点政策促进了企业全要素生产率的提高。

表 9 – 9 三重差分估计结果

变量	OLS		FE	
	(1)	(2)	(3)	(4)
$time \times treat_2 \times group$	0.4466 ***	0.4999 ***	0.4433 ***	0.4509 ***
	(0.1216)	(0.1058)	(0.1239)	(0.1175)
$time \times treat_2$	0.5535	0.4004	− 0.1911 **	− 0.1780 **
	(0.5043)	(0.3696)	(0.0909)	(0.0874)
$time \times treat_2$	0.2757 ***	− 0.3638 ***	− 0.4203 ***	− 0.3776 ***
	(0.0991)	(0.0953)	(0.0742)	(0.0705)
$treat_2 \times group$	− 0.8008 **	− 0.6033 **	0.6026 ***	0.0546
	(0.3042)	(0.2365)	(0.0522)	(0.0983)
_cons	6.3036 ***	1.9743	4.7063 ***	4.9977 ***
	(0.4023)	(3.0235)	(0.0527)	(0.2191)
控制变量	否	是	否	是
时间固定效应	否	否	是	是
时间 × 地区固定效应	是	是	否	否
行业 × 时间固定效应	是	是	否	否
地区 × 行业固定效应	是	是	否	否
个体固定效应	否	否	是	是
Observations	6,648	6,648	6,648	6,648
R-squared	0.1815	0.3603	0.1343	0.2069

注: ***、**、* 分别表示估计系数在 1%、5%、10% 的统计水平上显著,圆括号内数值为 t 值。

参 考 文 献

[1] 白仲林 . 面板数据计量经济学 [M]. 北京：清华大学出版社，2019.

[2] 卞元超，吴利华，白俊红 . 高铁开通是否促进了区域创新？[J]. 金融研究，2019（6）：132 – 149.

[3] 蔡卫星，倪骁然，赵盼，杨亭亭 . 企业集团对创新产出的影响：来自制造业上市公司的经验证据 [J]. 中国工业经济，2019（1）：137 – 155.

[4] 陈强 . 高级计量经济学及 Stata 应用（第二版）[M]. 北京：高等教育出版社，2014.

[5] 陈强 . 计量经济学及 Stata 应用 [M]. 北京：高等教育出版社，2015.

[6] 陈云松 . 农民工收入与村庄网络 基于多重模型识别策略的因果效应分析 [J]. 社会，2012，32（4）：68 – 92.

[7] 达莫达尔·N·古扎拉蒂 . 计量经济学基础（第 1 版）[M]. 北京：中国人民大学出版社，2005.

[8] 胡珺，黄楠，沈洪涛 . 市场激励型环境规制可以推动企业技术创新吗？——基于中国碳排放权交易机制的自然实验 [J]. 金融研究，2020（1）：171 – 189.

[9] 黄亚冰，林同智 . 基于 Logit 模型的广西高校大学生创业意愿影响因素实证研究 [J]. 大众科技，2021（12）：101 – 105.

[10] 克里斯·布鲁克斯 . 金融计量经济学导论（第三版）[M]. 上海：格致出版社，2019.

[11] 李春涛，闫续文，宋敏，杨威 . 金融科技与企业创新——新三板上市公司的证据 [J]. 中国工业经济，2020（1）：81 – 98.

[12] 李群峰 . 动态面板数据模型的 GMM 估计及其应用 [J]. 统计与决策，2010（16）：161 – 163.

[13] 李子奈，潘文卿 . 计量经济学（第四版）[M]. 北京：高等教育出版社，2015.

[14] 刘锡良，文书洋 . 中国的金融机构应当承担环境责任吗？——基本事实、理论模型与实证检验 [J]. 经济研究，2019（3）：38 – 54.

[15] 刘晔，张训常 . 碳排放交易制度与企业研发创新——基于三重差分模型的实证研究 [J]. 经济科学，2017（3）：102 – 114.

[16] 吕铁，王海成 . 放松银行准入管制与企业创新——来自股份制商业银行在县域设立分支机构的准自然试验 [J]. 经济学（季刊），2019，18（4）：1443 – 1464.

[17] 邱嘉平 . 因果推断实用计量方法 [M]. 上海：上海财经大学出版社，2020.

[18] 任胜钢，郑晶晶，刘东华，陈晓红 . 排污权交易机制是否提高了企业全要素生产

率——来自中国上市公司的证据 [J]. 中国工业经济, 2019 (5): 5 – 23.

[19] 盛骤, 谢式千, 潘承毅. 概率论与数量统计 (第四版) [M]. 北京: 高等教育出版社, 2020.

[20] 斯托克, 沃森. 计量经济学 (第三版) [M]. 上海: 格致出版社, 2012.

[21] 宋敏, 周鹏, 司海涛. 金融科技与企业全要素生产率——"赋能"和信贷配给的视角 [J]. 中国工业经济, 2021 (4): 138 – 155.

[22] 苏冬蔚, 连莉莉. 绿色信贷是否影响重污染企业的投融资行为? [J]. 金融研究, 2018 (12): 123 – 137.

[23] 万建香, 王正, 严淑梅. 基于 Probit 模型《计量经济学》MOOC 教学满意度研究 [J]. 豫章师范学院学报, 2021 (6): 71 – 76.

[24] 王鹏吾. 基于非对称 GARCH 类模型的中国股价波动研究 [J]. 统计与决策, 2020 (22): 152 – 155.

[25] 王宇, 李海洋. 管理学研究中的内生性问题及修正方法 [J]. 管理学季刊, 2017, 2 (3): 20 – 47 + 170 – 171.

[26] 王沼锡. 基于 GARCH 族模型的沪深 300 指数波动性模拟研究 [J]. 中国商论, 2022 (1): 100 – 102.

[27] 魏志华, 朱彩云. 超额商誉是否成为企业经营负担——基于产品市场竞争能力视角的解释 [J]. 中国工业经济, 2019 (11): 174 – 192.

[28] 伍德里奇. 计量经济学导论 (第四版) [M]. 北京: 中国人民大学出版社, 2010.

[29] 辛清泉, 孔东民, 郝颖. 公司透明度与股价波动性 [J]. 金融研究, 2014 (10): 193 – 206.

[30] 许琪. Stata 数据管理教程 [M]. 北京: 北京大学出版社, 2021.

[31] 应千伟, 罗党论. 授信额度与投资效率 [J]. 金融研究, 2012 (5): 151 – 163.

[32] 余明桂, 范蕊, 钟慧洁. 中国产业政策与企业技术创新 [J]. 中国工业经济, 2016 (12): 5 – 22.

[33] 约翰斯顿, 迪纳尔多. 计量经济学方法 (第 1 版) [M]. 北京: 中国经济出版社, 2002.

[34] 张思成. 金融计量学: 时间序列分析视角 [M]. 北京: 中国人民大学出版社, 2010.

[35] 张晓峒. 计量经济学基础 (第 4 版) [M]. 天津: 南开大学出版社, 2014.

[36] 张璇, 李子健, 李春涛. 银行业竞争、融资约束与企业创新 [J]. 中国工业经济, 2019 (10): 98 – 116.

[37] 张宗新, 宋军. 金融计量学 [M]. 北京: 高等教育出版社, 2022.

[38] 朱顺和, 李顺平. 货币政策、银行价格竞争与企业金融化——基于动态面板 GMM 模型的实证分析 [J]. 技术经济与管理研究, 2021 (9): 80 – 84.

[39] Acemoglu D., Johnson S., Robinson J. A., The colonial origins of comparative development: An empirical investigation: Reply [J]. American Economic Review, 2012, 102

(6): 3077 –3110.

[40] Angrist J. D. , Keueger A. B. , Does compulsory school attendance affect schooling and earnings? [J]. The Quarterly Journal of Economics, 1991, 106 (4): 979 –1014.

[41] Angrist J. , Evans W. N. , Children and their parents' labor supply: Evidence from exogenous variation in family size [J]. 1996, NBER working paper.

[42] Beck T. , Levine R. , and Levkov R. , Big bad banks? The winners and losers from bank deregulation in the United States [J]. Journal of Finance, 2010, 65 (5): 1637 –1667.

[43] Bentolila S. , Michelacci C. , Suarez J. , Social contacts and occupational choice [J]. Economica, 2010, 77 (305): 20 –45.

[44] Cipollone P. , Rosolia A. , Social interactions in high school: Lessons from an earthquake [J]. American Economic Review, 2007, 97 (3): 948 –965.

[45] Cutler D. M. , Glaeser E. L. , Are ghettos good or bad? [J]. The Quarterly Journal of Economics, 1997, 112 (3): 827 –872.

[46] Evans W. N. , Oates W. E. , Schwab R. M. , Measuring peer group effects: A study of teenage behavior [J]. Journal of Political Economy, 1992, 100 (5): 966 –991.

[47] Grogger J. , Does school quality explain the recent black/white wage trend? [J]. Journal of labor economics, 1996, 14 (2): 231 –253.

[48] Hanushek E. A. , Rivkin S. G. , Taylor L. L. , Aggregation and the estimated effects of school resources [J]. 1996, NBER working paper.

[49] Hoxby C. M. , Would school choice change the teaching profession? [J]. 2000, NBER working paper.

[50] Love I. , and Zicchino L. , Financial development and dynamic investment behavior: Evidence from panel VAR [J]. The Quarterly Review of Economics and Finance, 2006, 46 (2): 190 –210

[51] Moffitt M. , Eisenberg A. , Size control of nanoparticles in semiconductor-polymer composites. 1. Control via multiplet aggregation numbers in styrene-based random ionomers [J]. Chemistry of Materials, 1995, 7 (6): 1178 –1184.

[52] Munshi K. , Networks in the modern economy: Mexican migrants in the US labor market [J]. The Quarterly Journal of Economics, 2003, 118 (2): 549 –599.

[53] Perkins S. E. , When does prior experience pay? Institutional experience and the multinational corporation [J]. Administrative Science Quarterly, 2014, 59 (1): 145 –181.

[54] Rivkin J. W. , Reproducing knowledge: Replication without imitation at moderate complexity [J]. Organization Science, 2001, 12 (3): 274 –293.